南京大学经济学院教授文选

# 洪银兴自选集

洪银兴　著

南京大学出版社

**洪银兴** 1950年生于江苏省常州市。1987年10月，毕业于中国人民大学经济系，获经济学博士学位。1993年经国务院学位委员会评审获得博士研究生导师资格。中共十七大、十八大代表。现任南京大学文科资深教授，经济学院教授，长三角经济社会发展研究中心主任，教育部社会科学委员会副主任委员，中央马克思主义理论研究和建设工程首席专家。曾任南京大学党委书记，教育部高等学校经济学科教学指导委员会副主任委员，国务院学位委员会理论经济学学科评议组成员。1991年获国务院学位委员会和国家教委颁发的“做出突出贡献的中国博士学位获得者”称号。2009年6月被加拿大滑铁卢大学授予名誉法学博士学位。2009年入选“影响新中国60年经济建设的100位经济学家”。2013年，学术成就被收入科学出版社的《二十世纪中国知名科学家学术成就概览（经济学卷）》。2017年获吴玉章人文社会科学优秀成果一等奖。主要从事经济运行机制、经济发展和宏观经济的理论与政策研究。

# 自 序

我真正进入经济学的学术殿堂，应该从1980年进入南京大学经济系攻读政治经济学专业硕士研究生算起，那时我的导师为车济炎和王心恒教授。伴随着中国改革开放和经济发展，我开始了激情澎湃的学术研究生涯。当时影响我国改革方向的关于计划和市场的讨论在学术界已经展开。我选择了社会主义计划经济调节机制作为研究课题，硕士论文的选题为《论社会主义商品生产的调节机制》。论文在界定调节机制、市场机制、市场调节等范畴的基础上系统阐述了"国家运用经济杠杆调节市场机制，市场机制调节企业活动"的调节机制模式。

1984年，我考取了中国人民大学经济系卫兴华教授的博士生。我的学术研究进入了登高望远的阶段。在卫兴华教授的指导下，我系统学习和研究了《资本论》，对社会主义经济运行机制开始了更深层次的研究。1985年，我在经济学顶尖刊物《经济研究》上发表了第一篇论文，题目是《论社会主义商品生产的调节机制——兼论经济杠杆的类型及其功能》。1986年，我和导师卫兴华、同学魏杰合著了《社会主义经济运行机制》一书，在人民出版社出版，这是国内第一本关于社会主义经济运行机制的著作，在学术界获得了高度评价。1987年，我和导师卫兴华、同学魏杰发表了《论企业活力与企业行为约束》一文，获得了孙冶方经济学奖。同年撰写的《企业行为和社会主义商品生产的动力机制》获得了中国企业改革和发展优秀论文奖——金三角奖。1988年，博士论文《经济运行的均衡与非均衡分析》被上海三联书店作为经济学文库的第一本专著出版，受到学术界的广泛关注。

1987年10月，我博士研究生毕业回到南京大学工作，我的学术研究进入了脚踏实地阶段，主要是面对经济改革发展的实际进行理论研究。

一方面，继续我在博士研究生阶段进行的经济运行机制市场化研究。1988 年，我的论文《经济运行机制的转换：有序和无序》入选中宣部、教育部、中国社科院和中央党校联合召开的纪念十一届三中全会十周年理论研讨会，并获得了该研讨会的优秀论文奖。

另一方面，经济发展水平较高的长三角地区所面临的一系列发展问题，吸引我进入经济发展领域。1990 年 7 月，我与林金锭合著《发展经济学通论》一书出版。1992 年，我主持的国家社会科学基金重大项目"社会主义经济发展中的资金积累和集中"的成果《发展资金论》在人民出版社出版。1994 年 8 月，我在高等教育出版社出版了《市场经济条件下的经济发展》。1998 年，该书被评为教育部优秀哲学社会科学成果二等奖。2004 年，国务院学位委员会经过严格的评审，将在此基础上修订的《发展经济学与中国经济发展》列入研究生教学用书。

1994 年 1 月，我参加教育部组织的青年经济学家考察团考察美国，在福特基金会的安排下，到哈佛、麻省理工、斯坦福等世界一流大学的经济学院，拜会了乔根森等世界一流的经济学家。1995 年至 1996 年，我以访问教授的身份到新加坡南洋理工学院从事了整整一年的教学和研究。1999 年，中美两国元首确定中美各派 5 名(5 个学科各 1 名)杰出学者互访做讲座。我被中美双方专家组成的委员会评审通过并经两国政府批准作为经济学科的专家以 FULBRIGHT 杰出学者的身份应美国国务院邀请于 2000 年 9 月访美，先后在哥伦比亚大学、杜克大学、耶鲁大学、霍布金斯大学等著名学府就中国的市场化和中国的经济开放做学术报告。我的学术研究也就进入了面向世界的阶段。我的经济学知识也得到了更新，回过头来再研究中国的改革和发展也有了更为广阔的视野。最为突出的成果有三个。一是 1997 年发表在《经济研究》上的论文《从比较优势到竞争优势——兼论国际贸易的比较利益理论的缺陷》，该文曾经是 CSSCI 检索引用率最高的前 50 篇经济学论文之一。二是 1997 年我的"乡镇企业发达地区农业的可持续发展系统研究"项目获得国家自然科学基金资助。其成果《可持续发展经济学》(商务印书馆 2000 年版)可以说是国内最早进入可持续发展研究领域的经济学著作。三是 1999 年发表在《经济理论与经济管理》第 3 期的论文《增长方式和国民经济的可持续发展——东亚的经验和教训》和发表在《管理世界》第4期的论文《论经济增长方式转变的基本内涵》,这两篇可以说是国内较早研究经济增长方式转变的论文。

进入21世纪,中国的改革和发展进入全面推进阶段,我的学术研究也进入蓬勃发展阶段。虽然在2003年担任南京大学党委书记以后十多年工作繁重,但我的学术研究没有放松。我在这一阶段的学术研究主要在四个方面。

一是继续对经济运行的市场化研究,主要在两个方面进行。一方面是对市场秩序和规范的研究。2002年,我的《建立和规范社会主义统一市场秩序研究》课题入选国家社会科学基金重点项目。我就市场对资源配置的调节作用,建设统一市场,建立市场规范和秩序发表了一系列的成果。其最终成果《市场秩序和规范》2007年由上海世纪出版集团列入《经济学文库》出版,2009年获全国高校人文社会科学优秀成果二等奖。另一方面是对转型经济学的研究。2005年,我申报的《转型经济学》被列入教育部"十一五"国家级规划教材,该教材2008年在高等教育出版社出版,是国内最早的转型经济学教材之一。

二是研究城乡、工农关系。2004年,我的《经济转轨中城乡互动、工农互促的协调发展道路问题研究》获得国家社会科学基金重大招标项目(重点)资助。围绕这一课题重点调研苏南地区的城乡关系变迁,并就新苏南模式发表了一系列研究成果,其中包括:《苏南模式的演进及其对创新发展模式的启示》(南京大学学报2007年第2期)、《创新苏南模式研究》(经济科学出版社2007年版)、《基于科教资源优势建设创新型城市的南京模式》(经济科学出版社2007年版)。2008年12月,论文《苏南模式的演进和发展中国特色社会主义的成功实践》入选中宣部、教育部、中央党校、中国社科院纪念十一届三中全会30周年理论研讨会。2008年发表在《经济研究》上的《工业和城市反哺农业和农村的路径研究》在学界产生较大影响。著作《反哺农业、农民和农村的路径和机制》(经济科学出版社2008年版)入选2008年国家新闻出版广电总局第二届"三个一百"原创图书奖。主持了国家社科基金重大招标课题《东部地区率先基本实现现代化研究》,并且就新型城镇化发表了一系列论文,其中包括:《新阶段的城镇化需要政府积极引导》(人民日报2013年7月17日)、《新阶段的城镇化:目标和路径》(张卓元主编)、《十八大后十年的中国经济走向》(广东经济出版社 2013 年版)、《城郊农村城镇化的有益探索(调查与思考)》(人民日报 2014 年 1 月 13 日)。

三是研究创新驱动型经济。我于 2006 年承接了自主创新问题的研究课题。在研究过程中,意识到发展创新型经济将成为经济发展的新机遇。在 2009 年 7 月的江苏发展高层论坛上,我提出江苏转向发展创新型经济的建议。2010 年 5 月 18 日我又在《人民日报》发表《抓住良好机遇　推进自主创新》一文。同年我获得了国家社会科学基金重大招标项目《基于自主创新能力增进的产学研合作创新研究》,自此我的研究重点转向创新驱动型经济,并就此课题发表了一系列的成果,其中包括:《科技创新与创新型经济》(《管理世界》2011 年第 7 期)、《科技创新中的企业家及其创新行为》(《中国工业经济》2012 年第 6 期)、《论创新驱动经济发展战略》(《经济学家》2013 年第 1 期)、《产学研协同创新的经济学分析》(《经济科学》2014 年第 1 期)、《创新型经济:经济发展的新阶段》(经济科学出版社 2010 年版)。

四是研究马克思主义经济学中国化。我是从学习马克思主义经济学开始进入经济学殿堂的,因此对马克思主义经济学有着特别的感情。对马克思主义经济学中国化的研究是我一生的追求。早在攻读政治经济学博士学位研究生期间我就与同学一起发表了《实践对经济理论的严重挑战》一文,博士研究生一毕业就联合当时全国高校刚毕业的经济学博士编写了《社会主义政治经济学》(中国青年出版社 1988 年版),这本教材可以说是国内最早的反映中国市场化改革方向的教材。后来,我先后担任全国综合大学《资本论》研究会会长、中央马克思主义研究和建设工程政治经济学教材专家组成员,《资本论导读》教材首席专家。这些都给我进行马克思主义经济学中国化研究提供了机会。我和逄锦聚、林岗等教授从 2002 年起在高等教育出版社出版的《政治经济学》至今已出版了五版,获得了国家优秀教学成果一等奖。我连续二十多年亲自给博士生讲述《资本论》课程。特别重视《资本论》原理的现代运用,以此课程讲义为基础主编的《〈资本论〉的现代解析》(经济科学出版社 2005 年版)出版后在国内产生较大影响,被列入国家重点图书出版规划,多次再版。2012 年,我又和张宇合作主编了《马克思主义经济学经典精读:当代价值》在高等教育出版社出版。我对马克思主义经济学中国化研究的主要论文有:《社会主义现阶段的政治经济学范式》

（人民日报 2005 年 1 月 14 日）、《马克思主义经济学的创新和马克思主义经济学中国化》（《经济学动态》2007 年第 7 期）、《在新的历史起点上发展中国的政治经济学》（《政治经济学评论》2010 年第 1 期）、《马克思主义经济学在社会主义初级阶段的时代化和中国化》（《经济学动态》2011 年第 10 期）、《马克思主义经济学的时代化》（人民日报 2012 年 10 月 31 日）。

2014 年 5 月，中央决定我卸任南京大学党委书记，我又回到钟爱的教学科研岗位，全身心地投入我所喜爱的经济学教学和研究，学术生涯迎来了第二春。从这时起我的科学研究主要在以下三个方面。

一是构建中国特色社会主义政治经济学理论体系。2014 年 5 月，中宣部部署"马克思主义理论研究和建设工程大众普及读本"编写工作，我负责其中的政治经济学简明读本的编写。我组织国内马克思主义政治经济学领域著名专家共同编写，历经两年多，2017 年 1 月在江苏人民出版社以《学好用好中国特色社会主义政治经济学》为书名正式出版。这本书可以说是国内最早的中国特色社会主义政治经济学著作之一，一出版就受到广泛重视。2015 年，我主持的中国特色社会主义政治经济学研究又被中宣部确定为马克思主义理论研究和建设工程重大项目和国家社科基金重大项目。两年多来，我和我的研究团队深入研究中国特色社会主义政治经济学的理论体系和重大理论问题，发表了一系列的成果，其中包括主编《中国特色社会主义政治经济学研究丛书》（被列入国家"十三五"出版规划）。该丛书包括我的两本专著：《中国特色社会主义政治经济学理论体系构建》和《经济新常态下经济发展理论创新》（和任保平合著）。与此同时，我在《经济研究》《中国社会科学》《人民日报》及《求是》杂志发表了一系列关于中国特色社会主义政治经济学的学术论文。

二是继续关于经济发展理论和政策的研究。面对我国进入中等收入阶段后产生的经济新常态，我国的经济发展理论也要创新。在这方面的成果主要有，专著《中国经济发展：理论·实践·趋势》（南京大学出版社 2015 年版），该书 2017 年入选国家社会科学规划办的中华外译项目。影响比较大的论文有，发表在《中国工业经济》2016 年第 6 期的《准确认识供给侧结构性改革的目标和任务》和《中国工业经济》2017 年第 5 期的《进入新阶段后中国经济发展理论的重大创新》，这两篇论文发表后被多本学术刊物转载复印。党的十九大以后,我对发展问题的研究转向现代化研究,分别在《经济研究》《求是》和《南京大学学报》发表了关于现代化研究的系列论文。

三是继续进行关于创新驱动发展的研究。这方面的研究是在主持的几个国家社科重大项目的进程中推进的。首先是承担的2010年社科基金重大招标项目"基于自主创新能力增进的产学研合作创新研究"的最终成果《产学研协同创新研究》2015年在人民出版社出版。紧接着又在2015年主持了国家社科基金重大项目"全球价值链发展变化与我国创新驱动发展战略研究",出了一批阶段性研究成果,特别是2017年1月与安同良、孙宁华合著的《创新经济学》是国内最早出版的创新经济学著作之一。在《南京大学学报》2017年第4期发表论文《参与全球经济治理:攀升全球价值链中高端》。

此外,我从2010年起组织国内各个经济学领域的学科带头人主持编写近1000万字的《现代经济学大典》,历时5年,于2016年在经济科学出版社正式出版。

回顾我接近40年从事经济学理论研究的脉络,深深感到我是伴随着中国改革开放的实践成长的。是改革开放的实践推动我的研究,也是改革开放的实践给我提供了研究的舞台和源泉。

近年来出版了我的多部文集。其中包括经济科学出版社2007年出版的《经济转型和发展研究》、中国时代经济出版社2010版的《洪银兴经济文选》、高等教育出版社2014年中英文双语版的《经济转型与发展之中国道路》、江苏人民出版社2015年版的《洪银兴卷》。为了与这几本文集相区别,本自选集所选择的论文有以下考虑:一是除了必须反映我的特别重要思想外,尽量不与其他文集重复;二是选取偏重基本理论的论文。此外还摘选了我发表的重要著作中的部分章节。

在编辑本自选集时,我对所有选入的论文进行了审读,对部分论文做了些文字上的修改,个别论文补充了在正式发表时因篇幅原因删减的内容。但所有入选的论文没有改变原文的观点,保持原貌。

# 目　录

## 一、政治经济学研究



## 二、经济改革研究

## 三、经济发展研究

# 一、政治经济学研究

# 先进社会生产力与科学的劳动价值论[①]

中国市场化改革进行了20多年,改革的进程必然要触及一系列新课题,其中包括:对个人财产、私人资本的价值评价,现阶段社会劳动的范围及各种性质的劳动作用的评价,对各种形式的非劳动收入的价值判断,各种生产要素的作用,按要素分配与价值创造的关系,等等。这些问题都涉及对先进社会生产力的认识问题。对这些问题的科学判断与科学地认识马克思的劳动价值论相关。用科学的劳动价值论来说明这些新课题依赖于两个方面的思想方法。一是要在完整准确地理解劳动价值论的基础上对这些问题做出科学的回答,仔细研读《资本论》,可以发现马克思在阐述劳动价值论时,对资本、价值增殖等范畴都有否定和肯定的二重性分析。现在特别要注意长期以来被忽略的肯定一面的分析。二是现阶段的情况与100多年前马克思创立劳动价值论的经济条件已大不一样,因此需要结合新的发展阶段的新的实践,以发展了的劳动价值论来科学地研究和说明新课题。

## 一、个人财产和私人资本

马克思主义的生命力在于其随着实践的发展而与时俱进。马克思主义劳动价值论也不例外。作为社会主义的运动有两个阶段,一是以社会主义取代资本主义,二是建设社会主义。与此相应,马克思主义的劳动价值论在不同的历史时期有不同的研究目标和任务,劳动价值论本来是批判资本主义的武器,用劳动价值论揭示资本主义

---

① 本文原载于《学术月刊》2001年第10期,光明日报2001年11月27日。中国社会科学院《学习与参阅》2001年第24期。

条件下经济运行的规律，目标是揭示剩余价值的来源，寻求资本主义社会的掘墓人。而在进入社会主义社会后，如果还要研究和运用劳动价值论，则是要用以寻求建设新社会的要素和途径。

在资本主义条件下，劳动者与生产条件相分离是资本主义生产方式的前提。劳动者自由得一无所有，他要同生产资料结合从事劳动就得被资本所有者雇佣。他所创造的剩余价值就得被包括资本家在内的财产所有者占有，他所得的只是相当于其劳动力价值的出卖劳动力所得。劳动者的个人消费也是资本主义再生产的一个环节。其劳动生产力也是属于资本的生产力。因此，对劳动者而言只有劳动收入，没有财产，更谈不上财产收入。正因为劳动者是无产者，这个社会就不是劳动者的。马克思就是在这种分析中发现无产者是这个社会的掘墓人，其革命也最彻底。

转向新社会后，劳动者的地位发生了根本的变化。工人阶级成为这个社会的建设者。作为建设者就不能再是一无所有的无产者，应该成为有产者，分享建设的成果。这就是马克思在《资本论》中所指出的，在否定资本主义所有制以后“在协作和对土地及靠劳动本身生产的生产资料共同占有的基础上，重新建立个人所有制。”①这里讲的个人所有制，过去许多人理解为是消费资料的个人所有。从马克思的思想分析，个人所有制应该包含个人财产。如果劳动者进入新社会后仍然是一无所有的无产者，他为什么要推翻旧社会呢？当然传统理论的解释是，劳动者成了公有制的生产资料的主人。问题是，在社会主义现阶段，没有达到全社会占有生产资料的水平，实际上仍然存在在生产资料占有上的不平等。更何况在现行的体制中，无论是在国有制还是在集体所有制中，劳动者并没有成为实实在在的生产资料的主人。在这种背景下，确认个人财产，确认私人占有生产资料，并在此基础上建立起联合劳动的关系，是符合马克思的思想逻辑的。

社会主义的根本目的是富裕人民。富民就不仅是增加人民收入，还要增加人民的财产。在此前提下，劳动者就不一定是无产者，也不一定与劳动条件相分离，他可能是以一个资产所有者的身份进入生产过程。这就是工者有其产。他的收入就不仅

① 马克思.资本论：第1卷，北京：人民出版社，1975：832.

有劳动收入,也可能有资产收入。当然,确认个人财产绝不等于每人都有相等的财产。在社会主义初级阶段,只可能做到人人都有获取个人财产的平等权利。

个人财产包括各种金融资产,房地产等不动产,特别是采取股票、企业债券、股权等形式的各种资产。这些涉及对作为收入来源的财产即私人资本的价值判断。根据马克思理论,劳动者与劳动条件(资本)所有权分离,在历史上和逻辑上都是资本主义的起点。资本原始积累就创造了这种起点。这就是马克思在《资本论》中诅咒的:“资本来到人间,从头到脚,每个毛孔都滴着血和肮脏的东西。”[①]马克思的这个价值判断是针对资本原始积累而言的。我们不能把这种起点永恒化,也不能将这种逻辑上的抽象简单地还原为现实。在社会主义的现阶段,确实有一部分私人企业在其原始积累时有这种该诅咒的状况,但多数不是如此。现实中可能出现劳动者同时就是其他要素所有者的状况。劳动者不仅以劳动得到收入,还可能以其持有的股权、以其投入的技术、以其管理才能及不动产获取财产收入。反过来资本所有者也可能通过其管理和技术的投入而投入劳动。还有的资本所有者还要直接投入劳动。因此,对以合法经营和企业家精神而积累起来的资本不但不能简单地诅咒,还要给予鼓励,原因是现阶段最稀缺的生产要素不是劳动,而是资本。

针对长期以来将个人投资者打入异类的传统,江泽民同志的《七一讲话》明确提出,不能简单地把有没有财产、有多少财产当作判断人们政治上先进与落后的标准。这对以财产增殖为目的的私人投资者是一种肯定。就建设新社会来说,不仅需要劳动,更需要私人投资。这也意味着财产收入也应该同劳动收入一样得到承认。在中国市场经济的发展进程中,不仅收入差别得到了承认,财产差别也将得到承认。

从推动经济发展的角度讲,收入与财产的意义是不一样的。在过去的体制中,不承认个人利益,劳动者没有劳动积极性。已有的改革承认劳动者的个人利益,并且将其个人利益同劳动成果和企业利益挂钩,不仅调动了劳动者的劳动积极性,也调动了其关心劳动成果和企业利益的积极性。现在承认个人财产,也就促使劳动者从自己的财产利益上关心整个国民财富的增加。个人财产增值不仅是增加个人财富,也在

---

① 马克思.资本论:第1卷,北京:人民出版社,1975:829.

增加国民财富。这也正是建设新社会所要求的。这里需要强调的是，承认个人财产的含义不仅仅在于个人财产的增加，还在于承认财产参与财富创造过程的增殖。我们会预见到今后不同阶层之间的差别不仅仅是收入差别，更大的是财产差别。这将是新的层次上的公平和效率的关系问题。例如，用累进的个人所得税调节收入分配差距，用遗产税调节财产差距。

## 二、社会劳动和先进生产要素

中国共产党要代表先进社会生产力的要求，一个重要内容是寻求先进的生产要素发展生产力。马克思主义的劳动价值论实际上也分析了先进生产要素。遗憾的是，长期以来片面强调劳动创造价值问题，资本、土地、技术、管理等要素在财富创造中的作用被忽视了或者被片面化了。过去对劳动价值论的片面理解是将价值创造等同于财富创造，进而将生产要素限于劳动，由此阻碍了对先进生产要素的探索和利用。对此我们可以在对劳动价值论全面认识的基础上做出说明。

为了科学地认识各种要素对发展生产力的作用，有必要全面准确地理解马克思建立劳动价值论的科学方法。马克思运用抽象法，在纷繁的经济现象中抽象出商品，从商品中抽象出价值，从价值中抽象出劳动。由此得出劳动创造价值的理论。当我们顺着抽象到具体的逻辑还原为现实时，就有必要将其舍象掉的因素加进来。例如，创造价值的劳动不只是简单的体力劳动，还包括技术、管理等脑力劳动；商品的生产不只是价值的创造，而是包括使用价值在内的财富创造，既然是财富创造，其作用的要素就不仅仅是劳动，还包括资本等非劳动的要素。

首先，关于社会劳动的范围。

在马克思的分析框架中社会劳动有生产性劳动和非生产性劳动之分。首先需要明确，生产性劳动与非生产性劳动只是同创造不创造价值相关，没有需要不需要、贵与贱之分。

生产性劳动即创造价值的劳动，非生产性劳动即不创造价值的劳动。在马克思那个时代，生产性劳动只限于物质生产领域的劳动，因此马克思当时将服务业行业的劳动列入非生产性劳动的范围，尽管马克思也认为其中的许多劳动是社会必需的。长期以来我国服务行业发展严重滞后可能与此有关。经济发展的实践已经冲破了这个理论框框，现代社会包括我国在内已经在第三产业的名下将服务业的收入计入国民生产总值。服务业的劳动也是生产性劳动已经得到确认。

当然不可能说所有的劳动都是创造价值的生产性劳动，就像公务员的劳动、教师的劳动，它们属于社会劳动的范围，但不是创造价值的生产性劳动。这绝不意味着不创造价值的劳动不重要。它们是社会所必需的，也是崇高的。它们可以为创造价值的生产性劳动提供环境和内涵。

就创造价值的生产性劳动来说，在许多人看来，生产性劳动仅仅是指工人的劳动，至于技术人员的劳动、管理人员的劳动不在此列。这是违背劳动价值论的。劳动价值论没有将价值源泉唯一地归结为直接劳动。在劳动价值论的框架中，管理、技术实际上都参与价值创造。马克思在《资本论》中提出了“总体工人”的概念，就是说，“随着劳动过程本身的协作性质的发展，生产劳动和它的承担者即生产工人的概念也必然扩大。为了从事生产劳动，现在不一定要亲自动手；只要成为总体工人的一个器官，完成它所属的一个职能就够了。”[①]这意味着从事创造价值的劳动不只是直接劳动，还包括从事技术和管理的劳动。这就是马克思所说的，“生产劳动就是一切加入商品生产的劳动(这里所说的生产，包括商品从首要商品生产者到消费者所必须经过的一切行为)不管这个劳动是体力劳动还是非体力劳动(科学方面的劳动)”[②]与此相应，管理者、工程师，只要处于其特定的分工岗位上，仍然可以成为创造价值的总体工人的一员。劳动价值论还指出复杂劳动创造的价值多倍于简单劳动。现代经济的趋势是，管理人员、工程技术人员的比重和在价值创造中的作用越来越大于直接劳动者。现在的绝大部分私营企业家也可能通过其管理、技术的投入以及市场的开拓而参与价值创造，从这个意义上说，他们也参与了价值创造。如果进一步考虑到其技术和管理的劳动是复杂劳动的话，其创造的价值可能多倍于直接劳动者的简单劳动。

---

① 马克思.资本论:第1卷,北京:人民出版社,1975:556.

② 马克思,恩格斯.马克思恩格斯全集:第26卷Ⅲ,北京:人民出版社,1976:476.

其次，关于价值创造和财富创造的区别和联系。

劳动价值论区分了价值创造和财富创造两个方面，但价值创造不能替代财富创造，价值创造只是对财富创造的进一步抽象。社会产品（财富）是价值和使用价值的统一体。财富创造与各种生产要素相关，价值创造只同劳动相关。但是创造价值的劳动过程不能孤立地进行，它必须同整个财富创造过程结合进行。马克思从财富创造过程中抽象出价值创造过程，目的是要从价值关系和价值创造分析中揭示剩余价值的来源。而要研究各种生产要素的作用则要研究财富创造过程。我们在运用劳动价值理论时绝不能将从财富创造中抽象出的价值创造过程代替财富创造过程。这就是马克思和恩格斯在《哥达纲领评判》中针对德国工人党哥达纲领中的“劳动是一切财富和一切文化的源泉”这句话时所说的，“劳动不是一切财富的源泉。自然界和劳动一样也是使用价值（而物质财富本来就是使用价值构成的！）的源泉，劳动本身不过是一种自然力的表现，即人的劳动力的表现。上面那句话……只是在它包含着劳动具备了相应的对象和资料这层意思的时候才是正确的。然而一个社会主义的纲领不应当容许这种资产阶级的说法，对那些使这种说法具有意义的条件避而不谈。”①

第三，关于财富创造的决定性因素。

非劳动生产要素没有成为价值创造的要素，但能成为财富创造的要素。财富的创造需要劳动同各种生产要素的结合，其中包括资本、土地、技术、管理，等等。马克思引用过一句名言：劳动是财富之父，土地是财富之母。这意味着财富的生产需要土地等生产条件。资本、土地等非劳动的生产要素尽管不创造价值，但参与了社会财富的创造。在社会财富创造中，包括劳动在内的各生产要素都做出了贡献。这里特别指出资本在财富创造及价值形成中的作用。根据马克思的分析，包括劳动力和土地等在内的各种生产要素是被资本并入生产过程的。“资本一旦合并了形成财富的两个原始要素——劳动力和土地，它便获得了一种扩张的能力。”②不仅如此，资本还将科学技术并入财富生产过程。“科学和技术使执行职能的资本具有一种不以它的一

① 马克思，恩格斯. 马克思恩格斯选集：第3卷，北京：人民出版社，1976：5.

② 马克思. 资本论：第1卷，北京：人民出版社，1975：663.

定量为转移的扩张能力。”[①]就像现在所讲的科学技术是第一生产力，科学技术要转化为生产力就必须要资本的介入，否则，再先进的科学技术也只能是空中楼阁。

就价值创造来说，资本也不是一点不起作用的。财富的价值构成是 C+V+M。其中 V+M 是新创造价值，C 是转移价值。这个转移价值对价值创造也不是被动的，能能动地起作用。马克思关于劳动生产率与价值论关系的分析，就指出了资本、技术等要素会通过影响在一定劳动时间中(创造价值)创造使用价值总量来影响单位产品的价值量。资本质量的提高，含有更高技术的机器设备都可能会因创造更多的产品而影响价值量，这就是马克思说的：“使用一架强有力的自动机劳动的英国人一周的产品的价值和只使用一架手摇纺车的中国人一周的产品的价值，仍有大得惊人的差别。”[②]而且，劳动也不是均质的，劳动也是被资本导入价值创造过程的。资本雇佣更高质量的活劳动则可能创造更高的价值。

第四，关于先进生产部门。

既然价值是由劳动创造的，能否由此得出结论：劳动消耗多的个别劳动创造的价值高，从而劳动密集型部门创造的价值最高，因而这类部门最先进。回答是否定的。根据劳动价值论，劳动创造的价值有个市场实现问题。就是说，价值量是由社会必要劳动时间决定的。消耗的劳动能否形成价值有个社会(市场)承认问题，超过社会必要劳动时间的劳动消耗不被社会承认，当个别企业采用某种新的要素(如新的工艺或技术)使劳动生产率提高，它可以使其生产产品的个别劳动时间降低，从而获取超额利润；而当全社会都使用这种新的要素时，则全社会劳动生产率提高，便形成新的社会必要劳动时间。劳动密集型部门也是这样，不会因为其劳动密集而创造的价值最高。平均利润率规律的作用不仅会使利润平均化，还会使资本和技术密集的部门获得超额利润。因此，先进生产部门，创造的价值量更高的不是劳动密集型部门，而是资本和技术密集的部门。

劳动价值论不仅分析了劳动生产力的作用，也分析了资本生产力、土地生产力，

---

① 马克思. 资本论：第 1 卷，北京：人民出版社，1975：664.

② 马克思. 资本论：第 1 卷，北京：人民出版社，1975：665.

协作和分工的生产力,管理和技术所产生的生产力。在马克思的分析中这些要素生产力在财富创造中的作用,远远高于劳动生产力的作用。因此,就创造价值的劳动来说,先进的生产要素是复杂劳动;就财富创造来说,先进的生产要素不是一般的劳动,而是技术和知识,资本的作用在于将这些先进的生产要素并入(导入)生产过程。资本是不是先进生产要素,就要看并入生产过程的生产要素的质量。

## 三、按劳分配和按要素分配

劳动价值论自然而然会推导出社会主义条件下按劳分配的必然性。当我们明确了各种非劳动生产要素在财富创造中的作用后同样会推导出我国现阶段的分配结构中按劳分配与按其他要素分配并存的必要性。

在这里需要明确分配结构不仅仅是被动的生产成果的分配,它对生产能起到其他机制所不可替代的作用。从效率考虑,分配机制的功能不只是提高劳动效率,还要提高资源配置效率。不仅要刺激劳动要素所有者的劳动投入,还要刺激资本、技术、管理等要素所有者的各种要素的投入。体制创新的一个重要内容就是在体制上鼓励各个要素的所有者自觉地将要素投入生产力发展过程。显然按要素投入取得报酬就显得非常必要。所谓要素报酬即:按劳动投入、按资本投入、按技术投入、按企业家要素投入取得报酬。

上述要素分配机制的理论阻力是马克思针对资本—利息、劳动—工资、土地—地租这种"三位一体"公式所做的批判。仔细分析马克思的劳动价值论,可以在两个方面说明要素分配与三位一体的区别。首先,在马克思看来,"三位一体"公式的庸俗性在于将资本、劳动、土地都同等地看作是价值的源泉。马克思并没有否认,土地所有权、资本和雇佣劳动成为收入的源泉。[①] 其次,收入分配与价值创造不是同一层面问题。分配理论不一定由价值创造理论来说明。根据马克思的分析,价值创造与劳动相关,分配则与要素所有权相关。资本、劳动、土地、技术、管理等要素属于不同的所

---

① 马克思.资本论:第3卷,北京:人民出版社,1975:934.

有者,分配过程也就是各个要素所有权的实现,就像马克思说的,地租是土地所有权的实现。《资本论》关于剩余价值分割的分析说明了分配中实现要素所有权对提高生产力和增加社会财富所起的积极作用。

在广义的价格理论中,人们把利息率、工资、地租分别看作是使用资本、劳动力、土地等生产要素的价格,这些价格分别在各自的要素市场上形成。这对于有效地配置和使用生产要素起的积极作用是十分明显的。而且,劳动价值论在说明劳动创造价值时,没有否认要素参与分配。可惜的是,长期以来人们将劳动价值论片面理解为劳动的作用,从而进一步将社会主义条件下的分配限于按劳分配,由此导致整个要素配置效率的低下。

实践证明,单纯的按劳分配的局限性非常明显:首先,马克思当年设想的按劳分配只是消费品方式,而在现实中的分配是收入分配。收入中一部分用于消费,一部分用于储蓄。这意味着,收入分配超出了消费品分配的范围。为了动员居民储蓄并转化为投资,就需要有按劳分配以外的分配方式。其次,生产过程是多种生产要素的结合,劳动只是其中的一种要素。在社会主义初级阶段发展生产力的主要约束因素是资本、技术、企业家要素供给不足。单靠按劳分配不可能起到动员劳动以外的要素的作用。

我国目前实行按要素投入取得报酬的机制突出需要解决以下三方面问题。

一是激励知识和技术投入。技术投入的报酬,即技术投入的价值在分配上得到体现,技术开发所付出的成本得到相应的收益。目标是调动科技人员技术开发的积极性,推进技术进步。将技术列入生产价值的劳动,就有其报酬问题。技术人员和管理人员长期的劳动报酬偏低,其理论原因是恩格斯在《反杜林论》中的观点:复杂劳动者创造的价值固然比简单劳动者高,在资本主义条件下形成复杂劳动的教育培训费用是由私人提供的因此其报酬应该比简单劳动者高。而在社会主义条件下,教育和培训费用是由社会提供的,因此复杂劳动者不能提出更高收入的要求,其创造的更高的价值应该完全属于社会。现实中的社会主义社会不是这样。技术和管理人员的教育和培训费用固然有社会提供的部分,但其相当部分还是由私人提供的,更何况还有机会成本。因此技术和管理人员提出更高收入的要求是合理的。

二是激励资本投入。有没有个人财产、有多少财产不能成为政治上先进落后的评价标准,从推动经济增长的目标考虑,财产的来源及对财产的支配和使用的方向则成为政治上先进和落后的评价标准。按此标准,按资分配应该是合理合法,值得鼓励的。居民将一部分不用于消费的收入,购买股票取得股息,购买企业债券取得债息,居民也可提供投资举办企业的途径获取资本收益。

三是激励经营者成为企业家。企业家是一种生产要素,是对管理素质和能力的概括。在马克思的劳动价值论中,对管理有两个方面的界定:第一,它是参与创造价值的劳动;第二,它是资本的职能。这就是马克思说的:"一切规模较大的直接社会劳动或共同劳动,都或多或少地需要指挥,以协调个人的劳动,并执行生产总体的运动……所产生的各种一般职能……这种管理、监督和调节的职能就成为资本的职能。"①作为资本职能,管理投入就应该参与资本收入(利润)的分配,而不是仅仅得到劳动收入。马克思在《资本论》第三卷中把资本分解为作为所有权生息资本和执行职能的资本两个方面。与此相应,资本所产生的利润就分解为利息和企业主收入。②根据马克思的分析,执行职能的资本可能有两种状况,一种是职能资本家同时执行监督和管理的劳动,一种是将监督和管理职能交给别人。在前一种场合,企业主收入中包含了其监督和管理的报酬,而在后一种场合,监督和管理的报酬就同作为企业主收入的利润分离。显然,体现经营者的管理才能及其投入,企业家通过年薪、股份等分配形式参与利润分享,可以促进更多的经营者成为企业家。克服经营者腐败,并鼓励其管理创新。

根据各种要素在财富创造中的作用,在我国现阶段,资本、知识和技术是稀缺的生产要素。这些要素的所有者将会成为财富创造的中心,分配(收入和财产)向这部分要素所有者倾斜是非常自然的。

总而言之,适应批判旧社会转到建设新社会的转变,马克思主义的理论武器也由批判的武器转到建设的武器。马克思的劳动价值论的生命力在于其不是凝固不变的

---

① 马克思.资本论:第1卷,北京:人民出版社,1975:369.

② 马克思.资本论:第3卷,北京:人民出版社,1975:426.

教条,在社会主义的发展阶段,根据建设新社会的要求,进一步认识和研究劳动价值论,仍然可以找到指导改革和发展的理论和方法。

**主要参考文献**

[1] 卫兴华.深入认识劳动价值论中的几个是非问题[J].学术月刊,2001(7).

# 虚拟经济及其引发金融危机的政治经济学分析[①]

由美国次贷危机引发的这场全球性金融危机是20世纪30年代大危机以来最为严重的一次经济危机。政治经济学考察经济过程本质。对这场危机作政治经济学分析，可以从本质上明确这场金融危机产生的原因，从经济规律上了解危机产生的周期性特征，并从根本上寻找防止和克服危机的路径。

## 一、现代金融危机产生于虚拟经济

过去所讲的经济危机基本上都是实体经济领域的危机，表现为生产过剩的危机。而从20世纪90年代以来在资本主义世界发生的危机基本上都表现为金融危机。这里面有没有客观性。可以从马克思的货币理论分析起。

马克思在《资本论》中指出了货币执行流通手段和支付手段时包含着危机的可能性：流通手段能够打破产品交换的时间、空间和个人的限制。纸币流通量超过自己的限度不仅有信用扫地的危险，还可能产生通货膨胀。货币执行支付手段职能可能形成债权债务的链条。当这个链条被打乱时就可能产生货币支付的危机。马克思明确指出这种危机产生的可能性要成为现实性是有条件的，“必须有整整一系列的关系”[②]“这种货币危机只有在一个接一个的支付的锁链和抵消支付的人为制度获得充分发展的地方，才会发生。”[③]根据马克思的逻辑，我们可以从“人为制度”和“整整一系列的关系”等方面寻求导致金融危机的制度性原因。

---

① 本文原载于《经济学家》2009年第11期。

② 马克思.资本论：第1卷，北京：人民出版社，1995：133.

③ 马克思.资本论：第1卷，北京：人民出版社，1995：158.

所谓“人为制度”，根据马克思的分析，首先是资本主义制度。由资本主义制度产生的资本主义基本矛盾是危机产生的根本原因。这已为资本主义世界发生的一次次经济危机所证实。这一次由美国次贷危机引发的全球性金融危机也不例外。现在我们需要在此基础上研究产生金融危机的机理。

马克思指出，由货币的流通手段产生危机的可能性成为现实性，需要“整整一系列的关系”。根据马克思的逻辑和经济运行的实践，这一系列关系可以归结为市场经济关系。商品经济和货币经济都可以说是对市场经济特征的概括，但最能概括市场经济现代特征的是信用经济。根据马克思的分析，在发达的市场经济中，再生产过程的全部联系以信用为基础。从现代企业的融资结构来说，内源融资即自有资本只占其很小的比重，占最大比重的是外源融资，即包括银行贷款和资本市场的股权融资。从这一意义上说市场经济就是信用经济。信用经济的实质是金融经济，金融问题也就成为全局性的宏观经济问题。信用(金融)危机就成为经济危机的主要表现形式。“一旦劳动的社会性质表现为商品的货币存在，从而表现为一个处于现实生产之外的东西，独立的货币危机或作为现实危机尖锐化的货币危机，就是不可避免的。”①这已为从 1997 年开始的东南亚金融危机和其他国家的金融危机所证明。

马克思当时就发现“随着投机和信用事业的发展，它还开辟了千百万个突然致富的源泉。”②这种突然致富的基础就是利用信用这种人为制度的种种投机行为。这可以说是现代各次金融危机产生的主观因素。投机的机制就发生在虚拟经济领域。

首先是在信用形式上产生的虚拟资本，这是指同一笔货币资本可以反复使用而产生虚拟资本。信用包括商业信用和银行信用。商业信用的作用是使经济的扩张、交易的扩张突破现有资本的限制，这就是马克思所分析的，商业不能够用自有的资本把全国的产品买去并且再卖掉。但借助商业信用，就使这种状况成为可能。其机制是，商品买卖采取汇票形式，汇票是一种有一定支付期限的债券。这种汇票直到它们期满，支付之日到来之前，本身又会作为支付手段来流通。③ 这种商业票据的流通便

① 马克思.资本论：第 3 卷，北京：人民出版社，1975：586.

② 马克思.资本论：第 1 卷，北京：人民出版社，1975：651.

③ 马克思.资本论：第 3 卷，北京：人民出版社，1975：450.

代替了货币流通。这时“真正的信用货币不是以货币流通(不管是金属货币还是国家纸币)为基础,而是以汇票流通为基础。”①通过这种单纯流通手段的创造,产生出虚拟资本。

银行信用的作用同样能使经济扩张,它使同一些货币可以充当不知多少次存款的工具,同一货币能够执行多少次借贷资本的职能。其形式有,汇票、支票、发行银行券,以有息证券、国家证券、各种股票作抵押的贷款,存款的透支,未到期汇票的贴现等。同一笔货币资本反复使用,就产生虚拟资本。这种在信用流通上产生的虚拟资本在现实中就是信贷膨胀。这种状况在20世纪80年代末日本产生的泡沫经济表现得最为明显。当时盛行所谓的低成本扩张和负债经营导致日本出现信贷泡沫,在无限制贷款而资本无法回流的情况下,信用无法持续,最终因泡沫经济被打破而经济出现了持续十年左右的衰退。

其次是在收入资本化形式上产生的虚拟资本。就如马克思所说:“人们把虚拟资本的形成叫作资本化,人们把每一个有规则的会反复取得的收入按利息率计算。把它算作按这个利息率贷出的资本会提供的收入,这样就把这个收入资本化了。”②债券、股票等证券的收入都可依据利息率资本化,从而都可成为虚拟资本。这些证券所筹集的资本进入企业运行,形成实体经济的运行。但它们作为所有权证书存在,实际上代表对于未来收益的索取权,因此可以进入市场流通。用于投资的房地产也有这种特征。在证券和房地产流通市场上,股票、债券和房地产的价格有独特的运动和决定方法。一方面“它们的市场价值会随着它们有权索取的收益的大小和可靠程度而发生变化”。另一方面它们的“市场价值部分地有投机性质,因为它不是由现实的收入决定的,而是由预期得到的、预先计算的收入决定的”③。利息率变化、进入市场的证券数量、投机心理、虚假信息、操纵市场等因素都会导致其市场价值远远脱离其现实资本的价值。因此,证券市场实际上是投机性市场,投机过度就产生泡沫经济。1997年爆发的东南亚金融危机基本上就是由证券和房地产市场上投机过度造成的。

---

① 马克思.资本论:第3卷,北京:人民出版社,1975:451.
② 马克思.资本论:第3卷,北京:人民出版社,1975:528.
③ 马克思.资本论:第3卷,北京:人民出版社,1975:530.

2001 年美国华尔街出现的信用危机,就是安然、世通等公司利用证券市场上的投机机制,弄虚作假,操纵股价导致的。

第三是金融衍生工具形式产生的虚拟资本。马克思当时从股票债券等虚拟资本中发现,一切资本具有了倍数增加的能力。这样,“在一切进行资本主义生产的国家,巨额的所谓生息资本或货币资本都采取这种形式。货币资本的积累,大部分不外是对生产索取权的积累,是这种索取权的市场价格即幻想资本价值的积累。”[①]虚拟资本这种使货币资本倍数增加的机制就产生了强烈的创造虚拟资本的诱惑。后来的金融创新可以说基本上都是围绕着创造虚拟资本进行的。恩格斯在修订《资本论》第三卷时发现,市场上出现了单纯为了购买某种有息证券而成立的金融公司:“资本这种增加一倍和两倍的现象,例如,已由金融信托公司大大发展了。”[②]这些金融公司单纯投资于证券,而不是投资于实体经济,由此使虚拟资本进一步膨胀。它使虚拟资本的市场价值越来越看不到现实资本的影子。特别是从 20 世纪 90 年代起,随着信息化的发展,以美国为首的西方国家的金融创新速度大大加快。创造出一系列的金融衍生工具,如金融期货、股票指数、期权等。虚拟资本的数量也大大增加,据有关资料显示,每天在各类资本市场上交易的虚拟资本是现实资本的数十倍。

在现代,金融工具创新的主要方式是创造金融衍生工具。金融衍生工具从一定意义上说是投机工具,衍生工具交易也就是转嫁风险。2007 年美国次贷危机产生的直接原因是金融创新过度,衍生工具创造过度。当时的金融创新实际上把实体经济也虚拟经济化了。例如,房地产供给增加时为刺激需求,金融机构进行抵押贷款,即使是对信用能力弱的也提供贷款。金融机构再将这些债权证券化后出售。购买的这些债权又都要利用银行信贷。因此形成的证券买卖的链条不仅长,尤其因带有投机性而产生数额巨大的虚增部分。这样一旦其中某个环节(支付债务和还贷)中断,由此爆发的危机就是全局性的,而且因其虚增部分太大而导致整个金融系统的破坏。2007 年发生次贷危机一年后雷曼兄弟破产从而爆发全球性金融危机,就说明这

---

① 马克思.资本论:第 3 卷,北京:人民出版社,1975:531.

② 马克思.资本论:第 3 卷,北京:人民出版社,1975:533.

一点。

美国这场在房地产金融领域中产生的次贷危机迅速蔓延到整个金融系统,不仅同金融机构的无节制放贷相关,也同银行的资本结构相关。马克思当时就发现:“银行家资本的最大部分纯粹是虚拟的,是由债权(汇票),国家证券(它代表过去的资本)和股票(对未来收益的支取凭证)构成的。……它们所代表的资本价值也完全是虚拟的。”①这也可以说明,为什么美国的次贷危机一发生就迅速向银行蔓延,并使花旗银行等大银行濒临破产。银行资本结构以虚拟资本为主,银行对虚拟经济领域中的过度投机不但没有抗风险能力,甚至能与其同流,产生整个金融领域的危机就是必然的了。

这次发生在美国的金融危机很快就蔓延到全世界,即使是经济一直健康发展的国家都无一幸免。这要从金融全球化的趋势说起。早在 19 世纪末 20 世纪初资本主义进入帝国主义阶段时,列宁就发现,“帝国主义是金融资本和垄断的时代,金融资本和垄断到处都带有统治的倾向而不是自由的倾向。”②金融资本对其他一切形式的资本的优势,“表明少数拥有金融实力的国家比其余一切国家都突出。”③经过接近一个世纪的发展,经济进入全球化阶段,其特征就是金融全球化,表现为:货币的自由兑换及货币的全球化,金融市场(货币和资本市场)的全球化,虚拟经济的全球化,资本的自由流动,由贸易全球化产生的全球性支付关系。由于美国是拥有金融实力的国家,其一旦发生危机,必然通过金融全球化的通道,迅速向全世界蔓延。

## 二、现代金融危机的实质还是实体经济的危机

以上从虚拟经济领域中难以避免的投机过度和欺诈性来说明金融危机的引发因素。现在需要进一步研究产生金融危机的更深层次的原因,也就是说明其本质。马克思对资本主义经济危机有一个明确的判断,即生产相对过剩。其根本原因是资本

---

① 马克思.资本论:第 3 卷,北京:人民出版社,1975:532.

② 列宁.帝国主义是资本主义的最高阶段,111.

③ 列宁.帝国主义是资本主义的最高阶段,53.

主义私人占有和社会化大生产这个基本矛盾。这个基本矛盾导致了生产的无限扩张和人民群众消费需求相对缩小的矛盾。这个矛盾发展到一定程度就爆发经济危机。根据我们的观察,现在在资本主义国家金融领域爆发的一次次危机,其根本原因仍然没有超出马克思当时的判断。

首先,从虚拟经济与实体经济的关系分析,金融危机产生的直接原因是虚拟经济过度背离实体经济。信用产生虚拟资本的量是有边界的,超出这个边界就可能产生危机。由信用形式产生虚拟资本不只是产生商品的生产和流通突破流通手段量而实现扩张的正效应,也可能产生泡沫经济的负效应。由于信用形式的虚拟经济的存在,"市场的联系和调节这种联系的条件,越来越采取一种不以生产者为转移的自然规律形式,越来越无法控制。"①资本主义生产的规模"取决于这种生产的规模和不断扩大生产规模的需要,而不取决于需求和供给、待满足的需要的预定范围。"在大量生产中,产品只要卖出,在生产者看来,一切都正常。而实际上直接的购买者可能是借助信用的大商人,而不一定是消费者。"只要再生产过程不断进行,从而资本回流确有保证,这种信用就会持续下去和扩大起来。"②一旦由于回流延迟,市场商品过剩,信用将会收缩。"只要信用突然停止,只有现金支付才有效,危机显然就会发生。"③这次美国次贷危机的产生就是这样。次贷之类的信用造成了房地产市场的虚假繁荣,一旦超出实体经济支持的界限,信用停止,危机就爆发。

其次,从金融创新的动机分析,尽管金融创新有适应现代市场经济发展的一面,但金融创新的基本目标是金融资本为了谋求垄断利润。就如列宁所描述的:"集中在少数人手里并且享有实际垄断权的金融资本,由于创办企业、发行有价证券、办理公债等而获得大量的、愈来愈多的利润,巩固了金融寡头的统治,替垄断者向整个社会征收贡税。"④现在谋求高额利润的途径还有无节制的放贷和创造金融衍生工具。马克思当时研究了 19 世纪发生在英国的几次经济危机的起因,发现大都同银行信用相

① 马克思.资本论:第 3 卷,北京:人民出版社,1975:273.

② 马克思.资本论:第 3 卷,北京:人民出版社,1975:546.

③ 马克思.资本论:第 3 卷,北京:人民出版社,1975:555.

④ 列宁.帝国主义是资本主义的最高阶段,47.

关:诱人的高额利润,使人们远远超出拥有的流动资金所许可的范围来进行过度的扩充活动,不过,信用可加以利用,它容易得到,而且便宜。而且,用未售的商品作担保得到的贷款越是容易,这样的贷款就越是增加。在这种信用条件下,谁都不会放过这种大好机会,"结果必然造成市场商品大量过剩和崩溃。"①金融创新不仅给金融资本提供谋求高额利润的机会,也会被某些经营者所利用。例如,为刺激经营者金融创新设计了期权刺激,将经营者报酬与公司的市场价值挂钩,由此就产生安然、世通等公司的CEO做假、虚报利润、人为抬高股价等行为,造成股票市场上的危机,给普通股民造成重大损失。

第三,从生产和消费需求的关系分析,生产和消费在时间和空间上是分开的。现实中两者发生冲突的原因就同生产目的相关。"因为资本的目的不是满足需要,而是生产利润,因为资本达到这个目的所使用的方法,是按照生产的规模来决定生产量,而不是相反,所以,在立足于资本主义基础的有限消费范围和不断地力图突破自己固有的这种限制的生产之间,必然会不断发生冲突。"②在资本主义经济中,生产只受社会生产力的限制,大工业生产方式具有一种跳跃式地扩张的能力。市场实现则受社会生产比例和社会消费力的限制。就社会消费力来说,马克思认为,它"既不是取决于绝对的生产力,也不是取决于绝对的消费力,而是取决于以对抗性的分配关系为基础的消费力;这种分配关系,使社会上大多数人的消费缩小到只能在相当狭小的界限以内变动的最低限度。这个消费力还受到追求积累的欲望的限制。"生产的条件和实现的条件的矛盾表明,生产的无限扩张要求市场不断扩大,但"市场的联系和调节这种联系的条件越来越采取一种不以生产者为转移的自然规律的形式,越来越无法控制。"因此,"生产力越是发展,它就越和消费关系的狭隘基础发生冲突。"③其结果是爆发生产过剩的危机。

金融创新可以从生产和消费两个方面加剧生产无限制扩张和人民群众消费需求相对缩小的矛盾。在生产方面,"信用每当遇到特殊刺激会在转眼之间把这种财富的

① 马克思.资本论:第3卷,北京:人民出版社,1975:459.
② 马克思.资本论:第3卷,北京:人民出版社,1975:286.
③ 马克思.资本论:第3卷,北京:人民出版社,1975:273.

非常大的部分作为追加资本交给生产支配”①。面对生产的无限制扩张，为防止和克服可能的经济危机，可能的途径就只能是扩大消费。从理论上讲，扩大消费的最为可靠的途径是改变对抗性的分配关系，提高劳动者收入，从而提高社会消费力。但资本主义制度下是不可能这样做的。如果能这样做就不是资本主义了。这些国家能够做的是通过金融创新来创造市场需求。以下的分析将发现，金融创新从消费方面缓和生产和消费矛盾的同时也在积累矛盾，催生破坏性更大的危机。

由对生产的信贷扩大到对消费的信贷，可能大大提高消费力，从而使生产的扩张突破现有的消费能力的限制。其中发行信用卡，可以说是鼓励提前消费的一种金融创新。其意义是当前的消费不受当前收入水平的限制，可以把明天的收入用于今天的消费。在房地产供给迅猛增加，超出有支付能力的消费需求出现泡沫时，银行和金融机构提供购房贷款，即使是信用能力低的次贷申请人也能得到购房贷款。这就在表面上提高了市场购买力。发放房贷的金融机构再将这些债权证券化，把债务组合分割，衍生出多种金融产品，卖给一个个投机者，由此又释放出数额巨大的流动性(流通中货币)。所有这些金融创新活动创造了短时期的市场的虚假繁荣。同时也积累各种风险。随着越来越多的购房者无力还贷，次贷风险日益加剧，次贷危机的爆发就是必然的了。发行次贷并出售次贷之所以能推行，就是以为这种金融创新能够刺激起市场需求，繁荣房地产市场。其实质还是华尔街的贪婪，为追求高额利润而不惜一切，丧失道德。但是经济规律是不以人的意志为转移的，最终还是虚拟经济抵挡不住实体经济，爆发实体经济领域的危机。就如马克思所描述的：“在再生产过程处于非常繁荣状态时，商品的一大部分只是表面上进入消费，实际上是堆积在转卖者的手中没有卖掉，事实上仍然留在市场上。这时，商品的潮流一浪接一浪地涌入市场。于是市场上形成激烈竞争。后涌入的商品为了卖掉只好降低价格出售，以前进入市场的商品尚未变成现金，支付期限已经到来，商品持有者不得不宣告无力支付。这种出售同需求的实际状况无关。同它有关的，只是支付的需求，只是把商品转化为货币的绝

---

① 马克思.资本论：第1卷，北京：人民出版社，1975：693.

对必要。于是危机爆发了。"①

最后,美国爆发的这次危机,是马克思所揭示的平均利润率下降规律及其影响的最好说明。所谓平均利润率下降,指的是资本边际收益递减。反过来就是增加每一单位利润所需要的资本递增。就如马克思指出,平均利润率下降,就会产生资本过剩。其突出表现是进入实体经济部门的资本最低限额提高了。因此,"大量分散的小资本被迫走上冒险的道路:投机、信用欺诈、股票投机、危机。"②20 世纪 80 年代起美国产生了以信息技术为代表的新经济,使美国经济有持续 20 多年的经济增长。进入 21 世纪,经济衰退已见端倪,表现在 21 世纪初的 IT 泡沫破灭。这本身反映平均利润率下降规律的作用。为阻止平均利润率的下降,从政府到金融资本家都是借助投机和信用机制。美联储实施宽松的货币政策,金融机构推行一系列的从虚拟经济方面创造需求的金融创新,大量发行消费信贷,鼓励举债消费,发行各种金融衍生工具,造成资本市场的巨大泡沫,企图延缓经济衰退,阻止平均利润率下降。所有这些行为所产生的后果就是马克思说的:"会削弱资本的那种和资本一同发展起来并以这些预定的价格关系为基础的支付手段职能,会在许多地方破坏一定期限内的支付债务的链条,而在和资本一同发展起来的信用制度因此崩溃时会更加严重起来,由此引起强烈的严重危机。"③马克思在这里所揭示的正是这次金融危机爆发的机理。

## 三、以有效的政府干预和制度调整克服市场失败

经济危机的产生暴露了生产力和生产关系的矛盾,因此,政府介入的反危机措施不仅涉及各种解救经济的应急性调控措施,也会涉及针对暴露出的矛盾所做的制度调整。对资本主义国家来说,恰恰是靠危机中的制度调整,资本主义经济制度得以继续生存和发展。研究这次世界金融危机爆发以后,各个国家政府所采取的一系列措施,可以发现在现代经济条件下克服市场失败的路径。

---

① 马克思.资本论:第 2 卷,北京:人民出版社,1975:89.

② 马克思.资本论:第 3 卷,北京:人民出版社,1975:279.

③ 马克思.资本论:第 3 卷,北京:人民出版社,1975:283.

20 世纪 30 年代的大危机就证明了长期占统治地位的依靠市场机制自我调节的自由主义理论的破产。凯恩斯理论被认可也就是认可了国家干预宏观经济的必要性。根据凯恩斯理论,美国政府采取国家干预的措施才使美国乃至世界经济摆脱这场大危机。但在此以后的几十年里,资本主义国家进入相对稳定阶段,由此反对国家干预信奉市场自我调节的新自由主义又流行起来,甚至在我国的经济学界也有很大影响。进入 21 世纪后,美国及其他西方国家经济衰退的压力越来越明显,此时美国所进行的一系列在虚拟经济领域中的金融创新实际上是力图利用市场的自我调节机制来克服宏观经济的不均衡问题并阻止经济衰退,甚至直到 2007 年美国发生次贷危机,政府也没有迅速反应及时干预,酿成 2008 年全球性金融危机。这次金融危机的爆发再次宣告了单纯信奉市场自我调节的新自由主义的破产,证明了依靠市场的自我调节不能解决宏观经济和经济衰退问题。

面对自我调节的市场机制的失败,在世界金融危机产生后,各个国家的政府迅速采取了大力度救市的干预措施。如美国政府实施 7 000 亿美元的刺激经济计划,对濒临破产的大银行推行国有化计划,西欧各国中央银行普遍降息的计划,等等。应该肯定各国政府及时大力度救市可能阻止经济下滑,不至于像 20 世纪 30 年代大危机那样进入长期萧条阶段。从各个国家实施政府救市的干预政策的效果看,政府干预宏观经济是必要和有效的。在这次危机中美国政府干预经济的一个重要方式是对某些濒临破产的金融机构和公司实行国有化,例如美国政府收购花旗银行的股权,或者说持有其股权。对这种国有化有人认为是“社会主义化”。其实不然。这是利用国家资本挽救濒临破产企业的一种方式。当这些企业被救过来后,政府还会通过出售股权的方式进行“非国有化”。其实质还是国家垄断资本主义。就如当年列宁所揭示的:“国家的垄断不过是提高和保证某个工业部门快要破产的百万富翁的收入的一种手段罢了。”[①]显然,美国政府这次所推行的“国有化”虽然有控制金融危机蔓延和深化的效果,不可否认也有保证快要破产的金融资本家的收入的作用。

美国最近几次爆发金融危机的事实不仅一次次宣告市场自我调节的失败,而且

---

① 列宁.帝国主义是资本主义的最高阶段.北京:人民出版社,1974:33.

对作为政府干预理论基础的宏观经济理论提出挑战，从而牵动宏观经济理论的突破。

首先是宏观经济的范围扩大到资本市场上的资产价格总水平。

20 世纪 90 年代以来在世界上发生的经济危机都表现为金融危机，这一现实对传统的宏观经济理论和政府干预政策提出了挑战。在此以前的经济危机，特别是 20 世纪 30 年代大危机，都直接在实体经济领域中产生，表现为生产过剩。与此相应的宏观经济理论也是从实体经济的三大市场(商品市场、就业市场和货币市场)来分析宏观经济的总量均衡问题。政府干预理论也主要限于在实体经济中的总供给和总需求的均衡，政府所要调节的总量指标主要是商品市场上的价格总水平，就业市场上的就业总水平，货币市场上的利率总水平。即使是所涉及的金融问题也主要分析货币市场上的货币供给和货币需求，其研究视角也限于其对商品价格总水平和就业总水平的影响。

而现在世界上特别是在资本主义世界发生的经济危机基本上是在虚拟经济领域产生的。影响宏观经济均衡的市场不仅是商品市场上的价格总水平，就业市场上的就业总水平，货币市场上的利率总水平，更是有资本市场上的资产价格总水平。资本市场上资产价格总水平不仅有相对独立的决定因素，而且能独立地影响宏观经济的均衡，过度投机造成的资产价格膨胀，形成没有实体经济支持的泡沫经济，通货膨胀随之而来。泡沫经济一旦被打破，资产价格迅速缩水，通货紧缩和经济衰退随之而来。因此，资本市场和虚拟经济必须进入宏观经济分析的范围，资产价格水平必须成为宏观监测的指标，虚拟经济必须成为政府监控的对象，特别是要控制在虚拟经济领域金融创新的度。

其次是虚拟经济领域成为市场失败的主要方面，从而成为政府监管的重点。

过去我们所说的市场失灵都反映在实体经济领域，如外部性和垄断等。因此政府干预所要关注的也在实体经济领域。近年来所发生的几次经济危机都在虚拟经济领域中引发，反映在虚拟经济领域中的失信和过度投机。这些问题不但不可能靠市场的自我调节克服，而且市场机制的运行还可能有自我增强的功能。其原因就是虚拟资本的价值在马克思看来是“幻想资本价值的积累。”[①]问题不仅仅是过度投机所导致的虚拟资本脱离实体资本，还在于流通中的证券和衍生的金融工具中“有惊人巨大的数额，代表那种现在已经败露和垮台的纯粹欺诈营业；其次，代表利用别人的资本进行的已告失败的投机；最后，还代表已经跌价或根本卖不出去的商品资本，或者永远不会实现的资本回流。”[②]马克思在100多年前揭示的这些问题在现代的虚拟经济领域中比比皆是，因此提出了政府加强金融监管的必要性。而在过去相当长的时间中，虚拟经济领域可以说是金融监管的盲区。

早在2002年美国出现的安然公司造假并破产导致股市濒临崩溃事件，表明虚拟经济领域中的许多问题可以归结为诚信缺失和道德风险。资本市场的诚信机制不能仅依靠自律，必须突出他律。他律，就是要政府介入，加强法制约束和监管力度，由此促使美国出台了《萨班斯奥克斯利法》，其基本内容是以较为严格的会计审计制度，对市场各个主体行为进行监控，加强对资本市场失信行为的惩处力度。这个法律出台，恰逢美国金融体系竞争力下降之时，再加上美国一直信奉市场自我调节的自由主义，又促成了美国放松金融监管的决心并于2006年出台了《金融服务管制放松法》，2007年美国次贷危机的爆发并引发2008年全球性金融危机，从一定意义上说是对美国放松金融监管的惩罚。

这次全面危机的爆发迫使美国政府在2009年6月发布《金融监管改革——新基础：重建金融监管》法案。该法案确立了政府在危机处理中的核心地位，试图实施无盲区的全面监管，着力解决金融监管机构之间的协调和制衡问题。从美国金融创新失控和过度的实践看，金融监管的重点，应该规范金融衍生工具的创造。金融衍生工具的创新对虚拟资本的创造具有明显的杠杆效应。这也是对虚拟经济脱离实体经济的支持的杠杆效应。这次次贷危机所引发的世界性金融危机就同此直接相关。因此国家特别要规制金融衍生工具的创造，使之严格控制在可控范围，控制在实体经济支持能力的范围。

---

① 马克思.资本论：第3卷，北京：人民出版社，1975：531.

② 马克思.资本论：第3卷，北京：人民出版社，1975：555.

第三是利用虚拟经济的机制反危机。

虽然这场世界性金融危机的直接导火线是虚拟经济领域的过度投机，但这种机制的存在又可被国家对宏观经济的调控加以利用。

金融危机从虚拟经济领域产生，其后果是打击实体经济，造成经济衰退。危机到来后，政府毫无疑问要着力挽救实体经济，以保增长来阻止经济衰退，以保就业来减少失业。需要指出的是，在现代经济中已经存在虚拟经济的机制。这个机制导致了经济危机，同样也可以被利用来反危机。面对危机阶段市场需求的加剧下降，政府的重要干预是在财政上实施减税和增加政府需求两个方面的措施。企业和居民在危机阶段或者缺乏投资和消费信心，或者因收入下降而缺乏投资和消费能力。政府实施这种积极的财政政策，既是直接增加投资和消费需求，也是作为示范和导向带动社会需求，从而起到保增长和保就业的作用。在 20 世纪 30 年代大危机中，面对市场有效需求的严重不足，凯恩斯甚至开出了赤字财政的药方。在实际的操作中，政府无论是实施积极的财政政策还是宽松的货币政策，都需要利用包括虚拟经济在内的金融机制。

一是对信贷机制的利用。在马克思的经济周期分析中，信用对经济周期起着关键性作用。“通货的大调节器是信用”。[①] 繁荣阶段，信用扩张，借贷资本相对宽裕；危机爆发，信用突然停止，借贷资本绝对缺乏。因此，在经济衰退时，与其说是需求不足，不如说是信用不足。基于这种周期性特征，作为反危机措施的扩大需求的主要途径就是扩大信用，就是马克思说的，“只要银行的信用没有动摇，银行在这样的情况下通过增加信用货币就会缓和恐慌，但通过收缩信用就会加剧恐慌。”[②]加大信贷投放、活跃信用、启动闲置的产业资本就是推动经济走出危机阶段的主要路径。这次金融危机骤然而至，市场需求骤减，流动性严重不足，许多企业的资金链断裂。在这种情况下放松信贷管制，扩大信贷投放，就可挽救一批企业，而且政府扩大需求也需要信用提供资金支持。

---

① 马克思.资本论：第 3 卷，北京：人民出版社，1975：590.

② 马克思.资本论：第 3 卷，北京：人民出版社，1975：585.

二是对虚拟资本市场的利用。在现实的市场机制运行中，资本市场机制与商品市场机制的方向不完全一致。商品的需求是用于消费，因此商品市场价格同需求呈反向变化。而资本需求是用于增值，因此资本市场价格变动与其需求呈正向变化，就是说，股票、房地产等是买涨不买跌。现在属于虚拟经济的金融资产在企业和居民的资产组合中已占越来越大的比重，虚拟经济的市场状况会产生明显的财富效应。从一定意义上说，虚拟经济是信心经济，正因为存在这样的机制，资本市场对实体经济市场的反应最为敏感，甚至对实体经济的周期性变化具有明显的推波助澜作用。实体经济市场趋好时，资本市场的过度投机可能造成泡沫经济，从而导致虚假的市场繁荣；而一旦泡沫被打破，资产价格就一泻千里，投资者的资产严重贬值和缩水，从而导致实体经济市场需求的锐减。而在经济处于危机阶段，商品市场需求低迷时，最为重要的是在虚拟资本市场上提振信心，活跃房地产和股票市场，通过财富效应刺激消费和投资需求、带动实体经济的市场活跃。从我国近几次经济周期的实践看，在实体经济市场处于低迷时，刺激房地产市场需求，对实体经济的好转有明显的带动作用。

最后需要指出，美联储前主席格林斯潘在十年前声称“西方特别是美国运行的资本市场是一种优越模式”，然而 21 世纪初美国华尔街爆发诚信危机，2007 年美国爆发次贷危机并引发 2008 年世界金融危机打破了这个神话。与此同时，中国经济的国际影响力大大增强，经济制度的中国模式也受到了广泛的重视。这将进一步引发我们对经济制度的政治经济学思考。

**主要参考文献**

[1] 马克思. 资本论 1～3 卷[M]. 北京：人民出版社，1975.

[2] 列宁. 帝国主义是资本主义的最高阶段[M]. 北京：人民出版社，1974.

[3] 中国社科院金融研究所课题组. 美国金融监管改革最新进展[J]. 金融论坛，2009(26).

# 发展马克思主义政治经济学的几个问题①

马克思主义政治经济学是中国特色社会主义理论的重要理论基础。中国特色社会主义理论的形成是与马克思主义政治经济学在新的历史条件和社会经济条件下的创新发展分不开的。社会主义实践、当代资本主义新变化和经济全球化都在推动着马克思主义政治经济学的发展。马克思主义政治经济学中国化的一系列重大理论创新,为建设中国特色社会主义提供了科学的理论指南。

## 一、关于政治经济学的研究对象

对政治经济学的研究对象迄今为止存在不同观点。以《资本论》为代表对资本主义经济的分析以生产关系为对象,应该说学术界对此是基本认可的。而在进入社会主义社会后,发展社会主义经济面临着发展生产力的任务,由此就提出生产力能否成为政治经济学研究对象问题。正在推进的经济改革对政治经济学提出的重大问题是,经济制度和经济体制尽管主要是生产关系问题,但作为制度和体制不可避免涉及上层建筑,而且又有大量的经济运行问题。由此提出的问题是,上层建筑或者其中哪一部分成为政治经济学的研究对象。

政治经济学作为一门经典的经济学科,其研究对象在创立时就是明确的。面对某个社会的社会经济关系,面对生产力和生产关系之间的社会基本矛盾,政治经济学致力于研究生产关系,研究一定社会生产关系产生发展和灭亡的规律。生产力对生

① 本文原载于《政治经济学评论》2010年第1期。入选《中国马克思主义研究前沿》2010年卷,中国社会科学出版社2011年版。

产关系的产生发展和灭亡起着决定性作用，由此政治经济学研究生产关系必然要研究生产力。这样，政治经济学的研究对象可一般地规定为研究一定生产力水平基础上的生产关系，或者说是研究一定社会的生产力和生产关系的相互关系。马克思主义经济学面对资本主义经济关系的分析，是要说明其生产关系对生产力的阻碍作用，而面对社会主义初级阶段经济关系的分析，是要说明以发展生产力推动社会主义经济关系的发展问题。

马克思主义政治经济学以生产作为研究的出发点，原因是生产包含了生产力和生产关系，生产以及随生产而来的产品交换和分配是一切社会经济制度的基础。马克思当时所研究的生产主要限于物质资料生产，服务业也只是限于生产过程在流通领域继续的部分，如运输、包装、保管等。而经济发展到现代，服务业发展迅速，服务领域不断扩大，服务产品成为社会财富的越来越大的部分，服务也越来越多地进入劳动者的消费范围。服务业也作为第三产业与工业和农业并列进入国内生产总值的核算。这样，服务业也就进入了政治经济学研究的视野。马克思关于物质生产领域中经济关系分析的逻辑和方法同样可以用于服务领域的政治经济学研究。

政治经济学以生产关系为对象，但不排斥对生产力的研究，是在与生产关系的相互作用中研究生产力。马克思指出："不论生产的社会的形式如何，劳动者和生产资料始终是生产的因素。但是，二者在彼此分离的情况下只在可能性上是生产因素。凡要进行生产，它们就必须结合起来。"①如果抽去各种社会生产的社会形式，生产就是劳动者和生产资料的自然的或技术的结合方式。政治经济学考察的是对生产关系产生决定性影响的生产力问题。现阶段对生产力的研究有两个方面值得注意。

一是关于推动生产力发展的动力和源泉。生产力要素包含劳动者、劳动资料（生产工具）和劳动对象等要素，生产力的发展水平体现在这些要素的质量上，其中劳动者是生产力中首要的、能动的和最为活跃的因素。而在现实中，又有科学技术是第一生产力的说法。这同生产力三要素的规定有无矛盾？回答这个问题需要区分生产力要素和发展生产力的源泉。协作、社会分工、科学技术不是生产力要素，但是推动生

---

① 马克思.资本论：第2卷，北京：人民出版社，2004：44.

产力发展的源泉和动力。就如马克思所说,生产力发展“归结为发挥着作用的劳动的社会性质,归结为社会内部的分工,归结为脑力劳动特别是自然科学的发展。”[①]随着社会经济的发展,对生产力发展起决定性作用的源泉的地位也会发生变化。例如,社会分工曾经对社会生产力的进步起过决定性作用,现在仍然起着重要的作用。在现阶段,科学技术对生产力发展的决定性作用越来越明显,成为第一生产力。科技的作用不仅表现为劳动者、生产资料等生产力要素质量的提高,而且作为内生的要素直接推动生产力水平的提高。

二是关于先进社会生产力。各个社会发展阶段都会存在多层次的生产力水平,生产力的发展水平存在时间和空间的差别。在时间上,生产力发展水平的每一阶段都具有相对于前一阶段的先进性,每一阶段又具有相对于后一阶段的落后性;在空间上,不同国家,不同地区生产力的发展水平会有很大差别。这就有先进生产力和落后生产力的差别。政治经济学对不同层次生产力的研究,特别关注该社会占主导的生产力,这种生产力影响该社会生产关系性质。由于每个社会都存在多种层次的生产力,一定社会生产关系必须为多层次生产力提供发展的空间,特别是要为发展先进的社会生产力提供充足空间,建立与代表先进生产力发展方向的生产关系,可以解放和发展生产力,释放先进社会生产力的发展潜力和能量。

我国的经济改革可以说是生产关系的调整和完善,作为生产关系现实形式的经济制度、经济体制就成为政治经济学研究对象的现实载体。对经济制度和经济体制的研究又会牵动政治经济学研究对象的拓展。

首先,虽然上层建筑不是政治经济学的研究对象,但是根据马克思关于经济基础和上层建筑关系的分析,政治经济学研究生产关系的总和即经济基础时也会在一定范围联系上层建筑,特别是经济制度作为反映社会性质的根本性制度,很大部分属于上层建筑。当然,经济改革所推进的经济制度的调整,虽然牵动上层建筑的变化,但从根本上说,还是反映生产关系的属性。就像我们改革中所明确的社会主义初级阶段的基本经济制度,一方面我国实行社会主义基本经济制度,反映的生产关系的基本

---

① 马克思.资本论:第3卷,北京:人民出版社,2004:96.

属性没有改变。另一方面我国还处在社会主义初级阶段,并确认社会主义初级阶段基本经济制度,这可以说是适应生产力发展的生产关系的局部调整。同时,政治经济学所要研究的上层建筑主要是影响生产关系的保护产权和规范经济运行的法律制度、产业政策、公共财政和干预市场的宏观调控政策等。

其次,经济体制和与经济体制安排相关的经济运行进入政治经济学的视野。按照一般的理解,与生产力发展相关的经济效率的高低与生产关系相关,经济效率低就应该从生产关系的不适应来说明。实际情况是,经济效率反映资源配置的效率,反映经济运行的质量,效率高低并不完全由生产关系来说明,而是由经济体制来说明。经济体制是指某一社会生产关系的具体形式,它不完全是围绕经济制度而建立的,而主要是围绕资源配置建立的现实的经济形式。因此,经济体制的变革,既要反映经济制度的本质要求,又需要反映经济运行的效率和质量的要求。就反映经济制度的要求来说,必须根据社会主义初级阶段基本经济制度的要求改革经济体制。由于经济运行的质量和效率不完全出自经济制度,很大程度上是资源配置问题,因此,即使是建立了适应生产力发展的经济制度,但作为其现实形式的经济体制,并不一定都能适应生产力发展的要求,也需要适时调整和改革。在现阶段提高经济运行的效率和质量的有效途径是,以市场机制作为资源配置基本方式,也就是建立市场经济体制。市场经济体制要反映社会主义经济制度的本质要求,就要同社会主义经济制度相结合。这是在坚持社会主义基本制度的前提下,在经济运行机制方面寻求新的制度安排。

## 二、关于政治经济学的阶级性和任务

前一时期,受“普世价值”的影响,经济学界也产生淡化政治经济学阶级性的倾向,强调其提供超阶级的一般经济学理论的一面。实际上,以生产关系为对象的政治经济学涉及经济关系和经济利益,其阶级性是显然的。

马克思在创立马克思主义政治经济学时,充分揭示了政治经济学的阶级性。马克思指出,代表资产阶级利益的“政治经济学所研究的材料的特殊性质,把人心中最激烈、最卑鄙、最恶劣的感情,把代表私人利益的复仇女神召唤到战场上来反对自由的科学研究”①。马克思创立的政治经济学,公开主张和维护无产阶级利益,为无产阶级和全人类的解放事业服务。他依据劳动价值论,建立了科学的剩余价值理论,发现了资本主义剥削的秘密,由此找到资本主义社会的掘墓人,敲响了资本主义的丧钟。马克思主义政治经济学的阶级性,不仅表现在对资本主义的批判,还在于为无产阶级揭示了理想社会。这就是被马克思称为“自由人联合体”的社会主义社会和共产主义社会。马克思在批判资本主义经济关系过程中,合乎逻辑的推导出未来社会的基本经济特征,反映无产阶级对未来社会的向往和为之奋斗的决心。在社会主义社会建立起来以后,马克思主义政治经济学又提供建设新社会的理论武器,反映广大人民群众的根本利益。

政治经济学的本质属性,在不同历史发展时期有着不同的要求。对旧社会,它是批判的武器,目标是埋葬这个社会。在新社会,它是建设的指南,目标是建设这个社会。由于现实的社会主义国家与资本主义国家并存,由政治经济学的阶级性决定,它还保留着对资本主义的批判职能。

认识政治经济学的任务必须关注马克思的一段话:“无论哪一个社会形态,在它所能容纳的全部生产力发挥出来以前,是决不会灭亡的;而新的更高的生产关系,在它的物质存在条件在旧社会的胎胞里成熟以前,是决不会出现的。”②这里有两层含义。第一,任何生产关系的产生和发展都取决于其物质条件即生产力的发展水平,这就是生产关系一定要适合生产力性质。第二,一定社会的生产关系是相对稳定的,只要它能容纳生产力的发展,就会继续存在并发挥作用。我们可以依据马克思的这个重要原理认识现代资本主义和实践中的社会主义,特别是由此出发认识社会主义初级阶段的生产关系安排。

马克思主义政治经济学是不断发展的科学。每一个时代的理论思维,都是一种历史的产物,“它在不同的时代具有完全不同的形式,同时具有完全不同的内容。”③马克思主义政治经济学不仅随着时代的变化与时俱进,而且在不同的国家也有不同

---

① 马克思.资本论:第1卷,北京:人民出版社,2004:10.

② 马克思,恩格斯.马克思恩格斯选集:第2卷,北京:人民出版社,1995:33.

③ 马克思,恩格斯.马克思恩格斯选集:第4卷,北京:人民出版社,1995:284.

的发展。

马克思当时分析的社会主义和资本主义是时间上继起的两种社会制度。相应地，马克思所建立的政治经济学是处于资本主义社会的政治经济学，其研究对象包括他当时所处的资本主义经济和所设想的未来的社会主义经济。而在现阶段，资本主义与社会主义是在空间上并存的两种社会制度。因此，政治经济学研究的社会主义经济是实践中的社会主义经济，分析的资本主义经济也不只是前社会主义的资本主义经济，而是与社会主义并存的现代资本主义经济。

政治经济学分析资本主义的任务，是揭示资本主义经济的内在矛盾，特别是揭示其生产关系对生产力的阻碍作用，揭示资本主义被社会主义代替的历史必然性。从这一意义上说，政治经济学提供了阶级斗争的思想武器。从马克思创立政治经济学到今天，资本主义经济又发展了 100 多年，当代资本主义经济出现了许多新的现象。政治经济学对资本主义经济的分析也要与时俱进，政治经济学对于资本主义的分析，不只是一般地研究其走向灭亡的历史必然性，还注重研究当代资本主义的新现象和新问题，揭示其新的规律。

首先，要对资本主义经济的继续存在和发展做出科学的解释。这同样要用生产力和生产关系的矛盾运动来说明。第一，继第一次产业革命以后，几次重大的科学技术革命都发生在发达的资本主义国家，生产力的发展水平达到了前所未有的高度。第二，资本主义为了缓和阶级矛盾，采取了一系列调整生产关系的措施，在一定程度上适应了生产力的发展。以公司制为特征的现代企业制度的建立，发达的资本市场的形成，政府对经济的适度干预，科技创新机制的完善等，都是适应现代生产力发展的经济形式的调整。

其次，要揭示资本主义经济出现的新矛盾，坚定社会主义必然代替资本主义的信念。尽管从总体看，发达资本主义国家的生产力水平高于社会主义国家，但社会主义代替资本主义的客观趋势并没有改变。这是因为，其一，社会主义代替资本主义是一个长期的、曲折的和艰巨的过程。面对社会生产力发展的客观要求，资本主义为延缓自身的灭亡进程所进行的生产关系的调整和改良，实际上离马克思所设想的未来社会的生产关系更近。其二，尽管资本主义生产关系对现代生产力的发展还有较大的伸展和调整的空间，但是，资本主义生产方式所固有的生产的社会化与生产资料私人占有之间的基本矛盾不会改变。无论资本主义生产关系如何调整，只要它是私有制，必然会走到尽头。政治经济学不仅要研究资本主义范围内调整后的生产关系的相应的经济形式，更要关注其在资本主义私有制范围内不可调和的新矛盾。2007 年下半年以来，由美国次贷危机所引发的世界性金融危机，就显示了资本主义所固有的制度性弊端。

第三，研究发达的资本主义国家与社会化大生产相适应的经济形式和经济组织。在资本主义与社会主义两种社会制度空间并存的条件下，许多经济活动和经济组织存在相互学习和相互融合的过程。社会主义国家的生产力要赶上并超过现代资本主义国家的水平，本身也包含学习和借鉴资本主义国家在适应社会化大生产方面行之有效的经济形式和经济组织。这种适应和促进生产力发展的经济形式和经济组织虽然产生并成熟在资本主义国家，但这是人类社会共同的财富，完全可以为社会主义国家借鉴和利用。

## 三、关于马克思主义政治经济学的中国化

应该说，马克思创立的政治经济学对未来社会基本特征的设想或基本规定性，对后来社会主义国家的实践起了方向性指导作用。但是有两个方面原因需要中国的创造。一方面，马克思当时预见的社会主义经济制度与现实的社会主义实践存在很大的差别。在半殖民地和半封建社会基础上建立起来的社会主义中国，在实践马克思关于社会主义的要求时，就不能教条式地搬用这些规定。另一方面，马克思当时只是规定未来社会基本特征，并没有对未来社会的经济体制作具体规定，这也需要中国创造。因此，现实的社会主义经济制度和经济体制的中国创造过程，就是马克思主义关于社会主义的基本原理与中国的实践结合过程，也是马克思主义政治经济学的现代化和中国化的任务。

首先，以发展社会生产力为目标建立建设新社会的经济学理论。过去的政治经济学教材中明确社会主义生产的目的就是最大限度地满足人民群众不断增长的物质

和文化需要。这个生产目的在现阶段没有变,问题是存在着生产力发展水平满足不了人民群众的需要的矛盾。这个矛盾是社会主要矛盾。克服这个矛盾的途径就是发展生产力。发展生产力固然需要不断完善生产关系及与之相适应的上层建筑。实践中仅仅调整生产关系是不够的。在半殖民地半封建社会基础上进入社会主义社会后,面对的现实问题是生产力发展水平没有达到社会主义的要求。因此,实践马克思关于社会主义规定性的基本途径,是创造实现这些规定性的经济条件,特别是依靠发展生产力创造实现社会主义规定性的物质基础。这样,政治经济学的社会主义部分是经济建设的经济学,就不仅仅是改革和完善社会主义经济制度和经济体制,还要研究生产力,寻求促进发展先进社会生产力、增进国民财富的途径。与此相适应,对政治经济学的学习和研究要由以阶级斗争为纲转向以经济建设为中心。政治经济学要成为经济建设的理论指导。解放和发展生产力,增进国民财富,达到共同富裕,就成为政治经济学研究的使命。

其次,从实际出发探寻社会主义初级阶段的经济制度。经典的社会主义经济制度是在发达的资本主义社会基础上建立起来的。与此相应的社会主义政治经济学研究的是公有制为特征的社会主义经济制度。实践中的社会主义不是产生于发达的资本主义社会,而是处于社会主义初级阶段,生产力水平不高,社会主义生产关系也不成熟,尤其是多种所有制经济并存。这样,政治经济学的历史任务就是以马克思主义政治经济学的基本理论和方法为指导,对社会主义初级阶段进行经济分析,探求公有制为主体多种所有制经济共同发展的社会主义初级阶段的基本经济制度及其实现形式。

第三,总结我国社会主义经济建设的实践,构建中国特色社会主义经济理论体系。中国特色社会主义实践需要中国特色社会主义理论的指导。从 1949 年算起,我国 60 年来社会主义经济发展的实践,几经波折。从 1978 年的十一届三中全会算起,我国结束阶级斗争为纲转向以经济建设为中心也有 30 多年的实践。这 30 多年中,作为经济建设指导思想的邓小平理论、“三个代表”重要思想和科学发展观构成了中国特色社会主义的理论体系。这是中国化的马克思主义。依据中国特色社会主义理论体系,全面总结我国社会主义建设的经验和教训,特别是改革开放以来中国特色社会主义建设的成功实践，在此基础上构建中国特色社会主义经济理论体系，就成为政治经济学的现实任务。

政治经济学所要做的以上工作实际上是推进马克思主义经济学的中国化。在中国这样的发展中大国建设社会主义，没有现成的理论和经验。需要将马克思主义的基本理论与中国社会主义建设的实际结合，推进马克思主义的中国化，并以中国化的马克思主义来指导中国特色社会主义伟大事业。概括起来马克思主义经济学中国化的成果突出表现在以下几个方面。

首先是社会主义初级阶段基本经济制度理论。发展中国特色社会主义实际上是依据中国的基本国情建设社会主义。这个基本国情就是中国处于并长期处于社会主义初级阶段。在这个阶段，人民群众日益增长的物质文化需要同落后的社会生产之间的矛盾是社会的主要矛盾。社会主义初级阶段的历史任务是逐步摆脱不发达状态，基本实现社会主义现代化，由农业人口占很大比重、主要依靠手工劳动的农业国逐步转变为非农业人口占多数、包括现代农业和现代服务业的工业化国家。建设中国特色社会主义不是改变社会主义制度，也不是降低社会主义的要求，而是要使现阶段的社会主义制度安排适应现阶段的生产力发展水平，并有利于生产力的发展，从而推动社会主义事业的发展。从我国的社会主义处于初级阶段出发，建立社会主义初级阶段的基本经济制度，也是一种制度创新。其意义是寻求推动生产力发展从而推动社会主义发展的新的动力和新的要素，动员存在于社会主义初级阶段的多元化经济和多种要素，使各种创造社会财富的源泉充分涌流。由此形成的社会主义初级阶段的基本经济制度既坚持了科学社会主义的基本原则，又根据我国的实际和时代特征赋予其鲜明的中国特色，体现了马克思主义基本原理同推进马克思主义中国化的结合，坚持社会主义基本制度同市场经济的结合，提高效率同促进社会公平的结合。

其次是社会主义市场经济理论。在一个长期实行计划经济体制的国家发展中国特色社会主义需要解放思想，推进改革，创新充满活力富有效率的体制机制。与其他转型国家不同，中国的改革不是完全放弃公有制、全盘私有化。在明确社会主义初级阶段以后，改革的目标就设定在建立社会主义市场经济体制，让市场对资源配置起基础性调节作用上。与此相应牵动的改革，就是发展多种所有制经济，资本、技术、管理等要素参与收入分配，允许居民取得财产性收入，以股票市场为代表的各类要素市场得以开放并趋向完善。所有这些，不仅成为发展生产力的强大动力，而且丰富了中国特色社会主义的内容。

第三是社会主义条件下的经济发展理论。在一个经济落后的国家发展中国特色社会主义需要解决发展问题，需要以经济建设为中心，以科学发展观为指导。将全面小康社会建设包含在现代化的进程中，并作为现代化的具体阶段来推进，可以说是中国特色的现代化道路。在农业国基础上建设社会主义必然要推进以工业化、城市化为主要内容的现代化。我国的经济发展实践创造了中国特色的新型工业化道路、中国特色的农业现代化道路、中国特色的城镇化道路。在一个经济落后的国家发展经济必然有个与增长速度和质量相关的发展观。我国经济发展的实践产生的科学发展观明确:发展是第一要义，以人为本是核心，全面协调可持续是基本要求，统筹兼顾是根本方法。在科学发展观的指引下，实现了经济发展方式向又好又快发展的转变。实践证明，中国特色社会主义作为当代社会发展进步的旗帜，既规定了我国发展的目标，又指引了发展的道路。我国的改革开放和全面小康社会建设是中国特色社会主义的伟大实践。

第四是社会主义条件下对外开放理论。在一个长期处于封闭和半封闭的国家发展中国特色社会主义需要建立开放型经济。发展生产力，需要利用国际资源和国际市场。服从于发展社会生产力特别是先进社会生产力的目标，社会主义国家需要借鉴资本主义发达国家的先进技术和管理经验，需要积极参与国际经济合作和竞争，以增强自身的国际竞争力。需要通过对外开放吸引外国资本的进入，需要采用一切有利于发展生产力的经济形式，哪怕是在资本主义经济中采取的经济形式。

综上所述，中国特色社会主义是马克思主义中国化的伟大成果。在它的指引下，我国的经济体制实现了向社会主义市场经济的转型，国民经济转向又好又快发展的科学发展轨道，人民生活水平正在由总体小康转向全面小康。所有这些转型产生了明显的解放和发展生产力的效应。实践证明，中国特色社会主义经济理论，是指引我国社会主义制度进一步完善和发展的指导思想和根本保障。用中国化的马克思主义政治经济学指导中国的经济建设，必将取得更加辉煌的成就。

# 新阶段经济学的创新和发展[①]

马克思主义经济学与中国社会主义实践相结合，产生中国特色社会主义经济理论。根据马克思主义的世界观，真理都是相对的，科学的任何发现都不能穷尽真理。面对所要分析的实践中的社会主义经济，马克思主义经济学需要根据时代赋予的使命研究新问题，发现新规律，概括新理论，不断进行理论创新。党的十八大及十八届三中全会站在经济社会发展进入了全面建成小康社会并进而建设社会主义现代化国家的新的历史起点上，所做出的全面深化经济体制改革的重要决定，体现理论创新，进一步丰富和发展了中国特色社会主义经济理论。

## 一、基本经济制度理论的创新和发展

在马克思主义经济学中，所有制理论是核心，所有制结构构成社会基本经济制度，社会主义的本质要求是消灭私有制。半殖民地和半封建社会基础上建立起来的新中国在进入社会主义社会时，需要经过一个社会主义初级阶段。根据生产关系一定要适应和促进生产力发展的马克思主义基本原理，建立社会主义初级阶段基本经济制度的目的，是寻求推动生产力发展从而推动社会主义发展的新的动力和新的要素，使各种创造社会财富的源泉充分涌流。于是就形成了公有制为主体、多种所有制经济共同发展的基本经济制度。在公有制成为主体后马克思主义经济学对非公有制经济的着眼点不是消灭，而是使之服从于建设新社会的使命，寻求不同所有制经济和谐合作发展的有效路径，寻求劳动、知识、技术、管理和资本等各种要素的所有者各尽

① 本文原载于人民日报2014年5月25日，编入本书时增补了因篇幅所限删减的内容。

其能，各得其所，和谐相处的路径。

十八届三中全会把公有制为主体、多种所有制经济共同发展的基本经济制度，明确为中国特色社会主义制度的重要支柱，社会主义市场经济体制的根基。这样，多种非公有制经济，如个体经济、私营经济、外商投资经济从“制度外”进入了“制度内”，与公有制经济处于同等地位。为了充分发挥其活力，基本经济制度框架要为其创造同公有制经济平等竞争的市场环境，打破国有制经济的垄断和壁垒。其重要的标志性进展在两个方面：一是在已经强调的公有制为主体和发展非公有制经济两个“毫不动摇”基础上进一步明确要求对公有制经济财产权和非公有制经济财产权两个“同样不可侵犯”；二是在负面清单基础上实行统一的市场准入制度，不仅是准许非公有制经济进入竞争性领域，还允许进入过去认为必须由国有制经济垄断的特许经营领域，如外贸，金融保险，通讯业，铁路等行业。

在改革进程中，所有制理论的一大突破是明确公有制可以有多种实现形式，例如股份制可以成为公有制的实现形式。十八届三中全会则进一步明确国有资本、集体资本、非公有资本等交叉持股、相互融合的混合所有制经济，是基本经济制度的重要实现形式。这意味着，公有制与非公有制的共同发展不仅是企业之间的外部关系，也可以在同一个企业内部并存共同发展。明确混合所有制是基本经济制度的重要形式，就为所有制结构的调整从而增强企业竞争力提供了广阔的空间，其中包括允许更多国有经济和其他所有制经济发展成为混合所有制经济，国有资本投资项目允许非国有资本参股，鼓励发展非公有资本控股的混合所有制企业，鼓励民营企业参与国有企业改革和改制，参股和控股国有企业，允许混合所有制经济实行企业员工持股，形成资本所有者和劳动者利益共同体。

## 二、社会主义市场经济理论的创新和发展

经济体制是建立在基本经济制度基础之上的。多种所有制经济共同发展是发展市场经济的题中应有之义。对经济问题的研究扩展到经济运行领域是改革以来政治经济学的重大进展。经济运行的基本问题是资源配置，目标是提高资源配置效率。

我国在 1992 年确认社会主义市场经济的改革目标以后,市场对资源配置起基础性作用。其明显的效应是增强了经济活力,提高了资源配置的效率。现在我国社会主义市场经济体制已经初步建立,对市场规律的认识和驾驭能力不断提高。在此基础上,十八届三中全会明确市场决定资源配置并要求更好发挥政府作用。这是社会主义市场经济理论的新突破。

与市场在国家宏观调控下对资源配置起基础性作用不同,市场对资源配置起决定性作用,意味着市场不是在政府的宏观调控下起作用,而是自主地起决定性作用。所谓市场决定资源配置是指市场规则、市场价格和市场竞争共同调节资源配置。要实现市场对资源配置的决定作用有两个必要条件。一是建设有效市场,包括市场体系统一开放,市场规则公平透明,市场价格在市场上自主地形成,市场竞争充分有序。二是资本、土地、劳动力、技术等生产要素都进入市场,要素自由流动,企业自由流动,产品和服务自由流动。显然,要使市场决定资源配置,不能一放了之,政府必须有所作为:不仅要大幅度减少政府对资源的直接配置,更要主导市场体系和市场机制建设。

明确市场决定资源配置后政府要更好发挥作用。市场对资源配置的决定性作用也不能放大到市场决定公共资源的配置。与遵循效率原则的市场配置资源不同,公共资源配置要遵循公平原则。经济学的新课题是,政府作用不但不能与市场决定资源配置的作用相冲突,还要相配合。一方面政府发挥公平分配的作用主要不是进入资源配置领域,而是进入收入分配领域;另一方面政府提供公共服务要尊重市场规律,利用市场机制;再一方面必须由政府提供的公共服务,并非都要由政府部门生产和运作,有许多方面私人部门生产和营运更有效率,政府通过向私人部门购买服务的方式可能使公共服务更为有效更有质量,保护环境可利用排污收费和排污权交易之类的市场方式。

明确市场的决定性作用意味着市场不再是在国家的宏观调控下发挥作用,但不意味着放弃宏观调控。宏观调控是要解决宏观总量均衡问题。国家调控市场的初衷是要市场调节贯彻国家宏观意图,但在实际上并不成功。就如前几年国家不断调控房地产市场,房地产价格不降反涨,表明了政府调控市场的失败。因此需要明确,在市场决定资源配置的体制中，政府调节宏观经济不是直接调节市场，而是对市场调节的宏观效应即价格总水平、就业总水平进行监控，确定通货膨胀的下限和失业率的上限，达到通货膨胀的下限或失业率的上限就要实施紧缩或刺激的宏观调控政策，在没有达到这种上限或下限的范围内国家不要随意出手调控，给市场的自主作用留出更大的空间。近年来这种宏观调控思路实践的结果是成功的。

## 三、收入分配理论的创新和发展

效率不仅源于资源配置，还源于收入分配的激励。各个经济主体各种生产要素投入的效率是靠有效的收入分配机制激励的。30 多年来中国发展的成功，除了靠市场配置资源外，还靠打破了平均主义的分配体制，建立起了按劳分配为主体多种分配方式并存的分配体制。

在改革进程中，收入分配的激励作用逐步提升。首先是坚持按劳分配，多劳多得，从而激励了劳动效率。其次是完善公司治理。在所有权与经营权分离的公司制中，建立经营者分享剩余索取权之类的激励机制可以克服因信息不对称所产生的各种机会主义行为。第三是建立和完善要素报酬机制，马克思预见的未来社会中只有劳动要素属于私人所有，其他生产要素都是公有的，相应的只存在按劳分配。社会主义初级阶段的基本经济制度确认后，劳动以外要素如资本、知识、技术和企业家等要素的所有权（全部或部分）属于私人的现实也得到了确认。与此相应，所要建立的收入分配制度，不仅要刺激劳动效率，还要刺激资本、技术、管理等要素所有者的各种要素的投入。相应的分配制度就是资本、技术、管理等各种非劳动要素按贡献取得报酬。目标是充分激发劳动、资本、技术和管理等各种要素创造财富的活力。根据市场决定资源配置的要求，十八届三中全会进一步提出资本、知识、技术、管理等报酬由要素市场决定。这意味着，各种生产要素按贡献取得报酬还需要同各种要素的市场配置相配合，反映要素的市场供求关系，从而使相对稀缺的要素得到最节约的使用，相对充裕的要素得到最充分的使用。

社会主义条件下的收入分配不只是要激励效率，还要求克服两极分化。过去 30

多年的改革,提供了一部分人一部分地区先富起来的分配机制。由此产生的发展效应是明显的。其负面效应是贫富差距扩大。这种差距扩大到现在所产生的社会矛盾开始阻碍效率的进一步提高。这表明,我国到了需要通过先富帮后富,让大多数人富起来的阶段。在坚持市场决定作用的基础上促进公平正义,关键是提高劳动者收入。首先是解决好权力的公平,既要克服以权谋私,又要克服垄断收入。其次是重视初次分配环节,初次分配不能只讲效率不讲公平,也要处理好公平和效率的关系,尤其是要提高劳动报酬在初次分配结构中的比重,使劳动者报酬与劳动生产率提高同步增长。第三是针对财产占有的不公平,创造条件让更多的群众拥有财产性收入。第四是再分配更讲公平,实现基本公共服务均等化。所有这些都体现社会公平正义的要求。

总的来说,在一个经济文化都相对落后的国家中发展什么样的社会主义,如何建设社会主义,需要理论创新和创造。马克思创立的经济学为未来社会的经济制度和经济发展破了题。发展中国特色社会主义的实践正在解这些题。党的十八大和十八届三中全会以来经济学理论的新进展,反映新的经济发展阶段的经济学使命,指导我国新的发展阶段的改革和发展。

# 以创新的理论构建中国特色社会主义政治经济学的理论体系[①]

中国特色社会主义事业正在建设中,中国特色社会主义政治经济学理论体系也在构建中。改革开放的实践与政治经济学理论的创新是互动的。这就需要把成功的实践和理论创新的成果系统化,构建中国特色社会主义政治经济学理论体系。

## 一、中国特色社会主义政治经济学是当代中国的马克思主义政治经济学

中国特色社会主义政治经济学是马克思主义政治经济学中国化和时代化的成果,是基于中国特色社会主义经济建设的实践提炼和概括的系统化的经济学说。构建中国特色社会主义政治经济学的学科体系首先需要明确其学科定位。

学科定位一:中国特色社会主义政治经济学属于马克思主义政治经济学,表现在继承了马克思主义政治经济学的范式。所谓理论范式,涉及理论体系的基本结构、基本功能、基本范畴和基本方法。当今世界的经济学范式大体上包括马克思主义经济学与西方经济学两大体系。以马克思的《资本论》为代表的马克思主义政治经济学的范式,概括地说,包括四个方面内容。第一,基本立场代表无产阶级根本利益。第二,研究对象是在一定生产力水平基础上的生产关系。第三,基本任务是阐述经济规律,尤其是社会主义代替资本主义的必然性。第四,研究方法是唯物辩证法和历史唯物主义。第五,话语体系以《资本论》的基本原理和基本范畴为基础。中国特色社会主

① 本文原载于《经济研究》2016 年第 4 期。

义政治经济学,之所以属于马克思主义政治经济学,根本原因是其继承性,马克思主义政治经济学的范式贯穿了中国特色社会主义政治经济学的构建中。

但是,中国特色社会主义政治经济学不是简单地复制马克思主义政治经济学的理论,而是依据中国特色社会主义经济建设和改革开放的实践进行了理论创新,在继承其范式的基础上发展。第一,就基本立场来说,无产阶级夺取政权以后,其阶级利益代表全体人民的根本利益,因此中国特色社会主义政治经济学以人民为中心,服从于人民的福祉和共同富裕。第二,就研究对象来说,仍然是研究在一定生产力水平基础上的生产关系,但注重研究处于社会主义初级阶段的生产关系。第三,就基本任务来说,仍然是阐述经济规律,但更多的是阐述社会主义初级阶段的经济规律。第四,就方法论基础来说,坚持唯物辩证法和历史唯物主义,尤其是突出两点论和重点论。但不排除对当代新方法的应用(如数学和模型分析方法)。第五,经济学的话语体系仍然以马克思主义政治经济学话语为基础,但是开放的。一是向改革和发展的实践开放。以新的话语概括新实践。二是对当今世界人类发展的积极的理论成果开放,包括对西方经济学有用成分的吸收,特别是在中国转向市场经济以后,先行发展市场经济的国家所概括的现代市场经济理论是人类共同的知识财富,批判地吸收进当代中国马克思主义政治经济学,就使其更具有科学的先进性。

学科定位二:中国特色社会主义政治经济学是马克思主义经济学中国化的成果。马克思创立的经济学为未来社会的经济制度和经济发展破了题,发展中国特色社会主义的实践正在解这个题。面对所要建设和发展的社会主义经济,中国特色社会主义政治经济学需要根据时代赋予的使命研究新问题,发现新规律,概括新理论,不断进行理论创新。这个过程是马克思主义经济学中国化时代化的过程,突出表现在以下三个方面。

第一,从时空观分析,马克思是在资本主义社会研究资本主义,当时还没有出现社会主义国家。他所预见的社会主义经济同资本主义经济是在时间上继起的两个社会。而现今时代,社会主义和资本主义空间中并存。在国际上是社会主义国家和资本主义国家并存,在国内是作为主体的社会主义经济与多种所有制经济并存。这样,马克思主义经济学中国化面对的课题是,一方面两种不同性质的经济有共同的经济活动背景，许多经济组织、方式、规则和秩序在形式上有相同之处；另一方面共存的不同性质的经济彼此间存在着矛盾和竞争。在此背景下，中国特色社会主义政治经济学的任务，不仅需要阐述社会主义经济制度的优越性，更要寻求增强社会主义经济的竞争力和影响力的途径，其中不乏相互学习之处。

第二，从物质基础分析，马克思当时认为，发达的资本主义是社会主义的入口，这与发达的生产力水平相关。而新中国脱胎于半殖民地和半封建社会。虽然经过国家工业化建设，但生产力水平还落后于发达的资本主义国家，因此社会主义的物质基础没有完全建立起来，发展社会主义需要经过一个社会主义初级阶段。在这个阶段完成其他国家在资本主义条件下完成的生产的社会化、市场化和现代化的任务。这个阶段发展社会主义的根本任务是发展生产力，与此相应，在社会主义初级阶段的社会主义不是完全消灭私有制，恰恰要在公有制为主体的前提下利用多种私有制经济发展生产力。

第三，从中国特色社会主义的成功实践分析。中国从一个贫穷落后的农业大国一跃成为世界第二大经济体，经济改革的中国模式，经济发展的中国道路得到了实践的检验。伟大的实践推动了理论创新。中国特色社会主义政治经济学是对中国特色社会主义经济建设的成功实践进行的理论概括，是用中国理论讲中国故事。

学科定位三：中国特色社会主义政治经济学是新的历史时期创新的经济学说。中国特色社会主义发展的新实践会推动从经济学理论上提炼和总结经济发展实践的规律性成果，把实践经验上升为系统化的经济学说。现在我国成为世界第二大经济体；人均 GDP 进入上中等收入国家行列；城市化率进入了城市化中期阶段。在这个历史起点上所要解决的发展问题就不是在低收入阶段单纯追求 GDP 增长的发展要求，而是要追求经济社会的全面发展。其任务包括：跨越“中等收入陷阱”；支撑经济发展新常态；实现“两个一百年”奋斗目标。实现新时期的新任务不能犯颠覆性错误，需要科学的理论指导。这就要求中国特色社会主义政治经济学以问题为导向，既要坚持马克思主义基本原理和方法论，又要结合我国经济发展实际，不断形成并认同新的理论成果。

这样，中国特色社会主义政治经济学在阶段性上的学科定位就是：在生产关系上属于社会主义初级阶段的政治经济学，在生产力上属于中等收入发展阶段的政治经济学。正因为如此，它保持了在经济学中的主流地位，并且保持了对中国改革和发展的指导思想的理论基础地位。

上述学科定位决定了研究层面。通常马克思主义经济学的分析层面限于经济关系本质层面，即生产关系层面的分析。理论依据是，发展生产力靠的是调整和改变生产关系。而在社会主义现阶段所面对的发展生产力问题，不只是生产关系的完善和发展这个层面，还涉及经济运行和经济发展两个层面。这两个层面都同生产关系相关，进入政治经济学的研究视野是中国特色社会主义政治经济学对研究领域的拓展。

## 二、构建解放、发展和保护生产力的系统性经济学说

同其他学科一样，中国特色社会主义政治经济学也有特定的对象和任务，与马克思主义政治经济学有联系，又有新的拓展。主要表现是不仅研究生产关系，还研究生产力。

根据马克思的界定，马克思主义政治经济学以生产作为研究的出发点。它所研究的生产不是一般的生产，而是社会生产。既涉及生产关系，又涉及生产力，两者相互作用。基本原理就是马克思所说的："无论哪一个社会形态，在它所能容纳的全部生产力发挥出来以前，是决不会灭亡的；而新的更高的生产关系，在它的物质存在条件在旧社会的胞胎里成熟以前，是决不会出现的。"[①]这说明了某种生产关系存在和改变对生产力的依赖性。马克思主义政治经济学联系生产力来研究生产关系。原因是，一定的生产关系总是与一定的社会生产力水平相联系的。生产技术及其生产组织形式的历史发展，对于社会占主导的生产关系的选择产生决定性的作用。对生产力发展水平的研究也为一定阶段的生产关系提供评价标准。

生产力和生产关系的矛盾分析，是马克思主义政治经济学的基本方法论。研究对象不同，任务也不同。在资本主义经济中，生产力和生产关系的矛盾表现在其生产

① 马克思，恩格斯. 马克思恩格斯选集：第2卷，北京：人民出版社，1995：33.

关系阻碍生产力的发展，因此马克思主义政治经济学的任务是揭示资本主义被社会主义替代的客观规律。而在无产阶级夺取政权以后，任务就不同了，是要“尽可能快地增加生产力的总量”①，“生产将以所有人的富裕为目的”②。其依据是社会主义最终取代资本主义的物质条件是其生产力水平达到并超过资本主义的水平，贫穷不是社会主义。特别是经济落后的国家在进入社会主义社会后，生产力和生产关系的矛盾主要表现在生产力的相对落后，社会主义最终战胜资本主义的最大的制约性是生产力落后，而不是生产关系的落后。基于我国进入社会主义社会时，生产力水平没有达到并超过发达的资本主义国家的水平的现实，中国特色社会主义政治经济学的一个重大突破就是明确我国还处于社会主义初级阶段，并且明确这个阶段社会主义的本质就是解放和发展生产力，消灭剥削，消除两极分化，逐步达到共同富裕。在这里，把发展生产力作为社会主义的本质要求和根本任务提了出来。这个阶段的主要矛盾被界定为，人民日益增长的物质文化需要同落后的社会生产之间的矛盾。由此决定，社会主义初级阶段的根本任务就是发展生产力，以满足人民群众物质文化需要，建设社会主义的物质基础。这样，中国特色社会主义政治经济学把对生产力的研究放在重要位置，以增进国民财富作为目标和归宿。可以说，中国特色社会主义政治经济学就是基于这个研究对象和任务的理论突破而逐步建立的。

对生产力，研究什么？根据社会主义初级阶段社会主义的本质要求，邓小平强调不能只讲发展生产力，一个是解放生产力，一个是发展生产力。应该把解放生产力和发展生产力两个方面讲全了。2013 年 5 月 24 日，习近平总书记在主持中共中央政治局第六次集体学习时强调“牢固树立保护生态环境就是保护生产力、改善生态环境就是发展生产力”的理念。这样，中国特色社会主义政治经济学的生产力就有三个层次的内容：一是解放生产力，二是发展生产力，三是保护生产力。中国特色社会主义政治经济学理论体系的构建，就是要建立解放、发展和保护生产力的系统化的经济学说。

第一个层次是解放生产力，所谓解放生产力，就是根据我国所处的社会主义发展

---

① 马克思. 共产党宣言，马克思恩格斯文集：第 2 卷，2009：52.

② 马克思. 经济学手稿(1857—1858 年)，马克思恩格斯全集：第 46 卷(下)，北京：人民出版社，1980：222。

阶段的特征，推进改革开放，从根本上改变束缚生产力发展的经济体制。在这里，解放生产力是动力，发展生产力是目的。解放生产力所涉及的生产关系的调整，是中国特色社会主义经济制度的自我改革和完善，包括基本经济制度的改革和完善，资源配置方式的改革，国有企业的改革，基本分配制度的改革和完善，宏观调控体系的改革和完善等。这些内容会在后面详细分析。

第二个层次是发展生产力，涉及的是经济发展。尽管解放生产力是发展生产力的动力，但对它的研究不能代替对发展生产力的研究更不能代替经济发展的研究。原因是发展生产力有自身的规律，也有自身的理论体系。根据马克思的概括，社会生产力的发展来源于三个方面："归结为发挥着作用的劳动的社会性质，归结为社会内部的分工，归结为智力劳动特别是自然科学的发展。"[①]这几个方面正是研究发展生产力的重要理论依据。

第三个层次是保护生产力。这涉及经济发展同生态环境保护的关系。就如马克思所说："劳动生产率是同自然条件相联系的。这些自然条件都可以归结为人本身的自然(如人种等)和人的周围的自然。"[②]土壤自然肥力越大，气候越好，劳动生产率越高。这正是保护生产力产生的生产力效果。从这一意义上说，环境和生态本身就是财富，青山绿水就是金山银山。保护生产力与绿色发展的理念相一致。绿色发展方式和生活方式，是永续发展的必要条件和人民对美好生活追求的重要体现。资源环境和生态在得到有效保护的条件下才能实现人与自然和谐共生，并实现可持续发展。

对发展和保护生产力的研究可以归结为经济发展理论研究。30 多年以来，中国特色社会主义政治经济学对经济发展做出了重大理论贡献。其中包括：中国特色社会主义现代化理论；经济发展方式及其转变理论；科学技术是第一生产力理论；新型工业化和城镇化理论，用好国际国内两个市场、两种资源的开放理论，等等。

党的十八大以后我国经济发展进入新阶段，其特征是，一方面中国的经济发展摆脱了低收入阶段进入中等收入阶段，面临的发展问题已不是摆脱贫困问题，而是跨越

---

① 马克思.资本论:第 3 卷，北京：人民出版社，2004:96.

② 马克思.资本论:第 1 卷，北京：人民出版社，2004:586.

"中等收入陷阱",在实现全面小康基础上向现代化迈进的问题;另一方面,经济发展进入新常态。其表述就是习近平总书记在关于《中共中央关于制定国民经济和社会发展第十三个五年规划的建议》的说明中总结的:一是速度变化,增长速度从高速转向中高速,发展方式要从规模速度型转向质量效率型。二是结构优化,经济结构调整从增量扩能为主转向调整存量、做优增量并举。三是动力转换,发展动力从主要依靠资源和低成本劳动力等要素投入转向创新驱动。适应新常态就形成新发展理念,即创新、协调、绿色、开放、共享的发展理念。这是对经济新常态下推动经济发展实践的理论总结,成为中国特色社会主义政治经济学最新理论成果。

在经济新常态下,需要寻求发展生产力的新动力,中国特色社会主义政治经济学指出了以下两个新动力。

一是创新的驱动力。最早提出创新思想的是马克思。[①] 最早直接提出创新概念的是熊彼特。但是即使在西方经济学中,如斯蒂格里茨所说,标准的市场经济模型"忽视了创新的作用"。[②] 党的十八大提出创新驱动经济发展,十八届五中全会则明确提出"创新发展"的概念,并把它看作是引领发展的第一动力,发展的基点。其理论贡献在于,所谓转变发展方式,目标的发展方式是什么? 不只是集约型,还需要创新发展方式。内容包括以下几点。第一,创新发展是新的发展方式。其中科技创新起引领作用。第二,科技创新突出自主创新。科技创新从以跟踪为主转向跟踪和并跑、领跑并存的新阶段。第三,科技创新与产业创新对接,推动产业转向中高端。第四,产学研协同研发和孵化新技术,需要大众创新万众创业。显然,创新作为新的发展方式提出是中国发展理论的创新,也是中国特色社会主义政治经济学的理论创造。

二是消费的拉动力。政治经济学不能只是研究生产,还要研究消费;不能只是研究生产力,还要研究消费力,没有消费力的提高就没有生产力的提高。消费力是马克思在《资本论》中提出的重要概念。党的十八大明确提出,要牢牢把握扩大内需这一战略基点,并把消费放在三驾马车协同拉动经济增长的首位,中共中央关于十三五规

---

① 弗里曼(C. Freeman)."马克思(1848 年)恐怕领先于其他任何一位经济学家把技术创新看作为经济发展与竞争的推动力。"新帕尔格雷夫经济学大辞典:第 2 册,经济科学出版社,1996:925.

② 斯蒂格利茨.社会主义向何处去,吉林:人民出版社,1998:159.

划建议又明确提出加快建立扩大消费需求长效机制，释放居民消费潜力。消费和消费力进入中国特色社会主义政治经济学的研究领域出于以下三方面考虑。第一，经济发展方式转变需要突出消费对增长的基础作用。经济增长由主要依靠投资、出口拉动转向消费、投资、出口协调拉动，其中排在第一位的消费需求是可靠的可持续的动力。第二，宏观经济的均衡关系实际上是生产力和消费力的均衡关系。第三，以人民为中心的经济学需要提高人民的消费水平。影响消费力的要素，收入、就业水平和社会保障程度，反映分配关系和分配制度的性质，积累和消费的比例关系是发展方式的综合反映。因此，中国特色社会主义政治经济学对生产力的研究不能脱离对消费力的研究。

基于社会主义初级阶段的社会主义本质要求，将解放、发展和保护生产力的三个层次问题结合起来研究，从而形成系统化的经济学说，可以说是中国特色社会主义政治经济学的开创性研究，有重大的理论和现实意义。它表明，马克思主义政治经济学不只是谈姓社姓资的问题，也不只是谈生产关系问题，还有丰富的解放、发展和保护生产力的内容。在此基础上形成的经济发展的新理念是对我们推动经济发展实践的理论总结。用新的发展理念来引领和推动我国经济发展，破解经济发展难题，必然能够开创经济发展新局面。这样，政治经济学不只是发挥思想教育功能，还是国家和企业经济决策和经济政策制定的指导。

## 三、关于经济制度分析的创新理论

基本经济制度和基本收入制度是社会经济制度的基本方面。这方面理论创新的系统性经济学说构成中国特色社会主义政治经济学的核心内容。

所有制理论是马克思主义政治经济学的基本理论。社会主义基本经济制度一直被明确为社会主义公有制。而在社会主义初级阶段，为了发展生产力，需要从实际出发，寻求推动生产力发展从而推动社会主义初级阶段社会主义发展的新的动力和新的要素，使各种创造社会财富的源泉充分涌流。因此，以公有制为主体多种所有制经济共同发展，作为社会主义初级阶段的基本经济制度提了出来。

改革开放以来,在基本经济制度改革和完善中产生了一系列重大的理论成果,突出在以下三个方面。一是,长期处于“制度外”的多种非公有制经济,如个体经济、私营经济、外商投资经济,进入了“制度内”,成为基本经济制度的组成部分。它们同公有制经济不是谁战胜谁的关系,而是平等竞争的关系。二是,公有制经济实现形式的突破。过去的理论强调公有资产只能在公有制企业中经营。现在明确公有制经济是资产和资本的概念,并且明确公有制经济不完全是指公有制企业(包括国有企业和集体企业),而是指公有资产(国有资产和集体资产)。这意味着,公有资产可以在各种类型的企业中经营,公有制可以有多种实现形式,包括股份制在内的混合所有制可以成为公有制的实现形式。三是,公有制为主体的含义的突破。过去的理论把公有制为主体定义为公有企业在数量上为主体。现在公有制为主体也有了新的含义:公有资产在社会总资产中占优势;国有经济控制国民经济命脉,对经济发展起主导作用。按此理论,国有经济进行了有进有退的战略性调整,保持了国有经济对国民经济的控制力。

根据十八届三中全会精神,基本经济制度的改革和完善,既坚持“两个毫不动摇”,又坚持“两个不可侵犯”:毫不动摇地巩固和发展公有制经济并保证其主体地位,毫不动摇地鼓励、支持、引导非公有制经济发展;公有制经济财产权不可侵犯,非公有制经济财产权同样不可侵犯。在此基础上主要在四个方面推进具有重大理论突破意义的改革。

一是对各种所有制经济在负面清单基础上实行统一的市场准入制度,废除对非公有制经济各种形式的不合理规定,消除各种显性和隐性壁垒,制定非公有制企业进入特许经营领域具体办法。这样非公有制在市场进入方面取得了与公有制经济的同等地位。

二是国有资本、集体资本和私人资本相互融合所形成的混合所有制成为基本经济制度的实现形式。允许更多国有经济和其他所有制经济发展成为混合所有制经济。国有资本投资项目允许非国有资本参股,鼓励发展非公有资本控股的混合所有制企业。由此公有制为主体多种所有制经济共同发展,从企业外部发展到在同一个企业内部。

三是农村集体所有的土地实行所有权、承包权和经营权三权分置,集体所有的承包土地的经营权可以流转。农民由此获得土地财产权收入。这是我国农村土地制度理论的重大突破。

四是在混合所有制中公有制为主体有了新的体现。国有企业区分为公益类和商业类。商业类的公有制企业主要身处竞争性领域,更要关注公有资本运行效益。因此不追求在所在企业中控股,但要追求所在企业的增殖能力。这样,总体数量仍然有较大的公有资本分布在增殖能力强的企业中,哪怕不控股,总体数量还是居主体地位。公益类的公有制企业不可能独霸天下,其投资项目允许非国有资本参股,其企业允许非国有资本入股。公有制在这里的主体地位就表现在在混合所有制中的控股地位。公有资本实际上所支配的资本就不只是自己的资本,还能支配参股和入股的非国有资本。当然,其控制力和支配力不只在其控股地位,更重要的是平等对待其他所有制经济并共享利益的吸引力。

总的来说,基本经济制度的改革和完善,解决了既能充分释放多种非公有制经济活力,又能坚持公有制的主体地位的重大理论和实践问题,是中国特色社会主义政治经济学取得的重大成果。

分配关系是生产关系的反面,随着公有制为主体多种所有制经济共同发展的基本经济制度的逐步形成,按劳分配为主多种分配方式并存的基本收入分配制度也就相应建立。

在马克思主义政治经济学中,对社会主义基本收入制度有两个规定。第一,消灭剥削,共同富裕是社会主义的基本要求。第二,按劳分配是社会主义分配原则,这是因为社会主义条件下生产资料是公有的,只有劳动力属于私人所有。在现实的社会主义初级阶段基于以下两方面客观条件进行了理论突破。

首先,承认多种所有制经济的存在,意味着劳动以外要素如资本、技术和企业家等要素的所有权(全部或部分)属于私人的现实得到了确认。与此相应,所要建立的收入分配制度,不仅要刺激劳动效率,还要刺激资本、技术、管理等要素所有者的各种要素的投入;不仅需要尊重劳动,还要尊重创造和创业,尊重知识和人才。让劳动、资本、技术和管理等各种要素创造财富的活力充分迸发。

其次，在物质财富相对缺乏的社会主义初级阶段如何实现共同富裕？过去相当长的时期中共同富裕被理解为平均主义，其结果是共同贫困。邓小平明确提出共同贫困不是社会主义，并且提出允许一部分人先富起来的大政策。共同富裕被理解为富裕程度有先有后，以及先富帮后富的过程。各种非劳动要素按市场原则参与收入分配，也就提供了一部分人先富起来的机制。这种分配制度的形成充分体现了收入分配的效率原则。

多种生产要素参与收入分配的理论是随着改革的深入而不断进展的。重大的理论成果主要有以下几个方面。

一是多种生产要素按什么原则参与分配。从党的十四大到党的十六大都明确提出，确立劳动、资本、技术和管理等生产要素按贡献参与分配的原则。党的十七大报告和十八大报告都提出，健全劳动、资本、技术、管理等生产要素按贡献参与分配的制度。十八届三中全会又进一步提出：各种生产要素的报酬由各自的生产要素市场决定。这样，各种生产要素参与收入分配的份额，不只是取决于各自的投入，更要取决于各自的“贡献”和供求状况，也就是以市场原则进行分配，这是市场经济体制的现实体现。要素按贡献和市场原则参与分配，可以充分激发各种要素的活力，从总体上说是符合发展社会生产力这个社会主义本质要求的。由于多种要素充分发挥作用而增加了社会财富，劳动者绝对收入也较前明显增加。这也是符合劳动者利益的。

二是在各种非劳动要素参与收入分配的背景下如何体现按劳分配为主体。不同的人拥有的要素存在很大差别，不可避免会产生收入差距。储蓄能力强的、技术水平高的、经营能力强的，致富能力也强。但是正如生产资料所有权可能混合一样，生产要素的所有权也可能混合。就是说，劳动投入不仅涉及直接生产过程中的劳动者的劳动，也包括不在生产现场但对生产起作用的技术人员、管理人员的劳动，也包括企业经营者从事的经营活动，这部分劳动根据马克思理论也是生产性劳动。即使是直接劳动者，也不完全只是简单的劳动力支出，也可能拥有技术要素，也就是相当于人力资本的复杂劳动的支出。显然，如果把技术人员和经营管理人员的劳动报酬都计入劳动报酬，按劳分配为主体还是能够得到体现的。其前提是坚持三个原则。一是复杂劳动得到更高的报酬，以体现技术和管理劳动的贡献。二是劳动报酬增长与劳动生产率提高同步。三是不能忽视劳动的复杂程度不高的劳动者在企业效率提高中的贡献。如果这三个原则能够得到贯彻,就可能在收入分配总量上体现按劳分配为主体。

三是在生产一线的劳动者的报酬在收入中所占比重呈明显下降的趋势下如何克服贫富差距。撇开技术、管理等因素,单纯提供劳动的劳动者的报酬占比确实存在下降的趋势。十八届三中全会明确提出要体现公平正义,逐步实现共同富裕的要求。共享发展是中国特色社会主义的本质要求,体现以人民为中心。按此要求,需要完善基本收入制度,人民群众在民生改善中能够共享改革发展的成果,得到看得见的利益,有更多的"获得感"。涉及以下几个方面。首先,突出权力的公平。其中包括:从体制上堵塞以权谋私的漏洞;反垄断行为,在公平竞争的市场上实现收入;创造条件让更多的群众拥有财产性收入。基本公共服务均等化,不仅要横向公平还要纵向公平,使低收入群体能平等地享用基本公共服务。其次,完善初次分配和再分配,提高居民收入在国民收入分配中的比重。改变长期认为的初次分配讲效率,再次分配讲公平的状况,明确初次分配和再分配都要处理好公平和效率的关系,再分配更加注重公平。第三,根据马克思经济学原理,实行按劳分配的原因是劳动还是谋生的手段。① 作为谋生手段,劳动报酬的增长不只是限于劳动者的劳动贡献,还应该包含其谋生要求的内容。谋生的范围就是必要劳动的范围。必要劳动的范围有历史的和道德的因素。随着社会的进步,文化的发展,劳动者的必要劳动范围也扩大,相应的劳动报酬也有增长的趋势。第四,从社会主义的公平观考虑,劳动收入的差距主要由各自拥有的包括技术等方面的要素差异所致。因此,通过教育公平等途径缩小各个分配主体所拥有的要素差距,从而使普通劳动者也能得到复杂劳动的收入,分配结果的差距也可能进一步缩小。

可见,中国特色社会主义政治经济学的经济制度分析的任务,虽然也要分析和界定各种所有制经济的性质,但是着眼点不是不同所有制之间的斗争,而是服从于建设新社会的使命,寻求不同所有制经济平等竞争合作发展的有效路径,寻求劳动、知识、

---

① 马克思,恩格斯.马克思恩格斯选集:第3卷,北京:人民出版社,2012:365.

技术、管理和资本等各种要素的所有者各尽其能、各得其所、和谐相处的路径。目的是要使一切创造社会财富的源泉充分涌流，以造福于人民。

## 四、关于经济运行分析的创新理论

经济运行层面主要涉及资源配置方式和供求关系的分析。其目标：一是效率，二是协调发展。这是经济持续健康发展的内在要求。在相当长的时期中，经济运行分析的话语权一直在西方经济学那里。中国的市场化改革推动了政治经济学的研究扩展到经济运行领域。尤其是社会主义市场经济理论的确立，就夺回了经济运行分析的话语权。这是中国特色社会主义政治经济学的重大贡献。

最初的理论进展是明确社会主义市场经济是市场在国家的宏观调控下对资源配置起基础性作用，并在理论和实践上解决了社会主义公有制同市场经济的结合问题。国有企业产权制度改革，多种所有制经济发展，指令性计划的取消，市场价格的放开，外资的进入等一系列改革都有力地推动了社会主义市场经济的发展，其明显的效应是增强了经济活力，提高了资源配置的效率。

进一步的理论进展是，针对我国社会主义市场经济体制已经初步建立，对市场规律的认识和驾驭能力不断提高，十八届三中全会明确市场决定资源配置并要求更好发挥政府作用。这是社会主义市场经济理论的新突破。明确市场对资源配置的决定性作用，实际上是回归了市场经济的本义。市场决定资源配置突出的是市场的自主性。这种自主性不仅表现为市场自主地决定资源配置的方向，同时也表现为市场调节信号即市场价格自主地在市场上形成，不受政府的不当干预。在实践中大力度推进了各级政府取消和下放行政审批权的改革。

新的资源配置格局对政治经济学提出的新课题是，社会主义的要求如何体现？政府如何更好发挥作用？新自由主义理论把政府和市场对立起来，以为搞市场经济就不能有政府作用，政府作用强大就不会有充分作用的市场。社会主义市场经济运行的实践对此做出了科学的回答。在市场经济前面冠以社会主义，这是中国特有的，不是标签，有实实在在的内容。其标志就是政府积极发挥作用。强政府不一定是弱市场,强政府和强市场的协同恰恰是社会主义市场经济运行特征。所谓政府更好发挥作用主要体现在两个方面。

一是政府和市场有明确的作用边界。对政府作用的领域,在不同的经济学家那里有不同的规定。有的主张政府在市场失灵的领域发挥作用。其中包括克服贫富两极分化,克服环境污染之类的外部性。有的指出,政府(国家)作为制度变迁的重要基石,其基本功能是保护有利于效率的产权结构。有的强调政府干预宏观经济,克服高失业和高通货膨胀之类的宏观失控。毫无疑问,政府的这些作用社会主义市场经济中都需要,除此以外,根据中国国情,政府还需要发挥的如下作用。第一,主导市场体系和市场机制建设和完善。我国的市场经济由计划经济转型而来,市场体系和市场秩序的混乱现象更为严重,难以实现市场配置资源的有效性。市场配置资源是否有效,前提是市场机制是否完善。完善的市场经济不能自发形成,不能一放了之,政府必须承担起建设和完善市场的职能。包括建设完善的市场体系,建立统一开放竞争秩序,公平透明市场规则,同时还要承担好监管市场秩序的职能。第二,配置公共资源。市场对资源配置的决定性作用不能放大到市场决定公共资源的配置。公共资源配置是要满足公共需求,遵循公平原则,只能由政府决定。涉及国家安全和生态安全的,涉及环境保护方面的,涉及全国重大生产力布局、战略性资源开发和重大公共利益等项目以及基本公共服务的配置,政府不只是进入,而且应该充分并且强有力地发挥作用。第三,推动发展。对于仍然处于社会主义初级阶段的发展中国家来说,发展仍然是硬道理。推动发展理应是政府的重要职能。例如:推动城乡发展一体化和城镇化,发展创新驱动型经济,经济结构调整,生态和环境建设,发展开放型经济,等等,都需要政府的规划和引导。

二是政府作用机制同市场机制有效衔接。政府作用不但不能与市场的决定性作用相冲突,还要相配合。一方面政府提供公共服务要尊重市场规律,利用市场机制;另一方面必须由政府提供的公共服务,并非都要由政府部门生产和运作,有许多方面私人部门生产和营运更有效率,政府通过向私人部门购买服务的方式可能使公共服务更为有效更有质量,保护环境可利用排污收费和排污权交易之类的市场方式。再一方面政府配置公共资源主要是政策路径,其中包括:利用收入分配政策促进社会公平正义;通过产业政策和负面清单引导产业结构转型升级;通过财政和货币政策调节宏观经济运行。政府调节宏观经济不是直接调节市场,而是对市场调节的宏观效应即价格总水平、就业总水平进行监控,在明确宏观经济的合理区间范围内国家不要随意出手调控,给市场的自主作用留出更大的空间。

显然,市场对资源配置起决定性作用同政府更好发挥作用作为有机整体运行。这是社会主义市场经济运行方式的成功创造,既解决了经济运行的活力和效率问题,又能实现社会主义的发展目标。将这种经济运行方式上升为系统性经济学说,就成为中国特色社会主义政治经济学标志性重大成果。

供求关系分析也是经济运行的重要方面。已有的经济学对供求关系的分析,政治经济学关注价值规律作用机制分析,西方经济学关注供给、需求同价格之间的平衡和不平衡关系分析。我国近期更为重视需求侧和供给侧的体制及相应的改革分析,也就为经济运行的政治经济学分析开拓了新境界。

30多年来,转向市场经济体制实际上是在需求侧进行改革。其内容包括:在微观体制上强化市场竞争机制,突出市场需求导向,取消指令性计划等;在宏观体制上明确转向消费需求、投资需求和出口需求三驾马车协同拉动经济增长,宏观调控也转向财政和货币政策的总量需求调控。在此基础上,需求侧的着力点是完善需求管理,尤其是突出消费需求的拉动作用。实践中暴露的新问题是,转向了市场经济,只是靠需求并不能有效地拉动经济增长。这表明经济增长还需要供给侧发力。原因是与发达国家不同,发展中国家转向市场经济实现经济增长还需要解决供给侧的问题。

首先是推动有效供给。结构性供给短缺和过剩并存是发展中国家的特征。产品的质量问题,技术档次问题,效率问题,服务问题,食品卫生问题,产品安全问题都反映结构性短缺。与此同时又存在无效和低端的产能过剩。这些供给侧的问题不能因为转向市场经济就自动解决,需求也拉不动有效供给。因此供给侧改革的目标就是增强供给结构对需求变化的适应性和灵活性,提高供给体系的质量和效率。去库存、去产能就是腾出被无效和低端供给占用的资源,增加有效供给。

其次是供给侧提供增长的动力。人们往往以为转向市场经济相应的经济增长的动力就由供给推动力转换为需求推动力。因而供给侧的动力作用被轻视。实际上增长的动力,不仅有需求拉动,也有供给推动。在需求侧缺乏充分的拉动力时,更要供给侧形成推动经济增长的动力。在供给要素中,除了物质要素投入外,还有技术、结构、效率、制度等要素。在物质资源和低成本劳动力方面的供给推动力消退时,不至于在供给侧就没有其他动力。全要素生产率的提高就可在很大程度上弥补要素投入的不足。创新驱动、结构调整、提高效率都可以成为新的供给推动力。实现路径就是结构性改革,主要涉及科技创新体制、精细化管理体制和激励性制度等。

第三是提高供给体系质量。必须把改善供给侧结构作为主攻方向,从生产端入手,提高供给体系质量和效率,扩大有效和中高端供给,增强供给侧结构对需求变化的适应性,推动我国经济朝着更高质量、更有效率、更加公平、更可持续的方向发展。①

激励各个方面积极性是中国特色社会主义政治经济学的重大原则,主要体现在供给侧的激励性体制机制。在一般情况下,需求侧突出的是市场选择,提供发展压力;而供给侧则突出经济激励,提供发展的动力。例如,针对无效供给和低端供给,去产能、去库存、去杠杆、降成本,需求侧靠的是优胜劣汰的市场机制,供给侧则采取化解和优化重组的方式。再如,对速度下行压力,需求侧采取的是扩张性货币政策,供给侧则是采取给实体经济企业减税减息减负,调动积极性的办法。目的是释放企业活力。

从体制及改革的角度分别研究需求侧和供给侧的运行效率,反映中国关于经济运行理论研究的深入,将其成果上升为系统化的经济学说,也是中国特色社会主义政治经济学的重大进展。

综上所述,理论来源于实践,中国特色社会主义经济建设的伟大实践取得了成功。其中包括了经济制度、经济运行和经济发展等领域一系列重大理论创新,将这些成功实践和创新理论系统化就构成中国特色社会主义政治经济学的理论体系。这个理论体系是动态的。中国特色社会主义事业在发展中,新的实践及创新的理论会不断丰富这个理论体系。

---

① 源自 2017 年 1 月 22 日,习近平在十八届中央政治局第三十八次集体学习时的讲话。

## 主要参考文献

[1] 习近平. 习近平谈治国理政[M]. 北京：外文出版社，2014.

[2] 新华社. 发展当代中国马克思主义政治经济学[N]. 人民日报，2015 - 11 - 24.

[3] 卫兴华. 中国特色社会主义经济理论体系研究[M]. 北京：中国财政经济出版社，2015.

[4] 洪银兴. 马克思主义经济学经典选读·当代价值[M]. 北京：高等教育出版社，2012.

# 以创新的经济发展理论阐释中国经济发展[①]

当代中国经济面临的重大问题是发展问题。中国经济的发展需要中国化的马克思主义政治经济学理论指导。可是长期以来，学术界把研究经济发展问题的学科归于西方发展经济学或增长经济学。根据习近平总书记在全国哲学社会科学工作座谈会上的讲话精神，建设中国特色哲学社会科学应该以我们正在做的事情为中心，从我国改革发展的实践中挖掘新材料、发现新问题、提出新观点、构建新理论。[②] 按此要求，对中国经济发展问题的研究，应该包含在中国特色社会主义政治经济学理论体系之中，相应地解决三个方面的理论问题，由此形成中国特色的系统化经济发展新理论。第一，中国特色社会主义政治经济学的研究对象需包含经济发展问题。第二，经济发展理论的话语体系须符合马克思主义政治经济学的学术规范。第三，亟待从学理上系统总结改革开放以来中国社会主义现代化建设的丰富实践经验，回应我国进入中等收入阶段面临的重大发展问题挑战。

## 一、构建解放、发展和保护生产力的系统性经济发展理论

经济发展理论要成为中国特色社会主义政治经济学的重要组成部分，需要明确地将生产力纳入政治经济学的研究对象。近年来，虽然政治经济学研究者已经开始重视对生产力的研究，但政治经济学教科书对研究对象的表述一般都规定为生产关系，对生产力的研究仅处于“被联系”的次要地位，即联系生产力来研究生产关系。实

---

① 本文原载于《中国社会科学》2016 年第 11 期。

② 习近平在哲学社会科学工作座谈会上的讲话. 人民日报，2016－5－19(2).

践证明，面对社会主义经济建设这一中心任务，只以生产关系为研究对象，不以生产力为研究对象，马克思主义政治经济学就难以科学地指导中国的经济发展，最终还会使自己边缘化。

中国特色社会主义政治经济学把生产力直接作为研究对象的必要性，存在诸多不容置疑的理由。一是由社会主义的发展任务决定。无产阶级夺取政权以后的根本任务，就是要通过社会改造“尽可能快地增加生产力的总量”①。具备高于资本主义经济的劳动生产率，更是社会主义战胜资本主义的根本保证。经济落后国家在进入社会主义社会后，阻碍社会主义替代资本主义的最大制约性条件是生产力的落后，而不是生产关系的落后。二是由社会主义所处历史阶段决定。处于初级阶段的社会主义的本质，就是解放和发展生产力，消灭剥削，消除两极分化，逐步达到共同富裕。三是由中国特色社会主义的实践决定。中国用不太长的时间从贫穷落后的农业大国一跃成为世界第二大经济体；近 14 亿人口不仅摆脱了贫困，而且即将一个不落地全面进入小康社会；中国经济的增长率即使进入中高速增长的新常态，仍然处于世界前列，依然是世界经济的动力源。对于如此成功的社会实践，离开了研究发展生产力为任务的经济学，是难以做出准确解释的。基于以上分析，中国特色社会主义政治经济学应将研究对象明确为：在发展变化中，研究相互联系的生产力和生产关系。这也是以人民为中心的经济学自身的发展要求。

研究生产力，研究什么？邓小平说：一个是解放生产力，一个是发展生产力，需要把两个方面“讲全了”②。习近平还提出：“牢固树立保护生态环境就是保护生产力、改善生态环境就是发展生产力的理念。”③这样，中国特色社会主义政治经济学对生产力的研究就有三个层次的内容：一是解放生产力，二是发展生产力，三是保护生产力。广义地说，保护生产力属于发展生产力的范围，但针对我国在发展生产力的过程中，突出存在的破坏生态环境的问题，有必要将保护生产力独立出来作为政治经济学

---

① 马克思，恩格斯. 马克思恩格斯文集：第 2 卷，北京：人民出版社，2009：52.

② 邓小平. 邓小平文选：第 3 卷，北京：人民出版社，1993：370.

③ 习近平在中共中央政治局第六次集体学习时强调 坚持节约资源和保护环境基本国策 努力走向社会主义生态文明新时代. 人民日报，2013－5－25(1).

研究的一个重要方面。因此,中国特色社会主义政治经济学理论体系构建的基点,就是构建关于解放、发展和保护生产力的系统化经济理论。这三个方面合起来形成了经济发展理论,成为中国特色社会主义政治经济学的重要组成部分。中国特色社会主义政治经济学理论体系包含经济发展理论,是中国特色社会主义政治经济学理论体系的重大拓展。

## 二、构建经济发展理论的话语体系

经济发展理论要进入中国特色社会主义政治经济学理论体系,本身也需要符合马克思主义政治经济学的学术规范,尤其是在话语体系的构建方面。中国特色社会主义政治经济学的构建,如习近平总书记指出的,要以马克思主义政治经济学为指导,总结和提炼我国改革开放以来社会主义现代化建设的伟大实践经验,同时借鉴西方经济学的有益成分。按此要求,构建中国特色的经济发展理论学术体系和话语体系,主要涉及以下三个方面。

首先,在马克思主义经济学的理论宝库中,发掘系统的生产力发展理论,使其成为经济发展理论建构的指导思想和方法论基础。以《资本论》为代表的马克思主义政治经济学联系生产力研究生产关系,阐述的一系列关于生产力发展的原理,形成了中国特色社会主义政治经济学体系中的经济发展理论话语体系的基础。例如,关于劳动生产力要素的规定,经济发展方式的区分,社会再生产的比例关系,人和自然的关系,生产和消费的关系等。

其次,借鉴西方经济学的有益成分。发展中国家的经济发展问题是世界性问题,西方以发展中国家的经济发展为对象的发展经济学,以经济增长为对象的增长经济学,都不乏可为我所用的积极成果。例如,二元结构理论、中等收入陷阱理论、全要素生产率理论、可持续发展理论、知识经济理论、国家创新体系理论等。这些范畴和理论进入中国特色社会主义政治经济学,使中国的发展理论可以同世界流行的发展理论,通过比较和对话为我所用。其间同样有一个如何中国化的问题。

再次,以中国的发展理论讲好中国故事,体现中国智慧。习近平在主持中共中央政治局集体学习马克思主义政治经济学基本原理和方法论时，列举了中国共产党在探索社会主义建设道路过程中提出的独创性观点，如统筹兼顾、注意综合平衡，以农业为基础、工业为主导、农轻重协调发展等重要观点，尤其是十一届三中全会以来，形成的中国特色社会主义政治经济学的许多重要理论成果。[①] 其中包括，关于确立并贯彻创新、协调、绿色、开放、共享的新发展理念，关于我国经济发展进入新常态的理论，关于推动新型工业化、信息化、城镇化、农业现代化相互协调的理论，关于用好国际国内两个市场、两种资源的理论，关于促进社会公平正义、逐步实现全体人民共同富裕的理论，等等。这些理论成果，是适应当代中国国情和时代特点的政治经济学，不仅有力地指导了我国经济发展实践，而且开拓了马克思主义政治经济学的新境界。

## 三、回应进入中等收入阶段的重大发展问题

重大现实问题导向是马克思主义的鲜明特点。作为研究导向的重大现实问题与所处时代的历史发展阶段密切相关。正如恩格斯所说，每一个时代的理论思维，“都是一种历史的产物，它在不同的时代具有完全不同的形式，同时具有完全不同的内容”。[②] 构建中国特色的经济发展理论，需要从当代中国所处的发展阶段出发。在生产关系层面，中国特色社会主义政治经济学阐明了处于社会主义初级阶段的生产关系，并指导了我国近 40 年改革开放的成功实践。我们同样需要在生产力层面，阐明我国当前所处历史阶段经济发展的规律性。生产力所处的发展阶段特征制约着经济发展的环境、目标、方式以及动力。依其究竟是处于低收入阶段，还是中等收入阶段，或是高收入阶段，各自的经济发展理论所揭示的规律性毕竟不是完全一样的。

根据国际通行的标准，现在我国经济已具有明显的中等收入阶段特征。与低收入阶段相比，中等收入阶段提出了一系列新的重大发展问题，意味着低收入阶段的一些经济发展理论不再适用。准确地回应这些新的系列挑战，需要进行理论创新。

---

① 习近平在中共中央政治局第二十八次集体学习时强调　立足我国国情和我国发展实践　发展当代中国马克思主义政治经济学.人民日报，2015－11－25(1).

② 马克思，恩格斯.马克思恩格斯文集：第 9 卷，北京：人民出版社，2009：436.

首先是经济中高速增长的可持续问题。进入中等收入阶段,经济迈入了新常态。增长速度从高速转向中高速,最主要的原因有这些方面。(1) 物质资源和环境资源的供给接近极限。(2) 农业劳动力向城镇转移的速度放慢,低成本劳动力的供给也接近极限。(3) 供求结构严重失衡,出现了有效供给严重不足,而无效供给和低端供给却严重过剩的状况。因此,从低收入阶段进入中等收入阶段后,经济增长速度由高速转向中高速是不可避免的,但中高速增长能否建立在质量和效率的基础上,且具有可持续性,显然要看是否有科学的理论指导。

其次是跨越"中等收入陷阱"问题。形成"中等收入陷阱"的主要症结,在于发展方式问题。进入中等收入阶段后,如不能摆脱低收入阶段的发展模式,其后果则是,既无法在工资成本方面与低收入国家竞争,又无法在尖端技术研制方面与发达国家竞争。低收入阶段的发展模式,导致中等收入阶段面临"三大至顶"威胁。(1) 收入差距达到库茨涅兹收入差距倒U型曲线的顶点。(2) 腐败程度也达到库茨涅兹倒U型曲线的顶点。(3) 环境污染达到环境库兹涅茨倒U型曲线的顶点。随着文明程度的提高和社会的多元化,居民针对这三大威胁的维权意识大为增强。实践证明,并不是所有国家和地区都会陷入这一陷阱。意识到它的存在,并且在正确的发展理论指导下,即使处于不利的国际环境,也能够通过科学发展化解"三大至顶"威胁,从而跨越"中等收入陷阱"。

再次是补齐发展的短板。中国特色的现代化是新型工业化、信息化、城镇化、农业现代化"四化同步"的现代化。全面建成的小康社会须惠及全体人民,亟待经济、社会、文化、政治和生态各个方面的协调发展。当前距离中华民族伟大复兴第一步战略目标的实现,还存在诸多短板。我国进入中等收入阶段以后,尤其需要根据"共享"和"协调"的原则,补齐如下短板。一是补齐农业现代化的短板。二是补齐农村发展的短板,以化解城乡二元结构。三是补齐贫困地区和贫困人口的短板。四是补齐生态文明的短板。这些短板的补齐若"四缺一"乃至更多,中国社会主义现代化的历史进程将难以继续。

进入中等收入阶段后,我国面临的上述严峻挑战,是创新中国特色社会主义政治经济学发展理论的起点和动力源。有效应对这些重大发展问题的根本理念,就是以习近平同志为核心的党中央关于创新、协调、绿色、开放、共享的五大新发展理念。适应由低收入阶段转向中等收入阶段的重大转变，需要运用新发展理念在以下方面推动经济发展理论的创新。

一是经济发展目标的转变。低收入阶段的发展问题实际上只是经济增长问题，目标单一。在进入中等收入阶段后，经济发展具有了更广泛的含义，涉及经济社会的各个层面。因此，现阶段的发展目标不可能单一，不仅是摆脱贫困，公平分配、增加社会福利都要进入发展目标。经济发展最关心的是长期持续的经济增长，不仅包括数量和规模的增长，还包括持续经济增长所依赖的技术进步、制度优化和文化创新。

二是经济发展方式的转变。进入中等收入阶段后，转变经济发展方式的方向，就是习近平概括的，"发展必须是遵循经济规律的科学发展，必须是遵循自然规律的可持续发展"。[①] 转变发展方式不只是转为集约型发展方式的问题，更重要的是转向内容更为丰富的创新型发展方式。一为产业结构优化升级，也就是改变低收入阶段对禀赋资源比较优势低端产业结构的依赖，依靠科技进步转向中高端的产业结构。二为发展驱动力转换，经济发展由主要依靠物质资源和低成本劳动力驱动转向科技创新驱动。三为追求经济增长的最小成本化。只有在资源得到有效利用、环境污染得到有效控制、社会福利不断增进的基础上，实现的经济增长才是有价值的可持续增长。

三是开启现代化新征程。发展中国家追赶发达国家的进程，就是现代化的过程。国际环境的变动和发展中国家的特殊国情，决定了各国现代化道路的特殊性。中国进入中等收入阶段意味着，小康社会即将全面建成，以及现代化新征程的开启。中国特色的社会主义现代化是新型工业化、信息化、城镇化和农业现代化"四化同步"的现代化。不仅"四化同步"是中国的创造，而且其中的每一"化"都有中国自己的创造。现代化新征程更加重视人的现代化。在马克思看来，人的现代化就是人的全面发展。其基本的物质文化条件是，生产力高度发展，消除旧的社会分工，教育和文化事业高

---

① 习近平主持召开经济形势专家座谈会强调 更好认识和遵循经济发展规律 推动我国经济持续健康发展.人民日报，2014-7-9(1).

度发达。

四是保护生产力直接成为发展目标。面对在低收入阶段所推进的工业化、城市化,尤其是重工业化所造成的资源耗竭及其供给的不可持续状况,保护生态环境从而保护生产力,应该成为中等收入阶段经济发展理论的重要组成部分。这需要从根本上改变发展理念,必须明确优良的生态环境是人类社会难以再生的宝贵财富。人类不仅需要通过发展获取更多的物质财富和精神财富,还要在发展中赢得更多的生态财富。因此,保护生态环境就是保护生产力。生态文明作为一种发展理念,体现在尊重自然、顺应自然、保护自然。人类的生产生活方式以最适宜的文明方式影响自然,可以换取自然对生产力发展的最佳反馈。

## 四、寻求和把握经济发展新动力

中国特色社会主义政治经济学的一个重要功能,在于寻求和把握新时期经济发展的新动力。这涉及两个层面:在生产关系层面寻求和把握发展的新动力;在生产力层面寻求和把握发展的新动力。生产关系层面的路径是推进改革对解放生产力的反作用。在第二个层面,过去曾经推动经济高速增长的物质要素和低成本劳动力的供给已明显衰减,经济增长的发动机因而需要转换,经济发展理论当需在供给和需求两侧揭示新的增长动力。

一方面,在供给侧的推动力衰减时,要寻求需求侧的拉动力。党的十八大明确提出,“使经济发展更多依靠内需特别是消费需求拉动”。[①] 牢牢把握扩大内需这一战略基点,在由消费、投资和出口“三驾马车”协同拉动的经济增长中,尤其要重视消费需求拉动的基础性作用。之所以必须这样做,不只是因为过去对扩大内需消费重视不够,更重要的是,消费对拉动经济发展具有以下不可替代的作用。(1) 转变经济发展方式,需要突出消费对增长的基础性作用。生活消费属于最终需求,是经济发展最

---

① 胡锦涛.坚定不移沿着中国特色社会主义道路前进 为全面建成小康社会而奋斗(2012年11月8日),北京:人民出版社,2012:20.

可靠的持续动力。(2) 消费需求拉动经济发展,这是以人民为中心的经济学的必然要求。人民的生活消费水平,直接反映公有制为主体的分配关系和分配制度的性质。(3) 宏观经济的均衡关系实质上是生产力和消费力相匹配的均衡关系;积累和消费的比例关系是发展方式科学性的综合反映。因此,中国特色社会主义政治经济学不仅要研究生产,还要研究消费。加大消费需求对经济发展的拉动作用,关键是培育消费力,包括增加居民收入、扩大就业和完善社会保障制度。

另一方面,在供给侧的物质资源投入不足时,更要寻求新的驱动力。影响经济实际增长率的潜在增长率的供给要素,除了物质和劳动力要素的投入外,还有技术、生产力结构、管理能力、效率等方面的要素。现阶段消退的供给侧推动力,只是生产要素中的物质资源、环境资源和低成本劳动力。在供给侧还有其他动力可以开发,如创新驱动、结构调整、提高效率、治理能力现代化等,都可形成供给侧推动经济增长的新动力。相对于需求的拉动力,供给侧对经济发展的推动力更为长期。供给侧结构性改革需要激活一系列新的驱动力。

一是科技创新的驱动力。科技创新是引领发展的第一动力和发展的基点,它在现阶段尤为重要。(1) 科技创新发展是新型的发展方式。经济发展所涉及的转方式、调结构、绿色化都需要创新来驱动。(2) 科技创新的核心是自主创新。现阶段的科技创新正从过去以跟踪模仿为主,转向跟踪模仿与并跑领跑同时相存的新阶段。(3) 科技创新与产业创新对接,培育新经济,推动产业结构转向中高端。(4) 加快科技成果向生产力的转化,推动产学研协同创新,注重研发和孵化新技术,形成大众创新、万众创业的大氛围。(5) 人才成为科技创新的第一驱动力。将科技创新作为新型的发展方式,这是中国经济发展理论的创新,也是中国特色社会主义政治经济学的理论创造。

二是提高全要素生产率。在马克思主义经济学中有要素生产率的概念,如劳动生产率、资本生产率、土地生产率等。全要素生产率概念,指的是各种要素之间有机组合所产生的集合生产率,大于各单个要素生产率的简单相加之和,其中的差额就是全要素生产率。根据定义,提高全要素生产率的关键,在于能对各种要素起集合和引导作用的要素。在投资作为集合和引导要素的场合,提高全要素生产率的着力点是提高投资配置的效率，否则就会出现要素结构性错配的两种状况。(1) 投资较多地投在地产和虚拟经济，而不是投在与新产业相关联的物质资本和技术要素。(2) 投资偏重物质资本，忽视人力资本投资。针对这两种状况，提高全要素生产率的着力点，就是要重视对实体经济尤其高新产业的投资，重视人力资本投资。当前特别要重视企业家对提高全要素生产率的集合和引导作用。供给侧结构性改革的目标之一，就是推动经营者向有才干的企业家转变，放手让企业家在市场决定资源配置的条件下组合生产要素，在提高供给体系质量和效率过程中，提高全要素生产率。

三是激发市场主体活力。经济学处理经济问题的核心，可以概括为"选择"和"激励"两个关注点。一般说来，需求侧的经济学关注的是选择问题。即在市场决定资源配置的条件下，由市场选择资源流向，进入哪些地区、行业和企业，由充分竞争的市场进行优胜劣汰的选择，从而对企业产生外部压力。供给侧的经济学则更关注激励问题，以激励市场主体能动的活力。中国特色社会主义政治经济学的一个重大原则，就是调动各个方面的积极性。这也应该成为供给侧结构性改革的重大原则。激励主要涉及三个方面。一是激励创新。科技创新不能只是靠市场压力，还需要激励，包括在知识产权严格保护下创新收益权的垄断，政府提供激励性政策和引导性投资激励等。二是克服机会主义行为。要在信息不完全条件下，建立激励性体制，克服影响供给质量和效率的道德风险这类机会主义行为，并从机制上改变"劣币驱逐良币"的状况。三是激发企业活力。针对微观经济的主体，政府要减轻企业负担，减少对企业的行政干预，从而激发企业活力。经济运行的细胞是企业，激励企业活力关键在于处理好国民收入分配中国家、企业和职工三者的利益关系。在职工和企业的关系方面，突出企业内部合作共赢的整体利益。在处理政府和企业的关系方面，也要突出企业的上述整体利益。坚持党对国有企业的领导不动摇。①

四是结构调整的推动力。发展中国家的经济社会发展问题主要是结构性问题。其中，最为突出的是如何克服城乡二元结构的对立。在低收入阶段，以农民进城为内

---

① 习近平全国国有企业党的建设工作会议上强调 坚持党对国有企业的领导不动摇 开创国有企业党的建设新局面.人民日报，2016-10-12(1).

容的城市化是驱动这一发展的强大动力。进入中等收入阶段以后,二元结构的对立统一运动有了新内容,一方面是城市现代化,另一方面是城乡发展一体化。二者都蕴藏着增加需求和增加供给的巨大空间。就后者而言,城市发展要素向农村的扩散意味着,在农村中的城镇增长点增加城市要素及设施的供给,促进其逐渐具有产业发展、公共服务、吸纳就业、人口集聚等新功能。就前者而言,推进人的城镇化意味着,不但使进入城市的农村转移人口实现市民化,形成对城市住房和福利的新需求,还要使农民在分散于广大农村的小城镇实现市民化,享受市民权利,形成对当地城镇住房和福利的需求。很显然,在克服城乡二元结构的路径中,城乡发展一体化将是中等收入阶段经济发展的强大动力。

基于社会主义初级阶段的社会主义本质要求,将解放、发展和保护生产力结合起来,构建系统化的经济发展学说。可以说,这是中国特色社会主义政治经济学在生产力层面的开创性研究,具有重大的理论和现实意义。

# 关于中国特色社会主义政治经济学理论体系建设的几个问题①

政治经济学有社会主义部分，中国特色社会主义政治经济学是否就是政治经济学的翻版呢？尽管有联系，但不能直接画等号。中国特色社会主义政治经济学概念的提出有特定的含义。第一，它是对中国特色社会主义经济制度、经济发展道路进行理论概括的系统性经济学说。第二，它是对党的十八大以来以习近平同志为核心的党中央治国理政理念的理论总结。构建中国特色社会主义政治经济学需要以改革和发展的重大问题为导向，既要坚持马克思主义基本原理和方法论，又要结合我国经济发展实际，不断形成充分体现中国特色、中国风格、中国气派的经济学理论成果。

## 一、构建中国特色社会主义政治经济学的理论和现实意义

构建中国特色社会主义政治经济学的任务是由我国经济发展的实践提出的。从1949年中华人民共和国成立起，我国就开启了建设有中国特色的社会主义进程。改革开放以来，我们实现了由计划经济向社会主义市场经济、从封闭半封闭经济向开放型经济的历史性转变，实现了农业大国向新兴工业化国家的转变。中华人民共和国建设的67年，改革开放的38年，在人类社会历史长河中不过是“弹指一挥间”，然而我国却走过了西方大约100年至150年的现代化历程。社会主义中国由一个极其落后的半殖民地半封建的社会一跃成为世界第二大经济体。接近十四亿人口即将一个不少的全面进入小康社会，并且正在成为世界经济的动力源。这是人类社会的伟大

---

① 本文原载于《人文杂志》2017年第12期。

奇迹。中国经济的成功彰显出中国特色社会主义经济制度和发展道路的优越性，很值得用马克思主义的立场、观点和方法进行科学的理论概括。由此产生的中国特色社会主义政治经济学将对世界做出贡献。

中国特色社会主义，以其理论和成功的实践回答了社会主义的发展中大国实现国家富强人民富裕的重大问题。比如，在东方经济落后的国家建设什么样的社会主义、能否通过社会主义道路走向富强？社会主义和市场经济能否结合和怎样结合？在二元结构突出的农业大国如何实现现代化？后起的资源相对缺乏的国家如何实现可持续发展？这些需要直面的世界性理论难题，马克思在当时不可能碰到，也不可能做出科学的预见。以中国特色社会主义政治经济学为理论指导所取得的中国经济成就，对这些重大问题做出了正确的回答，是对马克思主义的重大发展，为整个人类的经济科学文明发展做出了贡献。

科学的理论指导中国特色社会主义的伟大的实践；伟大的实践推动了中国特色社会主义政治经济学理论的创新。当代马克思主义政治经济学的理论进展及其对中国改革和发展的贡献，可以从两个方面去概括。

在经济改革方面，中国特色社会主义政治经济学的重大贡献包括：社会主义初级阶段理论的确立，推动了社会主义基本经济制度的建立；社会主义市场经济理论的确立，明确了经济体制改革的方向；各种生产要素按贡献取得报酬理论的确立，推动了按劳分配为主体多种分配方式并存的社会主义基本分配制度的确立；公有制可以有多种实现形式理论的确立，推动了混合所有制经济的发展；对外开放用好国际国内两个市场、两种资源的理论的确立，推动了全方位、宽领域、多层次的对外开放格局的形成。在这些理论的正确指导下，中国特色社会主义经济制度得以确立。

在经济发展方面，坚持解放和发展生产力是马克思主义政治经济学的基本原理，也是社会主义的本质要求。经济发展进入中国特色社会主义政治经济学的研究视野本身就是政治经济学的重大进展。在指导全面小康社会建设中中国特色社会主义政治经济学做出的重大理论贡献包括：中国特色社会主义现代化理论、经济发展方式及其转变理论、科学技术是第一生产力理论、科学发展观、新型工业化和城镇化理论，等等。在这些理论指导下，中国经济得以快速健康发展。

党的十八大以来,中国经济进入新常态,中国特色社会主义政治经济学又有了一系列新的进展。在经济改革方面包括:使市场在资源配置中起决定性作用和更好发挥政府作用的理论;混合所有制是基本经济制度重要实现形式理论;促进社会公平正义、逐步实现全体人民共同富裕;增进人民福祉、促进人的全面发展的理论。在经济发展方面包括:经济新常态理论,创新驱动经济发展理论,创新、协调、绿色、开放、共享的发展理念,绿水青山就是金山银山理论,供给侧结构性改革理论,等等。

经济改革的中国模式,经济发展的中国道路得到了实践的检验和肯定。所有这些都可归结为作为指导思想的当代中国马克思主义政治经济学的成功。马克思创立的经济学为未来社会的经济制度和经济发展破了题,依据中国实践创新的中国特色社会主义政治经济学正在解这些题。习近平在主持中央政治局就马克思主义政治经济学基本原理和方法论进行集体学习时,列举的我国在探索社会主义建设道路过程中已经提出的独创性理论成果,是适应当代中国国情和时代特点的政治经济学,不仅有力指导了我国经济发展实践,而且开拓了马克思主义政治经济学新境界。马克思主义政治经济学领域的一系列重大理论创新成果,适应当代中国国情和时代特点,是对中国特色社会主义经济建设中获得的感性认识的升华,是对我们推动经济发展实践的理论总结,引领和推动了中国特色社会主义事业的发展,开创了经济发展新局面。

立足我国国情和发展实践建立的中国特色社会主义政治经济学是我们建设和完善中国特色社会主义的理论指导。当前政治经济学研究的重要任务是对当代中国马克思主义经济学的重要理论成果进行归纳和系统化,不断形成并认同中国特色社会主义政治经济学的理论成果,进一步完善中国特色社会主义政治经济学的理论体系。

## 二、关于中国特色社会主义政治经济学的学科定位

中国特色社会主义政治经济学,是当代中国的马克思主义政治经济学,它作为指导思想的理论基础指导中国的经济改革和经济发展,而且保持着在经济学科中的主流经济学地位。这与其学科地位相关。

首先是学科性质定位。它是当代中国的马克思主义政治经济学。就中国特色社会主义政治经济学与马克思主义政治经济学的关系来说,它属于当代中国的马克思主义政治经济学。原因是坚持马克思主义政治经济学范式。其表现是,第一,它是以人民为中心的政治经济学。马克思主义经济学的基本立场代表无产阶级根本利益。无产阶级夺取政权以后,其阶级利益代表全体人民的根本利益,因此中国特色社会主义政治经济学以人民为中心,服从于人民的福祉和共同富裕。体现在,以发展生产力、增进人民福祉为目标,共同富裕为目标,人的全面发展为目标。第二,研究对象是一定社会相互联系的生产力和生产关系,基本任务是阐述经济规律,尤其是社会主义代替资本主义的必然性。体现"当代中国"的要求,中国特色社会主义政治经济学的对象更为关注发展生产力的研究,只有在生产力水平超过资本主义,才谈得上最终战胜资本主义。第三,研究的基本方法是唯物辩证法和历史唯物主义,虽然也会用到其他现代经济学方法。当然,两者不能简单画等号。当代中国马克思主义政治经济学还包括对当代资本主义经济的科学分析。而中国特色社会主义政治经济学的对象有明确的限定,只是对中国特色社会主义经济的马克思主义经济学分析,尽管在必要时会联系并存的当代资本主义进行比较分析。

其次是在阶段性上的学科定位。中国当前所处的发展阶段需要在生产关系和生产力两个层面上定位。相应地,中国特色社会主义政治经济学的阶段性定位就有两个方面。一方面,在生产关系上属于社会主义初级阶段的政治经济学;另一方面,在生产力发展水平上,我国按人均 GDP 标准已经告别了低收入阶段,进入了中等收入阶段。因此,中国特色社会主义政治经济学属于中等收入发展阶段的政治经济学。基于这种定位,中国特色社会主义政治经济学就成为适应当代中国国情和时代特点的政治经济学。马克思主义政治经济学基本原理同改革开放新的实践相结合,形成的中国特色社会主义政治经济学的许多重要理论成果得到了实践的检验,不仅有力指导了我国经济发展实践,而且开拓了马克思主义政治经济学新境界。

第三是在功能上的学科定位。作为政治经济学,它提供一种意识形态,分清社会主义和资本主义,但不仅仅是意识形态,它还提供基本的经济学理论;它提供思想教育教材,解决社会主义的制度自信、道路自信、理论自信、文化自信,但不仅仅是思想教育教材,还要为我国的经济决策和政策制定提供经济理论指导;它要批判各种非马克思主义经济思潮,但不仅仅是当批判家,还要当中国特色社会主义经济的建设者。

## 三、关于中国特色社会主义政治经济学的主线和逻辑体系

一个学科的建设回避不了对其主线和逻辑体系的确定。长期以来对政治经济学社会主义部分的主线和逻辑体系就一直争论不休。现在对中国特色社会主义政治经济学的主线和逻辑体系更是这样,百花齐放是难免的。

对中国特色社会主义政治经济学的主线,学术界有不同意见。有的主张以社会主义市场经济为主线。有的主张以 2015 年 12 月中央经济工作会议提出的坚持中国特色社会主义政治经济学的三个原则为主线,即:一是坚持解放和发展社会生产力;二是坚持社会主义市场经济改革方向,使市场在资源配置中起决定性作用;三是坚持调动各方面积极性,充分调动人的积极性。有的认为以中国特色社会主义的本质特征为主线。

应该说,上述主张都是中国特色社会主义政治经济学的主要内容,但要成为整个学科体系的主线则显得不足。因为,中国特色社会主义政治经济学关键词在中国特色和社会主义。明显的特征是处于初级阶段的社会主义。因此,该学科的主线应该是邓小平所指出的,社会主义初级阶段的社会主义的本质,就是解放和发展生产力,消灭剥削,消除两极分化,逐步达到共同富裕。其中的核心内容同生产力相关。① 具体内容,一是邓小平讲的:一个是解放生产力,一个是发展生产力,应该把解放生产力和发展生产力两个方面讲全了。二是习近平讲的:牢固树立保护生态环境就是保护生产力、改善生态环境就是发展生产力的理念。这样,中国特色社会主义政治经济学理论体系的构建,就是要建立解放、发展和保护生产力的系统化的经济学说。

就中国特色社会主义政治经济学的逻辑体系来说,目前也有不同的观点。有的主张按照马克思的生产关系四环节(生产、交换、分配和消费)来安排体系。有的主张

---

① 关于发展生产力成为中国特色社会主义政治经济学的研究对象,我已在其他论文中论述过。

按马克思当年写《资本论》的计划即 6 个分册来安排。

必须承认,中国特色社会主义经济还在实践中,发展中,虽然取得了成功的经验,但还不能说已经定型。短期内很难做出马克思研究资本主义时所进行的具体到抽象的研究和从抽象到具体的叙述。而且,在社会主义初级阶段经济中不可能抽象出纯粹的起"普照之光"的经济关系。因此,中国特色社会主义政治经济学的逻辑体系目前还只能是问题导向。

坚持问题导向是马克思主义的鲜明特点,问题是创新的起点,也是创新的动力源。中国特色社会主义政治经济学的问题导向主要涉及三个重大原则:一是坚持解放和发展社会生产力;二是坚持社会主义市场经济改革方向,使市场在资源配置中起决定性作用;三是坚持调动各方面积极性,充分调动人的积极性。这三个方面可以说是当代中国马克思主义政治经济学的核心内容,也是构建中国特色社会主义政治经济学理论体系的重大原则。

按照中国特色社会主义经济的重大问题分章论述,还是有个逻辑体系。现在对现实社会经济的分析大致有三个层面:一是本质层面即经济制度分析;二是经济运行层面即资源配置层面分析;三是经济发展层面即发展和保护生产力分析。在经济全球化背景下则可再加上一个层面,即对外经济关系分析。中国特色社会主义政治经济学的各个重大问题可以分别归到这四个层面中去。其中,经济制度层面以社会主义初级阶段的基本经济制度为引领;经济运行层面以社会主义市场经济为引领;经济发展层面以新发展理念为引领;对外经济关系层面则以经济全球化理论为引领。由此,形成中国特色社会主义政治经济学的逻辑体系。

## 四、构建中国特色社会主义政治经济学的理论资源

习近平总书记明确指出,中国特色哲学社会科学要把握好三方面资源。一是马克思主义的资源,包括马克思主义基本原理,马克思主义中国化形成的成果及其文化形态。二是中华优秀传统文化的资源,这是中国特色哲学社会科学发展十分宝贵、不可多得的资源。三是国外哲学社会科学的资源,包括世界所有国家哲学社会科学取

得的积极成果,这可以成为中国特色哲学社会科学的有益滋养。这三方面同样是中国特色社会主义政治经济学的理论资源。

马克思主义政治经济学,尤其是《资本论》提供中国特色社会主义政治经济学话语体系的基础。有人认为,马克思《资本论》是分析资本主义的,其范畴基本上都是反映资本主义生产关系的。其实不然,既然承认中国特色社会主义政治经济学属于当代中国马克思主义经济学,为什么其建立的经济学范畴都不用呢?最明显的例子是国有资本概念,有相当长的时间中不敢用国有资本概念,试图用国有资产、国有资金的概念去替代,但总不科学准确。最终还是使用了国有资本的概念,当然国有资本的资本范畴不再具有雇佣劳动的性质规定。如果中国特色社会主义政治经济学中连马克思主义经济学中使用的范畴和原理都不敢用,何来当代中国的马克思主义政治经济学呢?关键是使用《资本论》中相关概念时要赋予其生产关系方面的规定。

《资本论》对中国特色社会主义政治经济学理论和话语体系建设涉及以下方面。(1)《资本论》中建立的系统的经济学范畴。尤其是关于生产关系的话语系统,包括公有制和私有制在内的各种所有制形式及其特征,各类经济规律,工资、地租、利息等分配范畴,是中国特色社会主义经济理论体系中的核心范畴。(2)《资本论》对未来社会的预见和规定。马克思对替代资本主义社会后的未来社会做出了合乎逻辑的预测,其中有对社会主义经济制度的规定,如公有制、按劳分配、按比例分配社会劳动等。(3)《资本论》阐述的市场经济的基本原理,成为社会主义市场经济的话语体系。如商品货币理论、竞争理论、资本循环和周转理论、社会总产品实现条件理论、流通费用理论、地租理论、信用经济理论、虚拟资本理论、经济周期理论,等等。(4)以《资本论》原理说明中国特色社会主义经济,包括以生产力和生产关系的话语体系说明社会主义初级阶段及其基本经济制度;以商品经济和价值规律的话语体系说明社会主义市场经济;以生产关系和分配关系的话语体系说明社会主义初级阶段的分配制度;以解放、发展和保护生产力的话语体系说明新阶段的经济发展。除此以外,列宁的《帝国主义论》中的一些话语也可用于中国特色社会主义经济分析,例如关于金融资本和垄断的话语。当然,上述话语体系进入中国特色社会主义政治经济学需要有个中国化、时代化的过程,尤其是马克思当时使用的范畴和原理所体现的生产关系规定需要时代化。

《资本论》不能穷尽真理。中国特色社会主义经济实践更为丰富多彩,相应的政治经济学话语体系需要在实践中创新:新的实践需要创新的话语,讲中国故事,需要新的理论概括,新的经济范畴,体现中国智慧。不可否认的是,有许多新范畴与《资本论》有着内在联系:如市场经济同商品生产和交换理论;产权制度同所有制理论;混合所有制同股份公司理论;虚拟经济同虚拟资本理论;资源配置同社会总劳动时间分配理论;金融制度同信用经济理论;生产要素参与分配同要素所有权理论;创新理论同科学及其应用理论;协调发展同社会再生产理论,等等。

在开放的世界,中国特色社会主义政治经济学不是封闭的而是开放的,包括向西方经济学的开放。当代中国经济学与当代西方经济学面对共同的经济背景,尤其是在经济全球化的背景下中国要参与并且主导全球经济治理,需要有共同的话语把中国经济学走出去。面对市场经济,也会有共同的话语,发展中国家谋求发展,也会有共同的话语。知识无国界。因此,中国特色社会主义政治经济学需要批判地吸收世界成熟的经济学理论,不仅用于比较和交流,还可推动中国的经济学走向世界。

中国特色社会主义政治经济学完全排斥西方经济学的概念也是不现实的。现实的中国特色社会主义经济本身就包含了非公有制经济的混合,为什么作为其理论概括的中国特色社会主义政治经济学就不能有相应的理论的混合呢?在坚持社会主义核心价值观的前提下,中国特色社会主义政治经济学有选择地借鉴西方经济学理论和范畴是建立在对自身的制度自信、道路自信、理论自信、文化自信基础上的。目前,在中国特色社会主义政治经济学中使用较多的西方经济学理论,包括:资源配置理论、二元结构理论、中等收入陷阱理论、全要素生产率理论、可持续发展理论、知识经济理论、国家创新体系理论、经济全球化理论等。当然,这些西方经济学的范畴和原理进入中国特色社会主义政治经济学需要有个批判地吸收并与中国实际结合问题。特别是要在反映的制度性质和中国的基本国情方面进行中国化改造。

## 五、中国特色社会主义政治经济学的若干制度性课题

改革开放以后,社会主义经济理论的重大突破主要在三个方面:公有制为主体多种所有制经济共同发展的基本经济制度,社会主义市场经济和按劳分配为主体多种分配方式并存的基本分配制度。十八届三中全会通过的全面深化改革的决定对这三个方面的制度表述又进了一步。中国特色社会主义政治经济学对这些新进展做出进一步的说明。

### 1. 混合所有制中公有制为主体的实现

公有制为主体多种所有制经济共同发展已被确认为社会主义初级阶段基本经济制度。在基本经济制度框架内,所谓公有制为主体,不是指公有制企业为主体,而是指公有资本在社会总资本中占优势。国有经济控制国民经济命脉。社会主义公有制理论的这一重大突破,对发展非公有制经济和国有经济进行有进有退的战略性调整起到了重要作用。十八届三中全会进一步提出,国有资本、集体资本和私人资本相互融合所形成的混合所有制是基本经济制度的实现形式。这样,公有制企业与多种非公有制企业外部并存发展为在同一个企业中公有资本同非公有资本的内部融合。包括允许更多国有经济和其他所有制经济发展成为混合所有制经济。国有资本投资项目允许非国有资本参股,而且鼓励发展非公有资本控股的混合所有制企业。与此相应,对基本经济制度中公有制为主体如何实现就面临着新课题。前一时期着力于研究公有制在多种所有制经济共同发展的框架内如何实现主体地位,现在则需要研究在混合所有制的框架内公有制为主体如何体现。

现在对国有企业已明确分为两类。一是商业类,二是公益类。这样,对公有制在混合所有制中的主体地位需要区分两个层面进行分析。不同类型的企业中,公有制的主体地位有不同的要求。

商业类企业主要身处竞争性领域,同其他所有制性质的资本一样,在这里的公有资本追求价值增殖。哪里能增殖,资本就流向那里。这意味着进入混合所有制企业的公有资本并不追求在所在企业中控股,而要追求所在企业的增殖能力。总体数量

仍然较大的公有资本分布在增殖能力强的企业中，哪怕在所在企业不控股，总体上还是居主体地位。

公益类企业要保证公共利益，一般都是公有制企业经营。但公有资本也不可能独霸天下。公益类国有企业也可建立混合所有制，允许非国有资本参股入股，公益性项目也要吸引非公有资本参与。公有制在这里的主体地位就表现在在混合所有制中控股地位。只要保持公有资本在混合所有制经济中的控制力，实际上它所支配的资本就不只是自己的资本，还能支配参股和入股的非国有资本。其控制力和支配力不只在其控股地位，更重要的是以平等对待其他所有制经济并共享利益的吸引力。在这里公有制的主体地位是显然的。

### 2. 市场决定资源配置条件下政府如何更好发挥作用

经济体制改革的核心问题是处理好政府和市场的关系。新自由主义理论把政府和市场对立起来，以为搞市场经济就不能有政府作用，政府作用强大就不会有充分作用的市场。已经建立的社会主义市场经济理论解决了社会主义经济制度同市场经济的结合问题。十八届三中全会又进一步确认使市场在资源配置中起决定性作用和更好发挥政府作用。明确市场对资源配置的决定性作用，实际上是回归了市场经济的本义。市场决定资源配置突出的是市场的自主性。这种自主性不仅表现为市场自主地决定资源配置的方向，同时也表现为市场调节信号即市场价格也是自主地在市场上形成，不受政府的不当干预。就是说，凡是市场能做的，比政府做得更好的都交给市场。现实中推进的大幅度减少和取消政府审批，有效地保证了市场的自主作用。

明确市场对资源配置的决定性作用也就明确了在资源配置领域市场作用的“强”，但在社会主义经济中，不但不能像新自由主义认为的那样不要政府作用，而且还要求更好发挥政府作用，需要进一步研究的问题是如何更好发挥作用。

在市场决定资源配置的条件下，政府的经济功能的“强”主要在四个方面。

政府作用“强”在营造经济有效运行的环境。不仅需要政府提供法治化的营商环境，还需要政府强有力的宏观调控，使宏观经济运行处于合理区间。

政府作用“强”在配置公共资源。不能把市场决定资源配置放大到决定公共资源的配置，公共资源的配置不能由市场决定，原因是公共资源配置是要满足公共需求，遵循公平原则，只能由政府决定。

政府作用“强”在克服市场失灵。涉及国家安全和生态安全的，涉及环境保护方面的，涉及全国重大生产力布局、战略性资源开发和重大公共利益等项目，政府不只是进入，而且应该充分并且强有力地发挥作用。

政府作用“强”在推动发展。对于我们这样的仍然处于社会主义初级阶段发展中国家来说，发展仍然是硬道理。推动发展理应是政府的重要职能。例如：推动城乡发展一体化和城镇化，发展创新驱动型经济，经济结构调整，生态和环境建设，发展开放型经济等，都需要政府公共资源的配置来推动和实现。

在市场对资源配置起决定性作用后，政府作用“更好”体现在，政府行为本身也要遵守市场秩序。政府发挥作用的基本路径是政府作用机制要同市场机制衔接，政府配置公共资源同市场配置市场资源应该结合进行。政府配置公共资源主要是政策路径，其中包括：利用收入分配政策促进社会公平主义；通过产业政策和负面清单引导产业结构转型升级；通过财政和货币政策调节宏观经济运行。在这种协同中，政府“强”不会限制市场的“强”。

### 3. 非劳动要素按贡献及供求参与收入分配条件下如何体现按劳分配为主体

按劳分配是社会主义分配原则。公有制为主体多种所有制经济共同发展的社会主义初级阶段基本经济制度确立以后，按劳分配为主多种分配方式并存的基本分配制度也就得到了确认。确认多种分配方式实际上是承认生产要素参与收入分配。根据马克思主义的经典理论，收入分配是所有权的实现。生产要素参与收入分配是基于生产要素私人(或不同的所有者)所有的背景下提出的。目的是要让一切劳动、知识、技术、管理、资本的活力竞相迸发，让一切创造社会财富的源泉充分涌流。

对多种生产要素参与收入分配来说，认识是不断深入的。从党的十四大到党的十六大明确提出，确立劳动、资本、技术和管理等生产要素按贡献参与分配的原则。党的十七大报告和十八大报告都提出，健全劳动、资本、技术、管理等生产要素按贡献参与分配的制度。十八届三中全会在坚持上述生产要素按贡献参与分配的基础上，又提出，各种生产要素的报酬由各自的生产要素市场决定。这些提法表明，包括劳动在内的各种生产要素参与收入分配不再完全按其投入分配，而是按各种要素的“贡献”，并且还要按各自要素市场的供求来决定。由此提出的问题是，按劳分配如何在这种收入分配体制中实现主体地位。

要素参与分配，从总体上说是符合发展社会生产力这个社会主义本质要求的。由于多种要素充分发挥作用而增加了社会财富，劳动者绝对收入也较前明显增加。这也是符合劳动者利益的。就要素市场供求对分配的影响来说，各个要素按贡献参与分配，资本、劳动力、技术、管理等生产要素的报酬分别在各自的生产要素市场上决定，各种要素的市场供求关系，客观地体现在要素价格比例上。其效果是最稀缺的要素得到最节约的使用并且能增加有效供给，最丰裕的要素得到最充分的使用。对于有效地配置和使用生产要素起的积极作用是十分明显的。问题是在发展中国家，非劳动生产要素总是比劳动要素更为稀缺。包括劳动在内的各种生产要素按贡献和供求来进行分配，不可避免储蓄能力强的、技术水平高的、经营能力强的，致富能力也强。再加上这些要素的叠加，非劳动要素收入和劳动报酬的差距明显扩大。因此提出的理论问题是，如何体现按劳分配为主体。

先要明确，所谓按劳分配为主体指的是，在可分配收入中劳动报酬在数量上为主体，还是在多种分配方式中收入的较大部分用于按劳分配。如果是前者没有讨论的必要，原因是劳动者收入数量加总起来的总和肯定是为主体，我们需要讨论的是后者。

在确定当前阶段按劳分配为主体时需要明确，正如生产资料所有制可能混合一样，生产要素的所有也是混合的。就是说，劳动投入不仅涉及直接生产过程中的劳动者的劳动，也包括不在生产现场但对生产起作用的技术人员、管理人员的劳动，其中也包括企业经营者从事的经营活动，即使是直接劳动者，也不完全只是简单的劳动力支出，也可能拥有技术要素。通常讲的人力资本在马克思主义经济学中就是指的这种复杂劳动。基于这种考虑，坚持按劳分配为主体就要坚持三个原则。第一，从事技术和管理的复杂劳动得到更高的报酬，体现劳动贡献。第二，劳动报酬增长与劳动生产率提高同步，劳动生产率的提高不能忽视劳动的贡献。第三，根据马克思经济学原理,社会主义社会之所以实行按劳分配,原因是劳动还是谋生的手段。[①] 作为谋生手段,劳动报酬的增长不只是限于劳动者的劳动贡献,还应该包含体现谋生要求的内容。谋生的范围就是必要劳动的范围。必要劳动的范围有历史的和道德的因素。随着社会的进步,文化的发展,劳动者的必要劳动范围也扩大,相应的劳动报酬也有增长的趋势。在企业的初次分配阶段遵循这三个原则,并配套相应的制度按劳分配为主体就能得到实现。

在现实中不能把按劳分配为主体同缩小收入差距混为一谈。实际上,大家关注的是生产一线的劳动者的报酬在收入中所占比重呈明显的下降趋势的问题。严格地说,这主要不是坚持不坚持按劳分配的问题,而是体现社会公平正义的要求。从社会主义的公平观考虑,劳动收入的差距主要由各自拥有的包括技术等方面的要素差异所致。因此,通过教育公平等途径缩小各个分配主体所拥有的要素差异,坚持机会的公平,分配结果的差距也可能缩小。

基于以上关于中国特色社会主义政治经济学重大进展的分析,可以发现,中国特色社会主义事业在进行中,其理论也在发展中。新的实践产生新的理论,新的理论说明新的实践。由此形成的理论成果,是适应当代中国国情和时代特点的政治经济学,不仅有力指导了我国经济发展实践,而且开拓了马克思主义政治经济学新境界。

---

① 参见马克思恩格斯选集:第 3 卷,北京:人民出版社,2012:365.

# 中国特色社会主义政治经济学范畴与《资本论》原理的内在联系[①]

## ——以创新发展理念的理论溯源为例

## 引　言

《资本论》第一卷1867年出版至今已150年。150年来马克思在《资本论》中所合乎逻辑地预想的社会主义经过了由理论到运动的发展，并在中国进行了中国特色社会主义的伟大实践。《资本论》是伟大的思想宝库。今天，我们纪念《资本论》出版，需要认真学习准确领会以《资本论》为代表的马克思主义政治经济学经典著作，并把马克思主义经济学的经典理论中国化、时代化。这可充分显示其作为中国特色社会主义政治经济学的重要理论来源的现代价值。

中国特色社会主义政治经济学作为马克思主义经济学中国化时代化的成果，是创新的理论，但不是凭空创造的。马克思《资本论》为中国特色社会主义政治经济学理论体系和话语体系的构建提供重要的理论指导。构建中国特色社会主义政治经济学需要对《资本论》这个理论宝库进行挖掘，不仅涉及其世界观方法论，还涉及中国特色社会主义政治经济学的理论和话语体系所相关的基本立场、基本观点和基本方法。

创新发展在新发展理念中位居第一位，创新驱动是十八大以来实施的重大发展战略。如何完整准确地认识创新发展、创新驱动的内涵，如何实施好创新驱动发展战

---

① 本文原载于《当代经济研究》2017年第12期。

略。不仅需要实践创造,也需要理论创新。这方面的理论创新可以从马克思的《资本论》那里得到源泉。在马克思的那个年代,创新的概念都没有。但是现代创新理论的杰出代表弗里曼(C. Freeman)在《新帕尔格雷夫经济学大辞典》中解释“创新”这个词条时,一开始就指出:“马克思(1848 年)恐怕领先于其他任何一位经济学家把技术创新看作为经济发展与竞争的推动力。”[①]可见,没有直接使用创新一词的马克思是世界公认的创新理论的先驱,马克思的《资本论》就是创新理论的开山之作。马克思关于科学技术生产力的理论至今还闪耀着真理的光芒。

## 一、科学技术的生产力作用

创新发展的核心是科技创新。创新的动力作用有多大,可以从马克思关于科学技术是生产力重要要素的理论中得到说明。

弗里曼在《新帕尔格雷夫经济学大辞典》的创新词条中明确认为,马克思先于熊彼特提出创新思想。他应该说的是 1848 年的《共产党宣言》,在其中马克思明确指出,自然力的征服,机器的使用,化学在工业和农业中的应用所创造出的巨大生产力超过了以往任何时代的总和。[②]

要明确科技的生产力作用首先要确定科技在生产力要素中的地位。长期以来,无论是在政治经济学还是在哲学中都是以马克思在《资本论》中所指出的简单劳动过程的三要素来定义生产力要素,即劳动本身、劳动资料、劳动对象。[③] 在这里看不到科学的作用。生产力发展的实践表明,科技不成为生产力要素就不能科学准确地解释现代生产力的发展。有的学者如卫兴华教授不同意以简单劳动过程的三要素来定义生产力要素,提出应该以马克思在《资本论》中指出的决定劳动生产力的要素来定义生产力要素,就是:“工人的平均熟练程度,科学的发展水平和它在工艺上应用的程

① 伊特韦尔约. 新帕尔格雷夫经济学大辞典,经济科学出版社,1996:925.

② 马克思,恩格斯. 马克思恩格斯文集:第 2 卷,北京:人民出版社,2009:36.

③ 马克思. 资本论:第 1 卷,北京:人民出版社,208.

度,生产过程的社会结合,生产资料的规模和效能,以及自然条件。”[①]其中,科学的发展水平和它在工艺上应用的程度明确为生产力要素,反映生产力发展的现实,尤其是科技和经济发展到现代阶段,科技不只是生产力的要素,而是如邓小平所指出的,科学技术是第一生产力。

研究《资本论》和马克思为写作《资本论》做准备的手稿,可以发现,生产力中也包括科学是马克思的一贯思想。马克思指出:“智力劳动特别是自然科学的发展。”是社会生产力发展的重要来源[②]。其现实表现是,“生产过程成了科学的应用,而科学反过来成了生产过程的因素即所谓功能。每一项发现都成了新的发明或生产方法的新的改进的基础。……科学获得的使命是:成为生产财富的手段,成为致富的手段。”[③]

在马克思看来,“各种经济时代的区别不在于生产什么,而在于怎样生产,用什么劳动资料生产。”[④]怎样生产和用什么劳动资料生产就体现科技的作用。马克思所分析的科技成为生产力是从机器大工业产生开始的。这就是他说的:“劳动资料取得机器的物质存在形式,要求以自然力来代替人力,以自觉应用自然科学来代替从经验中得出的成规。”[⑤]机器体系本身是科学的结晶,科学、巨大的自然力等都体现在机器体系中。马克思当时将发达的机器分解为三个组成部分:发动机、传动装置、工具机。马克思根据科学技术对机器体系的作用及对生产的影响说明了创新进程。

产业革命以来的历史就是科技推动生产力发展的历史。第一次产业革命产生的蒸汽机是发动机的革命,使人手被机器所代替。“一旦人不再用工具作用于劳动对象,而是作为动力作用于工具机,人的肌肉承当动力的现象就成为偶然的了,人就可以被风、水、蒸汽等代替了。”[⑥]当时马克思已经发现机器生产发展到一定阶段出现“通过传动机由一个中央自动机推动的工作机的有组织的体系”[⑦]。这是当时马克思

① 马克思.资本论:第1卷,北京:人民出版社,2004:53.
② 马克思.资本论:第3卷,北京:人民出版社,2004:97.
③ 马克思,恩格斯.马克思恩格斯文集:第8卷,北京:人民出版社,2009:358.
④ 马克思.资本论:第1卷,北京:人民出版社,1975:210.
⑤ 马克思.资本论:第1卷,北京:人民出版社,1975:423.
⑥ 马克思.资本论:第1卷,北京:人民出版社,1975:412.
⑦ 马克思.资本论:第1卷,北京:人民出版社,1975:419.

所看到的机器生产的最发达的形态。后来的第二次产业革命是电力代替了蒸汽,发动机变为电动机,同时伴有传动装置的革命,电力和交通传输将现代技术扩展到更为广阔的领域。20世纪后期产生的科技革命发生在电子、信息技术领域。其直接效应是,在许多生产场合电脑代替"人脑",互联网则将各类信息传输到世界各个角落。这些可以说是在经济发展的不同时代所出现的重大创新成果所推动的生产力的巨大发展。可以预计,随着人工智能研究近期应用,作为劳动者的"人"将整个被代替。以上分析归结起来就是,每个时代生产力的最高水平是由科学技术所达到的水平决定的,产业革命都是由科技革命推动的。

进一步研究的问题是,科技生产力的价值如何评价。这个问题可以回答为什么创新是发展的第一动力。

用劳动价值论来说明科技生产力价值主要在两个方面。一方面是指首先采用先进技术的生产者比其他生产者有更高的劳动生产率,在社会必要劳动时间决定价值量时可能获得更高的超额剩余价值。这就是马克思所说的:"生产力特别高的劳动起了自乘的劳动的作用,或者说,在同样时间内,它所创造的价值比同种社会平均劳动要多。……采用改良的生产方式的资本家比同行业的其余资本家,可以在一个工作日中占有更大的部分作为剩余劳动。"①另一方面是指科技劳动者的劳动是复杂劳动,"比较复杂的劳动只是自乘的或不如说是多倍的简单劳动,因此少量的复杂劳动等于多量的简单劳动。"②它可以比简单劳动创造更高的价值。

但是,只是靠劳动价值论分析,无论如何不能充分说明科技的价值和贡献。就像马克思在《资本论》中说的:"使用一架强有力的自动机劳动的英国人一周的产品的价值和只使用一架手摇纺车的中国人一周的产品的价值,仍有大得惊人的差别。在同一个时间内,中国人纺一磅棉花,英国人可以纺好几百磅。"③显然,科技在这里的贡献不是用价值,而是用使用价值量来衡量的。马克思实际上是从财富创造即使用价值创造来说明科技生产力的价值的。他指出:"随着大工业的发展,现实财富的创造

① 马克思.资本论:第1卷,北京:人民出版社,1975:354.

② 马克思.资本论:第1卷,北京:人民出版社,1975:58.

③ 马克思.资本论:第1卷,北京:人民出版社,1975:699.

较少地取决于劳动时间和已耗费的劳动量,较多地取决于……科学的一般水平和技术进步,或者说取决于这种科学在生产上的应用。"①尽管科学研究还需要耗费科技人员的劳动,但科技生产力的价值就不能只是以其劳动价值来衡量,或者说科技生产力的价值已经大大超过了从事科技劳动的劳动者的劳动价值。尤其是"随着大工业的这种发展,直接劳动本身不再是生产的基础,一方面因为直接劳动变成主要是看管和调节的活动,另一方面也是因为,产品不再是单个直接劳动的产品,相反地,作为生产者出现的,是社会活动的结合"②。这就给我们一个启发,财富的程度应该以什么来衡量。在马克思看来,"以劳动时间作为财富的尺度,这表明财富本身是建立在贫困的基础上的。"③前段时间,有些学者为了要坚持说明劳动价值论在科学技术中的作用,硬是限于把看管和调节现代化生产活动的劳动者的劳动来说明科技的价值,显然是不准确的。从劳动价值的角度无论怎么都无法准确评价科技的价值。与价值分析不同,从财富创造角度分析科技的价值也就是以创造的使用价值量来衡量可能准确反映科技生产力的贡献。与价值创造的关注点不同的是,财富创造不仅关注劳动要素的作用,更为关注劳动以外的要素的作用。特别是随着科技进步,直接劳动以外要素对财富创造所起的作用会越来越大,它们直接影响劳动生产力。科学技术的价值在于其创造的使用价值、创造的财富。相应地,在知识经济条件下,财富分配应该更多地向科技成果创造者倾斜。

## 二、科学技术向现实生产力的转化

创新驱动的关键在科技创新成果转化为新技术、新产品,从而转化为现实生产力。这可以从马克思的科学技术的转化理论得到说明。

马克思所明确的作为生产力要素的"科学的发展水平和它在工艺上应用的程度"实际上包含了两个方面:一是科学的发现,也就是知识的创造;二是科学的应用。马

① 马克思,恩格斯.马克思恩格斯文集:第8卷,196.
② 马克思,恩格斯.马克思恩格斯文集:第8卷,200.
③ 马克思,恩格斯.马克思恩格斯文集:第8卷,200.

克思把前者称为知识形态的生产力,后者称为直接的生产力,这就是他说的:“一般社会知识,已经在多么大的程度上变成了直接的生产力,从而社会生活过程的条件本身在多么大的程度上受到一般智力的控制并按照这种智力得到改造。社会生产力已经在多大的程度上被生产出来,不但在知识形态上,而且作为社会实践的直接器官,作为社会实际生活过程的直接器官被生产出来”。[①] 马克思在这里特别强调的科技的直接生产力作用是成为社会生产的“直接器官”。科技成为生产力关键在科技的应用。科学毕竟不是技术,在未与生产结合之前,它是以知识形态存在的一般生产力;科学只有转化为技术并应用于生产,才物化为直接的生产力。自然科学理论是知识形态上的生产力,当它运用于生产过程时,就变成了直接的生产力。

创新驱动属于内生增长。何谓内生增长?从马克思的分析中可以发现,科学技术是生产力的一个独立要素,但其发挥的生产力作用则是体现在各个要素上。科学作为一般社会生产力是通过渗透到生产工具、劳动对象、劳动者、社会生产的组织和管理起作用的。科学的应用,表现为“把自然科学应用于物质生产过程”。也就是说,科学是通过人的途径和物的途径变成直接生产力的。科技的生产力作用使生产要素具有扩张能力就是内生增长。

首先是推动工艺过程的变革。“科学的应用一方面表现为靠经验传下来的知识、观察和职业秘方的集中,另一方面把它们发展为科学,用以分析生产过程,把自然科学应用于物质生产过程。”[②]就像在机器生产中,每个分工环节“由力学、化学等在技术上的应用来解决。”

其次是生产工具的变革。“随着科学不断取得成就和科学的应用,固定资本中每年经常应该补偿的那部分以更具有生产效率的形式被再生产出来。”[③]在《资本论》中进一步表述为:“旧的机器、工具、器具等就为效率更高的、从功效来说更便宜的机器、工具和器具等所代替……,旧的资本也会以生产效率更高的形式再生产出来。”

第三是突破资源的稀缺性,“化学的每一个进步不仅增加有用物质的数量和已知

① 马克思,恩格斯.马克思恩格斯文集:第8卷,196.
② 马克思,恩格斯.马克思恩格斯文集:第8卷,358.
③ 马克思,恩格斯.马克思恩格斯文集:第8卷,555.

物质的用途，从而随着资本的增长扩大投资领域。同时，它还教人们把生产过程和消费过程中的废料投回到再生产过程的循环中去，从而无须预先支出资本，就能创造新的资本材料。”①

第四是改善自然条件。各种不费分文的自然力，也可以作为要素，以或大或小的效能并入生产过程。“它们发挥效能的程度，取决于各种方法和科学进步。”②自然资源的科技进步有两个层次的问题，首先是利用自然资源的科技进步。就是马克思说的，自然条件作为自然界限对剩余劳动发生影响，确定开始为别人劳动的起点。“产业越进步，这一自然界限就越退缩。”③就土地来说，土地肥力首先是指自然肥力，“在自然肥力相同的各块土地上，同样的自然肥力能被利用到什么程度，一方面取决于农业化学的发展，一方面取决于农业机械的发展。这就是说，肥力虽然是土地的客观属性，但从经济学方面说，总是同农业化学和农业机械的现有发展水平有关系，因而也随着这种发展水平的变化而变化。”④

当时马克思也发现：“在一定时期你提高土地肥力的任何进步，同时也是破坏土地肥力持久源泉的进步”。⑤ 因此需要有第二层次的科技进步，即保护和改善自然资源的科技进步。最后是增强资本的积累能力，科技的发现及其在生产中的运用，可以带来劳动生产率的提高和生产成本的下降等，同量的资本积累额可以购买更多的生产要素，使资本积累的实际效果提高。这就是马克思说的：“科学和技术使执行职能的资本具有一种不以它的一定量为转移的扩张能力。同时，这种扩张能力对原资本中已进入更新阶段的那一部分也发生反作用。”⑥

一个部门采用新技术带动全社会其他部门的技术进步。这就是马克思说的，“一个工业部门生产方式的变革，会引起其他部门生产方式的变革。这首先涉及因社会分工而孤立起来以致各自生产独立的商品，但又作为一个总过程的各阶段而紧密联

---

① 马克思. 资本论：第 1 卷，北京：人民出版社，1975：698 - 699.

② 马克思. 资本论：第 2 卷，北京：人民出版社，1975：394.

③ 马克思. 资本论：第 1 卷，北京：人民出版社，1975：562.

④ 马克思. 资本论：第 3 卷，北京：人民出版社，1975：733.

⑤ 马克思. 资本论：第 1 卷，北京：人民出版社，1975：580.

⑥ 马克思. 资本论：第 1 卷，北京：人民出版社，1975：699.

系在一起的那些工业部门。”①例如,纺纱部门采用了新技术,从其前向联系看,就会要求织布、印染等行业也进行力学和化学革命。同样从其后向联系看,又会引起棉花生产采用新技术以扩大生产规模。不仅如此,工农业生产方式的革命,尤其使“交通运输手段的革命成为必要”“大工业是逐渐地靠内河轮船、铁路、远洋轮船和电报的体系而适应了大工业的生产方式。”②这样,一个部门的创新引起其他部门创新时,全社会的生产力水平就上了一个新的台阶。特别是现时代由于信息技术的创新,引起了制造业部门采用信息技术的创新,产生了互联网,同时又创新了依托互联网的现代服务业部门。

以上归纳的科学应用和转化的方方面面比近年来经常使用的熊彼特创新理论所说的发现新产品,采用新技术的内容要丰富得多。可以说是创新驱动的着力点。

科学在资本主义产生以前就已存在,但在此以前并没有成为生产力的要素。为什么只是在进入资本主义生产方式阶段后,科学才成为生产力要素呢?马克思在《资本论》手稿中的回答是:只是在进入资本主义生产阶段后,“科学因素第一次被有意识地和广泛地加以发展,应用并体现在生活中,其规模是以往的时代根本想象不到的”③。在《资本论》手稿中还可以看到这么一个观点:“只有资本主义生产方式才第一次使自然科学为直接的生产过程服务,同时,生产的发展反过来又为从理论上征服自然提供了手段,科学获得的使命是:成为生产财富的手段,成为致富的手段。”④这就是说,科学、人类理论的进步,只有在被自觉广泛应用时,才成为生产力要素。其表现是“这种资本主义生产第一次在相当大的程度上为自然科学创造了进行研究、观察、实验的物质手段。由于自然科学被资本用作致富手段,从而科学本身也成为那些发展科学的人的致富手段,所以,搞科学的人为了探索科学的实际应用而互相竞争。另一方面,发明成了一种特殊的职业。因此,随着资本主义生产的扩展,科学因素第一次被有意识地和广泛地加以发展、应用并体现在生活中,其规模是以往的时代根本

---

① 马克思.资本论:第1卷,北京:人民出版社,1975:421、354.

② 马克思.资本论:第1卷,北京:人民出版社,1975:441.

③ 马克思,恩格斯.马克思恩格斯文集:第8卷,北京:人民出版社,2009:358-359.

④ 马克思,恩格斯.马克思恩格斯文集:第8卷,人民出版社,2009:357.

想象不到的。”①

马克思同时还发现，“进入大工业阶段后应该把科学称为生产的另一个可变要素，而且不仅指科学不断变化、完善、发展等方面而言。科学的这种过程或科学的这种运动本身可以看作积累过程的因素之一。但是现有的工艺知识范围永远不会在所有生产领域中，在每一个生产领域的各个投资中以相同的程度得到采用(得到实现)。”②这就指出了不同领域的生产力发展水平的差异就在采用科技成果的差异。

马克思的上述分析实际上指出了，科学成为生产力要素从而成为生产力的必要条件是，科学被用于生产过程。科学不在生产中应用，束之高阁，就不是生产力。科学在生产中得到应用，就成为生产力。我国现阶段实施创新驱动发展战略，不仅需要推进基础性科学研究，更要重视科学的应用，推动科技成果转化为直接的生产力。为此，需要有足够的资本推动科学研究和科技成果的转化，包括基于科技创新成果的发明。

## 三、推动科技创新的制度建设

创新驱动需要足够的动力，动力在相关的制度创新。这方面的制度可以从马克思《资本论》中关于科技创新的动力分析中得到说明。

马克思在《资本论》中指出了外在的竞争规律和内在的剩余价值规律产生企业竞相采取新技术的动力。这种机制可以依靠完善的市场经济体制来建立。在此基础上，马克思指出了推动科技进步的以下制度建设。

首先是保证首先采用先进技术的企业获得创新收益的制度安排。马克思是从个别价值和社会价值的差额来说明这个问题的。影响商品价值变化的就只能是社会劳动生产力。个别资本依靠技术进步，提高了劳动生产力，相应地，其个别商品的价值下降，但社会劳动生产力没有变化，商品价值量也没有变化。由此形成个别价值低于

---

① 马克思，恩格斯．马克思恩格斯文集：第8卷，北京：人民出版社，2009：359.

② 马克思，恩格斯．马克思恩格斯文集：第8卷，北京：人民出版社，2009：556.

社会价值的差额。这个差额就是超额剩余价值(有的地方翻译为额外剩余价值),为首先采用先进技术的资本所有。这就是马克思所说的:“生产力特别高的劳动起了自乘的劳动的作用,或者说,在同样时间内,它所创造的价值比同种社会平均劳动要多。……采用改良的生产方式的资本家比同行业的其余资本家,可以在一个工作日中占有更大的部分作为剩余劳动。”①超额剩余价值从产生到消失不是转瞬即逝的。这取决于一种新技术产生到全社会广泛采用的时间,由于信息不完全,再加上首先采用新技术者的保密,首先采用新技术的生产者可能会维持相当一段时间的超额剩余价值。社会也需要做一种制度安排,如专利制度之类的知识产权保护制度,有效保护首先采用新技术者的创新收益,防止因为仿冒和侵权使首先采用新技术者得不到超额剩余价值。

其次是建立创新成果向全社会扩散的机制。马克思定义的相对剩余价值是建立在提高社会劳动生产力基础上的,相对剩余价值生产“必须变革劳动过程的技术条件和社会条件,从而变革生产方式本身,以提高劳动生产力,通过提高劳动生产力来降低劳动力的价值,从而缩短再生产劳动力所必要的工作日部分”②。因此,由绝对剩余价值生产转向相对剩余价值生产。这种转变本身反映经济增长方式的转变。这可以从超额剩余价值转变为相对剩余价值的机理来说明。“价值由劳动时间决定的规律,既会使采用新方法的资本家感觉到,他必须低于商品的社会价值来出售自己的商品,又会作为竞争的强制规律,迫使他的竞争者也采用新的生产方式。”③新技术在全社会迅速地推广是在知识产权得到有效保护的前提下进行的。其最终结果是,新的生产方式普遍采用,全社会的劳动生产力普遍提高,一般剩余价值率提高,超额剩余价值消失,相对剩余价值就产生了。每个资本都能获得一般的相对剩余价值。如果单个资本还要获取新的超额剩余价值,单个资本必须展开新一轮的竞争。

第三是科技创新需要有投入。在马克思看来,制度创新,如“由协作和分工产生的生产力,不费资本分文。它是社会劳动的自然力。”但需要制度投入。可是技术创

---

① 马克思. 资本论:第1卷,北京:人民出版社,1975:354.

② 马克思. 资本论:第1卷,北京:人民出版社,1975:350.

③ 马克思. 资本论:第1卷,北京:人民出版社,1975:354-355.

新，一开始就需要投入。“正像人呼吸需要肺一样，人要在生产上消费自然力，就需要一种人的手的创造物。要利用水的动力，就要有水车，要利用蒸气的压力，就要有蒸汽机。利用自然力是如此，利用科学也是如此。电流作用范围内的磁针偏离规律，或电流绕铁通过而使铁磁化的规律一经发现，就不费分文了。但要在电报等方面利用这些规律，就需要有极昂贵的和复杂的设备。”[①]在马克思那个时代是这样，现今时代更是如此，科学发现需要足够的投入，科学发现转化为新技术新产品不只是需要极其昂贵的设备，更是物质和人力投资。

创新驱动是在物质资源供给不足的条件下提出的，科技要素能够替代物质要素，但不能替代资本要素。科技创新投入方面特别要重视资本投入。如前面所述，科学之所以在资本主义生产方式下第一次成为生产力，原因就是资本利用科学，并把科学应用于生产过程。资本之所以有动力将科学技术并入财富生产过程，是因为“科学和技术使执行职能的资本具有一种不以它的一定量为转移的扩张能力。”[②]上述关于科技生产力价值的分析也表明，科技的生产力价值大大高于科技劳动的价值。资本愿意投入于科技就看中了这个差额。科技生产力成为资本生产力。在我国现阶段要激励创新应该从这个思路激励科技投入。

第四是劳动者素质的提高。尽管现代科技发展，直接劳动作用下降，但总还是需要劳动者。问题是，劳动者的素质和能力要适应创新驱动发展的要求。马克思当时发现在资本主义条件下，“科学的应用是建立在生产过程的智力同单个工人的知识、经验和技能相分离的基础上的。”[③]这里指的是，劳动者同自己的经验和技能分离，但需要接受现代科学知识，适应科技发展要求。就如马克思说的：“现代工业的技术基础是革命的，而所有以往的生产方式的技术基础本质上是保守的。现代工业通过机器、化学过程和其他方法，使工人的职能和劳动过程的社会结合不断地随着生产的技术基础发生变革。这样，它也同样不断地使社会内部的分工发生革命……大工业的

---

① 马克思. 资本论：第 1 卷，北京：人民出版社，1975：444.

② 马克思. 资本论：第 1 卷，北京：人民出版社，2004：699.

③ 马克思，恩格斯. 马克思恩格斯文集：第 8 卷，北京：人民出版社，2009：358.

本性决定了劳动的变换、职能的更动和工人的全面流动性。”[①]这涉及劳动者的教育和就业能力的提升。

以上关于马克思科技生产力理论的系统梳理，说明创新发展的理念同马克思的科技生产力理论是相通的。深入研究并领会马克思的科技生产力理论，对深刻认识创新发展理念，实施好创新驱动发展战略具有重要的理论和现实意义。

① 马克思．资本论：第1卷，北京：人民出版社，2004：560．

# 习近平新时代中国特色社会主义经济思想引领经济强国建设[①]

中国特色社会主义进入了新时代，我国经济发展也进入了新时代，我国经济已由高速增长阶段转向高质量发展阶段。推动经济高质量发展，是适应我国社会主要矛盾变化和全面建成小康社会、全面建设社会主义现代化国家的必然要求，也是遵循经济规律发展的必然要求。党的十八大以来，我们党坚持观大势、谋全局、干实事，成功驾驭了我国经济发展大局，在实践中形成了以新发展理念为主要内容的习近平新时代中国特色社会主义经济思想。习近平新时代中国特色社会主义经济思想是指引中国走向富强的理论之魂。

## 以新时代重大发展问题为导向必须坚持新发展理念

问题是创新的起点，也是创新的动力源。坚持以问题为导向推动中国特色社会主义经济发展理论创新，最重要的是抓住我们所处发展阶段的重大发展问题，积极做出科学回应。

我国仍处于并将长期处于社会主义初级阶段，但社会主义初级阶段也是分阶段的。现在已经告别低收入发展阶段、进入中等收入发展阶段，这是我国进入新时代的一个重要特征。在这个阶段，面临着一系列与低收入阶段不同的新的重大发展问题，概括起来主要有以下几点。一是传统发展动力衰减、资源环境承载能力已经达到或接近极限，相应的长期保持的高速增长速度不可持续。二是世界上一些国家在进入

① 本文原载于红旗文稿 2018 年第 1 期。

中等收入阶段后,没有及时转变经济发展方式,出现了收入差距过大、生态环境破坏等严重问题,发展陷入停滞。我国面临着避免重蹈他人覆辙、跨越“中等收入陷阱”的严峻挑战。三是发展面临的深层次问题是人民群众的需要由数量需要转向质量需要,相应的经济发展的不平衡不充分问题明显滞后于人民群众对美好生活的需要。这些重大发展问题和呈现出的经济新常态,呼唤经济发展理论创新。

习近平同志指出,我国发展仍处于重要战略机遇期,我们要增强信心,从当前我国经济发展的阶段性特征出发,适应新常态,保持战略上的平常心态。从战略机遇期视角观察并科学判断新常态,意味着不能只把新常态理解为经济增速放缓,还必须掌握其科学内涵和精神实质,抓住和用好发展的新机遇。应当认识到,经济增长从高速转向中高速的变化过程伴随着经济发展方式从规模速度型转向质量效率型,也就是我国经济已由高速增长阶段转向高质量发展阶段。因而新常态不只是速度变化,还有两个重要表现:一是结构优化,经济结构调整要从增量扩能为主转向调整存量、做优增量并举;二是动力转换,发展动力从主要依靠资源和低成本劳动力等要素投入转向创新驱动。可见,习近平同志关于经济发展新常态的理论进一步明确了我国发展进入新时代的特征、机遇和任务。

基于新的发展阶段我国面临的突出问题和挑战,以及对经济发展新常态的科学判断,习近平同志提出了创新、协调、绿色、开放、共享的新发展理念。新发展理念是我国当前和今后一个时期经济社会发展的战略指引。创新着重解决发展动力问题;协调着重解决发展不平衡问题;绿色着重解决人与自然和谐问题;开放着重解决发展内外联动问题;共享着重解决社会公平正义问题。新发展理念是对我国经济发展实践经验的科学总结,是习近平新时代中国特色社会主义思想的重要理论成果,也是新时代发展中国特色社会主义的科学指南。

## 以人民为中心实现发展成果的全民共享

为谁发展,是经济发展理论和实践要解决的基本问题。我们党是全心全意为人民服务的党,我们国家是人民当家做主的国家,党和国家一切工作的出发点和落脚点是实现好、维护好、发展好最广大人民根本利益。以人民为中心的发展思想,就是要以人民需要为出发点和归宿。其内涵是,发展生产力、增进人民福祉,不断促进人的全面发展,实现全体人民共同富裕。习近平同志提出的以人民为中心的发展思想,夯实了中国特色社会主义政治经济学的理论基础,是对马克思主义政治经济学的继承和发展。

共享发展理念,充分体现了共同富裕的社会主义本质要求,也是习近平中国特色社会主义经济思想的"以人民为中心发展观"的体现。改革开放以来,我国经济社会发展活力不断增强,人民生活水平普遍提高,但也出现了区域城乡发展不协调和收入差距扩大问题。在发展新阶段提出共享发展理念,就是要在发展中共享、在共享中发展,努力实现改革发展成果全民共享、全面共享、共建共享。按照共享发展理念,经济发展不是为少数人、一部分人服务,经济发展理论也不能为少数人、一部分人服务,而是要为全体人民谋利益。在共享发展中,人民群众共同分享改革发展成果,不断得到实实在在的利益,在民生改善中有更多获得感,逐步实现共同富裕。

共享发展理念的现实体现就是脱贫攻坚。习近平同志指出,我们不能一边宣布全面建成了小康社会,另一边还有几千万人口的生活水平处在扶贫标准线以下,这既影响人民群众对全面建成小康社会的满意度,也影响国际社会对我国全面建成小康社会的认可度。党的十八大以来,我国打响了脱贫攻坚战,深入实施精准扶贫、精准脱贫,至今已有 6 000 多万贫困人口实现了稳定脱贫,平均每年有 1 300 多万人脱贫,确保到 2020 年中国现行标准下农村贫困人口脱贫的目标。

党的十九大确定的现代化方案对共同富裕实现进程也有明确的安排,基本实现社会主义现代化阶段,城乡区域发展差距和居民生活水平差距会显著缩小,全体人民共同富裕迈出坚实步伐;而到全面建成社会主义现代化强国阶段,全体人民共同富裕基本实现。显然,社会主义现代化新征程就是共同富裕逐步实现的过程。

## 在创新和开放中寻求发展新动力

经济发展理论的重要功能是寻求发展的动力。在生产关系层面,是通过全面深化改革寻求发展动力。在生产力层面,则是在供给和需求两侧寻求发展动力。改革开放以来,我国推进市场化改革,市场需求成为经济增长的基本动力,消费、投资和出口成为需求侧拉动经济增长的三驾马车。进入新的经济发展阶段,供给结构不适应需求变化的问题突显,成为矛盾的主要方面。面对有效供给不足和无效供给严重过剩的结构性问题,以习近平同志为核心的党中央提出深入推进供给侧结构性改革,着力推动经济结构优化、动力转换。

经过持续 30 多年的高速增长,供给侧的物质资源和劳动力供给的推动力出现衰减是不可避免的。但是影响经济增长的供给侧要素还包括技术、结构、效率等。科技创新、结构调整、效率提高等都还有巨大潜力,而且是更可持续的经济增长动力。新发展理念明确提出,创新是引领发展的第一动力。供给侧的其他动力如结构调整、提高全要素生产率等,都可以依靠创新得到充分激发。

创新的动力作用不仅仅是指替代物质资源的投入,更重要的是指来自世界前沿科技的创新驱动。当今世界,技术进步更多来源于科学的新发现。习近平同志说,什么是核心技术?一是基础技术、通用技术,二是非对称技术、“杀手锏”技术,三是前沿技术、颠覆性技术。现在所关注的新科技和产业革命是以智能化、信息化为核心,以大数据、云计算、人工智能等前沿技术为代表,所有这些产业革命都是直接以科技革命为基础。因此,国家创新体系建设尤其要重视基础研究,引导从事基础研究的研究型大学的科研方向,瞄准世界科技前沿,出世界一流的成果,在此基础上,打通从科技强到产业强、经济强、国家强的通道,解决好从“科学”到“技术”转化,建立有利于出创新成果、有利于创新成果产业化的机制,着力发展基于科学的新型产业。这就是党的十九大报告所提出的,建立产学研深度融合的技术创新体系。

开放带来进步。在经济全球化背景下,开放发展也是中国发展的动力。过去在发达国家主导的经济全球化背景下,中国的开放仍然获得了经济全球化的红利。现在中国经济进入了新时代,开放发展仍然是新时代经济发展的强大动力。第一,与某些发达国家推行反全球化政策相反,作为世界第二大经济体的中国扛起了继续推动全球化的大旗,秉持建立全球命运共同体的理念参与全球经济治理。第二,与过去重在引进不同,坚持引进来和走出去并重,利用自由贸易区等开放载体,正在形成陆海内外联动、东西双向互济的开放格局。尤其是服从于创新驱动发展战略,引进国外要素的着力点将转向创新要素,进行开放式创新。第三,与过去以资源禀赋的比较优势被嵌入全球化不同,参与全球化分工将以比较优势转向竞争优势,着力培育以技术、品牌、质量、服务为核心竞争力的新优势。尤其重视我国产业在全球价值链地位的提升,努力获得在价值链中的主导地位。中国通过推动"一带一路"国际合作走出去,就是要以价值链走出去,建立以我为主的全球价值链为目标,从而形成面向全球的贸易、投融资、生产、服务的价值链,培育国际经济合作和竞争新优势。这样,开放对新时代的发展具有更为强大的动力作用。

## 遵循客观规律解决发展的不平衡不充分问题

习近平同志指出,发展必须是遵循经济规律的科学发展,必须是遵循自然规律的可持续发展,必须是遵循社会规律的包容性发展。这一阐述,是对经济发展规律性认识的理论升华,是对经济发展新常态下中国经济发展新特征、新趋势的科学把握,是对推动经济持续健康发展新思路、新路径的高度概括。

我国经济进入新常态后,两大发展问题日益凸显:一是发展不平衡,二是生态环境不堪重负。新发展理念指出了解决这两大问题、实现科学发展的路径。

根据木桶原理,无论全面小康还是现代化,其进程都是由短板决定的。协调发展就是要补齐短板。找出短板,在补齐短板上用力,通过补齐短板挖掘发展潜力、增强发展后劲,是协调发展的题中应有之义。

我国的社会主义现代化道路是同步推进新型工业化、信息化、城镇化和农业现代化。2013 年 12 月,习近平同志在中央农村工作会议上的讲话中指出,"农业还是'四化同步'的短腿,农村还是全面建成小康社会的短板。"即使将来城镇化达到 70%以上,还有四五亿人在农村,农村绝不能成为荒芜的农村、留守的农村、记忆中的故园,城镇化要发展,农业现代化和新农村建设也要发展,同步发展才能相得益彰。协调发展,要求着力补齐农业农村短板,从根本上克服农业的弱势状态,改变农村的落后面貌:一是从根本上改变其落后的生产方式和经营方式;二是农业发展由农产品"数量剩余”范式转向“品质和附加值”范式;三是农业现代化的基本路径,如习近平同志所说,关键在科技进步,走内涵式发展道路;四是制度创新。包括是土地制度的改革和农业经营体制改革。尤其三权分置的土地制度,既稳定了农村基本土地制度,又通过土地经营权的流转改革农业经营制度,推动农业适度规模经营。

中国特色社会主义所处的新时代,是由工业文明转向生态文明的时代,需要通过绿色发展推动生态文明建设。长期以来,依赖化石能源的传统工业化造成严重的生态环境破坏。为了应对严峻的生态环境挑战,实现人与自然和谐发展、经济社会永续发展,习近平同志指出:“生态文明建设事关中华民族永续发展和‘两个一百年’奋斗目标的实现”“绿水青山就是金山银山。”应将干净的水、清新的空气、多样性的生物、绿色的环境看作宝贵的生态财富。经济发展不仅要谋求物质财富,还要谋求生态财富。新时代的绿色发展不仅不能产生新的环境和生态问题,还要治理过去发展所遗留的生态环境问题。尤其是在生态文明时代推进的社会主义现代化不能走西方发达国家当年在工业文明时代走过的高投入高排放的现代化道路。

# 构建强起来的社会主义政治经济学[①]

习近平新时代中国特色社会主义经济思想，是中国特色社会主义政治经济学的最新成果。党的十八大以来，我国经济发展实践充分证明，习近平新时代中国特色社会主义经济思想不仅引领中国经济发展进入新时代，而且开辟了当代中国马克思主义政治经济学新境界，是指引中华民族强起来的经济思想。当前，按照习近平新时代中国特色社会主义经济思想构建中国特色社会主义政治经济学的理论体系和话语体系，构建强起来的社会主义政治经济学，是经济学界需要深入研究的重大课题。

## 以新时代重大发展问题为导向

坚持问题导向是马克思主义的鲜明特点，表现为聆听时代声音、回应时代呼唤，认真研究解决重大而紧迫的时代问题，进而掌握规律，推动理论和实践创新。对构建中国特色社会主义政治经济学而言，坚持问题导向，最根本的就是发现并回答重大时代发展问题。以新时代重大发展问题为导向，意味着基于新时代特征的中国特色社会主义政治经济学并不是过去的马克思主义政治经济学社会主义部分的翻版，而是对它的继承、创新和发展。

中国特色社会主义政治经济学研究的基点是我国长期所处的社会主义初级阶段。社会主义初级阶段是一个很长的历史时期，本身也是分阶段的。中华人民共和国成立后，我国先后经过了站起来和富起来的时代，现在已经进入强起来的新时代。新时代坚持和发展中国特色社会主义，总任务是实现社会主义现代化和中华民族伟

① 本文原载于2018年02月05日人民日报。

大复兴。这也应该成为新时代中国特色社会主义政治经济学研究的总任务。根据这个总任务,中国特色社会主义政治经济学必须从政治经济学理论上系统回答坚持和发展什么样的中国特色社会主义、怎样坚持和发展中国特色社会主义,包括新时代坚持和发展中国特色社会主义的总目标、总任务、总体布局、战略布局和发展方向、发展方式、发展动力、战略步骤等方面的基本经济问题。

中国特色社会主义进入了新时代,我国经济发展也进入了新时代,基本特征就是我国经济已由高速增长阶段转向高质量发展阶段。只有推动高质量发展,才能跨越"中等收入陷阱",顺利迈入高收入国家行列;才能保持经济持续健康发展,全面建成社会主义现代化强国。高质量发展不是自然而然实现的,需要跨越三大关口,即转变发展方式、优化经济结构、转换增长动力。因此,回应新时代重大发展问题,中国特色社会主义政治经济学必须完成研究任务转向,按照高质量发展的要求,针对需要跨越的关口,建立强起来时代的当代中国马克思主义政治经济学。

## 突出以人民为中心的学科性质

构建中国特色社会主义政治经济学,核心问题是要解决好为什么人的问题。为什么人的问题,反映一种经济理论的阶级性,决定这门学科的性质。中国特色社会主义政治经济学是对马克思主义政治经济学的继承与发展,是中国化的马克思主义政治经济学。习近平同志指出,要坚持以人民为中心的发展思想,这是马克思主义政治经济学的根本立场。这一根本立场反映在中国特色社会主义政治经济学上,就是要代表中国最广大人民的根本利益。因此,中国特色社会主义政治经济学是以人民为中心的经济学,其理论体系构建要体现实现人民整体利益这一目标。

根据党的十九大确定的新时代全面建设社会主义现代化强国的宏伟蓝图,中国特色社会主义政治经济学的人民立场体现在四个方面。一是增加人民福祉,以让人民享有更加幸福安康的生活为研究目的。二是促进人的全面发展,即致力于研究人的现代化问题。三是实现共同富裕,在基本实现社会主义现代化阶段,重点研究如何使城乡区域发展差距和居民生活水平差距显著缩小,基本公共服务均等化基本实现;

在全面建设社会主义现代化强国阶段,重点研究如何基本实现全体人民共同富裕。四是人与自然和谐共生,重点研究如何实现经济发展与生态保护双赢。从新时代的条件出发,中国特色社会主义政治经济学坚持以人民为中心的发展思想,把发展目的提升为最大限度满足人民对美好生活的需要,致力于让人民在社会主义现代化强国建设和中华民族伟大复兴进程中有更多获得感。

## 以解决新时代社会主要矛盾为主线

社会基本矛盾分析是马克思主义政治经济学的基本范式。以资本主义经济为主要研究对象的马克思政治经济学,致力于揭露生产社会化与生产资料资本主义私有制之间的矛盾,分析对象主要是不适应生产力发展的资本主义生产关系。中国特色社会主义政治经济学继承了社会基本矛盾分析的范式,但服从于建设社会主义新社会的需要,注重分析如何使生产关系适应生产力的发展、使上层建筑适应经济基础的发展,其分析对象不仅涉及生产关系范畴中的经济制度,还涉及生产力范畴中的经济发展,其研究主线自然要聚焦于分析和解决社会主要矛盾。

对社会主要矛盾的判断直接影响社会经济发展的方向和重点。改革开放后,我们党进一步明确我国社会的主要矛盾是人民日益增长的物质文化需要同落后的社会生产之间的矛盾。由此出发,指引富起来的政治经济学关注这一社会主要矛盾的主要方面即落后的社会生产,着力于发展生产力。随着中国特色社会主义进入新时代,社会主要矛盾已经转化为人民日益增长的美好生活需要和不平衡不充分的发展之间的矛盾。这说明,一方面,我国人民生活水平显著提高,人民群众的需要已经不只是"日益增长的物质文化需要",不仅对物质文化生活提出了更高要求,而且在民主、法治、公平、正义、安全、环境等方面的要求日益增长;另一方面,经过改革开放以来的发展,我国社会生产力水平明显提高,社会生产能力在很多方面进入世界前列,过去对主要矛盾的表述——"落后的社会生产",已经不能反映我国发展实际。

我国社会主要矛盾的变化是关系全局的历史性变化,对社会主要矛盾及其发展变化的分析是构建中国特色社会主义政治经济学的主线。我国长期处于社会主义初级阶段,根本原因是生产力水平落后于发达资本主义国家。因此,构建中国特色社会主义政治经济学,实质上就是要建立解放、发展和保护社会生产力的系统化的经济学说。

根据新时代社会主要矛盾的新变化,中国特色社会主义政治经济学要依据"两点论"和"重点论"的分析方法,研究社会主要矛盾在经济发展过程中的具体表现及相应的解决路径。因此,社会主要矛盾分析要更加关注矛盾的主要方面,着力点是解决发展不平衡不充分问题,涉及供给侧结构性改革问题,涉及通过发展质量、效率、动力三大变革提高全要素生产率问题,涉及在产业、区域、城乡等方面优化经济结构问题,等等。这些方面大大丰富了中国特色社会主义政治经济学的研究内容。

## 以新发展理念为主要内容

政治经济学是研究经济规律的。习近平同志指出,发展必须是遵循经济规律的科学发展,必须是遵循自然规律的可持续发展,必须是遵循社会规律的包容性发展。这一阐述是对经济发展规律性认识的理论升华,是对新时代中国经济发展新特征、新趋势的科学把握。在遵循新时代经济发展规律的基础上,习近平同志提出并深入阐释了创新、协调、绿色、开放、共享的发展理念。其中,创新着重解决发展动力问题,是发展的第一动力;协调着重解决发展不平衡问题,突出补齐短板;绿色着重解决人与自然和谐共生问题,突出生态文明建设;开放着重解决发展内外联动问题,推动构建人类命运共同体;共享着重解决社会公平正义问题,逐步实现共同富裕。新发展理念紧扣我国社会主要矛盾变化,按照高质量发展要求,引领发展理念、发展目标、发展方向、发展方式、发展动力的深刻革命。系统阐述新发展理念,就成为中国特色社会主义政治经济学的基本内容。

新发展理念是对我国经济发展实践经验的科学总结,是习近平新时代中国特色社会主义经济思想的主要内容,也是新时代中国社会主义经济建设的科学指南,开辟了中国特色社会主义政治经济学的新境界。新发展理念不仅是引领发展的理念,也是引领改革的理念。以新发展理念为主要内容,中国特色社会主义政治经济学需要进一步坚持和完善改革开放中形成的重大理论:在坚持和完善社会主义基本经济制度方面,既要毫不动摇巩固和发展公有制经济,又要毫不动摇鼓励、支持、引导非公有制经济发展。在完善社会主义市场经济体制方面,既要使市场在资源配置中起决定性作用,又要更好发挥政府作用。在完善基本分配制度方面,既要坚持按劳分配原则,又要完善按要素分配的体制机制,促进收入分配更合理、更有序。在推进新型工业化、信息化、城镇化、农业现代化方面,要实现"四化同步"发展,建设现代化经济体系。在完善对外开放体制方面,要主动参与和推动经济全球化进程,发展更高层次的开放型经济。所有这些,均成为基于新发展理念的中国特色社会主义政治经济学的主要内容。

基于以上分析,可以从四个层面构建中国特色社会主义政治经济学的逻辑体系。一是经济制度层面,以完善社会主义市场经济体制为引领,涉及基本经济制度和基本分配制度等方面的分析。二是经济运行层面,以提高经济运行效率和质量为引领,涉及市场、企业和宏观调控三大运行体制问题的分析。三是经济发展层面,以社会主义现代化为引领,涉及经济发展方式、经济结构和经济增长动力的分析,尤其要关注现代化经济体系建设。四是对外经济关系层面,以构建人类命运共同体为引领,涉及经济全球化新态势、对外开放新格局和新体制的分析。这四个层面构成以新发展理念为主要内容的中国特色社会主义政治经济学的逻辑体系。

## 利用好四大资源

构建中国特色社会主义政治经济学要利用好四大资源:一是马克思主义的资源,这是中国特色社会主义政治经济学的理论核心;二是中华优秀传统经济思想资源,这是中国特色社会主义政治经济学的宝贵财富;三是中国特色社会主义经济实践,这是中国特色社会主义政治经济学的创新基础;四是国外哲学社会科学资源,这是中国特色社会主义政治经济学的有益滋养。

马克思主义政治经济学尤其是《资本论》不仅为中国特色社会主义政治经济学提供世界观和方法论,而且提供话语体系基础。其中包括:《资本论》中建立的系统的经济学范畴和所使用的方法,《资本论》对未来社会的预见和规定,《资本论》阐述的市场经济的基本原理等。我国社会主义经济建设的许多方面都可以用《资本论》的立场、观点、方法来说明。

中华优秀传统经济思想是中华民族宝贵的精神财富,为中国古代经济长期领先于世界提供了思想指引。在新的历史条件下,中华传统经济思想依然有着十分重要的理论和现实价值,其合理内核和积极要素值得进一步挖掘。

讲好中国经济故事需要形成新的理论概括、新的经济范畴并体现中国智慧,中国特色社会主义政治经济学的理论体系和话语体系要在中国特色社会主义经济实践中不断创新和完善。例如,新发展理念,供给侧结构性改革,新型工业化、信息化、城镇化、农业现代化同步发展等,不仅是中国的实践创造,也是中国特色社会主义政治经济学的理论创新。

中国特色社会主义政治经济学不是封闭的,而是开放的,包括向西方经济学开放。在坚持以马克思主义为指导的前提下,应有选择地借鉴西方经济学理论和范畴,如资源配置理论、二元结构理论、"中等收入陷阱"概念、全要素生产率理论、可持续发展理论、知识经济理论、国家创新体系理论、经济全球化理论等。应批判地吸收其合理内容,并进行中国化改造。

综上所述,中国特色社会主义政治经济学是当代中国的马克思主义政治经济学。科学构建这一理论体系,必须坚持马克思主义基本原理与新时代中国经济实践相结合,针对新时代的社会主要矛盾,解决我国强起来即全面建设社会主义现代化强国所面对的各种经济问题。

# 二、经济改革研究

# 关于企业家制度建设的几个问题[①]

## 一、经营者和企业家

在当前的讨论中，出现了职业经理人和企业家等概念。我认为职业经理人是岗位的概念，即以经营者为职业的人，对经理人来说有各种岗位的职能和责任的要求。企业家则是一种能力、精神的概念，属于生产要素。在市场经济中，经营者是企业经营活动的中心和灵魂。经营者并不都是企业家，什么样的经营者能够成为企业家，这就涉及对企业家标准的认识。

现在对企业家标准形成共识的是熊彼特的定义，他认为企业家同创新联系在一起，经营者只有在从事创新活动时才能成为企业家。"每一个人只有当他实际上'实现新组合'时才是一个企业家。一旦当他建立起他的企业以后，也就是当他安定下来经营这个企业，就像其他的人经营他们的企业一样的时候，他就失去了这种资格。这自然是一条规则。"因此，敢冒风险、不断创新、不断进取是企业家的基本素质，也是在市场经济条件下企业家的基本职能。

从资本主义企业制度的演变来看，最初资本家和企业经营管理者是合一的，经营者同时就是资本所有者，而且这时的企业基本上是家族式管理，管理者存在着家族内的继承关系。随着产业规模扩大和股份公司的出现，从 20 世纪初开始，资本主义的企业制度发生了"革命性"变化。一是所有权和经营权的分离。美国经济学家伯利和米恩斯从股份公司形成中发现，在股份公司中，支配权已经几乎和所有权没有关系

① 本文原载于中国工业经济 2001 年第 4 期。

了。“当某一个人把资本投入大公司的时候，他就把运用这笔资本进行创造、生产和发展的一切权力赋予了经营者，同时他就放弃了对产品的一切支配权，他通常在货币形式上保留着获得一部分利润的已被改变了权力和把参加权卖给他人换成现金的非常高级的权力……可是，他必须把生产和创造的机会让渡给他人”，这就促进了“经营者支配”的形成，进而出现了“领薪水的”企业家阶层。二是管理和技术专家成为企业家。许多资本主义企业最初大都是世袭的家族制管理，在所有权和经营权相分离的同时，适应生产力的发展需要由具有专门的技术和管理才能的专家来担任经营者以替代原先的家族制管理，于是出现所谓的“经营者革命”。这是竞争机制作用的结果。

企业的核心竞争力就是企业持续的能力，即持续的产品创新、持续的技术创新、持续的市场创新、持续的组织和管理的创新。所有这些创新都要由企业家来组织和推动。企业家是创新活动(包括制度创新、技术创新和市场创新等)的倡导和实行者。我国现阶段进行的市场化改革正在表现出对企业家的需求。政企分开后的国有企业开始有了真正的经营者，但企业有没有竞争力的关键在经营者能否成为企业家。家企分开后的私营企业也会提出由企业家经营企业的要求。

在不同的经济发展阶段，创新的重点是不完全一样的。在前一阶段产品创新、市场创新是重点，因此在产品和市场方面经营和创新成功的经营者便可成为企业家。而在现阶段，一方面，资本经营越来越成为经营的重点，另一方面，受发达国家出现的新经济的带动，知识经济初见端倪，与此相应，知识和技术创新成为重点。这样，资本经营的成功者、风险投资成功者便成为企业家的中坚。

## 二、企业制度和企业家

经营者成为企业家是企业进入市场并占领市场的关键。企业成为市场主体的过程，也就是政府和企业职责分开，企业经营者与政府官员脱钩，经营者成为法人代表的过程。这一过程需要大批的企业家。如果企业产权结构、利益结构、经营机制发生了重大变革，企业经营者依然如故，新的体制和机制会因缺乏相应的主观因素而落空。

公司制形式的现代企业制度对企业家的形成提出了客观要求。出资者所有权和企业法人财产权分离的制度赋予了企业法人很大的权力和责任。企业法人是一种经营组织,但其核心是企业经营者,即作为法人代表的董事长或主持企业日常经营的经理,他们是企业法人责任和权力的人格化。显然,这种现代企业制度的运行需要一代组织型、管理型、智能型的专家成为企业经营者,需要这些经营者成为开拓市场的企业家,成为人格化的"资本"。

现阶段,我国企业改制与企业家队伍的建设同等重要,这是建立现代企业制度的不可分割的两个方面。但企业家的成长有个自然的过程,为了加快体制转轨,加快经济发展,我国不能等待企业家的自然成长,否则会形成现代企业制度建设的瓶颈。

企业家的产生除了要有一定的天赋素质外,更重要的是要有一套适合企业家产生和成长的机制。在过去的计划经济体制下我国缺少企业家,不是说我国缺少成为企业家的能人,而是不具备促使企业家产生和成长的土壤和机制。显然,企业家形成的关键仍然是制度问题。根据调查分析,影响企业家健康成长的环境因素主要包括:市场的不公平、不规范竞争及由此产生的过高的竞争费用;政企不分及由此产生的行业主管部门行为不规范;企业家的评价机制不客观及激励机制不健全,所有这些都同制度相关。

在市场经济条件下,真正能够有效解决让企业家进入企业的法人治理结构的机制,只能是市场机制,而不是行政机制。按照这种思路,企业家制度的建设主要涉及以下制度安排。

第一是产权制度安排。企业改制需要真正解决出资者产权与法人产权的分离。经营者作为企业法人代表享有出资者赋予的完全的法人财产权,出资者不能随意干预其自主经营,其对资产有充分的支配权。政企职能彻底分开,企业性质和级别也同行政脱钩,不以行政级别评价企业领导人的大小,这就为企业家提供了充分施展才干的机会。与此同时,企业法人又有明确的资产保值和增殖责任及承担债务的责任,建立起完善的对经营者的出资者所有权的约束机制。

第二是市场评价机制。市场经济体制要用企业家的标准评价经营者,其基本要求是以市场业绩及资产市值作为核心标准检验和评价企业家,建立经营者的市场考核机制,以企业的市场经营成果来检验经营者是否成为企业家。出资者有权通过合法途径依据经营者的市场业绩辞退或选择经营者。这就将企业家标准与政治家标准作了区别,由此形成一种激励,只有具有创新精神、敢冒风险、勇于开拓、善于经营的经营管理者才是企业家。

第三是建立和完善企业家市场。企业家作为生产要素,应该进入市场。经营者进入市场流动,可以造成人尽其才的社会环境。企业以竞争方式通过招标、投标、公开招聘等方式选择经营者,出资者及代表出资者利益的专家是选择经营者的主体。企业家的人力资本价值及其实现形式——年薪——通过企业家市场来评价。通过这样一些市场制度安排可以保证企业家通过竞争进入企业成为经营者,或者经营者在竞争中成为企业家。目前,企业家市场建设的一个重要内容是企业家信息系统的建设,其目标是克服企业家市场的信息不对称问题。

## 三、激励机制和企业家

比较国有企业与私人企业的效率,便可发现两方面直接影响效率的深层次的问题。一方面,国有企业经营者在其经营企业期间创新和冒险精神普遍不足;另一方面,一些经营者在其经营企业期间兢兢业业,奉公守法,但到临近退休时就开始贪污,以致成为阶下囚(所谓的“59 岁现象”)。这就给国有企业的企业家队伍建设提出了一个重要课题,如何在制度安排上解决经营者在位期间的创新和冒险精神,如何在制度安排上克服“59 岁现象”。相应的激励机制有两类:一是利益刺激型,经营者的收入同企业的经营成果挂钩,企业经营得好,经营者的收入也相应地高,由此经营者从自身经济利益上关心企业的经营成果,关心企业的市场竞争力;二是事业刺激型,相当一部分成功的企业家不是看重收入分配的利益,而是看重施展才干的机会,看重自己经营的事业的发展和与此相联系的社会地位的提高。在我国现阶段,无论是追求经济利益的企业家还是追求事业成就的企业家都应得到承认和鼓励,国家要在体制上、政策上保障企业家的追求。对追求经济利益的企业家,企业经营成功,就必须在收入分配政策上给予兑现;对追求事业成就的企业家,企业经营成功,就必须在荣誉和社会地位等方面给予充分的肯定。当然两者不能决然分开。成功的企业家不仅要得到物质利益上的激励,也要得到精神上的激励,其相对独立的合法权益应该得到保障。企业家成长的激励机制也应包含承担其风险的机制,这就是真正打破只能上不能下的“铁交椅”,这也是激励企业家成长的重要机制。

研究激励机制不能离开分配。分配作为激励机制不仅要激励劳动效率,还要激励要素配置的效率。按照经济学的分析,企业家也是一种生产要素,而且是最稀缺的要素,理应在分配中得到实现,其实现方式就是确认企业家要素股权和相应的企业家要素股权收益。从现代企业理论分析,只有当经营者分享了企业利润,或者说,经营者具有剩余索取权,他的目标才可能和所有者目标一致。经营者如果和一般的职工一样,也仅仅是拿工资,仅仅是参与收入分配,而没有参与资产收入分配,那么他的目标就不一定能和所有者的目标一致。许多国有企业厂长经理素质并不比私人企业主的素质差,但是创新精神不足,不愿意承担风险,不敢冒风险,原因在于我们的分配制度问题。实际上,我们解决股权的收入问题,就是要解决经营者的风险收入问题,要促使企业经营者敢于冒风险。在这种情况下,现实地提出经营者的股权问题。

过去我们讲的将经营者的收入同其经营成果挂钩,基本上限于收入分配刺激。对企业家的利益刺激不能仅仅限于收入分配利益刺激,还应考虑产权利益刺激。不仅要考虑经营者持有企业部分股权,还应该允许经营者持大股,经营者持大股是相对于企业其他层次员工而言的,经营者持大股本身就意味着他的责任、风险、利益是连在一起的。解决好了经营者创新收益和冒险的收益,就可以促使经营者以企业家精神经营企业。

企业家报酬不仅仅是其股权收入,还有年薪制形式。目前的年薪制中,有一个机制问题没有解决好,当前许多经营者的所谓年薪,相当于是经营者自己给自己开的高工资或者是上级行政部门给经营者开的高工资。年薪制同样需要规范,年薪制要建立在一个完善的企业家市场之上,年薪就是企业家的劳动力准确地说是人力资本的价格,就是企业经营者的价格。作为这样一种价格,它必须要在充分竞争的经营者市场上才能确定。价格有多高,需要看人力资本的价值有多高,由市场来决定价格。年薪同样要和资产的增值目标、利润的增值目标挂起钩来,这才是完善的机制。

# 四、文化道德和企业家

在强调企业家形成的经济激励时，不能忽视文化和道德建设对企业家形成的作用。在实践中不是所有的企业家都是靠经济利益刺激成长的。即使是由经济利益激励的企业家仍然面临文化和道德规范的问题。由此，企业的改革过程应该包括不可分割的两个方面：一是企业制度的转变，这是基础；二是进行正式制度以外的建设，其中包括企业伦理、企业文化的建设，企业家精神的培养等。制度转变使企业成为“经济人”，道德和伦理规范则是要使这些“经济人”受道德规范的约束，成为“社会人”。企业的经济活动不仅要受由其制度基础决定的生产目的支配，还要受反映企业文化的价值观念支配。企业的行为，无论是产品开发，还是市场竞争的手段，都可发现其背后起作用的价值观。企业转向市场经济制度绝不意味着价值观念也是转到唯利是图、利己主义。即便是在西方国家，企业的价值观也已发生了很大变化，成功的企业绝不是靠那种在一般的价值判断下不正当的行为发展起来的。事实上，企业以实现社会责任和员工福利为目标不但不会影响企业的利润目标，还会促进企业利润目标的实现。

显然，在企业价值观念变动的趋势中，我国企业改革所要明确的问题是企业的价值观念不能随着企业制度的转变而完全转到唯利是图的企业文化上来。企业要由原来的不赚钱转到赚钱，但不能成为单纯的赚钱的机器；企业经营要追求经济利润，但不能成为经济动物。我国过去长期宣传和鼓励的集体主义，全心全意为人民服务的道德规范，以及已经存在几千年的儒家文化不能在企业制度转变时全部抛弃。

企业家的道德水准与其文化水准密切相关。道德同文化水准是成正比的，因此在提高全民族的文化素质时特别要重视提高经营者的文化素质。我们已经注意到，在乡镇企业发展的初期，得益于率先发展市场经济的优势，涌现出一批乡镇企业家和农民企业家。现在全面进入市场经济后不少当年的企业家落马。这反映了这些经营者的先天不足，缺乏企业家应有的现代文化和意识。这就对土生土长、单凭经验型的企业家提出了转向面向国际市场的、知识型企业家的要求。

现代企业要赚钱，但不是纯粹的赚钱机器，不是经济动物，其重要标志是企业的文化。企业活动所要实现的价值不仅是物质的价值，还要实现企业的文化价值，特别是其价值观。企业管理不仅要采取经济的手段，还要采取文化的手段。世界上许多成功的企业表明，企业的文化对内可形成内部的凝聚力，对外可形成企业在公众中的形象。在现代社会中，企业之间的竞争在很大程度上是企业形象的竞争。

企业成功和发展的关键是经营者具有企业精神。应该肯定，创业精神、创新精神和不断进取的精神是企业家精神的精髓。而在实践中往往是以企业盈利水平论英雄，谁的企业盈利水平高，谁就是更优秀的企业家。而不管其采取什么样的手段，不管其社会形象如何。这同企业的单一利润目标是一致的。从目前世界企业的发展趋势看，企业家精神还必须加上企业家的文化标准，即企业家必须具有推动社会富裕和进步的价值观，树立企业在公众中的良好形象。加上这个标准来评价我国现有的企业家，其中许多是不够格的。对我国而言，当前特别重要的是，以包括文化标准在内的完整的企业家精神来培养企业家。

**主要参考文献**

[1] 熊彼特. 经济发展理论[M]. 北京：商务印书馆，1990.

# 社会主义条件下的私人资本及其收入的属性①

## ——马克思资本理论的现代应用

在社会主义现阶段深化社会劳动和劳动价值论研究的一个重要方面是深化马克思资本理论的研究。其现实意义是,对社会主义条件下存在并需要大力发展的私人资本给予正确的价值判断,对按资分配的收入的属性做出正确的价值判断。

## 一、资本一般和资本特殊

100多年前,马克思在《资本论》中依据科学的劳动价值论建立了科学的资本理论。用马克思的方法研究其资本理论,可以发现马克思对资本的界定有两个方面的定义。一是从资本一般下的定义,二是从资本特殊下的定义。

马克思在《资本论》第四卷提出了资本一般的概念。资本一般是一种抽象,"不过不是任意的抽象,而是抓住了与所有其他财富形式或(社会)生产发展方式相区别的资本的特征的一种抽象。资本一般,这是每一种资本作为资本所共有的规定,或者说是使任何一定量的价值成为资本的那种规定。"②根据马克思的分析,资本一般有两个层次的规定。

首先是生产关系的规定。马克思在《资本论》中明确界定:资本是一种生产关系。"纺纱机就是纺棉花的机器,只有在一定的关系下,它才成为资本。脱离了这种关系,它也就不是资本了。"③显然,这里所讲的资本是资本主义生产关系的资本。特别要

① 本文原载于《中国社会科学》2002年第4期。

② 马克思,恩格斯.马克思恩格斯全集:第46卷,上册,北京:人民出版社,1972:444.

③ 马克思.资本论:第1卷,北京:人民出版社,1972:362.

注意的是马克思所界定的资本与雇佣劳动的关系相关。正因为存在资本雇佣劳动的关系,才可能产生依靠资本所有权无偿占有剩余劳动关系,资本收入才是剥削收入。其价值实体是剩余价值。

其次是功能的规定。首先,资本是能实现价值增殖的价值。只有能带来利润(剩余价值)的价值,才成为资本。企业要追求最大限度的利润,就要不断地将利润转化为资本。由此实现资本的增值,这就是资本积累。其次,资本的生命在于运动。在马克思看来,资本的运动一旦停止,资本就不是资本。这种运动根据马克思的分析,主要涉及两大运动:一是资本循环和周转的运动,即资本不间断的实现从货币资本到生产资本到商品资本再到货币资本的转化;二是资本从一个部门流向另一个部门的运动。归结起来,资本的回流和回报,增殖和增值是资本的一般规定。

至于资本特殊,在马克思那里指的是资本的具体形式。马克思关于资本一般和资本特殊的规定可以成为分析社会主义现阶段的资本规定的工具。在现阶段的资本有两类,公有资本和私人资本。对这两类资本可以分别用资本一般和资本特殊的规定来说明。这种说明对我国现阶段的资本界定具有重大的理论和实践价值。现阶段的公有资本和私人资本都是资本的特殊形式,都含有资本的一般规定,各自所包含的资本一般规定性是有差别的。

社会主义经济中的资本界定,也就是对公有资本的界定。根据马克思关于生产关系的资本界定,资本范畴只存在于资本主义经济。因此在社会主义经济学中长期不使用资本概念,而用资产、资金等概念来代替。经济分析表明,资金、资产等概念只能说明资本某一个方面的特征,无法完整地表达其应该具有的内容。特别是在现实经济中,资金、资产都要采取价值运动的形式,但价值的运动没有资本运动的要求,不可避免地导致公有制企业不讲成本和利润,不讲价值增殖,投资不讲回报等低效益问题。改革开放以来,社会主义经济学领域的一个重要突破是确认了资本概念,国有资本、资本市场、资本经营等现在已广泛应用于社会主义经济学中。在社会主义经济学中公有资本(包括国有资本和集体资本)概念的确认,赋予了企业资金和资产等形成的价值运动资本运动的要求。这是从追求资本增殖、资本回报意义上使用资本概念。显然,这是从马克思的资本一般的功能界定引申出来的公有资本概念。而它不包含属于生产关系界定的雇佣劳动内容,因此,它又是资本特殊,即不存在雇佣劳动关系的资本。它不是属于某个私人的资本,而是属于全民或集体的资本。

按资本一般的功能界定,明确国有企业的资金和资产也是资本,不仅对提高国有资本效益,还对国有资本的有效流动起了明显作用,突出表现在以下方面。一是进行国有经济的战略性调整时按照价值增殖的要求确定调整方向:国有资本逐步地从不能实现增殖的企业中退出,投入能实现增殖的企业(除了某些特定的行业)。二是目前企业正在推进的股权多元化及私人持股的改制实际上也是在明确了公有资本概念后进行的。三是企业的融资结构进行调整,企业不仅通过银行进行债权融资,还进入资本市场进行股权融资。四是按资本要求建立企业治理结构,寻求资本人格化的制度安排。

社会主义条件下私人资本也有资本一般和资本特殊的界定。私人资本实际上可分为两类:一是执行雇佣劳动职能资本,二是不执行雇佣劳动职能的资本(即进入资本市场和信用的资本)。执行雇佣劳动职能的资本的具体形式是私营企业的资本。它包含了完整的资本一般的内容,特别是生产关系的界定。在社会主义现阶段我国不仅允许还要大力发展私营经济。其中包括大量的私营企业。私营企业是指私人所有并雇佣劳动的企业。这种私人资本符合马克思关于资本关系的规定。根据资本界定,既然存在雇佣劳动关系,就存在资本无偿占有剩余劳动的关系,资本收入就是剥削收入。不能因为在现阶段需要它而否认其收入的剥削性质。当然,承认剥削不等于不允许其存在。私有制经济合法存在,其剥削收入自然也是合法的。

在确认私营企业中存在的剥削关系的同时,还要对私人资本在财富创造和价值创造中的作用做出科学的判断。

在私营企业中,资本与劳动等其他要素的关系,固然是雇佣与被雇佣的关系,但同时也是一种要素间的合作关系。在各种生产要素属于不同的所有者的条件下,各种要素是被资本黏合或者并入生产过程的。根据马克思的理论,资本雇佣劳动的权利是由资本的生产关系决定的。正是这种关系,资本便取得了支配和利用其他要素的地位。这就是马克思所说的,其他要素是被资本并入价值创造过程的。“资本一旦合并了形成财富的两个原始要素——劳动力和土地，它便获得了一种扩张的能力。"[①]其他要素的生产力，如劳动的生产力、土地的生产力均成为资本的生产力。

过去的研究在说明资本的功能时往往使用马克思在《资本论》中的表述："资本自行增殖"。现在看来这是一种误解。仔细研究《资本论》，可以发现马克思只是在资本形式(G—G′)上做出这个判断。其实质和现实并非如此。一定量的资本有多大的增殖额，主要应该由资本家的企业家素质和知识来说明，因此利润(剩余价值)与其说是资本的自行增殖，不如说是资本家(企业家)的人力资本的增殖，或者说是资本和企业家要素合作的结果。

在马克思的分析中，执行职能的资本可能有两种状况，一种是职能资本家同时执行监督和管理的劳动，一种是将监督和管理职能交给别人。在前一种场合，企业主收入中包含了其监督和管理的报酬；而在后一种场合，监督和管理的报酬就同作为企业主收入的利润分离。马克思在当时已经分析了这种状况，企业主收入中可能包含其监督和管理的劳动报酬，这样，"他创造剩余价值，不是因为他作为资本家进行劳动，而是因为他除了作为资本家的性质之外，他也进行劳动。因此，剩余价值的这一部分也就不再是剩余价值，而是一种和剩余价值相反的东西，是所完成的劳动的等价物。"[②]我国现阶段的私营企业主基本上是这样。他们不仅仅是投入资本，而且还有其他要素的投入：或者投入技术，或者投入管理，这些都是投入劳动，因而他们实际上也参与价值创造。从这一意义说，私营企业主不是单纯的剥削者，还是包括劳动要素在内的其他要素的提供者。

相对于资本主义条件下的私人资本，社会主义条件下的私人资本又有特殊性。虽然在雇佣劳动场合的资本收入都属于剥削收入，但对社会主义条件下的私人资本的价值判断不能简单地套用马克思当年对私人资本的诅咒。根据马克思理论，劳动者与劳动条件(资本)所有权分离，在历史上和逻辑上都是资本主义的起点。资本原始积累就创造了这种起点。针对当时"羊吃人"之类残酷剥夺生产者的行为，马克思

① 马克思.资本论：第1卷，北京：人民出版社，1975：663.
② 马克思.资本论：第3卷，北京：人民出版社，1975：430.

诅咒:“资本来到人间,从头到脚,每个毛孔都滴着血和肮脏的东西。”[①]不可否认,我国现阶段确实有这样一些私营企业在其资本原始积累时期有这种应该诅咒的剥削行为。但是从总体上说,不是所有的私人资本都具有这种特征。观察现有的许多私营企业,就企业主的资本来说,有的是依靠自己的诚实劳动和合法经营起步;有的是靠买断工龄、集资或银行贷款,有的是靠技术和专利入股,逐渐实现资本积累的;有的是国有企业改制时通过购买企业股权而成为企业主的。就雇佣劳动者来说,有的是国有单位的下岗职工,有的是离开土地的农民,有的是在原国有企业改制时买断了工龄后转变身份成为雇佣劳动者的。在这里无论是资本还是雇佣劳动者都不是剥夺的结果,而是改革的结果。不仅如此,这些私营企业在解决就业和增加社会福利方面起着越来越大的作用。因此,私营企业虽然存在剥削关系,但其对社会福利的贡献不能抹杀。

## 二、执行职能的资本和不执行职能的资本

在现代经济中,信用与资本的关系非常密切。马克思在信用与资本关系的分析中区分了执行职能的资本与不执行职能的资本,并进而对这两类资本的收入性质作了判断。

根据马克思的规定,所谓执行职能的资本是指在再生产过程中执行职能的资本。“资本在它投在产业或在商业中带来利润,并由它的使用者用来从事营业部门要求的各种活动的时候,才执行职能。”[②]而生息资本“不是以雇佣劳动为自己的对立面,而是以执行职能的资本为自己的对立面。”[③]这种不执行职能的资本,马克思称为单纯作为所有权的资本。所谓不执行职能是指不直接雇佣劳动。

单纯作为所有权的资本,产生于所有权与经营权的分离,但不是所有的与经营权相分离的资本都不执行资本职能。只有居民在资本市场购买的股票、债券和银行储

① 马克思.资本论:第1卷,北京:人民出版社,1975:829.

② 马克思.资本论:第3卷,北京:人民出版社,1975:410.

③ 马克思.资本论:第3卷,北京:人民出版社,1975:426.

蓄单等,才能称作单纯所有权的资本。它们之所以不执行资本职能,就是马克思所认为的,它们实际上被信用所利用,进一步说是作为社会资本被企业经营者(或大股东)所利用。“信用为单个资本家或被当作资本家的人,提供在一定界限内绝对支配别人的资本,别人的财产,从而别人的劳动的权利。对社会资本而不是对自己资本的支配权,使他取得了对社会劳动的支配权。”①可见社会资本就是由这种股份形式的私人资本组成的。由此产生马克思所描述的情况:“很大一部分社会资本为社会的非所有者所使用。”②

单纯作为所有权的资本,马克思用虚拟资本概念来描述:“人们把虚拟资本形成叫作资本化,人们把每一个有规则的会反复取得的收入按利息率计算,把它算作是按这个利息率贷出的资本会提供的收入,这样就把这个收入资本化了。”③这部分虚拟资本主要由债券和股票构成。它们作为所有权证书存在,并进入市场流通。

虚拟资本(不执行职能的资本)运动与现实资本(即执行职能的资本)运动相分离,反映在其价值运动的分离。就是马克思说的,投入股票的资本价值不能有双重存在,“一次是作为所有权证书即股票的资本价值,另一次是作为在这些企业中实际已经投入或将要投入的资本。”④资本价值运动只存在于后一种形式。作为所有权证书存在的股票和债券的流通,不是现实的资本价值的流通,是虚拟资本的运动,是收入索取权的转让。

股票作为所有权证书,不执行资本职能的原因是,股票持有者“不能去支配这个资本。这个资本是不能提取的,有了这种证书,只是在法律上有权索取这个资本应该获得的一部分剩余价值……现实资本存在于这种复本之外,并且不会因为由于这种复本的转手而改变所有者。”⑤

债券的市场流通也是这样,在一定期限内,债权人不能要求债务人解除契约,只

---

① 马克思.资本论:第3卷,北京:人民出版社,1975:496.
② 马克思.资本论:第3卷,北京:人民出版社,1975:498.
③ 马克思.资本论:第3卷,北京:人民出版社,1975:528.
④ 马克思.资本论:第3卷,北京:人民出版社,1975:529.
⑤ 马克思.资本论:第3卷,北京:人民出版社,1975:540.

能卖掉他的债权,即所有权证书。国债券"代表已经消失的资本的纸制复本,在它们是可卖商品,因而可以再转化为资本的情况下,对它们的所有者来说,就作为资本执行职能。"①

不执行职能资本虽不执行雇佣劳动的职能,但作为资本总还是要执行增殖的职能。与现实资本运动相区别,股票、债权作为所有权证书的价值有独特的运动和决定方法:"一方面它们的市场价值会随着它们有权索取的收益的大小和可靠程度而发生变化。"另一方面"这种证券的市场价值部分地有投机性质,因为它不是由现实的收入决定的,而是由预期得到的、预先计算的收入决定的。"②市场上各种因素的变化,例如:利息率变化,进入市场的证券数量,投机心理,虚假信息,操纵市场等都会导致虚拟资本的市场价值远远脱离其现实资本的价值。这些纸制复本的价值额和它们有权代表的现实资本的价值变动无关,而取决于证券交易所中的行情。获取信息的能力,敢于冒风险的能力,理性预期的能力,资产组合的水准便成为这些不执行职能的资本的增殖能力的主要说明因素。

虚拟资本不是虚无资本。它只是表明私人资本与直接的雇佣劳动关系相分离,由此扩大了私人资本作用的范围。进入资本市场,持有有价证券都可以视为私人投资和私人资本。私人资本无须直接通过举办企业雇佣劳动来实现价值增殖,可以通过投资于资本市场来实现价值增殖。马克思和恩格斯在当时都发现了这种趋势。马克思的分析是,由于一般利润率下降规律的作用,最低资本限额提高,使大量资本进入股票投资等投机领域。这样小额资本是直接在资本市场上作为投机资本运作,而不是作为创业资本运作。这意味着,在股票交易市场上运作的相当大数量的资本可以说完全没有作为现实资本进入现实的资本运动过程。恩格斯在修订《资本论》第三卷时依据当时的现实发现,市场上出现了单纯为了买卖某种有息证券而成立的金融公司:"资本这种增加一倍和两倍的现象,已由例如金融信托公司大大发展了。"③这些金融公司单纯投资于股市,而不是投资于实体经济。

---

① 马克思. 资本论:第3卷,北京:人民出版社,1975:540.

② 马克思. 资本论:第3卷,北京:人民出版社,1975:530.

③ 马克思. 资本论:第3卷,北京:人民出版社,1975:533.

经济发展到现在这个阶段,虚拟资本的范围大大扩大,收入可以资本化的不仅包括马克思当时所指出的债券、股票,还有外汇和金融衍生工具,如金融期货、股票指数、期权等。虚拟资本的数量也大大增加,据有关资料显示,每天在各类资本市场上交易的虚拟资本是现实资本的数十倍。单纯以运作虚拟资本为业的机构也远远超过了当时恩格斯所发现的金融信托公司。

虚拟资本模糊了企业中的所有者。由于现在的投资大都采取在资本市场购买股票和银行储蓄的方式,因此企业的融资基本上采取股权融资和债权融资方式。在现代公司中,不仅股东分散,企业中的出资者也不是固定的,就像托宾说的,投资者可以借助股票市场迅速地将其持有的铁路公司的股权转变为航空公司的股权,而且根据投资组合理论,一个投资者往往持有多家公司的股权。对于投资者来说,它最为关心的是资产价格,并不关心成为哪个企业的所有者,是否在企业中执行资本职能。因此在股权分散的企业资本所有者越来越模糊。

私人资本与雇佣劳动关系分离的理论的现实意义在于,现阶段我国发展私人资本经济,途径不只是私人投资办企业一条。私人购买股票、债券,持有企业股权都是发展私人资本的形式。从发展趋势看,随着股份制经济的发展,这部分私人投资有上升的趋势。

## 三、剥削收入和所有权收入

依据上述执行资本职能的资本和不执行资本职能的理论分析,可以对股份制公司中私人资本的收入是否是剥削收入做出判断。在前面的分析中已经将私营企业中执行雇佣劳动职能的资本收入认定为剥削收入,因此这里的分析撇开了这种类型的资本收入。

马克思依据当时出现的股份公司指出了资本所有权与资本职能的分离:“实际执行职能的资本家转化为单纯的经理,即别人的资本的管理人,而资本所有者则转化为单纯的所有者。”后者得到的收入(利息)是“作为资本所有权的报酬获得的。”①

根据要素报酬理论,资本收入同其他要素收入一样,都是所有权收入。至于资本收入是否是剥削收入则是对其性质的判断。执行资本职能和不执行资本职能的资本的区别表明资本可以同雇佣劳动关系脱钩,进一步的分析将说明资本收入并非都具有剥削性质。

马克思在《资本论》第三卷中说明剩余价值分配时将产业资本家得到的利润分割为利息和企业主收入两部分:“利息对他来说只是表现为资本所有权的果实,表现为抽掉了资本再生产过程的资本自身的果实,即不进行劳动,不执行职能的资本的果实;而企业主收入对他来说则只是表现为他用资本所执行的职能的果实,表现为资本的运动和过程的果实。”②这种区分对我们区分资本收入是否是剥削收入有方法论的启示。

根据马克思的资本理论,资本收入是否是剥削收入,与其是否执行资本职能相关。执行雇佣劳动职能的资本收入显然具有剥削性质,但居民将其闲置的暂时不消费的收入作为生息资本交给银行使用,其本身没有执行资本职能,因而不具有剥削性质。马克思说:假定职能资本家为资本的非所有者,代表资本所有权的是贷出者,因此,职能资本家支付给贷出者的利息,表现为资本所有权的果实,而属于职能资本家的那部分利润即企业主收入,“表现为他用资本执行的职能的果实,表现为资本的运动和过程的果实。”③显然,在马克思的定义中,利息是单纯的资本所有权的果实,虽然其归根到底是职能资本运动的结果,但对资本贷出者来说,不能算作是剥削收入。资本主义条件下是如此,更何况在现阶段居民提供储蓄所取得的收入呢。我们注意到,马克思在这里讲的不执行职能的生息资本的提供者指的是借贷资本家。而在现阶段提供生息资本的基本上是居民。

研究现阶段居民的财富持有方式,可以发现,不同的人是按照其对持有的财富的风险程度,以及对经济前景的不同估计来选择财富持有方式的。“对于那些主要关注

---

① 马克思.资本论:第3卷,北京:人民出版社,1975:494.

② 马克思.资本论:第3卷,北京:人民出版社,1975:420.

③ 马克思.资本论:第3卷,北京:人民出版社,1975:420.

资金是否能够及时而确定地获得以便应付不时之需的人们而言,可以持有银行存款或者能够在市场上轻易出售的证券;对于那些甘愿冒些风险追求长期资本增值的人们来说,则可以持有特定的有形资产。"[①]据国家统计局公布的数字,截至 2001 年 10 月,我国个人金融资产总量超过 10 万亿元,其中个人拥有的储蓄超过 7 万亿元,个人拥有的外币储蓄接近 800 亿美元,个人购买的各种债券、股票也超过 1 万亿元。居民持有的银行存款、国库券、保险单、债券、股票以及在企业中持有股权都可以看作是居民财富的持有方式,因此产生的利息、债息、股息以及股票转让收入都是财富收入或资本收入。这些收入也可以看作是不同风险等级的风险收益。如果像有人所定义的只要是资本收入就是剥削收入,岂不是人人都是剥削者了吗?

现在最为活跃的是居民在资本市场的投资。居民在股市上的投资大都不是直接投资于企业,属于虚拟资本的运动,而不是现实资本的运动。居民在证券市场购买股票所取得的收入有两类:一是获得股息;二是获得转让股票所取得的收入。投资股票参与分红获取股息,实际上就同银行储蓄一样,投资者仅仅是以单纯的资本所有者的身份获取资本收入。而股票转让收入就同其资产价格相关。证券收入不是由现实的收入决定的,而是由预期收入决定的,因而其收入具有投机性。就如马克思所说,"信用在这里越来越具有纯粹冒险家的性质,因为财产在这里是以股票的形式存在的。"[②]资产价格反映资本市场资产的供求。供求关系取决于个人对资产的偏好。与这些偏好相关的不是具体的资产,而是这些资产所具有的前景和风险。显然证券转让的收入与其说是剥削收入,不如说是风险收入。

进一步分析投入企业的私人资本所取得的收入,也不能一概认定为剥削收入。本文的判断是,只有在资本雇佣其他要素的场合所取得的收入才是剥削收入,如果资本是被其他要素利用所取得的所有权收入,就不一定是剥削收入。

在每个发展阶段,各种要素的作用不可能是等量齐观的,其中必定有某一种要素起决定性作用,其他要素依附于其发挥作用。例如,资本是经济增长诸要素中的一

---

① 托宾等.货币、信贷与资本,东北财经大学出版社,2000:6.

② 马克思.资本论:第 3 卷,北京:人民出版社,1975:497.

种。在不同的增长阶段,资本在诸要素组合中的地位和作用是不一样的。它可能将其他要素组合进经济过程,也可能被其他要素组合,依附于其他要素发挥作用。

经济发展到现在这个时代,各种生产要素在经济发展中的作用发生了根本的变化。知识、技术、管理和企业家越来越成为经济增长的决定性要素。在许多方面,资本不再是起主动性作用的要素,它可能被其他要素所利用或雇佣,而不是它利用和雇佣其他要素。特别是构成企业股权结构的不仅仅是投入的资本,还有技术股、经营者股权。在这里资本收入与其他要素收入一样,仅仅是要素所有权收入而已,不存在谁剥削谁的问题。

在以股份公司为代表的现代企业中,出资者和法人财产权分离,出资者在投入企业资本后既不能抽出资本,也不能处置资本。对资本具有处置权和控制权的是企业经理。这些企业经理可能不持有企业股权,但可以支配和处置数量可观的出资者的资本。钱得勒在 1977 年出版的著作《看得见的手——美国企业的管理革命》中描述了现代公司中“企业的管理和它的所有权分开”的状况:企业所有权变得极为分散,股东无法参与或影响企业决策;企业完全被支薪的经理人员所控制;公司对于所有者来说只是收入的来源,而不再是可管理的企业了。[①] 显然,它与传统的企业不同,不是资本利用和雇佣企业家,而是企业家雇佣和利用资本。在这种公司中资本所有者得到的收入,与其说是剥削收入,不如说是风险收入,或者说是机会收入。原因是,第一,由于企业投资者不参与管理和控制企业,它对企业的投资是有风险的;第二,对投资者来说,将资本投入企业还是投入银行本身就是一种风险选择,如果说银行利息是其投资的机会成本的话,在企业中的资本收入就是机会收入。

在马克思的分析中,不执行资本职能的资本收入和执行资本职能的收入都属于剩余价值分割(因而是剥削收入的分割),产业资本家在其中起主导作用。对社会主义条件下私人资本收入是否也要以此为依据进行判断。这需要研究现代企业制度的特征。

在现代经济中,投入企业的资本、技术、企业家等要素实际上都会作为企业股权

---

① 钱得勒.看得见的手——美国企业的管理革命,商务印书馆,1987:580 - 581.

结构的组成部分参与分配。因此,企业就是各种要素的集合,企业中的收入分配是根据企业中投入要素的比例及相应的作用安排的。这就是美国经济学家尤金·法马说的:"在企业中,每种要素都是由某个人拥有的。企业只是一个合同集,而这些合同不过是规定投入品的联合方式以创造产出以及从产出中获得的收入在投入品间的分配方式。"①从这种合同关系中,各种要素的收入均是要素所有权收入。资本收入也不例外。制度经济学理论把企业看作是"合同订立关系的连接,它的特征是在组织的资产和现金流上存在着可分割的剩余索取权。这些剩余索取权一般无须其他订约人的同意即可出售"。② 这意味着,这里的分配比例是由合同安排的,代理人(经营管理者)对资本可得收入起着实际的决定性作用。

再看推动高科技产业化的风险投资。在现代经济中,科技企业的创办者往往是有专利等科技成果,缺乏创业资本,于是风险投资应运而生。与高科技产业化相关,风险投资作为创业投资具有如下主要特征:一以科技企业孵化高新技术为投资对象;二采取股权投资形式;三不以长期作企业股东为目标,而是在科技企业进入成熟阶段后就要退出,以便进行新的风险投资。从风险投资与科技企业的关系来说,究竟是谁雇佣谁? 明显的事实是,风险企业不同于物质资本雇佣劳动和技术的传统企业,是知识和技术雇佣资本,是知识资本家雇佣货币资本家。

高科技的投资具有高风险高收益的特点,即使在美国成功概率一般只有 20%。因此风险投资收入实际上是风险收入。而且,风险投资者与其他投资不同,他不只是为科技企业通过资金,还要为之提供有关管理方面的咨询和服务。这样,风险投资收入作为创业利润是科技企业给予的投资回报,其中包括其提供管理服务方面的收入,对于风险和不确定性的承担者的补偿。这种收入也不是剥削收入。更何况,现在的风险投资一般采取基金形式。其来源多元,政府、居民和企业将资金交给专业投资者理财。

在现阶段的多种分配方式并存的结构中,收入分配的基本原则是要素报酬,企业

---

① 尤金·法马.代理问题和企业理论,载《企业的经济性质》,上海财经大学出版社,2000:387.

② 迈克尔·詹森等.企业理论:经理行为代理成本和所有权结构,载《企业的经济性质》,上海财经大学出版社,2000:412.

的股权结构发生了根本性变化。形成股权的不仅有投入资本的股权，还有技术股，企业家股，以及各种无形资产所形成的股权。物质资本股权在企业股权中的比例明显下降。在这种股权结构中所形成的收入，没有必要将其中的哪一种收入称为剥削收入。

随着经济的发展，企业制度的演变，资本被其他要素并入经济过程，被其他要素雇佣，可能会成为趋势，由此产生的生产力不是资本生产力，而是其他要素生产力。如人力资本生产力、知识资本生产力。收益的更大份额不是归物质资本，而是归人力资本、归知识资本，这正是社会进步的表现。

综上所述，依据与时俱进的思想方法研究马克思资本理论得出如下有现实意义的结论：私营企业主不仅仅是获取剥削收入，他们对社会福利的贡献是不可忽视的；私人投资的范围不限于雇佣劳动，购买股票等有价证券也属于私人投资的范围；在资本被其他要素利用和雇佣时所取得的收入不属于剥削收入，仅仅是所有权收入。基于这些规定，现阶段可以理直气壮地动员更多的私人资本进入经济过程。

**主要参考文献**

[1] 路易斯·普特曼等. 企业的经济性质[M]. 上海：上海财经大学出版社，2000.

[2] 托宾等. 货币、信贷与资本[M]. 大连：东北财经大学出版社，2000.

[3] 洪银兴. 资本及其收入的属性研究[J]. 现代经济研究，2002(1).

# 政府干预效率的经济学分析①

## 一、政府作用的领域

在现代市场经济中，政府对市场的作用，或者是替代，或者是补充。这反映不同学派对政府作用的价值判断。但有一点是肯定的：即使是在西方市场经济国家，也不是单一地由市场机制配置资源，而是政府和市场结合在一起调节资源配置。市场机制在资源配置中起决定性作用，政府干预经济活动的范围基本上同市场失灵的范围相适应。

著名的看不见的手的理论认为，每个人追求自己的利益，在市场这只看不见的手的调节下，最终实现社会利益。针对这个教条，福利经济学认为，单靠市场调节，并不能自动实现社会利益。其原因是，人们进行私人决策时，只考虑其行为的私人成本，并不考虑由此带来的不由他本人承担的社会成本，这部分成本转嫁给了社会。当私人行为的成本和收益不对等时，资源就得不到有效配置。而且，随着资本主义经济的发展，存在着收入分配的不平等、垄断以及公共产品的需求等一系列市场机制无法自行解决的问题。因此，涉及社会利益的目标需要国家干预来实现。具体地说，政府主要进入以下市场失灵的领域。

一是调节收入分配，解决由市场制度造成的收入分配悬殊问题。效率和公平是任何一个政府都要面对的问题。在市场经济体制中，市场机制的作用能有效地实现

① 本文原载于《江苏行政学院学报》2003年第1期，人大复印资料《社会主义经济理论与实践》2003年第5期。

效率目标,但对公平目标的实现则无能为力。这就是说,帕累托效率不能保证竞争过程导致的分配与广为接受的公平概念相一致。这就引出了政府在公平与效率之间的权衡和出于公平的考虑对收入的再分配问题,其目标是适当缩小不同阶层、不同劳动者之间的收入差距,以防止不同所有制企业、不同集团、不同阶层的收入过于悬殊。公平目标的实现则要靠政府干预,政府主要通过税收和财政的转移支付等途径调节再分配收入,实现公平目标。现在收入差距最为突出的是地区差距,因此在地区间的转移支付是政府调节收入分配的主要内容。

二是弥补市场不完全的缺陷。达到帕累托最优的基本条件是,经济处于完全竞争状态,存在完整的市场、完备的信息。现实中这些条件不可能完全满足,于是产生市场失效,从而产生政府干预的要求。首先,市场功能难以充分发挥,原因是完全竞争状态不可能达到,但可以借助政府干预创造有效竞争状态。其途径有两方面。一方面是通过反垄断法等法规,防止单个或少数几个企业垄断市场,反对企业串谋;另一方面是对某些部门中存在的完全垄断的企业进行拆分和管理,防止其以影响消费者福利为代价谋取垄断利润。其次,市场不完备。达到帕累托最优的一个重要条件是对于未来所有有关时间和风险存在完整的市场,如远期市场和保险市场。政府有建设完备市场的责任。第三,市场信息不完全。在获取信息的成本十分高昂的情况下,不是每个人都能获得充分的信息,不完全信息也可能造成垄断力量。政府的介入就是要克服这种不完全信息问题,为厂商提供在现有市场上不能获取的全局性的长期性的信息,并强制要求厂商披露有关信息。

三是提供市场制度不能提供的公共产品。国防、保安、基础研究等公共物品可能是私人部门生产的,但它们是公共产品。公共产品是由政府为社会提供集体利益的物品和劳务,与私人产品相区别,它们被集体加以消费时有两个特点:非排他性和非竞争性。消费的非排他性是指无法排除他人从公共物品中获得收益;消费的非竞争性是指消费者的增加并不引起生产成本的增加,即增加的消费者引起的社会边际成本为零。由此产生的问题:第一,对公共物品的消费按市场价格分配,管理成本太大;第二,免费搭车现象难以避免。每个人都消费它,而不论是否为此而支付。消费公共产品的免费搭车现象造成公共产品的私人供应的失灵,因此需要政府介入公共物品的供应过程。将税收作为消费公共产品的代价,可克服市场难以解决的搭便车问题。

四是针对自然垄断部门的干预。水电气等行业属于自然垄断,在同一个地区建立多个相互竞争的水电气企业是不经济的。这意味着自然垄断不可能被打破,市场上只有一个卖者的完全垄断就有损害消费者利益的条件。而且自然垄断借助其垄断地位所获得的垄断利益不能完全被其经营者所享有,应该由全社会分享。为了维护消费者利益,为了使全社会得以分享自然垄断产生的垄断利益,政府必须介入,或者是由国有企业直接经营自然垄断行业,或者是在私人企业经营时国家对其价格和分配等行为进行必要的规范。

五是克服市场制度可能产生的外部性问题。外部性是在相互作用的经济单位中,一个经济单位的活动对其他经济单位的影响,而该单位又没有根据这种影响而从其他单位中获得报酬或向其他单位支付赔偿。外部收益或损耗是不纳入生产者的私人成本的,从而造成私人成本和社会成本的不一致。具体地说,企业活动有有益外部性和有害外部性两个方面问题。有害外部性,如环境污染、违反经济合同等问题,造成企业内部成本外部化。这是市场失效的反映,靠市场调节是无法克服的,这就提出了政府干预的要求。政府要通过法律等途径克服这些有害外部性问题。其目的是使外部化了的企业成本内部化,由企业自己承担造成的外部化成本。

六是稳定宏观经济以维持健康的经济增长。宏观经济目标一般要求公平分配,防止和克服通货膨胀,充分就业,国际收支平衡等。通货膨胀和高失业率(通货紧缩)是市场失效的宏观反映,防止和克服通货膨胀,保障充分就业是政府的职责。影响经济健康增长的宏观问题主要是通货膨胀和高失业率,市场本身无力克服这些宏观失衡问题,宏观问题只能靠政府的宏观调控。就如我国当前的通货紧缩问题需要政府以扩大内需为内容的宏观政策来调节。

特别需要指出的是,从 2001 年到 2002 年美国接二连三地出现像安然公司、世界通信公司和维旺迪环球公司之类的世界级大公司因蓄意做假账而破产的案例,联手做假账的有安达信公司这样的世界级财务公司。做假金额高达数千亿元,受此影响美国股市连续 9 周下跌。这种状况表明市场不仅无法自动调节宏观的不均衡,也无法自动克服企业的信用缺失。西方有的经济学家把它称为市场制度的机能障碍,具体地说是金融市场制度的机能障碍。一方面股市控制着整个经济,另一方面股市又没有能力指导企业选择适合于长远发展的道路。股市的规则实际上总是敦促企业遵守短期的金融运作标准,由此导致安然公司之类的上市公司蓄意做假账,虚报业绩,不惜一切代价取得人们期望的业绩。与此同时,金融市场的监控者,如安达信等中介机构,往往成为做假账的合谋。面对被股市操纵的市场制度的失败,政府必须改变对金融市场过分放任自流的做法,加大政府对金融市场的监控力度。

以上政府作用的范围基本上是依据发达国家的市场失灵提出来的。面对发展中国家,政府干预的领域需要扩大。发展中国家与发达国家的市场背景不尽相同,即使是独立后一开始就走市场经济道路的国家,市场的发育程度和完善程度都远远落后于发达国家,与此同时这些国家又面临着紧迫的经济发展任务。其经济发展又不能等待经济的自然发展,需要政府的推动。这意味着,政府对经济干预的范围和程度,在发展中国家有特别的内容。

首先,经济发展需要政府推动。在西方发达国家,一些垄断性企业的产值规模大到超过许多发展中国家一国的产值总量,其竞争能力也很强。在这样的国家,政府作用越大越是压抑企业的竞争力。因此,在这里奉行减少直至取消政府干预的自由主义理论是非常自然的。而在我们这样的发展中国家,企业总体规模小,竞争能力弱。这样的企业成长到能同发达国家的垄断企业抗衡需要相当长时间的磨炼。政府扶持成长性强的企业并使其尽快形成规模就显得非常必要。再者,发达国家的经济主要是增长问题,而不是发展问题,因此在那里结构调整完全可以交给市场。而在发展中国家,经济的主要问题是发展,制约发展的主要是经济结构问题,产业结构、区域结构等结构性问题不仅在于其失衡,尤为突出的是处于低度水准,没有政府的大推动,单靠市场调节,结构性矛盾不可能在短期内克服,因此政府的结构调整作用不可缺少。有重点地扶持主导产业和高新技术产业的发展,增强国家竞争力,是政府推动发展的重要内容。

其次,政府培育市场。发展中国家的政府作用的必要性和范围还同其市场的不完善相关。发展中国家市场的作用不同于发达国家,由于市场的分割,信息流动的障碍,价格、利率的管制等使现实市场中的价格、信息和流动性等严重地背离了“完全”

市场的客观要求。价格对商品和服务的供求的调节作用没有发达国家那么大,市场无论是在结构上还是在功能上都是不完全的:生产要素市场缺乏良好的组织,市场信息既不灵敏也不准确,不能及时准确地反映商品的真实成本。在这种情况下,政府干预实际上是弥补市场作用的不足:在促进价格的真实性、信息的可获得性以及资源的流动性等方面弥补市场不完全的不足。政府要采取有效的措施培育市场,采用多种诱导的办法去发展私人经济,政府还要像企业家那样去投资,并以自己的实际行动来刺激和指导经济发展。当然,政府的这些职能会随着经济的发达程度和市场的发育程度的提高而逐步减少,直至市场发育成熟,政府得以退出这一过程。

国有经济需要政府作为国有资本的所有者身份经营和管理国有资产。我国国有经济的比重较大,但国有经济的效率明显不高。适应转向市场经济体制的要求,政府在这方面的功能会有两个转变。一是国有资本会退出相当一部分没有必要进入的领域,这个过程也要由政府推动;二是政府要从计划体制下形成的"全能管理者"的角色中脱离出来,政府职能与企业职能分开。政企分开的关键是政资分开。在促进政府职能转变和政府机构调整的过程中,按照国有资本所有权和行政管理权、宏观调控权相分离的原则,重新构造国有资本管理体制。国有资本由行政部门和各级政府代理转向由经营性的公司代理,由代理国有资本所有权的公司对国有资本进行投资、经营,达到国有资本保值增值的目的。

政府干预经济并不都是与克服市场失灵相关的。它还在不存在市场失灵的场合起作用,其职能是实现国家的福利目标。因此政府对市场不仅仅是替代,还是补充的机制。

人们进入市场的决策存在着个人选择和社会(集体)选择的区别。社会是个人的集合,每个个人具有一系列独特的偏好。因此定义"社会需要什么"就成为社会选择的问题。所谓社会选择,就是设法总合个人偏好的过程。在市场上存在单独个人选择偏好的条件下,所形成的集体选择,是由社会福利函数来说明的。根据对社会福利函数或社会选择函数的文献的探讨,社会福利是社会中各个人所购买的货物和所提供的生产要素以及任何其他有关变量的函数,即社会所有个人效用水平的函数。在现实中,社会保障、国家安全、公共卫生和教育等属于社会福利函数的内容,不可能在市场调节下的个人追求个人效用函数中实现。

市场经济的实践表明,假想的自由市场情形并非真能在没有政府的情况下实现。也没有理由相信市场能够以“无政府经济”中假设的方式运行。在现代市场经济运行中,财产权立法,控制货币和金融活动,维持市场经济秩序,都是国家干预的具体内容。

## 二、政府也会失灵

个人选择有非效率,集体选择也存在着大量的非效率。如果说有市场失败,那么也同样有政府失败。市场失灵并不意味着可以推论政府干预必然有效。就如斯蒂格勒所说:“市场导致缺乏效率和不公平的情况并不意味着可以推论政府的干预必然导致情况的改善。”斯蒂格勒将这种推论比喻为皇帝对两个乐手的比赛的裁决:只听了第一个乐手的演奏,觉得不满意,就将奖杯授予第二个乐手。这就是说政府纠正市场经济失灵的措施也不一定是“灵”的。原因是,政策是由人制定和实施的,而他们的行为反过来受各种法规、习惯、激励等因素的影响,他们是在信息不完全以及各种约束条件下作决策的。而且,政府的管理者往往以自身的偏好指导其行动,甚至政府的决策可能反映不同利益集团的相对力量。最为明显的是在不少国家,政府广泛地采用财政政策和货币政策干预经济的方法并不像人们所说的那样灵,在许多国家出现了高通货膨胀、高政府赤字、低增长等一系列问题。特别是在政府集中分配的资源较多、计划性较强的国家,一旦发生政府失灵,其损失之大远远超过市场失灵。这又促使人们探究政府在市场经济条件下能干些什么,应该怎样干等问题。

阿特金森和斯蒂格勒在《公共经济学》一书中特别告诫读者:应用国家作用的福利经济学观点时必须十分谨慎。对政府行为做经济分析,可以利用公共选择提供的分析工具,把政府纳入收益—成本的框架内分析,提供判别政府行为的标准。政府行为只有在提供的社会总收益大于总成本时,才是合理的。这就对政府的性质和行为有了一个客观的评判准则。不合这一准则的任何政府都是“官僚化的”“垄断的”,应该得到改革。

公共选择理论提供的政府失败理论,不是以政府能力缺陷为基础,而是以制度性缺陷为基础。政府效率所面临的不是经济方面的挑战,而是制度方面的挑战,其突出问题是官僚主义。其原因是,进行政治活动的主体也是经济人,对成本、收益的计算指导着他的行为。政治活动主体往往是在为自己服务的前提下服务社会。政府机构的官僚在现存的制度约束下追求自己的利益最大化,因此他们的行为目标同整个社会福利最大化目标未必一致,甚至有可能发生冲突。

在计划经济体制下,完全排斥市场机制的政府干预肯定是低效率的。在市场经济条件下,作为市场机制补充的政府干预的效率也是不确定的。公共选择理论从三个方面揭示政府机构的低效率趋势。第一,政府机构垄断服务供给,由于没有竞争,就无法判断其支出是否合理,或其提供的服务是否太少。第二,政府机构追求规模最大化,而不是成本最小化。由于机构规模越大,在预算安排中讨价还价的能力就越强;提升的机会越多,权力就越大,各种非货币性待遇就越高。而成本与收入之间的分离,意味着资源的错误配置程度增加,追求成本最小化的激励机制受到抑制。第三,政府机构会使浪费最大化,而不是提供的服务最大化。①

政府失败的制度性表现:一是政府管制,二是寻租,三是官僚主义。

就政府管制来说,在实际生活中,人们可以看到,管制措施所维护的是一些厂商的既得利益,是使一些特殊利益集团得以获得稳定和有保障的垄断利润。佩兹曼(Peltzman)在1976年发表的《走向更为一般的管制理论》一文中,提出了一个管制者的行为模型。在该模型中,利益集团被简化为厂商与消费者两方。管制者通过调节利益集团间的价值转移达到自己选票数量的最大化。该模型说明了政府和利益集团对管制都有一定的需求,并非是为了所谓的“公共利益”。政府所采取的管制政策实际上是为特殊利益集团服务的。正是利益集团提出对政府管制的需求,政府才提供了管制的供给。

即使政府对市场缺陷的纠正是正确的,政府的能力也是有限的。如政府的公共管制政策:一类是对自然垄断行业的管制,如自来水、电力、煤气等,其结果往往是产

---

① 高鸿业、吴易风.现代西方经济学(下册),北京:经济科学出版社,1995.

出下降，供不应求；另一类是对非自然垄断行业的管制，其结果往往是成本和价格的提高。

在对自然垄断行业的管制中，政府通过限价政策来消除垄断企业的超额利润。然而在垄断企业的平均成本随产量增加而下降的情况下，企业的边际成本小于平均成本，若政府规定价格等于边际成本，则垄断企业必然会以减少产量供给来减少管制带来的损失。现实中往往是政府限价垄断企业产品供不应求，就是这个原因。斯蒂格勒在《管制者能管制什么？——电力部门实例》中，通过实证分析，说明了对电力公用事业的管制没有任何显著的效果。①

对非自然垄断的行业的管制，往往导致成本和价格的提高，保护现有厂商而反对新的竞争者。路易斯·德阿莱希认为，没有政府的支持，几乎没有几个具有巨大市场实力的垄断企业，能够生存和繁荣下去。据测算，因垄断而损失的福利在美国不到国民生产总值的1%。

斯蒂格勒以国家干预产业结构为例说明国家管制成本：国家可以而且确实通过禁止或强制，取走或给予资金等方式有选择地帮助或损害了许多产业。管制通常是产业自己争取来的。国家拥有一种在纯理论上即使是最有势力的公民也不能分享的资源：强制权。国家可以通过税收获取金钱，还可以决定资源的运动和在未经同意的情况下制定家庭和厂商的经济决策。这些权力就为一个产业利用国家提高盈利提供了可能性。一个产业谋求从国家得到的主要政策有四种：(1) 直接的货币补贴；(2) 阻碍新竞争者的进入；(3) 对替代品和补充品生产的干预；(4) 固定价格。当一个产业取得国家的权力支持时，该产业得到了好处，但其他人则会受到损害，这是国家管理成本的一个方面。问题不仅在于此，政府管制并不是免费提供的。一个产业为了得到政府的支持，需要为之提供费用。其中包括游说和劝说的费用，向政府官员支付某种“价格”。为取得政府的管制而付出这些成本后，并不能取得相应的收益。原因是管制机构不能控制企业的日常运行。

就官员寻租来说，政府干预经济活动，介入公共产品的分配会出现“寻租”行为，

---

① 乔治·J·斯蒂格勒.产业组织和政府管制，上海：三联书店，1993.

从而影响政府干预经济活动的效果。经济租原指支付给生产要素的报酬超过为获得该要素供应所必须支付的报酬部分,相当于马克思所讲的超额利润。要素所得到的报酬等于要素的机会成本时不会有经济利润的存在,租金就是要素收入超过其机会成本的部分。若一个产业中要素的收入高于其他产业的要素收入,该产业就存在这种要素的经济租。自由竞争使任何要素在任何产业产生的经济租都不会长久存在。只要存在自由竞争,一个产业因技术进步、企业家创新等使之获得经济租,但竞争也导致要素在产业间自由流动,终将使要素在该产业中的收入和在其他产业中的收入一致起来,经济租消失。

在正常市场秩序下人们依据自己的资本、能力和机会追求利益最大化。其结果产生有利社会的正外部效应:资源的有效利用和社会总福利的增加。这种追求利益最大化的行为无可厚非。但是,若人们不是依赖自己的投入,而是利用社会赋予的权力追求自身的经济利益,其活动的性质就变成了"寻租"。

寻租即利用权力寻求"租金",包括两个层次。一是企业向政府有关官员交租,寻求在某种政府保护的制度环境下阻碍生产要素在不同行业之间的自由流动,阻止其他企业进入竞争,以维护其垄断地位,维护既得的经济利益或对既得经济利益进行再分配,从而寻得租金。二是政府机关某些官员利用权力设租和收取租金。这种寻租行为阻止了社会从市场竞争中获益,降低了社会福利。例如,实施许可证制度往往把其他潜在的竞争者拒之门外。企业为了从政府那里获得许可证之类的批件和有利于自己的政策,就得向政府有关部门缴租,这不但导致政府腐败,同时也是资源的浪费。这种制度安排一方面导致从消费者转向寻租者的价值转移,另一方面鼓励潜在竞争者投入本来可能用于其他生产目的的资源去进行寻租。人们或者是去获得某种人为稀缺机会的权力的最初分配,或者是当别的特权所有者被取消资格时去取而代之。

企业的寻租活动在西方国家一般有三种形式:一是直接进行疏通活动,如通过院外集团活动谋求政府干预;二是直接进入政治领域,争夺有租金决策权的职位;三是制定进入或退出受影响的活动的计划。

政府官员的寻租,以我国为例,在计划经济体制下,某些计划部门的官员可能在分配投资项目时寻租。计划经济体制被打破后,又出现审批经济,某些审批部门官员可能在审批公司上市或某种项目时寻租。可以料想，转到登记经济后，寻租现象就可能大大减少。

显然，寻租活动总是同政府权力相联系，或者是政府官员直接利用权力，或者是企业借助政府权力。问题的本质在于政府运用自身的权力制造出某种垄断权益，并阻碍竞争。

上述分析表明，政府干预作为对市场缺陷的纠正，并不总是有效的，在某些情况下甚至会加剧市场的无效性。就如曼瑟尔·奥尔森在《国家的兴衰》中所指出的，当政治联盟和院外活动集团由于长期的任期和经验而使其得到增强时，市场的失灵最为显著。非市场机构通过游说等各种活动，会迫使政府采取一些行动，通过社会其他人的代价来获取他们的集团利益。在此过程中，政府和市场都存在功能失灵，产生既低效又不公平的结果。

再就官僚主义来说，尼斯卡宁(W. A. Jr. Niskanen)认为，有几个变量可能进入官僚的效用函数，它们是：薪水、公务津贴、公共声望、权力、庇护、机构的产出、变革的便利性以及管理机构的便利性。除最后两个变量外，所有变量都是机构总预算的正单调函数，由此使政府机构预算有不断扩大的趋势。官僚主义理论还提醒人们注意：政府机构存在自增长机制，社会中官员越多，“官员敛取物”就越有可能增加。

政府规模与官僚主义是互动的，官僚主义又导致政府效率的下降。在市场上企业能够要求因效率提高而产生的利润归于或部分归于自己，而政府官员的薪水与效率的改善无关。微弱的外部控制和内部激励结合，使官员们能够在较弱的制度约束下追求自己的目标，这个目标不一定符合公众利益。政府部门或公用事业部门制定和执行的政策，往往是由该部门领导人根据自己对共同利益的理解来决定的，而不是真正符合最大限度增加共同利益的目的。这就产生所谓“内部化”效应：用政府机构的内部目标取代了公众所期望它实现的目标。这和官员是否正直无关。可能每个人都确信他在尽最大努力捍卫社会的利益，但上述现象依然存在。问题的关键是官僚主义内在的运行机制使然。

在提供公共产品的市场上，政府部门具有垄断性质。一般说来，在政府管辖的任何范围内，一般都只有一个部门从事一种特定的工作，居民通常对其供给没有选择。

若他们不喜欢,他们无法退出。不仅如此,公共产品的提供由政府机构垄断,且存在进入壁垒无限大的特征。在市场上,若垄断厂商的成本太高以致定价太高,就会导致其他潜在厂商的进入以分享利润,而政府机构通常不存在被接管的可能性。由于在公共产品的市场上不存在竞争,因此无从对政府机构的效率进行有效的判断。

公共产品具有非市场性,使得对预算的监督更为困难。公共产品的供给成本来源于政府的税收,而政府机构并不承担这些税收的机会成本。政府机构是公共产品的唯一提供者。公共产品的购买或使用部门虽可以对政府机构进行外部控制,但有关公共产品的生产技术、信息等实际上都是从提供公共产品的政府机构得到的。因此,政府机构具有信息上的垄断优势,不能指望购买或使用部门能对官僚机构进行有效率的监督和控制。

钱颖一教授在《市场与法治》一文中提出了"有限的(limited)和有效的(effective)政府"的概念。一个无限的,无论是权力无限还是规模无限的政府都是无效的政府。只有权力有限、规模有限的政府才可能是有效的政府。面对政府增长的趋势,为了最大限度地克服政府失败,需要通过有效的制度安排对政府权力及政府增长进行约束。这种有限政府在我看来有三个限制:一是政府干预范围有限,二是政府干预手段有限,三是政府规模有限。限制的一条途径就是预算限制,在税收和支出之间建立联系。这要求在预算批准程序上更直接地联结赋税和支出决策,保持收入和支出的平衡。

规范政府行为不仅靠财政和税收的约束,还要靠法治。布坎南认为,如果没有"正当的法律过程"和合适的补偿,政府不能公开地攫取财产,政府攫取的权力应受到宪法的限制。政府的许多目的可以通过征税来达到,赋税权力要满足一致性、普遍性和非歧视性要求。布坎南认为,政府为了满足利益集团的需要,通过发行债券,或制造通货膨胀等非赋税收入来弥补政府支出的赤字,都是滥用了政府权力。对通货膨胀的控制,不能仅仅通过政府的货币供给规则的改革,还必须通过整个政府规则的改革,如施加财政约束等,才能见效。

既然政府失败是由其制度性原因造成的,提高政府效率的途径就是制定政府行为规则,规范政府行为。政府行为的规则,突出表现在三个方面:一是对寻租行为的约束,二是对管制行为的约束,三是对官僚主义行为的约束。

## 三、政府干预市场的规则

正如市场要在一定的制度约束下才能良好运转一样,政府也要在一定的规则下运行。市场上的每一个人都有各自的效用函数,由于在市场上人们遵守共同的市场规则,只要交易达成,就意味着交易双方的福利状态得到了促进,或至少任何一方的福利不会受损。同样地,把政治过程看作是市场过程,政治过程交易的对象是公共产品。进入政治领域的人们也有着各自不同的价值观和偏好,这些价值观和偏好需要有一定的政治行为规则来保障。

政府替代市场主要限于市场失灵的领域。政府职能的错位、政府权力的滥用都会引起市场秩序的混乱。企业的非规范行为可以在一定的程度上由政府的行为不当进行解释。例如,政府超越了所应该拥有的权限,直接介入了企业的微观经营活动,可能造成企业行为机制的扭曲。政府实行的歧视性政策,使不同的企业享受着不同的经济待遇,从而使企业在起点上就存在着明显的不公平。地方政府利益导致的"诸侯经济"肢解了统一市场,限制竞争和保护落后,使本地区企业与外地区企业之间的竞争遭受着人为的障碍,间接地还损害本地区居民的福利水平。所有这些政府行为都会造成市场的无序性。因此,政府行为也应受到市场规则的约束。

从效率考虑,政府和市场作用的范围和领域应该有有效边界,一旦超出范围,政府干预和市场机制都会带来低效率。"政府的失败既可能是由于它们做得太少,也可能是由于它们做得太多"。[①] 其重要原因是,政府行为目标与市场行为目标不完全一致。前者追求社会目标,追求社会得益最大化;后者则是追求私人利益最大化。因此,界定政府职能,明确政府的干预方式和干预范围,划分政府和市场之间的边界,无论是对提高市场调节效率还是提高政府效率都有十分重要的意义。

政府针对市场的行为主要涉及界定和保护产权,涉及由政府充当"裁判"和"警

---

① W·阿瑟·刘易斯.经济增长理论,上海:三联书店,1990.

察”维持市场秩序两个方面。

产权是一种最基本的竞争约束规则。诺贝尔经济学奖得主诺思认为:“理解制度结构的两个主要基石是国家理论和产权理论。”其理由是“国家要对造成经济增长、停滞和衰退的产权结构的效率负责”①。根据诺思的总结,政府提供的规则有两个目的。

一是界定和保护产权。“界定形成产权结构的竞争与合作的基本规则(即在要素和产品市场上界定所有权结构),这能使统治者的租金最大化。”产权界定是市场交易的前提,任何商品只有在产权界定清楚的情况下才能进行交易,市场价格机制也才能发挥作用,资源也才可能获得有效配置。不仅如此,对于外部性来说,有效率的产权结构就是要使外部性成本由产生者承担,从而使社会成本和个人成本保持一致。在诺思的制度变迁理论中,国家之所以能够成为推动制度变迁的基石之一,就是因为只有政府(国家)方有能力或权力对经济主体进行产权的界定和保护,这是政府的一种特殊的职能。国家保护私人产权,才可能有基本的市场秩序。

二是降低交易成本。“降低交易费用以使社会产出最大,从而使国家税收增加。”

上述两个目的的意义就是诺思所说的“将导致一系列公共(或半公共)产品和服务的供给,以便降低界定、谈判和实施作为经济交换基础的契约所引起的费用”②。

竞争的市场需要“裁判”和“警察”来维持秩序,政府就承担这种“裁判”和“警察”的职能。针对当前经济生活中的各种无序现象,如不正当竞争、假冒伪劣产品、暴利等,政府干预一方面有助于增强对不法行为的打击力度,保障现有市场体系下的市场秩序;另一方面,也是更重要的,是通过政府的干预,依靠政府的力量,积极促进市场的增进。在这里,政府的作用不仅仅在于解决市场失灵,还在于积极培育市场力量,完善市场组织,增强市场协调能力。政府在这一过程中所要遵守的规则就是,政府必须退出运动场不当“运动员”,必须公正执法不当“黑哨”。

市场以外的制度安排就其内容来说包括政府规制、法制和道德规范。这些替代

---

① 诺思.经济史中的结构与变迁,上海:三联书店,1994.

② 诺思.经济史中的结构与变迁,上海:三联书店,1994.

也要遵守市场规则。

政府规制涉及政府替代市场的范围，过去政府规制范围过大，规制背离市场，反映政府失效。提高政府效率的重要方面是改革政府规制。其必要性和可能性表现在两个方面：一是规制机构和部门的垄断造成的低效率问题已经非常严重；二是技术的创新推动了规制的放松。这就是说一些原先因技术原因需要规制的自然垄断的部门，由于技术创新没有必要继续垄断，交给市场可能更有效率。这样，规制改革的主要走向有两个方面：一是规制的放松，市场调节更有效率的部门退出政府规制；二是规制部门引入市场竞争和实施激励性规制。其内容包括：在激励与单纯获取政府收入之间权衡，选择激励，可以换来成本效益的提高；引入竞争机制，让有效率的竞争者进入，可以提高规制部门的效率；在政府与企业的信息不对称条件下，市场竞争和监控结合，可以使高效能的激励方案得以实施。①

政府规制改革包括政府干预市场遵守市场规则。政府干预必须与市场机制有机结合。

首先，政府干预必须以市场机制充分发挥作用为前提。政府干预一旦破坏了市场机制的发挥，即价格机制、竞争机制和风险机制不再对经济生活中的主体发生强制性作用，那么经济主体追求利润最大化的激励机制和外在的约束力就会被弱化，资源的使用效益就无从保证，经济活力将被逐步窒息。从这一意义上说，政府干预必须是中性的。

其次，政府干预是通过市场的间接调控。与传统体制下的计划调节直接作用于企业不同，市场经济条件下的政府干预则是通过市场间接作用于企业。政府的宏观调控职能机构根据宏观调控目标，通过统一的财政政策、货币政策、收入政策等，对国民经济活动进行总体管理。其作用对象是宏观经济变量，如货币供应量、利率等。把经济参数输入经济体系，引导市场主体在追求利润最大化过程中对市场条件的变化做出反应，从而调节市场供求状况。间接宏观调控不直接干预企业的经营活动，而是通过各种经济变量来使企业面临的经济环境发生变化，从而促使企业改变其行为，并

---

① 参见让·拉丰. 电信竞争，北京：人民邮电出版社，2001.

因此使宏观经济状况达到既定的调控目标。

由于法制是由政府安排的,这也可以说是政府替代市场。在科斯的交易成本理论框架中,法律制度是克服交易成本的重要途径。就如他所说的,交易成本为正时,法律制度是资源有效配置的重要手段。市场经济在一定意义上说是分散化的经济,市场的无序造成的摩擦会付出高昂的交易成本。对分散化经济来说,法律制度就显得更为重要。也正因为如此,市场经济必须是法制经济,只有这样,才可能有市场经济的存在和发展。这种法制建设主要包括:产权界定和调整的法律保障,企业进入市场、退出市场和市场竞争秩序的建设,企业间合同的签订和执行的法律约束和监督,等等。

根据法律调整的对象,市场立法可分为多种类型:一是确立市场主体地位,规范市场主体行为的法律,二是规范市场秩序的法律,三是规范宏观调控手段的法律,四是关于对外经济关系的法律,五是关于社会保障制度的法律。各种法律所构成的法律体系是一个相互联系的整体,根据短边原则,任何部分法律的缺憾,都会带来整体效率的损失。因此,完整的法律体系,是维护完整的市场规则的基础。

市场立法只是建立市场秩序的开始,法制健全还要求执法监督机制的健全,有法不依、执法不严会使市场规则流于形式。发达国家和发展中国家的一个显著区别是发达国家立法困难,但执行严格。而发展中国家却是立法相对容易,但执行相对困难。因此要在以下方面加强建设:(1) 强化执法部门执行市场法规的权力,排除各种行政干预对执法行为的不良影响;(2) 强化对执法部门的监督,防止以权谋私和以情徇法;(3) 健全法律服务机构,建立律师、公证制度以及各种法律服务的中介机构,如律师事务所、审计事务所、会计师事务所等。

# 富民和收入分配的效率[①]

社会主义初级阶段的基本经济制度确认以后，改革的总体思路就是把一切积极因素充分调动和凝聚起来，努力形成全体人民各尽其能、各得其所而又和谐相处的局面。这种局面的形成在很大程度上牵涉收入分配的制度安排。

## 一、富民和缩小收入差距

经济发展的基本内容是增加人民福利，也就是增加居民收入，提高消费水平。公平和效率是任何一个国家政府都要面临的选择。原因是在现有的收入水平下，公平和效率两个目标不可能兼得，只能兼顾。这就有个谁为先的选择。

在改革开放以前，我国的收入分配基本上属于保障性分配，追求的是平均主义。实行这种分配政策的结果是普遍的贫穷。在转向市场经济体制后，为了加快增长，选择了效率优先兼顾公平的收入分配体制。允许一部分地区一部分人先富起来，就是其具体体现。

应该承认，20 多年的市场化改革贯彻效率优先的分配原则取得了明显的积极效应，支持了国民经济长时期的持续增长。与此相应，人民群众的收入在整体上也有了显著的提高。但是，我们不能不看到，不同地区、不同行业、不同阶层居民之间的收入差距也在明显扩大。目前国际上通用的衡量收入分配平等程度是基尼系数，它介于 0 和 1 之间。基尼系数接近于 0，收入分配便接近于绝对平均；基尼系数接近于 1，收入分配便接近于绝对不平均。我国的基尼系数在改革开放初期很低，大致在 0.18～

---

① 本文原载于《当代经济研究》2003 年第 12 期。

0.20的水平。据世界银行1998/1999年世界发展报告,我国的基尼系数已达到0.415。高于美国0.401和英国0.326的水平。

根据一些国家经济发展的经验,基尼系数高低同经济发展的水平相关。西蒙·库兹涅茨指出,人均国民生产总值水平和收入分配的不平等程度是按倒U形的形式发展的。就是说,随着人均GNP的增长,收入不平等(基尼系数)起初也是增长的。这种不平等程度在人均GDP达到中等收入水平时(据某些学者的统计分析,一般是在1 500美元以后)达到最高点,然后基尼系数便开始下降。

对我国收入差距的显著扩大,可以有合乎规律的解释。一种解释是二元结构变动的影响。在二元经济结构中,经济增长在现代化的工业部门首先发生,在这个部门,就业量小而生产率和工资高;而在传统农业部门中,就业量多而生产率和工资低。在传统农业得到改造之前,两个部门的收入差距将随着经济的增长进一步扩大。另一种解释是发展效应。在发展的初始阶段,除了二元结构的初始变动会带来分配的不均外,外资企业进入,高收入阶层的收入在总收入中的比重显著上升,结构调整会使弱势行业出现下岗和失业,会使分配不均情况更趋严重。而在经济发展进入较高阶段后,高收入的分配状况基本不变。还有一种解释是经济起飞对储蓄的影响。经济起飞需要巨额资金积累,能为之提供巨额储蓄的只有高收入阶层,因此,在经济起飞时期,收入分配政策向最能提供储蓄的高收入阶层倾斜,由此便扩大收入差距。就我国来说,地区之间客观存在经济发展水平的差别,不同的企业有经济活力的差别,不同的人有致富能力和机会的差别。允许一部分地区一部分人先富起来,实际上就是发展先进社会生产力。

但是,我们必须清醒地意识到,在现阶段的中国,效率的提高和经济的起飞,不能过分地、单纯地依赖收入分配的差距。一个明显的问题是,收入差距的容忍度与人均国民生产总值水平相关,在人均国民生产总值较低的条件下,虽然其基尼系数大大低于高收入国家,但由于低收入阶层的基本生活得不到保障,由此产生的社会问题可能比高收入国家更严重(见表1)。农民收入的相对下降,城市职工的失业和下岗。一些群体过去存在的相对地位也会改变。不断扩大的收入差距不仅发生在不同地区间,也发生在不同阶层间。经济的增长会受到处于相对贫困地位的集团和阶层的抵触。特别要注意到,在人均 GDP 处于低水准时,如果收入差距过大,最低收入组的收入不能满足基本生活需要,不可避免地会产生社会冲突。根据世界银行数据,我国收入差距的基尼系数达到美国水平,但美国的人均 GDP 达 20 000 多美元,而我国才 800 美元。这意味着,我国低收入组的基本生活需要不能得到满足。这就可以说明现阶段出现车匪路霸、坑蒙拐骗和社会治安等问题的经济原因。

**表 1 社会问题与收入差距的相关关系**

| 人均 GNP | 高 | 低 | 低 |
|---|---|---|---|
| 收入差距 | 大 | 大 | 小 |
| 社会问题 | 小 | 大 | 小 |

面对收入差距扩大及已经和正在产生的负面效应,现实地提出了缩小收入差距的任务。平均主义不是社会主义,贫富差距过大也不是社会主义。根据库兹涅茨的倒 U 形曲线,人均 GDP 达到一定水平收入,差距便开始缩小,可以把收入差距开始缩小的那个"拐点"看作是进入现代化阶段。现在突出小康,意味着收入差距扩大的状况不能等到达到那个"拐点"时再去解决,现在就要着手解决这个问题。这就是在继续实行允许一部分地区一部分人先富起来的政策的同时,更要高度重视和关心欠发达地区以及比较困难的行业和群众,特别要使困难群众的基本生活得到保障,并积极帮助他们解决就业问题和改善他们的生活,使他们切实感受到社会主义社会的温暖。

根据富民要求,缩小收入差距的重点在低收入群体。在市场经济条件下,初次分配注重效率,由市场调节,不可能承担缩小收入差距的职能,缩小收入差距的职能义不容辞地由政府来承担,其作用的领域是再分配领域。人们一般认为,政府调节的主要措施是对低收入者提供转移支付和社会保障。这固然是十分必要的,但根本的还在于发展,主要路径是调整劳动力的就业结构。现在的低收入者大部分在处于结构弱势的行业就业。因此,解决低收入者问题的关键是寻求劳动力从低效率低收入行业中转移出来并进入新的行业的通道。在农村,主要途径是通过工业化和城市化,提供劳动力转移出农业部门的通道。在城市,一方面要通过发展新的行业创造新的就业岗位,另一方面需要对劳动力进行各种职业培训,使之适应新的就业岗位的需求。再一方面是给失业者提供各种自主创业自谋职业的条件和机会。

缩小收入差距的根本途径是减少低收入群体的数量,这就提出提高中等收入者比重的问题。这是富民的具体化,因为扩大中等收入者的比重的前提,不是减少高收入者,而是要减少低收入者的比重。每个社会发展都要寻求发展的动力,越来越多的低收入者进入中等收入者群体。这部分人是发展的受益者,同时也是发展的推动者。因此,全面建设小康社会的动力是中等收入者阶层,中等收入者阶层越是扩大,全面建设小康社会的动力也就越强。从历史进程看,推翻旧社会的动力是低收入群体,建设新社会的动力是中等收入群体。发达国家的中产阶级由这么一些人组成,有公务员、律师、医生、企业主、教师、工程师,等等。我们可以发现这一部分人是社会的中坚力量,一个社会最稳定的阶层。一个社会,中产阶级阶层越多,这个社会就越稳定,这个社会发展动力就越强。反过来,如果一个社会低收入阶层占的比例很大,这个社会一定是一个最不稳定的社会,而且这个社会是很难前进的。所以,党的十六大报告明确提出,要扩大中等收入者的比重,这对我们下一步研究富民政策是非常重要的。目前,我国中等收入者的标准是一个人的年收入在五万到八万元之间。目前这部分人在我国所占的比例有的说是占 10%,有的说是占 12%,总的来说中等收入者在我国所占的比例不是很大。今后中国的收入结构不应该是这种金字塔型的,而应该是橄榄型的,也就是中间大两头小的结构:低收入阶层小,高收入阶层小,而中等收入阶层要大。这种社会阶层结构,对一个社会无论是发展还是稳定都是最优的。

## 二、按要素贡献取得报酬的理论说明

允许一部分人先富起来,以及扩大中等收入者比重,不能仅仅靠按劳分配,还需要通过多种非按劳分配的途径获得收入。在已经明确的现阶段基本经济制度框架内可以提供这种分配制度的安排。既然以公有制为主体多种所有制经济共同发展是现阶段的基本经济制度,分配结构就以按劳分配为主体多种分配方式并存。这种分配制度的核心是,确立劳动、资本、技术和管理等生产要素按贡献参与分配的原则。

选择何种分配方式,与分配的功能相关。长期以来,人们往往把分配看作是被动的生产成果的分配,没有看到它对生产效率能起到其他机制所不可替代的作用。就效率来说,福利经济学的定律是只有市场竞争机制才能实现效率。诺贝尔经济学奖得主斯蒂格里茨等人则从信息不对称等方面发现市场不完全,单纯靠市场调节不能完全解决效率问题。由此就提出分配对效率的激励功能:“如果信息不完全,效率问题和分配问题不能被如此轻易地分开。例如,不论经济是否具有帕累托效率,经济本身就取决于收入分配。”①

过去在讲到收入分配与效率的关系时往往指的是劳动效率,因此就有按劳分配的功能。现在提出效率问题就不只是劳动效率,更为重要的是资源(要素)配置效率,所谓的帕累托效率指的就是这种效率。按劳分配只能激励其中一种要素即劳动的效率,但不能激励其他要素的效率。这就提出其他分配方式问题。按要素投入和贡献进行分配的方式(简称要素报酬)就应运而生。其功能是,不仅要刺激劳动要素所有者的劳动投入,还要刺激资本、技术、管理等要素所有者的各种要素的投入。

在说明要素报酬的必要性时需要了解按劳分配方式的局限性。首先,按劳分配的基础是劳动者都使用公共的生产资料,而在多种所有制经济发展起来以后,必然要提出所有者的权益在分配上的实现问题。其次,马克思所讲的按劳分配指的是个人消费品分配原则,这同收入分配在外延上是有差别的。现实中,职工取得的收入并不仅仅是用于购买个人消费品的,其中会有相当一部分用于购买股票和企业债券,银行储蓄、购买房地产等投资活动,以取得投资收入。对这种客观存在的非按劳分配收入在理论上做出说明,并肯定其合理性自然会提出多种分配方式问题。第三,生产过程是多种生产要素的结合,劳动只是其中的一种要素。在社会主义初级阶段发展生产力的主要约束因素是资本、技术、企业家要素供给不足。过去的理论只讲按劳分配,原因是在公有制条件下只有劳动要素是私人所有的。而在现实中,不只是劳动,资本、技术、企业家等要素都可能私人所有。单靠按劳分配不可能起到动员劳动以外的要素的作用。

---

① 斯蒂格里茨.社会主义向何处去,吉林人民出版社,1998:71.

不知什么时候形成了一种教条:封建社会按土地分配,资本主义社会按资本分配,社会主义社会按劳动分配。现实的社会主义初级阶段则要打破这种教条,在同一个社会发展阶段各种分配方式并存。这就是按各种投入要素进行分配。

现代经济理论特别强调激励。在知识、技术、企业家等要素的所有权(全部或部分)属于私人的情况下,激励理论所要解决的是,不仅要刺激劳动要素所有者的劳动投入,还要刺激资本、技术、管理等要素所有者的各种要素的投入。特别需要指出的是,为推动发展,不仅需要尊重劳动,还要尊重创造和创业,尊重知识和人才。体制创新的一个重要内容就是在体制上鼓励各个要素的所有者自觉地将要素投入生产力发展过程,并且使劳动、创造、创业、知识和人才都能在分配上得到尊重。这种制度安排就是各种要素参与收入分配。所谓要素报酬即,按劳动投入、按资本投入、按技术投入、按企业家要素投入取得报酬。从而按劳分配、按资分配、按技术投入分配、按企业家要素投入分配。多种分配方式的现实形式是按照要素投入取得报酬。即根据资本、劳动、自然资源、技术和企业家等要素在生产过程中的投入取得相应的报酬。即对各种要素的所有者支付占用和耗费其要素支付报酬。在收入分配体制上鼓励各个要素所有者将要素投入生产过程。

要素报酬机制的理论阻力是马克思针对资本—利息、劳动—工资、土地—地租这种"三位一体"公式所做的批判。仔细分析马克思的劳动价值论,可以在两个方面说明要素分配与三位一体的区别。首先,在马克思看来,"三位一体"公式的庸俗性在于将资本、劳动、土地都同等地看作是价值的源泉。马克思并没有否认,土地所有权、资本和雇佣劳动成为收入的源泉。① 其次,收入分配与价值创造不是同一层面问题。分配理论不一定由价值创造理论来说明。根据马克思的分析,价值创造与劳动相关,分配则与要素所有权相关。资本、劳动、土地、技术、管理等要素属于不同的所有者,分配过程也就是各个要素所有权的实现,就像马克思说的,地租是土地所有权的实现。《资本论》关于剩余价值分割的分析说明了分配中实现要素所有权对提高生产力和增加社会财富所起的积极作用。简言之,可分配的收入总量是新创造价值,参与分

---

① 参见马克思.资本论:第1卷,北京:人民出版社,1975:832.

配的主体是所有参与财富创造的要素所有者。

发展先进社会生产力需要充分动员先进生产要素,因此按要素贡献取得报酬的机制需要突出解决以下三方面问题。

一是激励资本投入。在现阶段,发展经济需要足够的资本投入,投入资本主体不仅有国家,还有企业,还有私人。在多元投资主体组成的公司中就有所有者权益分配项目来实现各个资本所有者的利益。现在的关键是激励私人资本的投入。党的十六大已经解决了有没有个人财产、有多少财产不能成为政治上先进落后的评价标准,从推动经济增长的目标考虑,财产的来源及对财产的支配和使用的方向则成为政治上先进和落后的评价标准。按此标准,按资分配应该是合理合法,值得鼓励的。这里有两种类型。一类是私人直接办企业雇佣劳动,作为私营企业主获得资本收入。承认按资分配就要承认其资本收入的合法性。另一类是居民将一部分不用于消费的收入,购买股票取得股息,购买债券取得债息,也可通过持有企业(包括私人企业)股权的途径获取资本收益。这类私人投资实际上就同居民将储蓄存入银行一样。区别只在于后者是间接投资,前者是直接投资。两者又有风险(收益)程度的差别。承认所有这些不同途径的资本所有权收入并且提供不同风险和收益程度的私人投资渠道,也就提供了足够的激励私人资本投入的机制。

二是激励知识和技术投入。将技术投入列入生产价值的劳动,就有其报酬问题。技术投入的报酬,即技术投入的所有权在分配上得到体现,技术开发所付出的成本得到相应的收益。目标是调动科技人员技术开发的积极性,推进技术进步。在现实的社会主义社会,技术和管理人员的教育和培训费用固然有社会提供的部分,但其相当部分还是由私人提供的,再加上接受教育和培训的机会成本。因此技术在很大程度上仍然属于私人所有。与此相应,技术人员提出更高收入的要求是合理的。现实中的技术投入,不仅包括科技人员的劳动,还包括科技投入的凝聚或结晶,如产业化的科技成果、专利等。科技成果的价值得到科学的评价,知识产权得到保护,知识产权的收入得到体现,可以说是现阶段要素报酬的重要方面。

三是激励经营者成为企业家。企业家是一种生产要素,是对管理素质和能力的概括。在马克思的劳动价值论中,对管理有两个方面的界定:第一,它是参与创造价值的劳动;第二,它是资本的职能。这就是马克思说的:“一切规模较大的直接社会劳动或共同劳动,都或多或少地需要指挥,以协调个人的劳动,并执行生产总体的运动……所产生的各种一般职能……这种管理、监督和调节的职能就成为资本的职能。”[①]因此,管理投入(即企业家要素投入)应该参与资本收入(利润)的分配,而不是仅仅得到劳动收入。马克思在《资本论》第三卷中把资本分解为作为所有权生息资本和执行职能的资本两个方面。与此相应资本所产生的利润就分解为利息和企业主收入。[②] 根据马克思的分析执行职能的资本可能有两种状况,一种是职能资本家同时执行监督和管理的劳动,一种是将监督和管理职能交给别人。在前一种场合,企业主收入中包含了其监督和管理的报酬,而在后一种场合,监督和管理的报酬就同作为企业主收入的利润分离。在现阶段,无论是国有企业的经营者还是私营企业主都有一个成为企业家的目标和要求。根据熊彼特的界定,企业家与创新相联系。只有不断地进行产品创新、技术创新、市场创新和组织制度创新的经营者才能成为企业家。经营者要能成为企业家,除了有充分的经营自主权外,关键是在分配机制上承担创新的风险和收益。长期以来,为什么国有企业的经营者的创新精神不如私营企业主。其中的一个重要的制度原因就是经营者没有相对独立的经济利益,既不能获得创新成功的收益,也不承担创新失败的风险。特别是有一部分国有企业经营者存在“58 岁现象”,临到退休开始贪污。如果在分配制度上实行经营者股权,企业家通过年薪、股份等分配形式参与利润分享,体现经营者的管理才能及其投入,就可以促进更多的经营者成为企业家,克服经营者腐败,并鼓励其管理创新。

## 三、要素报酬的实现机制

现阶段的私人经济不只是私人投资,属于私人所有的各种要素都属于私人经济。这种私人经济无论是在私人企业还是在国有企业都应该发展。由此,以资本投入为

---

① 马克思.资本论:第 1 卷,北京:人民出版社,1975:369.

② 参见马克思.资本论:第 3 卷,北京:人民出版社,1975:426.

实体的多种所有制经济共同发展的结构发展到要素投入为实体的多种所有制经济共同发展的结构。要素报酬就体现这种结构。

按要素投入取得报酬的分配原则已经得到确认。现在需要解决的是这种分配原则的实现机制。现在已经明确,要素报酬依据的不只是各种要素的投入,更为重要的是在产出中各种要素的贡献。因此,可分配收入限于新创造价值为(V+M)。要素报酬是在V中实现,还是在M中实现?根据马克思的价值理论,在新创造价值(V+M)中。按劳分配取得的劳动报酬即V的分配。技术、企业家等要素即使是劳动者所拥有的,也不能只是在V中实现。如果这些要素所有者所得到的只是劳动报酬,而没有分享剩余,其要素所有权就没有得到实现,根据现代制度理论这些要素所有者也会偷懒。因此,足有成效的激励,应该是这些要素参与M的分配,其前提是要素股权化。就是说,要素报酬的实现形式是资本、投入量化为企业股份,并以此为基础进行按股分红。

尽管劳动者投入劳动取得相应的报酬(V),但不排斥劳动者在取得按劳分配的同时取得要素报酬。具体地说,允许劳动者投入资本(购买股票或认购本企业股权),因而允许其获得按资分配的收入。如果劳动者对企业有技术投入,也就可按技术股分红。

就经营者来说,他除了作为劳动者获得按劳分配收入外,他凭着其企业家要素的投入,也就获得企业家股权收入。劳动者以其资本、技术等要素投入参与剩余产品分配,就可能分享经济增长的成果,由此对增长具有自身利益上的关心。

私人所有的要素投入企业后应该在股权结构中到体现,从而在股权结构中包含技术股、经营者股权。为了便于股权分割,这些要素股权需要还原为资本股权。这种还有要素股权的结构可以为技术进步和企业家进入治理结构提供产权制度的保障。

现在我国许多企业,无论是公有企业还是私有企业基本上还是资本金的股权结构。在现代经济中,私人产权不仅仅是投入资本金之类的物质资产,还应包括投入知识、技术和企业家要素之类的无形资产。现在大家都在谈产权和产权制度的改革,应该说这是进步,没有明晰的产权不可能有效率。问题是,大家所重视的产权基本上还只是物质产权,而不是知识产权。这基本上反映旧经济时代的特征,或者说反映投资拉动型经济时代的特征。单一要素的资本股权结构必须改变,形成包含各种要素特别是含有知识、技术在内的股权结构。

以上关于要素股权化的假设符合现代企业的发展趋势。在现代经济中,投入企业的资本、技术、企业家等要素实际上都会作为企业股权结构的组成部分参与分配。因此,企业就是各种要素的集合,企业中的收入分配是根据企业中投入要素的比例及相应的作用安排的。这就是美国经济学家尤金·法马说的:"在企业中,每种要素都是由某个人拥有的。企业只是一个合同集,而这些合同不过是规定投入品的联合方式以创造产出以及从产出中获得的收入在投入品间的分配方式。"①从这种合同关系中,各种要素的收入均是要素所有权收入。

知识、技术和管理在股权化时应该还原为多大的资本份额?这就提出要素股权化与要素市场化结合问题。要素市场化的功能是解决要素的价格由要素市场上供求状况决定问题。要素市场化,即知识、技术成果和企业家分别进入各自的要素市场出售,由此实现各自的价值。知识资本价值的评价的主要制度安排在两个方面。一是技术商品化。在技术转让时科技成果应该得到科学的评估,以充分实现其价值。二是技术资本化。在企业的股权结构中在充分估价技术投入价值的基础上安排技术股,收入分配中充分实现投入的技术的价值。在广义的价格理论中,人们把利息率、工资、和地租分别看作是使用资本、劳动力、土地等生产要素的价格,这些价格分别在各自的要素市场上形成。这对于有效地配置和使用生产要素起的积极作用是十分明显的。当然,由要素市场供求形成的各种要素价格只是平均价格,或者说形成计算进入企业的各种具体要素报酬的系数。原因属于不同所有者的同一种要素也不是同质的。

要素股权化不仅要衡量各种要素的供求关系,还要对各种要素作质的评价。在现代经济条件下,对经济增长起决定性作用的资本由有形的物质资本转向无形的知识资本和人力资本,作为新经济理论先导的新增长理论将资本区分为知识资本、人力资本和物质资本。新增长理论所阐述的内生性技术进步理论的核心内容是知识资本

① 尤金·法马.代理问题和企业理论,载《企业的经济性质》,上海财经大学出版社 2000:387.

和人力资本的外溢作用。现代经济增长的主要说明因素是知识资本和人力资本,而不是物质资本。企业家要素也可归结为知识资本和人力资本。实践已经证明,知识资本和人力资本比物质资本的增殖速度更快,增殖能力更强。资本增殖与其说是资本的自行增殖,不如说是知识资本和人力资本的作用结果。这个结论将直接影响分配的方式。在要素股权化过程中特别要注意提高知识、技术等无形资产在产权结构中的地位和作用。在资本推动型增长阶段,资本(物质资本)对经济增长起支配作用,因此分配向资本所有者倾斜;而在知识经济条件下,知识资本和人力资本对经济增长起支配作用,这样,作为知识资本和人力资本人格化的“知本家”将替代资本家成为财富创造的中心。与此相应,收入分配明显向“知本家”倾斜。

可以预计,根据各种要素在财富创造中的作用,知识、技术和管理是先进生产要素,也是稀缺的要素。这些要素在股权化可能还原为较大的份额。这是市场规律所然。这些要素的所有者成为财富创造的中心,分配(收入和财产)向这部分要素所有者倾斜是非常自然的。

# 社会信用制度和道德规范建设[①]

现阶段社会信用缺失，违约和拖欠债务严重，是市场秩序混乱的主要表现。马克思在《资本论》中描述了由债权债务关系链条破坏导致货币危机的可能性和现实性。[②] 可见克服社会信用缺失的极端重要性。其基本途径是建立社会信用体系。现代社会信用体系的基本特征是，以道德为支撑，产权为基础，法律为保障。本文重点研究作为社会信用体系支柱的道德规范建设，以及在道德规范建设过程中，与产权、法律等制度安排之间的协同关系。

## 一、信用与道德规范

市场经济是信用经济。信用经济有两个方面的含义。一方面是指再生产过程的全部联系以信用为基础的经济；另一方面是指以市场参与者守信用为基础的经济。守信用即诚信，涉及社会道德规范的建设。这两个含义之间的关系就在于前一意义的信用以后一意义的信用为基础。简单地说，信用经济需要诚信为基础。建设规范有序的市场包括进入市场的各个参与者的道德规范建设。

市场经济从一定意义上说就是契约经济。这就是马克思在《资本论》中所说的，市场上，买卖双方，"他们是作为自由的、在法律上平等的人缔结契约的。契约是他们的意志借以得到共同的法律表现的最后结果。"[③]显然，市场经济是建立在自由交换基础上的契约经济。在市场经济中，由于各个经济主体是平等的利益主体，经济联系

① 本文原载于经济学动态 2004 年第 8 期。

② 参见马克思. 资本论：第 1 卷，北京：人民出版社，1975：158.

③ 参见马克思. 资本论：第 1 卷，北京：人民出版社，1975：204.

的纽带只能是合同(契约),契约经济的基础就是信用。研究市场秩序,特别是研究信用经济,最为关心的是契约(合同)能否得到遵守。信用关系就是债务契约关系。契约经济也需要一定的规则来保障。各个主体根据规则遵守契约,也就是守信用。这是市场经济健康运行的基础。制度经济学家用"信任"这个概念来说明守信的意义。信任能够减少在达成、实施以及监督合约方面或者更多的非正式讨价还价中的交易成本。就是科尔内指出的:买卖双方除订立合同外,还应该诚实履约。这是信任的源泉。双方越是诚实,他们之间的信任就越深厚,交易成本就越低。①

现实中,契约往往得不到遵守。其中的一个重要原因是缺乏诚信的机会主义行为。现实的市场交易中存在着搭便车、不守信用等机会主义行为。交易双方任何一方缺失诚信都可能导致合同失效。

信用缺失等机会主义行为与不完全市场信息相关。信息不对称再加上信息流动遇到障碍就可能使机会主义的愿望变为现实。在这种条件下,任何企业或个人通过损害他人而获利的企图难以被他人察觉,或者即使实施了这种"机会主义"行为,也不会在事后受到惩罚。信息的流动阻滞造成监督的困难,或者监督的费用较高,人们往往无法对"机会主义"行为进行有效的判别,而这反过来又进一步助长了人们的"机会主义"倾向。在信息不对称基础上产生的机会主义行为有两种:一是产生在契约签订前的逆向选择,二是产生在契约签订后的道德风险。正是这种机会主义行为,导致了社会范围的信任缺乏。

科尔内说,哪里有合同,那里就有违约。测量市场(以及整个社会)中的诚实的一个重要方法就是看违约有多频繁和多严重。② 现实中最为突出的问题正是,在信用关系中不履行合约。买卖和借贷等关系中拖欠不还款。这种违约和失信行为的主要理论说明是道德风险。其背景是,在信息不对称条件下,签订各种类型契约后隐瞒信息的行为。现代的市场交易大量的是赊账和借贷。其信用形式就是商业信用和银行信用。这类信用是由债务契约维系的。我国长期存在的严重的三角债问题,以及由

---

① 科尔内.诚实与信任:后社会主义转轨时期的视角,《比较》,第9期第2页,中信出版社,2003。

② 科尔内.诚实与信任:后社会主义转轨时期的视角,《比较》,第9期第3页,中信出版社,2003。

此产生的银行不良贷款数额巨大的问题就要由不信守合同,欠债不还这种道德风险来说明。

据国家工商总局的一项统计,在我国市场上发生的交易中,约有 30%的交易是以合同形式进行的。近年来,每年产生的经济合同约在 40 亿份左右,大约有 20 亿份合同能够按规定履行。每年因逃债而造成授信方的直接经济损失达 1 800 亿元,由于合同诈骗行为造成的直接经济损失约 55 亿元。[①] 据专家估计,我国每年经济领域因信用缺失、违法犯罪而导致的直接经济损失和机会损失约占 GDP 的 10%～20%。[②]

整顿和规范市场经济秩序需要标本兼治、着力治本。治本主要是制度建设,特别是社会信用制度建设,其中突出的是道德规范建设。道德涉及价值观、信念、文化习俗和社会舆论。道德规范建设实际上是形成全社会共同遵守道德观和价值观。如诚信就是现代经济中共同的道德观和价值观。其功能是克服机会主义行为,提高遵守合同的自觉性。因此,道德规范建设的意义是使守信用成为自觉的行为,也就是自觉的遵从。

道德规范的契约执行成本是最低的。这里有两方面意义。一方面参与者共同遵守道德规范,契约执行几乎是无成本的。另一方面针对不守契约的失信行为,采取属于道德规范的惩罚手段较法律手段执行成本要低。

道德规范从而社会信用体系建设的出发点不是信任而是信任缺乏。现实中,“竞争、利益多元化或议价权力的不平等可能会产生不信任。”[③]这种不信任起源于企业的价值观念。企业的行为,无论是产品开发,还是市场竞争的手段,都可发现其背后起作用的价值观。古典的和新古典理论都强调每个人都追求自身利益最终实现社会利益的观点。这意味着,社会利益是依赖每个人追求自身利益而实现的。就中国目前一部分企业的行为来看,为什么有的企业热衷于盗版侵权？就是其“搭便车”的价

---

① 林钧跃.失信惩罚机制的设计和维护,《经济社会体制比较》2002 年第 3 期。

② 全国整顿和规范市场经济秩序领导小组办公室.《加快社会信用体系建设》《求是》2004 年第 4 期。

③ Margaret Levi.恰当防范促成好邻居关系:对信任、信任缺乏和不信任的交易成本分析方法,《制度、契约与组织》经济科学出版社,2003。

值观起作用。为什么有的企业热衷于制造假冒伪劣产品？其背后就是机会主义的价值观。为什么有的企业不惜污染环境来追求利润？其背后就是唯利是图，"哪怕我死后洪水滔天"的价值观。当然，也有许多企业不是依靠采取这些不正当的行为，而是靠取得公众的信任取得市场，不仅其产品和服务得到公众的欢迎，其企业也在公众中树立了良好的形象。其背后也是价值观起作用，这些企业信奉"财富的创造是一种道德的行为"。但是面对社会的信用缺失，守信的企业会付出很大交易成本，一部分守信的企业也会因为多次受骗而学习不守信行为，即逼良为娼。

道德规范建设直接针对从古典经济学到新古典经济学都信奉的利己主义。诺贝尔经济学奖获得者诺思指出，将什么都解释为人们按自我利益行事的理论，不能解释问题的另一面，即对自我利益的计较并不构成动机因素的那些行为。这意味着，社会利益的实现并不都是在大家追求自身利益中实现的。诺思所推崇的意识形态就是要求企业不是仅仅追求自身的利润目标，还应有主动实现社会目标的意识形态。诺思明确指出实现制度变迁有两个重要要素：一是包含一套能使社会产出最大化而完全有效率的产权；二是包含一套成功的意识形态，"其基本目的在于促进一些群体不再按有关成本与收益的简单的、享乐主义的和个人的计算来行事"。在他看来，这种意识形态主要是指社会强有力的道德和伦理法则。市场经济条件下，社会利益的实现并不都是企业追求自身利益的结果。为了实现社会的利益，企业还应遵守社会共同的道德标准，克服市场运行中各种机会主义的搭便车和违约行为。道德规范建设是全社会的。转向市场经济制度绝不意味着价值观念也是转到唯利是图。就企业来说，成功的企业绝不是靠那种一般的价值判断认为不正当的行为发展起来的。显然，在企业转向市场经济的公司时，企业道德和伦理规范的建设是非常重要的，企业制度转变使企业成为"经济人"，道德和伦理规范则是要使这些"经济人"受道德规范的约束，成为"社会人"。

道德规范建设的目标是形成一种全社会的相互信任，形成一种文化信念，成为信用的基础。在信用领域形成我不骗人、人不骗我的道德观，或者说形成我守信用你也守信用的道德观，这种道德观就相当于过去所讲的人人为我我为人人的道德观。

道德规范的价值可以用社会资本来说明。根据罗伯特·帕特南的界定，物质资本指有形实物,人力资本指个人特性,而社会资本指个人间的联系——社会网、互惠规范和从中生成的信任。在这个意义上,社会资本和所谓"公民美德"紧密相关。公民美德在嵌入互惠性社会关系网络中时最为有力。[①] 这意味着,从社会资本角度所要求的道德规范,不只是个别人的洁身自好,而是要求整个社会的道德规范。在一个相互信任的社会中,社会资本是最雄厚的。在这种互惠性的社会关系网络中,实施合同、规范和维持市场秩序的成本是最低的。

## 二、制度安排的可实施与道德规范

违约、欠债不还等失信行为的基础在两个方面:一是市场信息不完全;二是市场参与者之间存在不合作博弈,特别是参与者面对着囚犯困境,即双方能够从相互诚实的交易中获益,但是,如果任何一方欺骗对方,则可能带来更大的利益。所以,若不存在限制这种不诚实行为的机制,潜在地对双方都有利的交易可能无法发生。[②]

针对信息不完全市场条件下的市场秩序混乱和信用缺失,单纯靠市场的自动调节是无效的,需要一系列的制度安排。根据诺斯的界定,制度有两类:一类是正式的制度安排,如法律、产权制度、合同等;另一类是非正式的制度安排,如规范和社会习俗等。这里所分析的道德规范属于非正式的制度安排。

现代制度经济学对制度安排有明确的"可实施"的要求。可实施也就是"可执行"。赫尔维茨用纳什均衡的概念描述制度的"可实施性":如果在别人将遵从所设定的策略的前提下,没有任何一个参与人有偏离其选择策略的动机,此时参与人的策略组合便被称为纳什均衡。[③] 我们注意到,合同、产权制度、法律等都是针对违约、失信的正式的制度安排,这些正式的制度安排是否可实施,在很大程度上依赖于道德、习俗之类的非正式的制度安排。就如青木昌彦所判断的,"即使能从国外借鉴良好的正

① 转引自科尔内.诚实与信任:后社会主义转轨时期的视角,《比较》,第9期第9页,中信出版社,2003。

② 青木昌彦.比较制度分析,上海远东出版社,2002:62.

③ 青木昌彦.比较制度分析,上海远东出版社,2002:7.

式规则,如果本土的非正式规则因为惰性而一时难以变化,新借鉴来的正式规则和旧有的非正式规则势必产生冲突。其结果是,借鉴来的制度可能既无法实施又难以奏效。"[①]正式的制度安排遇到与其相悖的道德,这种非正式制度安排可能会失去作用。

先谈合同能否实施与道德规范的关系。

市场经济是契约经济。从信用方面来界定合同,一方面商品交易时不能一手交钱一手交货,于是需要通过合同来承诺支付的期限和条件。另一方面是在借贷时需要通过合同来承诺还债的期限和条件。因此,合同是交易的承诺,合同可实施的前提是参与者信守承诺。这就隐含了合同不能实施的可能,如果合同一方不讲诚信,不能信守承诺,支付或还债合同就不能实施。

现实的合同还是不完全的。由于信息不完全,参与者的有限理性,合同也不可能完全。"即使是最复杂的合同也不能规定所有的细节。"[②]不仅如此,参与者考虑到许多不确定因素,在合同中也会留有不完全的地方。这样,不完全合同的实施更是依赖于参与者的诚信。Margaret Levi 说明了信任与合同的不完全性之间的关系:"哪里有信任,合作或契约就会发生,但是契约的条款可能会相对不完全,且任何讨价还价都会比不信任形式下更加不正式。哪里有不信任,要么不会有契约和合作出现,要么就是,如果议价行为发生并形成契约,那契约的条款就相对完全,特别是在关于使承诺可信和议价正式化的规则的创造方面。"[③]显然,在道德方面是否信任,直接影响契约是否可实施及签订和监督合约执行的成本。

以上分析表明,信用合同能否实施,在很大程度上依靠合同当事人的诚信和信誉。而这正是需要由道德规范来解决的。实际上,与其他制度安排相比,道德规范是最没有强制性的,但即使如此,人们往往还是处于信誉的考虑,出于对对方信任的预期签订合同。当然,法律的强制也可能解决合同的实施。法制健全的制度环境可能更加增强人们对合同的信任。

---

① 青木昌彦.比较制度分析,上海远东出版社,2002:2.

② 科尔内.诚实与信任:后社会主义转轨时期的视角,《比较》,第9期第2页,中信出版社,2003。

③ Margaret Levi.恰当防范促成好邻居关系:对信任、信任缺乏和不信任的交易成本分析方法,《制度、契约与组织》,经济科学出版社,2003。

再看法律强制效果与道德规范的关系。

对不守信用的违约行为，法制可以说是一种较为有效的对策。但是法制针对违约行为的惩治不可能总是有效。首先，现实中的信用合同是不完全的，“完备的滴水不漏的私人合同是不存在的。”这意味着针对不完全合同，法律调整也不可能完全有效。其次，完备的法律也不存在，“在理论上可以证明，即使世上最睿智和最谨慎的头脑也不能消除法律的漏洞”。第三，司法过程相当缓慢，执法过程也会遇到困难。[①]现实中，我们还会发现，违约的失信行为，大部分不明显触及法律，属于道德问题。这意味着，针对因道德问题产生的失信行为，可以采取与道德规范相关的机制和手段。而且，执法的效果也与道德规范相关。如果当事人不在乎自己的信誉，法律惩罚的威慑力就非常有限。实践已经证明，在一个缺少道德规范的社会里，法律执行也往往是最困难的。

实际上，道德规范对法律制度有替代性。人们越是讲诚信，越是重视自己的信誉，越是能守信用，人们之间的信用度越高，信用合同就越是能遵守，在这里法律插手调节的需求就越小。反之，越是缺少诚信，缺少道德规范的地方，越是需要法律调节。道德规范对法律制度也有互补性。法律制度越严格，不守信用的成本越大，人们越守信用。反过来，人们越是比较重视信誉，法律调节越是有效。[②] 这就是说，法律的实施与道德规范一致，法律能够实施。

最后分析产权制度和道德规范的关系。

现代产权制度是构建社会信用体系的基础。产权包括对物品的使用权、收益权和处置权。产权成为社会信用体系基础的先决条件是产权明晰。其意义在于，一方面，信用本身属于无形资产，也是产权的一个方面，守信用者能够得到相应的产权收益。反过来不守信用者没有这种无形资产，也就没有相应的产权收益。另一方面，产权具有排他性特征，市场秩序的混乱直接导致对产权的侵害。无论是公有产权还是私有产权都要求归属明晰、保护严格。只有守信用，才能保护产权不受侵犯。违约和

---

① 科尔内.诚实与信任:后社会主义转轨时期的视角,《比较》,第 9 期第 3 页,中信出版社,2003。

② 参考张维迎.法律制度的信誉基础,《经济研究》,2002 年第 1 期。

不守信用造成对合同一方产权的侵害。如果产权神圣不可侵犯的道德规范得以确立，违约和不守信用的状况就会减少。反之，如果道德规范是不尊重这种产权制度，这种产权制度再好也不起作用。

保护产权可以靠法律和政府机制，靠合同。根据青木昌彦的分析，这两种保护产权的正式的制度安排在某些场合并不有效。由于市场交易范围的扩大，“规范和自我实施合同机制并不能对所有可能的私有产权的侵权行为进行监督和惩罚，这样做成本过于高昂。”通过暴力保护私人产权的国家能力是一把双刃剑。“如果我们仅仅依靠政府实施法律，这有可能造成一种压抑的政治氛围，使其管理成本高到无法接受的地步。”①

青木昌彦明确指出了产权规则的贯彻对道德规范的依赖性：“如果产权规则来自习俗并与之相一致，那它们将在人们心目中产生相应的道德判断，只要违反了规则，不管是习俗的还是成文的，都会在人们心目中自动产生消极的道德情感，内疚感、耻辱感或焦虑感。”②不仅如此，尊重私人产权的道德规范若能被人们广泛认同，可能降低实施产权的成本。因为，如果产权制度得不到自觉的贯彻，就不得不依赖政府法制去监督和保护产权，由此大大加大实施产权制度的成本。

归纳上述分析，针对信用缺失等市场秩序混乱，需要做一系列的制度安排，例如合同、产权、法律等。这些制度安排能否有效起作用，在很大程度上依赖于道德规范。可见，道德规范建设在社会信用制度建设中的重要地位。同样也可解释在现阶段尽管存在约束各种失信行为的各种制度(不完善)安排但效果并不明显的原因。

## 三、道德规范建设的系统性

道德规范作为社会信用制度的重要组成部分，有一整套机制。如科尔内所认为的，交易环境涉及的社会机制包括道德机制，即有赖于缔约方的诚实和相互信任。诚

---

① 青木昌彦.比较制度分析，上海远东出版社，2002:79-80.

② 青木昌彦.比较制度分析，上海远东出版社，2002:81.

实行为提高了声誉。缔约双方之间是合作伙伴关系,不存在敌意。[①] 虽然道德规范属于一种文化或习俗,但不意味着道德规范是自然形成的。从机制上考虑,道德规范作为一个系统包括:诚信或失信的识别、诚信的激励、失信的惩罚、诚信文化的弘扬,等等。这种机制或制度不可能自发形成,需要进行建设,而且要作为一个系统来建设。

首先是参与者诚信或失信的识别机制。

信用缺失与信息不完全的市场相关。信息的价值是显而易见的。如果用信息不对称理论来说明信用缺失,解决诚信识别机制的重要条件就是,最佳利用散布于整个社会的信息。社会信用机制的效率取决于所掌握的信息完备程度和准确程度,这又取决于经济体制的信息利用机制。一般说来,克服信息不完全的主要方式是建立严格的信息披露规则,以及针对操纵信息和散布虚假信息的制约规则。这对签订信用合同特别有意义。信息披露越充分,失信的机会就越少。

现实中,即使存在信息披露规则,也不可能完全解决市场参与者所需要的信息。市场参与者进行市场交易,特别是签订信用合同时,特别需要掌握对方的信息,特别是信用信息。例如,银行贷款需要了解借款方的资信。由此提出建立信用识别机制的要求:建立信用档案,制作失信者的黑名单。信用档案,实际是市场参与者的道德史。这里涉及两方面机制建设:第一,由征信机构记录企业的信用,特别是将失信行为,登录在各个企业的征信数据库中;第二,由征信机构发布企业信用信息,包括失信者的黑名单。这种信用档案建设涉及两个条件:一是所选择的征信机构本身必须是诚实守信的;二是需要有现代化的信息系统,能够充分地掌握每个人的信用史。

其次是形成俱乐部规范。

一般说来,市场参与者为了防止受骗,往往只是与熟悉的可以信任的客户进行交易或签订信用合同。其交易的局限性是可想而知的。为了扩大交易和信用的范围,就扩大到俱乐部内部的交易和信用。俱乐部实行会员制,参加者不仅要交会费,更要遵守俱乐部规则。这种俱乐部规则实际上是在俱乐部内部形成共同遵守的道德规

---

① 科尔内.诚实与信任:后社会主义转轨时期的视角,《比较》,第 9 期第 5 页,中信出版社,2003。

范。俱乐部内部任何违反行为规则(诚实交易)的举动都将受到终止会员资格的惩罚。这样,俱乐部“可以作用于特定集团的参与人相互识别和相互信任的域。”[①]参加同一俱乐部的成员之间进行交易和发生信用关系,显然可以减少违约和失信的风险。现实中的商会、行业协会、企业家俱乐部、会员制的市场等都可以按照俱乐部规范建立相应的制度。当然俱乐部内部的交易也有潜在问题。俱乐部成员不愿与俱乐部以外的市场参与者交易,很有可能失去许多机会,这些机会在俱乐部内部是不完全提供的。同时,俱乐部内部任何一个成员守信和违约都可能导致整个俱乐部的声誉下降。

再次是诚信或失信的激励和惩罚机制。

声誉机制是道德规范的一个方面,既有激励功能,又有惩罚功能。守信用者形成好的声誉,有人愿意借钱给他,有人愿意同他做买卖;反过来,失信者形成不好的声誉,人们不愿意借钱给他,不愿意同他做买卖。受骗者终止未来所有与对方的交易机会的威胁,可能遏制对方的行骗动机。在声誉机制中,交易双方中失信一方与授信方之间的矛盾,扩大为失信方与全社会的矛盾。失信方受到全社会的惩罚。失信者名誉扫地,在相当长的时期中,没有人再对失信者进行授信。这是对失信者的市场惩罚。例如,某个企业在一家银行欠债不还,所有银行不再贷款给它。显然,声誉机制建设的必要条件还是是否诚信的识别及相应的信息公布。社会信用机制要能够识别诚信者和失信者,还要有相应的传播机制,使诚信者和失信者的信息广而告之。

以上分析的是道德规范所包含的机制。进一步的研究是针对我国现阶段转型经济特征,寻求道德规范建设的途径。

诺贝尔经济学奖得主希克斯在分析俱乐部规则形成的客观背景时指出,进入 20 世纪以后的一个重大进展是,以原子形市场为特征的古典市场经济转向现代市场经济,大规模的企业控制了市场。另一个进展是,由现代技术所提供的标准化(商标和包装)。[②] 这两个方面实际上指出了道德规范建设的两方面要求。一方面,企业信用度与企业规模成正比。原因是企业规模越大,企业因信用缺失而造成的成本也越大。

---

① 青木昌彦.比较制度分析,上海远东出版社,2002:70.

② 希克斯.经济学的展望,商务印书馆,1986:6.

因此,企业越大越重视自己的公众形象特别是自己的信用。企业越是分散,小企业越多,社会经济越是无组织性,信用度越低。因此,培植大企业,提高大企业在全社会中的比重,是提高全社会信用度的重要制度安排。另一方面,道德规范需要现代技术支持。这里所讲的现代技术特别包括信息技术。人们的各种收入都能进入金融信息系统,这是建立信用通道的基本技术基础。

研究我国当前所处的转型经济特征,可以发现文化和法制对道德规范建设的巨大作用。

道德规范本身就是一种文化。它涉及企业伦理、企业文化的建设,企业家精神的培养,等等。改革牵动企业价值观念的变动。根据道德规范的要求,企业的价值观念不能随着企业制度的转变而完全转到唯利是图的企业文化上来。企业要由原来的不赚钱转到赚钱,但不能成为单纯的赚钱的机器;企业经营要追求经济利益,但不能成为经济动物。在转向市场制度的过程中进行道德规范的建设涉及两个方面。

首先,对国家来说,要依据一定的意识形态制定和明确道德规范,其中包括国家代表人民的整体利益所推崇的道德和民族精神。这就是精神文明建设。过去长期宣传和鼓励的被称为社会主义思想的集体主义,全心全意为人民服务的道德规范,以及已经存在几千年的儒家文化不能在企业制度转变时全部抛弃。与此同时,国家要致力于提高全民族的文化素质,因为,道德同文化水准是成正比的。

其次是企业文化的建设。企业活动所要实现的价值不仅是物质的价值,还要实现企业的文化价值,特别是其价值观。企业管理不仅要采取经济的手段,还要采取文化的手段。世界上许多成功的企业表明,企业的文化对内可形成内部的凝聚力,对外可形成企业在公众中的形象。在现代社会中,企业之间的竞争在很大程度上是企业形象的竞争。企业形象就是由企业文化所产生的企业声誉。

从建立道德规范意义上说法制建设,其意义不在于更多的失信违约案件由法律来解决,而是在严明的法律制度下,人们自觉守法,形成共同的道德标准,违约和失信的案件减少。其意义就是科尔内所说的,“企业越是信任法律能够确保私人合同得到执行,就越不需要最终诉诸法律程序”①法律诉讼的减少,表明市场参与者之间信任的增强,同时也证明了法制声誉的提高。

市场经济在一定意义上说是分散化的经济。市场的无序造成的摩擦会付出高昂的交易成本。对分散化经济来说,法律制度就显得更为重要。法制是维护市场规则得到贯彻执行的根本保证。法律制度的建设主要有两条:完善立法和加强执法。针对守信的立法主要是解决企业间合同的签订、执行的法律约束和监督方面的制度建设。法制健全还要求执法监督机制的健全,有法不依、执法不严会使市场规则流于形式。道德规范也无从谈起。强化执法涉及两个方面。一方面强化执法部门执行市场法规的权力,排除各种行政干预对执法行为的不良影响。另一方面强化对执法部门的监督,防止以权谋私和以情徇法。通过法律制度的建设,强化市场规则的法律基础。

**主要参考文献**

[1] 青木昌彦.比较制度分析[M].上海:上海远东出版社,2002:70.

[2] 科斯、诺斯等.制度、契约与组织[M].北京:经济科学出版社,2003.

[3] 林钧跃.失信惩罚机制的设计和维护[J].经济社会体制比较,2002(3).

[4] 全国整顿和规范市场经济秩序领导小组办公室.加快社会信用体系建设[J].求是,2004(4).

[5] 科尔内.诚实与信任:后社会主义转轨时期的视角[J].比较,北京:中信出版社,2003(9).

[6] 张维迎.法律制度的信誉基础[J].经济研究,2002(1).

① 科尔内.诚实与信任:后社会主义转轨时期的视角,《比较》,第9期第5页,中信出版社,2003。

# 市场经济理论及其演化[①]

市场经济理论经过了从古典到现代的发展。相应的市场秩序的内涵也在不断地发展和完善。中国发展市场经济起步较晚,但起点应该高。中国发展市场经济,不能从头开始走西方市场经济国家已经走过的道路,不能重复出现西方国家市场经济发展过程中出现的并已经开始纠正的问题。因此,借鉴的市场经济理论的起点要高。不仅要借鉴肯定市场经济的理论,也要借鉴批评市场经济的理论。这样,我们建立的市场经济体制,不仅能充分发挥市场经济的正面效应,还能有效地克服其负面效应,从而保证我国建立的市场经济体制的高起点和先进性。

## 一、作为资源配置方式的市场经济

研究市场经济理论应该从马克思的市场经济理论研究起。人们通常认为西方经济学是研究资源有效配置的经济学,而马克思主义经济学没有这个功能。其实不然。马克思在《资本论》中对资源配置的分析相当充分系统。区别只在于,马克思进一步将资源抽象为社会劳动。在马克思那里,资源配置被归结为社会总劳动时间按照必要的比例在各个部门之间分配。由此提出价值规律及其作用问题。

### 1. 价值规律的配置资源作用

社会总劳动时间,或者说社会总资源在任何社会都是有限的。而各个方面的需要是无限的。这就提出资源配置效率问题。在马克思的分析框架中,社会总劳动在各个生产者之间的分配,从而资源配置是由价值规律调节的,由此实现效益目标。这

① 本文摘自《市场秩序和规范》(上海三联书店 2007 年)第二章。

就是马克思说的:"商品的价值规律决定社会在它所支配的全部劳动时间中能够用多少时间去生产每一种特殊商品。"[①]这正是经济调节,其作用是"在私人劳动产品的偶然的不断变动的交换关系中生产这些产品的社会必要劳动时间作为起调节作用的自然规律强制地为自己开辟道路,就像房屋倒在人的头上时重力定律强制地为自己开辟道路一样。"[②]资源在各个部门、各种需要之间进行分配的内容,突出表现在,社会总劳动在各个商品生产者之间的分配调节社会生产各部门之间的平衡,生产和需要之间的平衡。价值规律在其中的作用是强制性的。当然也可能是在不平衡中强制实现平衡。

价值规律是生产产品的社会必要劳动时间作为起调节作用的自然规律。理解价值规律的关键是明确社会必要劳动时间的含义。在马克思的分析中,社会必要劳动时间有两个含义。

含义 1 的社会必要劳动时间是马克思在说明价值决定时界定的:"社会必要劳动时间是在现有的社会正常生产条件下,在社会平均的劳动熟练程度和劳动强度下制造某种使用价值所需要的劳动时间。"[③]这里是从生产同种使用价值(商品)的劳动消耗的角度界定社会必要劳动时间。含义 1 的社会必要劳动时间是在同一部门内部各个生产者之间的比较和竞争中形成的。意义是各个生产者以社会必要的劳动消耗提供劳动。从社会总劳动时间的分配角度讲,社会必要劳动时间是标准值。作为标准值,意义不在于要使大家提供标准值,而是以此为标准优胜劣汰和奖勤罚懒。

含义 2 的社会必要劳动时间要求"耗费在这种商品总量上的社会劳动的总量,就必须同这种商品的社会需要的量相适应,即同有支付能力的社会需要的量相适应。"[④]在这里反映某种商品的市场供给总量和市场需求总量之间的关系。根据马克思的理论,无论是供给还是需求都可以还原为社会劳动量。一方面某种商品的供给总量,即在一定劳动生产率的基础上,该生产部门制造一定量的物品所需要的一定量

---

① 参见马克思.资本论:第 1 卷,北京:人民出版社,1972:394.
② 参见马克思.资本论:第 1 卷,北京:人民出版社,1975:92.
③ 参见马克思.资本论:第 1 卷,北京:人民出版社,1975:52.
④ 参见马克思.资本论:第 3 卷,北京:人民出版社,1975:215.

的社会劳动时间。另一方面,社会对该种商品的需求总量,即社会购买这些物品的方法,就是把它所能支配的劳动时间的一定量来购买这些物品。而在现实中,这两个方面,即一方面是耗费在一种社会物品上的社会劳动总量,另一方面是社会要求用这种物品来满足的需要的规模,两者之间没有任何必然的联系而只有偶然的联系。价值规律作用的结果便是,"为了满足社会需要,只有这样多的劳动时间才是必要的。在这里界限是通过使用价值表现出来的。社会在一定生产条件下,只能把它的总劳动时间中这样多的劳动时间用在这样一种产品上。"①

概括上述社会必要劳动时间的两个含义,价值规律调节社会劳动分配的功能突出在两个方面:一方面通过同一生产部门不同生产者之间的竞争,在单个使用价值上耗费的劳动时间为社会必要劳动时间;另一方面通过不同生产部门之间的竞争,各个生产部门提供社会所必要的使用价值总量,即社会必要的劳动量。这两个方面正是西方经济学中与资源有效配置相关的两个基本问题:生产什么和怎样生产。前者涉及个别劳动消耗与社会必要劳动消耗的关系,后者涉及生产的使用价值与社会需要的关系。

将上述两个含义的社会必要劳动时间结合起来,可以发现价值的功能。这就是恩格斯所说的:"价值是生产费用对效用的关系。价值首先是用来解决卖者物品是否应该生产的问题,即这种物品的效用是否能抵偿生产费用的问题。只有在这个问题解决之后才谈得上运用价值来进行交换的问题。如果两种物品的生产费用相等,那么效用就是确定他们的比较价值的决定因素。"利用价值来解决生产问题,费用和效用的比较可以解决经济效益问题。利用价值来解决交换问题,则是解决等价交换问题。

### 2. 价值规律通过市场发挥作用

在市场经济条件下,由于价值规律是在市场上起作用的,因此社会劳动的分配,从而资源配置是由市场调节的。

就资源配置的市场方式来说,"商品生产者及其生产资料在社会不同劳动部门

① 参见马克思.资本论:第3卷,北京:人民出版社,1975:717.

中,偶然性和任意性发挥着自己的杂乱无章的作用。"[①]不同生产领域保持平衡的经常趋势,"只不过是对这种平衡经常遭到破坏的一种反作用。"市场调节"只是在事后作为一种内在的、无声的自然必然性起着作用,这种自然必然性可以在市场价格的晴雨表的变动中觉察出来,并克服着商品生产者的无规则的任意行动。""独立的商品生产者互相对立,他们不承认任何别的权威,只承认竞争的权威,只承认他们互相利益的压力加在他们身上的强制"。[②]

根据这些分析,我们可以给反映价值规律作用的市场调节资源配置的基本特征做如下界定:(1) 调节对象是互不依赖的自主决策商品生产者;(2) 市场价格是调节信号;(3) 竞争的权威;(4) 对商品生产者的作用是事后的。

市场经济是指以市场调节的价格支配资源的配置和使用。其机制是,生产什么、怎样生产、为谁生产由企业自主决策,由于企业的这些决策是在竞争性市场上做出的,因此生产什么、怎样生产、为谁生产最终是由市场安排的。

福利经济学有两大定律。第一定律即竞争性的经济是有效率的;第二定律即资源配置的效率可以通过市场机制来实现。市场经济在配置资源时能实现效率目标,可以从以下三方面的调节机制来说明。

第一,生产什么东西取决于消费者的货币选票,即消费者购买东西的决策。只有在这种消费者是皇帝的场合,生产者才能真正提供社会所需要的产品。

第二,如何生产取决于不同生产者之间的竞争,竞争会使最便宜的生产方法代替费用较高的生产方法。

第三,为谁生产即生产成果的分配,取决于生产要素市场的供给和需求,取决于工资率、地租、利息和利润。这里指的是市场机制调节总产品在社会成员之间的分配。社会成员包括劳动、资本、土地和企业家等生产要素的所有者将根据市场上形成的工资率、利息、地租和利润获得相应的产品。只要在市场上形成的工资率、利息、利润、地租准确地反映各种生产要素的稀缺性,并能调节要素的供求,各类要素便能得

---

① 参见马克思.资本论:第1卷,北京:人民出版社,1975:394.

② 参见马克思.资本论:第1卷,北京:人民出版社,1975:394.

到有效的配置。

就市场调节供求来说，马克思认为，供求实际上从来不会一致。供求一致的现象，在科学上等于零。但是，在科学上必须假定供求是一致的，“这是为了对各种现象要在它们的合乎规律的、符合它们的概念来进行考察；也就是说，要撇开供求变动引起的假象来进行考察。”①这种抽象分析方法，是要寻求供求一致时的内在的必然性。供求一致究竟是指什么？马克思的界定是，“某个生产部门的商品总量能够按照它们的市场价值出售，既不高，也不低。”②这就是说市场价格与市场价值趋于一致。

马克思考察了供求关系调节市场价格的变动并实现供求平衡的机制：如果需求减少，因而市场价格降低到市场价值以下，资本就会被抽走，这样，供给就会减少。反之，如果需求增加，因而市场价格高于市场价值，结果，流入这个生产部门的资本就会过多，生产就会增加到使市场价格降低到市场价值以下的程度；或者另一方面，这也可以引起价格上涨，以致需求本身减少。上述机制归结起来就是，“如果供求决定市场价格，那么另一方面，市场价格，并且进一步分析也就是市场价值，又决定供求。”③

从表面上看，上述供求平衡的过程和机制与西方经济学的均衡价格形成的分析是一致的。区别只是在西方经济学中供求一致时的市场价格即均衡价格，而在马克思那里，供求一致时的市场价格与价值一致。但是更深一层次的分析发现，西方经济学只是分析了供求与价格变动的互动关系，马克思的分析不仅分析了这种互动关系，还对这种互动关系做了更深层次的说明：供求关系说明市场价格与价值的偏离，价值规律的作用使价格与价值趋向一致，从而使供求趋向一致。根据马克思的分析，与供求关系相关的价格偏离价值反映价值规律作用主要有两种形式。一方面，在同一时间，有的商品价格高于价值，有的商品的价格低于价值，“这种和市场价值的偏离会作为正负数互相抵消。”另一方面，从趋势看，随着供求关系的变动，偏离价值的价格会与价值趋向一致。

价格与价值的偏离，供求的变化还可能由价值本身的变化而引起。例如，当供过

---

① 参见马克思.资本论：第3卷，北京：人民出版社，1975：212.

② 参见马克思.资本论：第3卷，北京：人民出版社，1975：211.

③ 参见马克思.资本论：第3卷，北京：人民出版社，1975：213.

于求时，“由于某种发明缩短了必要劳动时间，市场价值本身降低了，因而与市场价格平衡。”在供不应求时，如果所需要的一部分产品在此期间内必须在较坏的条件下生产出来，于是“在一个或长或短的期间内引起市场价值本身的提高。”从而与市场价格平衡。①

供求关系离不开竞争关系。这就是马克思说的，“说到供给和需求，那么供给等于某种商品的卖者或生产者的总和。需求等于这同一种商品的买者或消费者(包括个人消费和生产消费)的总和。而且，这两个总和是作为两个统一体，两个集合力量来互相发生作用的。个人在这里作为社会力量的一部分，作为总体的一个原子来发生作用，并且也就是在这个形式上，竞争显示出生产和消费的社会性质。”②这意味着竞争包含着三个方面：生产者之间的竞争，消费者之间的竞争，生产者和消费者之间的竞争。

市场是商品生产者关系的总和，也是价值规律的作用机制与场所。“竞争，同供求关系的变动相适应的市场价格波动，总是力图把耗费在一种商品上的劳动的总量化为这个标准”③即社会必要劳动时间。

根据马克思的分析，同种商品的各个生产者的不同的个别价值平均化为一个社会价值，是在同种商品的生产者即卖者之间的竞争中实现的。在这里，为了使同种商品的市场价格与市场价值一致，要求各个卖者互相施加足够大的压力，以便把社会需要所要求的商品量提供到市场上来。如果产品量超过这种需要，商品必然就会低于它们的市场价值出售；反之，如果产品量不够大，商品就必然会高于它们的市场价值出售；而另一方面，“在需求恰好大到足以按这样确定的价值吸收掉全部商品的前提下，在实际市场上是通过买者之间的竞争来实现的。”④

这样，供求关系的变动会同市场价值变动是互动的。一方面供求调节着市场价格与市场价值的偏离，另一方面，“市场价值调节着供求关系，或者说，调节着一个中

① 参见马克思.资本论：第3卷，北京：人民出版社，1975：213.
② 参见马克思.资本论：第3卷，北京：人民出版社，1975：216.
③ 参见马克思.资本论：第3卷，北京：人民出版社，1975：215.
④ 参见马克思.资本论：第3卷，北京：人民出版社，1975：206.

心,供求的变动使市场价格围绕着这个中心发生波动。”①

## 二、作为经济体制的市场经济

从经济体制角度分析市场经济,涉及两个方面:一是市场机制,二是市场制度。就市场机制来说,完全的市场功能,不仅是指存在完善的市场体系,更为重要的是存在完全的市场机制的作用。市场机制是市场、价格、竞争、供给和需求等市场要素之间相互制约的联系和运动。

### 1. 市场机制

市场供求在价格的调节下自动实现均衡。其机制是供给、需求和价格在充分竞争条件下形成均衡价格,在均衡价格下市场出清,既没有超额的供给也没有超额的需求。因此,只要市场机制充分作用,资源配置是最有效的,整个经济可以靠市场的自动调节来实现均衡。

现实的市场并不是上述均衡市场。市场总是出不清。各种非均衡理论指出了导致市场不均衡的种种原因,其中包括宏观不均衡、价格刚性、供求对价格缺乏弹性、竞争不充分等。这些市场非均衡的分析,不是一般的否定市场机制的自动调节功能,而是要指出实现市场均衡和资源配置效率的条件是非常严格的。由于某种条件的不具备,现实的市场经济运行经常会偏离均衡,也就是偏离马克思说的市场价值。从一定意义上说,偏离均衡是一种常态。但作为市场经济,总会提出创造条件实现市场均衡的要求,其机制是充分的竞争。

就买卖双方来说,根据马克思的分析,总是一方处于优势,一方处于劣势。即我们现在讲的买方市场和卖方市场。“处于优势的一方,则或多或少地始终作为一个团结的统一体来同对方相抗衡。”②这样,竞争总是在处于竞争劣势的一方展开。“在竞争中一时处于劣势的一方,在这一方中,个人不顾自己那群竞争者,而且常常直接反

---

① 参见马克思.资本论:第3卷,北京:人民出版社,1975:202.

② 参见马克思.资本论:第3卷,北京:人民出版社,1975:216.

对这群竞争者而行事。”

具体地说，在需求超过供给即卖方市场的场合，主要是买方之间的竞争：“一个买者就会比另一个买者出更多的价钱，这样就使这种商品对全体买者来说都昂贵起来，提高到市场价值以上；另一方面，卖者却会共同努力，力图按照高昂的市场价格来出售。”①

在供给超过了需求即买方市场的场合，主要是卖方之间的竞争：“一个人开始廉价抛售，其他的人不得不跟着干，而买者却会共同努力，力图把市场价格压到尽量低于市场价值。”②

卖方(生产者)之间的竞争会产生降低社会必要劳动时间的功能：“只要一个人用较便宜的费用进行生产，用低于现有市场价格或市场价值出售商品的办法，能售出更多的商品，在市场上夺取一个更大的地盘，他就会这样去做，并且开始起这样的作用，即逐渐迫使别人也采用更便宜的生产方法，把社会必要劳动减少到新的更低的标准。”③

马克思认为，价格偏离价值量的可能性包含在价格形式本身中，这种形式是市场经济的适当形式。在这里，“规则只能作为没有规则性的盲目起作用的平均数规律来为自己开辟道路。”④这个规则就是价值规律的规则。偏离价值的市场价格会随着供求关系的变化围绕价值波动并趋近价值。这种机制只可能存在于市场中。虽然从本质上讲，价格的波动是由价值规律调节的，但供求、竞争不是被动的，它们不但能够说明价格与价值的偏离，它们的作用也能使偏离价值的价格与价值趋向一致。它们是价值规律的作用形式。没有供求的自发波动，没有竞争的充分展开，价值规律的作用也就无用武之地。

根据诺贝尔经济学奖得主哈耶克的分析，市场经济的基本特征是，消费者主权、机会均等、自由竞争、自由企业经营、资源自由流动。以市场经济方式配置资源能产

---

① 参见马克思.资本论：第3卷，北京：人民出版社，1975：216.

② 参见马克思.资本论：第3卷，北京：人民出版社，1975：216.

③ 参见马克思.资本论：第3卷，北京：人民出版社，1975：217.

④ 参见马克思.资本论：第1卷，北京：人民出版社，1975：120.

生更大的效率,主要原因是市场通过以下三个机制配置资源。

一是等价交换的机制。这种机制以承认调节对象的独立利益为前提,因而为自身有独立利益追求的企业所接受。根据马克思的理论,等价交换的基础是商品价值。以等价交换为基础的价格机制在组织经济活动方面起三个作用。第一,价格传递反映供求状况的信息,传递商品和要素稀缺性程度的信息。第二,价格提供一种刺激,促使人们采用最节省成本的生产方法,把可得到的资源用于最有价值的目的。价格在这里是重要的竞争手段。第三,价格执行分配职能。价格的分配职能有两种含义。一是指,价格背离价值时所起的在不同部门间再分配收入的作用。就像长期存在的工农业产品价格剪刀差那样。实践证明,价格在这里起的分配作用明显是低效率的。二是各类生产要素的价格决定谁可以得到多少产品。总产品如何在人们之间分配,取决于他们在出售他们所拥有的生产要素时得到的报酬(工资率、地租、利润)。要素提供者依据由市场决定的生产要素价格对投入要素进行成本和收益的比较,以最低的成本提供生产要素。在现实的经济过程中,价格能否有效地发挥上述作用,关键是价格能否准确地反映市场供求关系,价格的形成是否具有竞争性。价格只有在竞争性的市场上,才能形成准确反映市场供求的价格体系。这里涉及产品的比价关系,也涉及各种生产要素的价格体系。

二是竞争机制。在市场经济中,只承认竞争的权威,不承认其他权威。竞争机制给企业提供优胜劣汰的外部压力。按效率原则竞争性地配置资源,能促使资源流向效率高的地区、部门和企业。竞争即优胜劣汰、适者生存的机制。市场竞争包括买者之间、卖者之间、卖者和买者之间三方面竞争,因此形成推动资源最佳配置的合力。竞争的基本要求是公平。只有在公平竞争的条件下,市场竞争才能产生效率。

三是风险机制。任何经济活动都会遇到风险,竞争和风险相联系。竞争者承担风险,才可能有真正的竞争。利益和风险是对称的。市场经济中的风险机制的基本特点是经济行为者对自己的行为承担风险。就是说行为者要对自己的行为负责,不仅要获得由自身行为产生的利益,还要承担由自己的行为产生的风险。如投资者和经营者对自己的投资和经营行为承担风险、盈亏自负。

四是信息机制。经济调节是通过信息的传递进行的。计划经济的信息机制主要是依靠纵向的行政渠道传递信息。这种信息传递机制的最大弊病是信息传递速度缓慢并且可能被层层行政机构扭曲。而在市场经济中,信息机制的主要特征是在市场上卖者和买者直接见面,横向传递信息,并存在信息反馈。其优点是信息传递速度快,而且较少被扭曲。

### 2. 价值规律充分作用的市场制度

市场是实现私人利益最大化的平台。从功能上解释,市场就是影响商品价格的所有卖者和买者。就市场体系来说,市场不仅包括商品市场(消费品市场和生产资料市场),也包括生产要素市场(资本市场、劳动力市场、技术市场和房地产市场等)。

市场机制有效配置资源要以完全市场为基础。完全市场的标准就是经典阿罗-德布鲁模型假设的:对于任何商品,在任何时间、任何地点、任何自然状态下(任何风险状态)都处于完全竞争的市场中,大量的追逐利润(或价值)最大化的厂商与理性的追逐效用最大化的消费者之间相互影响、相互作用。[①] 概括起来,该模型对完全市场有几个最基本的规定:(1) 各种商品都要进入市场;(2) 各个市场是完全竞争的;(3) 市场主体(厂商和消费者)都是理性地追求最大化。尽管这些标准不可能完全达到,但它毕竟是必须趋向的目标。从我国市场与阿罗-德布鲁模型的差距,可见我国建设市场秩序的参照系。

价值规律之所以能有效作用,其机制就是马克思所揭示的商品交换领域通行的规则。马克思在讽刺劳动力买卖的流通领域时指出:"这个领域确实是天赋人权的真正乐园,那里占统治地位的只是自由、平等、所有权和边沁。"[②]现在看来,马克思所总结的这四个规则可以说是自觉利用价值规律的制度安排,也是市场经济制度的规则。

首先是自由。所谓自由是指商品的交换只取决于买者和卖者自己的自由意志。"他们是作为自由的、在法律上平等的人缔结契约的。契约是他们的意志借以得到共同的法律表现的最后后果。"[③]显然,市场经济是建立在自由交换基础上的契约经济。

---

① 斯蒂格里茨.社会主义向何处去,吉林人民出版社,1998:5.
② 参见马克思.资本论:第1卷,北京:人民出版社,1975:199.
③ 参见马克思.资本论:第1卷,北京:人民出版社,1975:199.

其次是平等。所谓平等,是指买卖双方彼此只是作为商品所有者发生关系,“用等价物交换等价物”。[①] 在市场经济条件下,各个经济主体是平等的利益主体,不存在任何人身依附关系,只有等价交换才是各个利益主体所能接受的。基于这种考虑,不仅要求商品的交换贯彻价值规律的要求,还要求政府对各个经济主体的干预都要尊重价值规律的要求,不能采取任何非等价交换的剥夺方式。

第三是所有权。所谓所有权,是指每个人都只支配自己的东西。“他们必须承认对方是所有者。这种具有契约形式的(不管这种契约是不是用法律固定下来的)法权关系,是一种反映着经济关系的意志关系。”[②]显然,所有权是市场经济的前提和根本。没有所有权,也就没有交换,没有分工,也就没有契约形式的法权关系。

第四是私人利益。马克思认为,在市场经济条件下,使各个经济主体连在一起并发生关系的唯一力量。“是他们的利己心,是他们的特殊利益,是他们的私人利益。正因为人人只顾自己,谁也不管别人,所以大家都是在事物的预定的和谐下,或者说,在全能的神的保佑下,完成着互惠互利、共同有益、全体有利的事业。”[③]显然,马克思这里的表述同著名的亚当·斯密的“看不见的手”表述是一致的:每个人都关心自己的利益,在一只看不见的手的指引下,最终实现社会的利益。尽管后来的经济学家发现并不完全如此,因为许多社会的利益并不可能在追求私人利益中实现。但至少需要明确,搞市场经济就必须承认私人利益。

马克思所指出的上述四个规则是就商品交换领域而言的。流通是商品所有者的全部相互关系的总和。马克思对流通领域四个规则的界定实际上是整个市场经济规则的界定。这个界定至今没有过时。后来的西方经济学家对市场经济的各种规定,基本上没有超出马克思界定的范围。

马克思对利润平均化所需要的竞争条件的分析实际上指出了建立市场经济制度的两个必要条件。

第一,资本有更大的活动性,也就是说,更容易从一个部门和一个地点转移到另

---

① 参见马克思.资本论:第1卷,北京:人民出版社,1975:199.

② 参见马克思.资本论:第1卷,北京:人民出版社,1975:102.

③ 参见马克思.资本论:第1卷,北京:人民出版社,1975:199.

一个部门和另一个地点。这个条件的前提是,第一,“社会内部已有完全的商业自由,消除了自然垄断以外的一切垄断”;第二,“信用制度的发展已经把大量分散的可供支配的社会资本集中起来,而不再留在各个资本家手里”;第三,“不同的生产部门都受资本家支配”。①

第二,劳动力能够更迅速地从一个部门和一个地点转移到另一个部门和另一个地点。这个条件的前提是,第一,废除了一切妨碍劳动力劳动的法律;第二,工人对于自己的劳动的内容是无所谓的;第三,“工人抛弃了一切职业的偏见;最后,特别是工人受资本主义生产方式的支配”。②

以上两个方面与竞争相关的制度安排,尽管有一部分内容与资本主义制度本身相关,但从总体上说,是市场经济制度的安排。资本的自由流动,劳动力的自由流动是市场经济制度的基本要求,也是贯彻价值规律要求的基本制度。因而可以成为我国现阶段建立市场秩序的指导思想。

## 三、市场经济的有组织性和规则

在一些人的观念中,市场经济是竞争性经济,实行市场经济就是放开竞争,企业间只有竞争,没有合作。我国在转向市场经济后出现的许多无序竞争状况就同这种对市场经济的认识相关。现实中出现的严重的无序竞争、过度竞争、恶性竞争,造成了过高的竞争费用。我国市场化改革已经进行了20多年,竞争局面已经形成。按理说,企业的经济效益应该有明显提高。可是现实中,企业特别是国有企业的经济效益不但没有提高,还有下滑的趋势。仔细分析便可发现,竞争对企业提高生产效率确实起到了明显的促进作用,企业的生产成本确实已大大降低。问题是,在企业间竞争加剧的情况下,企业的竞争费用大大膨胀。膨胀起来的竞争费用严重地侵蚀企业的效益。在这种情况下,人们不免要提出一个问题:竞争费用这么高,竞争是否还值得?

① 参见马克思.资本论:第3卷,北京:人民出版社,1975:219.

② 参见马克思.资本论:第3卷,北京:人民出版社,1975:219.

## 1. 竞争和合作的兼容

根据效率目标，经济分析的基本方法是费用和效用的比较。竞争作为提高效率的手段，本身也有费用，因此，对竞争也要作费用和效用的分析。如果竞争费用过高，高于竞争所产生的效率，这种竞争就是划不来的。在市场经济中，客观存在着降低竞争费用的机制，这就是合作。竞争与合作相配合，便可降低竞争费用，从而放大竞争的效用。可惜的是，我国在转向市场经济时，对合作没有给予足够的重视。

其实，市场经济理论即使是古典的市场经济理论，从来没有认为市场经济是仅仅只有竞争的无组织经济。古典学派代表人物亚当·斯密所描述的市场这只看不见的手所起的作用就是在起组织和协调作用。具体地说，市场调节面对的是各个追求自身利益的竞争者，市场调节的功能是对各个竞争者的活动进行协调，从而在各个竞争者之间建立起一定的合作关系，达到资源在各个竞争者之间最佳配置的目标。显然，市场经济是竞争和合作相兼容的经济。就如西方新自由主义代表人物、诺贝尔经济学奖获得者弗里德曼在说明价格制度这只看不见的手的作用时所说的，“价格制度使人们在它们生活的某个方面和平地合作，而每个人在所有其他方面则是各行其是”。[①] 他还指出了市场解决组织和合作问题的机制：市场制度为什么能把追求各自目标的个人自由同经济领域里生产我们的衣、食、住所必需的广泛合作结合起来？原因是，在市场制度中，卖者和买者之间的交易是自愿的，交易的双方都能得到好处。在这种市场上出现的价格能够协调千百万人的活动。人们各自谋求自身利益，却能使每一个人都得益。这就可以解释，为什么一个“只盘算他自己的得益”的个人“受一只看不见的手指引，去达到一个同他的盘算不相干的目的”。因此，我们今天所讲的市场经济体制建设，绝不能仅仅强调放开竞争的一面，还必须加强市场协调机制的建设，建立起竞争和合作相兼容的关系。

在现代经济中，由于信息和网络技术进入经济生活，市场经济理论有了进一步的发展。信息技术对系统有很强的依赖性：兼容和资源共享。如果出售的组件与系统不兼容就无法进入市场。得不到共享资源就不能得到规模效益。这样，市场参与者

---

① 弗里德曼. 自由选择，商务印书馆，1982：18.

与其说关注竞争对手,不如说更为关注合作伙伴。为了进入市场,就要重视其产品在技术标准方面与其他合作者的兼容性,为了得到规模效益,就要重视资源共享,既要共享别人的资源,又要使自己的资源让别人共享。

### 2. 市场经济的计划性

长期以来,在人们的观念中,市场经济是无组织无计划的经济,不可能实现国民经济的计划性。马克思和恩格斯当年批评资本主义时就指出了当时的市场经济的无政府状态。毋庸置疑,在亚当·斯密时代、在马克思时代,市场机制是资源配置的唯一调节者,经济活动的主体是成千上万个原子型企业。在这种市场经济中试图实现全社会的计划性是不可能的。

亚当·斯密以后,市场经济又发展了100多年。市场经济在遇到一次次危机的打击以后也在不断地调整和完善自己,逐步克服自己的无计划性的缺陷。其突破性进展主要有三个。一是在19世纪末20世纪初资本主义发展到帝国主义阶段,出现了大规模的生产集中和垄断。二是在20世纪30年代大危机后,在经济学领域出现了凯恩斯革命。在凯恩斯理论的指导下,政府开始干预经济活动。其目标就是解决宏观范围的均衡问题。三是在二次大战以后出现的科学技术革命推动了信息技术的发展,从而为市场经济活动的计划性提供了信息手段。

诺贝尔经济学奖获得者希克斯1977年在他的《经济学展望》一书的序言中指出了现代市场经济同瓦尔拉斯和马歇尔描述的市场经济有明显区别,主要体现在两个方面。(1)市场不再是“原子型市场”。由于生产的集中和资本的集中,垄断性企业控制了市场,垄断企业内部的计划性会带动它所控制的市场的计划性。(2)没有组织的市场已经被有组织的市场代替。在希克斯的分析框架中,市场是否有组织,可以从价格体系上反映出来。现实中存在两种价格体系。一种是传统的“弹性价格”市场,在这种市场里,价格仍然决定于供给关系。另一种是“固定价格”市场,价格由生产者决定。由于垄断力量的强大,现代市场经济中固定价格市场所起的作用越来越大,市场的组织性也表现得越来越强。

根据希克斯的分析,现代的市场经济已不是人们所认为的无组织状态的经济,不是以分散的众多的个体经营者为主体的经济,而是有组织的经济,这种组织性主要体现在发展到相当规模的企业的组织性和在某个部门占主导地位的少数几个企业内部的计划性。在有组织的市场经济中，价格也不是随意波动的。这同样也意味着，在克服市场无政府状态方面的制度安排有两种选择。一种就是通常所讲的政府计划替代市场，一种就是以大型的企业集团替代分散的小企业。我们过去实行的计划经济就是选择了政府计划对市场的替代，国民经济的计划性通过国家向企业下达指令性计划来实现，这种指令性计划排斥市场机制。实践证明，当微观基础还是成千上万个中小企业为主体的企业结构时，包罗万象的计划是难以贯彻的，计划协调成本会大到不如不计划，这也是我国放弃计划经济转向市场经济的重要原因。由计划经济转向市场经济不等于放弃国民经济有计划发展的要求。但是需要调整实现国民经济计划性的机制。适应市场经济的运行，国民经济计划性的基础要由下而上建设，也就是改变原子型市场的现状：一方面发展达到规模经济的企业集团，以企业集团内部的计划性及其对中小企业的影响实现经济的计划性；另一方面政府通过调节市场的途径来实现计划性。

市场经济的计划性和有组织性同政府介入市场经济活动相关。古典的和新古典的市场经济理论强调市场的自动调节，排斥政府干预经济。20 世纪 30 年代大危机表明了这样一个现实：市场不能达到有关充分就业、经济稳定和公平分配的目标。由凯恩斯革命产生的宏观经济学提出的政府干预经济的理论，开始了通过政府介入经济活动实现市场经济计划性和有组织性的理论和实践。

在现代市场经济理论中，政府介入经济活动是同对市场失灵的认识相关的。西方福利经济学的一个重要贡献在于，明确了市场有效作用的领域和市场不能有效作用的领域。在市场有效作用的领域应该成分发挥市场这只看不见的手的作用，而在市场不能有效作用的领域即市场失灵的地方，政府必须发挥作用。在这里政府的作用是对市场失灵的反应。政府的作用领域主要包括以下几个方面。(1) 调节收入分配，在它们的理论框架中，政府至多在收入分配领域中起作用，通过收入的再分配，在一定程度上克服由市场制度造成的收入分配悬殊问题。(2) 提供市场制度不能提供的公共产品，如国防、治安、教育等。政府以社会管理者的身份组织和实现公共产品的供给，并对其使用进行监管。(3) 通过法律等途径克服市场制度可能产生的外部性问题,如环境污染。具体地说,通过国家税收、补贴政策或行政管制(如特定的排污标准及征收污染费以及在公共场所不准吸烟等规定)使外部效应内在化,防止外部性对社会福利造成的损害。(4) 稳定宏观经济和维持健康的经济增长。(5) 政府通过制定反垄断法或反托拉斯法、价格管制、控制垄断程度等措施对市场主体的竞争予以适当的引导,消除垄断带来的低效率。

明确现代市场经济具有一定的组织性和计划性,对我们今天的市场秩序建设极为重要。由计划经济体制转向市场经济体制,绝不是要放弃整个经济的计划性。当然,市场经济不是自然具有计划性。市场经济运行的有组织和计划性需要有必要的机制保证。

## 四、不完全竞争市场上的有效竞争

人们在说明市场经济的特征时通常推崇自由企业制度和市场这只看不见的手的作用。在国内有关的文献中甚至将形成自由企业制度和由看不见的手调节经济看作是建立市场经济体制的标准。现在需要研究,在现代市场经济理论中是如何看待市场这只看不见的手的。

### 1. 完全竞争市场的假说

古典经济学家把市场经济描述为“看不见的手”调节的经济。其调节目标是帕累托在 19 世纪阐述的最优状态:社会中没有一个人能转入他所愿意的境地而不使他人转入不那么愿意的境地。换句话说,如果有可能使一个人生活得更好一些,而不致使另一个人生活得更坏一些,这种状况就不是帕累托最优状态。在古典经济学家看来,帕累托最优状态是市场自我调节实现资源最佳配置的结果。概括起来,古典经济学所描述的市场经济是,实行自由企业制度,市场供求由市场这只看不见的手来调节并达到均衡,实现社会利益最大化,从而实现帕累托最优。

看不见的手的市场经济理论经过后来的各个学派的阐述和推广,便产生了市场机制自我调节的神话。(1) 产品的生产同时也提供了产品的购买手段,即供给创造需求,市场经济不会发生总需求不足的经济危机。(2) 市场经济有趋于充分就业均衡的自然倾向。当经济一旦处于不均衡时,市场经济的各种机制会使它恢复均衡。(3) 利息率能调节储蓄和投资,使之均衡。工资能调节劳动力市场的供求,使之均衡。在这种自然和谐的均衡中,除了对货币供给实行管制外,政府不应干预资源的配置和商品价格的决定。

在 20 世纪 30 年代以前,许多市场经济国家都曾恪守自由竞争、自动调节、自由放任三大经济原则。20 世纪 30 年代发生的席卷资本主义世界的大危机,打破了市场经济的神话。从凯恩斯开始,西方各个学派对市场经济的批评没有停止过。

针对市场自动均衡供求的机制,现代经济学各派争论的焦点就在于,是否存在完全竞争的市场? 如果不存在这种市场,能否创造完全竞争的市场,以实现市场这只看不见的手的功能。如果创造不出完全竞争的市场,需要寻求何种制度安排来弥补市场制度的不足。在我国转向市场经济时,有许多学者寄希望于建立一个充分竞争的环境。原因是现实经济中的许多不经济问题可以借助充分的竞争来解决。市场经济理论的演化表明,竞争的完全性是一个难于达到的极点。

根据西方学者的分析,完全竞争的市场是一种抽象,市场经济的自动调节功能是以这种抽象假定为前提的。与这种假定相适应的市场结构具有下述特征:存在着许多厂商,每一个厂商都不具有任何市场支配力;每一个厂商都把价格作为既定的因素,并且面临着对他的产品完全具有弹性的需求。简而言之,完全竞争市场是厂商不能控制价格的市场。而在现实中,这种完全竞争的市场是不存在的。特别是随着资本主义自由竞争阶段向垄断阶段的发展,托拉斯、卡特尔等大的垄断组织相继出现,使得建立在完全竞争基础上的市场经济理论不能与现实情况相符。在这种情况下,产生了不完全竞争理论。

### 2. 现实的市场是不完全竞争市场

现代经济学主要从两个方面来说明不完全竞争市场。一是政府对市场的干预,二是市场出现垄断。

存在垄断是竞争不完全的重要方面,根据萨缪尔森的分析,市场调节的效率主要依赖于两个机制:一是生产什么东西取决于消费者的货币选票,二是如何生产取决于不同生产者之间的竞争,竞争会使最便宜的生产方法代替费用较高的生产方法。现实中信息不完全导致这两个机制不完全:一方面生产者并不知道消费者的偏好在什么时候发生变化,另一方面许多生产者根本不知道其他生产者所使用的方法,从而成本不会降低到最低点。因此可能使少数首先了解消费者偏好变化或者首先采用新技术的生产者取得市场垄断地位。

而且,垄断在许多方面是不可避免的。例如,企业的巨大规模可以形成垄断,而造成巨大规模的因素可能是大规模生产所固有的东西。商标、专利和广告经常构成不完全竞争的市场的其他原因。

这样,与完全竞争市场相对应,不完全竞争市场指的是个别或少数厂商的市场占有份额达到控制市场程度的市场。这种市场可以说是现实市场的常态。现代经济学分析了不完全竞争市场的三种形态:完全垄断、寡头市场和垄断竞争市场。这三种形态的垄断在不同程度上限制了竞争,居垄断地位的厂商在不同程度上具有对市场的支配力。所有成功的厂商具有一个共同的特点:他们运用市场支配力,即,在不损失对他们产品全部需求的条件下提高价格的能力。一个厂商为了运用控制其产品价格的能力,必须限制竞争。在竞争受到限制、价格可能被少数厂商控制的市场上,市场调节实现有效配置资源的功能必然受到限制。因而,在完全竞争条件下假设的厂商完全受市场支配的原理在这里不完全适用。

萨缪尔森讲:“只有当完全竞争的平衡和抑制作用存在时,所声称的自由企业制度的优点才能完全实现。”[①]现实中不存在完全竞争,在完全竞争场合所说的市场自动均衡市场供求的作用就是不完全的。“一旦抛弃了完全竞争,那个推断自由放任的作用很可能导致以最有效率的方式来满足需要的看不见的手的原理就不复存在。”[②]这表明,竞争的制度是组织经济社会的一种办法,但是它并不是唯一的办法。这意味着,需要在竞争以外寻求新的制度安排(如市场规则)来使市场达到有效配置资源的目标。

---

① 萨缪尔森.经济学(上),商务印书馆 1979:62.

② 萨缪尔森.经济学(上),商务印书馆,1979:190.

### 3. 创造有效竞争市场

完全竞争是可望而不可即的极点,我们能够逐步接近于完全,但永远不能达到它。就如萨缪尔森所说的,利用人为的法律来创造完全竞争是不可能的。问题的解决在于维持发生作用的"有效竞争"。[①] 在不完全竞争条件下维持有效竞争实际是要维持竞争在配置资源方面的有效性。现在需要明确所谓的"有效竞争"包含哪些基本要求。

首先,相对于原来抑制竞争的计划经济体制来说,创造充分竞争的环境是必要的。没有竞争便没有市场经济。即便我们已经明确完全竞争是难以达到的,也不能放弃创造充分竞争环境的努力,特别是对我国过去长期存在压抑竞争的体制来说,尤为必要。根据现代市场经济理论,创造充分竞争环境需要一定的制度安排,其中包括:(1) 把自由进入某一行业的障碍限制在最低限度,由此强化的竞争有助于压低寡头的价格;(2) 政府严格执行反托拉斯政策,对于旨在规定垄断高价和控制供给的相互勾结的行动毫不宽容;(3) 在某些没有必要垄断的行业,大厂商应被拆散为许多小单位,这主要是指在某些完全垄断的行业应尽可能创造竞争,完全垄断的行业应该严格限制在"自然垄断"行业,非自然垄断行业形成的完全垄断应该打破,就像美国当年打破电话电报行业独家垄断,形成多家公司经营电话电报业务那样。就我国当前来说,需要破除政府对竞争的行政限制,地方政府和主管部门对本地区、本部门市场的保护和对落后企业的保护,政府只给某些地区某些企业提供的特殊优惠政策等是造成竞争不充分不公平的主要原因。只有破除这些竞争的行政性限制才能产生有效竞争的环境。

其次,不完全竞争并非完全是坏事。在传统的经济理论中,垄断是同腐朽、停滞、垂死联系在一起的。按此理论,企业间的联合、资本的集中常常要以不形成垄断为限度。这就成为通过资本集中的途径以降低竞争费用的阻力。实际情况是,由分散的生产走向生产的大规模集中,甚至出现寡头垄断的市场,本身是市场经济发展的结果。现代市场经济是不可能建立在分散的原子型企业基础上的。在垄断竞争市场上,许多生产者为创造自己在市场上的垄断优势而根据消费者的不同偏好提供差别

---

① 萨缪尔森. 经济学,商务印书馆,1979:70.

性产品,这本身也是竞争的产物。社会也可由此而得到利益。相互竞争的企业在达到势均力敌的境地,为避免两败俱伤,必然要主动地寻求相互合作:或者签订某种分配市场的合约,或者联合为一个企业,由此在一定范围形成的垄断会减轻各自的竞争费用,节约社会资源。这也体现资源配置的效率。从这一意义上说,在肯定市场的自我调节功能时不能一般地反对垄断,更不能为了追求市场的自我调节而退回到古典的完全竞争状态。

第三,在现代市场经济中,对市场垄断的分析已从结构转向行为,也就是不在市场结构上一般地反对企业之间合并形成的垄断,但坚决反对利用垄断地位采取的垄断行为。美国容许波音公司与麦道公司之类的大公司合并,但要依据反垄断法对微软公司的搭售行为进行起诉,就是明显的例子。在现代市场经济中不一般的反对企业之间的联合和达到控制市场的垄断地位。其主要说明因素是市场规模。过去有一种理论:在一个地区、一个市场上某一种产品只有一、二家公司就是垄断,这种垄断就要打破。现在的问题是市场范围扩大了,某一、二家公司面对的不是本地(本国)而是面对全国乃至世界的市场。[①] 至于达到垄断地位的企业所采取的谋取高额垄断利润和合谋之类的垄断行为,如垄断高价、合谋、搭售、操纵市场等则是要坚决反对的。这种行为同市场机制的调节方向是明显向背的。

现实中的卖方市场和买方市场都在一定程度上反映垄断。卖方市场是卖方为主导的市场,这种市场是短缺的市场。由于短缺,产品是"皇帝的女儿不怕嫁"。面对卖方的垄断,消费者的需要得不到充分的满足。买方市场是买方为主导的市场,是"消费者为皇帝"的市场。这种市场是供过于求的市场。面对买方的垄断,生产者面临着严重的产品实现问题。从效益方面考虑,显然应该选择买方市场而不是卖方市场。在买方市场上,买方对卖方的竞争是不完全的,但是只要卖方之间存在着充分的竞争,就能较好地解决资源配置的效率。当然买方市场的强度必须有所控制。

面对客观存在的垄断等不完全竞争状态,需要有竞争制度以外的制度安排来解

---

① "竞争是受市场规模限制的,当市场规模发生变化时,竞争的效果也发生变化。……当美国市场的规模只能容纳三大厂商(指汽车公司)时,世界市场的规模则可以容纳许多个厂商。"(斯蒂格里茨:《社会主义向何处去》第25页吉林人民出版社1998)

决不完全竞争状态下的资源配置问题。但是所有的制度安排,无论是政府的调节还是国家的反垄断措施,目标都是要加强市场的调节作用。就如萨缪尔森所说:"政府的调节和国家的反托拉斯法是混合经济制度用以提高价格制度的作用的主要武器。"①

## 五、市场失灵的制度经济学分析

市场经济理论范式的变化突出反映在对市场失效的理论分析上。斯蒂格里茨区分了两种理论范式的市场失效。"原始的市场失效是与诸如公共物品、污染的外部性等因素相联系的。"因此,"原始的市场失效在很大程度上是容易确定的,其范围也容易控制,它需要明确的政府干预"。而现代理论范式的市场秩序"是以不完全信息、信息的有偿性以及不完备的市场为基础的"。②

### 1. 市场失效的不完全信息说明

在现实经济中,不论是成熟的市场经济国家,还是转型中的市场经济国家,都出现了许多由于缺乏规则所导致的市场秩序的混乱,例如在银行体系中由于过度竞争而集聚了高风险,在资本市场中出现的安然、世通事件威胁到整个资本市场的稳定。这些现象在新古典范式的框架内是无法解释也无力解决的。这就促使许多经济学家跳出这一框架,转而质疑新古典经济学所推崇的"竞争范式"的权威性。其中,以信息经济学为代表的新制度经济学家所提出的批评最为有力。他们认为,标准的"竞争范式"在三个问题上出现了偏差。第一,它假定行为偏好的变化是完全可观察的。第二,决策在标准模型中不起作用。第三,履行契约是无成本的。③

完全竞争市场假设最为关键的是完全信息假设。一方面,由于信息是完全并且对称的,经济行为人获取信息的成本为零,也不存在对他们有效获取和使用信息的激励,所以,在新古典范式中不存在激励问题;另一方面,既然信息充分,也就不会在市

---

① 萨缪尔森.经济学中,商务印书馆,1979:199.

② 斯蒂格里茨.社会主义向何处去,吉林人民出版社,1998:48.

③ 斯蒂格利茨.社会主义向何处去,吉林人民出版社,1998.

场交易或者投资中产生风险和不确定性。从这两个结论出发,自然而然可以认为在完全竞争市场模型中,决策者和决策结构是不能发挥任何作用的。一旦按照信息经济学的观点承认信息的不完全和不对称,那么传统的新古典模型必然要面对如何决策和谁来决策的基本问题。要解决这个问题,不仅涉及经济行为人获取信息和博弈行为,而且也关系到制度安排和变迁,以及由此产生的产权、合约等激励问题。

现实中的市场是信息不完全市场。概括阿罗等人的分析,信息不完全有以下原因。(1) 由于未来状况的不确定,市场在转移风险负担方面是失效的。(2) 价格信息是不完全的,实际经济行为部分地由非价格变量支配。(3) 信息不对称,新古典市场经济理论的竞争模型假定信息是均匀分布的:市场交易的各方对市场的了解具有完全的信息,交易双方都了解所交易的商品的特性,了解商品的市场供求状况,因而同等地接收由价格传递的市场信号。信息经济学的研究却发现信息具有不均匀分布的特征。交易双方对所交易的商品的了解程度,对同一市场的了解程度是不一样的。利益关系又阻碍信息披露。这样,占有优势的一方总是能获得更多的信息。信息的不完全,加大了市场调节的成本,这就是诺斯总结的:“生产调整过程取决于信息费用。市场越不发达,信息传播技术越原始,调整过程就越长。”①

信息不完全产生的市场失灵有如下解释。首先,由于获取信息的成本不是固定的,保证竞争性均衡和帕累托效率存在的凸性和连续性假设不再成立。Rothschild 和 Stiglitz(1976)表明,在具备不完备信息(即使是少量)的竞争性市场下,均衡常常不存在,市场无法出清,常规的竞争性分析下的单一价格均衡已不再适用。进一步地说,价格不仅仅决定商品数量,而且也影响商品“质量”,所以,形成的均衡能够以需求不等于供给为特征。② 其次,在不完备信息条件下,市场可能是不活跃的或者缺失的(Akerlof,1970),例如二手车市场上销售者掌握的有关销售对象的性能的信息比买者更多。当市场所有的信息没有被交易各方所了解时,资源的配置不一定是有效的。因此,斯蒂格利茨总结到,在标准范式中,除非发生了市场失灵,否则市场就是帕累托

---

① 诺思.经济史中的结构与变迁,上海三联书店,1994:9.

② 斯蒂格利茨:信息经济学与范式变革,《比较》.2003(4),中信出版社.

有效的。而在不完备信息范式中,市场几乎从来就不是帕累托有效的。

在信息不完备情况下的市场失灵还表现为经济行为人的“机会主义”行为。不完全信息的存在使各经济行为人在认识市场环境状态上存在着差距,并导致每个经济行为人所进行的市场活动及其结果无法及时得到有效传递。例如,在完全信息条件下,价格是由供给与需求的总体水平共同决定的,任何生产商擅自提价都会付出失去全部客户的代价。但在不完全信息条件下,由于客户总是在不完全信息条件下决定其购买行为,这使得价格的波动不会使企业失去全部的客户,某一特定的商品价格可能高于或低于市场定价。但是,由于价格不能灵敏地反映市场的供求状况,市场供求状况不能灵敏地随着价格的指导而发生变化,于是传统经济理论中反映市场一切信息的价格机制出现了失灵。市场中“看不见的手”因此失去作用。

在信息不对称基础上产生的机会主义行为有两种:一是产生在契约签订前的逆向选择,二是产生在契约签订后的道德风险。

逆向选择问题来自买者和卖者有关交易商品的质量信息不对称,Akerlof(1970)在关于这一问题的开创性的论文中分析到,在旧车市场,卖者知道车的真实质量,而买者不知道。车的质量有好有坏,尽管买者不能确切判断车的质量,但他知道车的平均质量,愿出中等价格。这样一来,高质量的车就会退出市场。由于上等车退出市场,买者会继续降低估价,次上等车又退出市场,最后结果是市场上成了破烂车的展览馆。由于卖者“隐藏信息”导致了市场中的“劣币驱逐良币”。

道德风险问题则源于保险市场。保险公司与投保人签订合约时无法知道投保人的真实情况和行为。一旦投保人保险后,他们往往不像投保前那样仔细看管家中的财产了。正是因为保险公司无法观察到人们投保后的防灾行为(隐藏行为),面临着人们松懈责任甚至可能采取“不道德”行为而引致损失。进一步,这些观点被拓展应用于解释劳动力市场和资本市场的失灵。

机会主义行为的直接后果是降低市场效率。一方面,它提高了交易成本,使得市场交易无法进行,甚至导致市场毁灭。例如在保险市场上,由于无法识别自行车被盗的真实原因,或者自行车失窃普遍,保险公司的最优选择就是放弃这一保险市场,这对投保人和保险公司来说都意味着福利的损失。另一方面,机会主义行为也导致了

"逆向激励",这种情况在金融市场上最为常见,经营状况好、交税多、股东回报多的银行往往并未受到正面鼓励,一旦有补充资本金、剥离不良资产等政策时,往往优先考虑的是困难最大的金融机构。用来保护存款人的存款保险机制不能激励经营稳健、控制风险的银行,反而鼓励银行进行高风险的扩张。长此以往,市场机制就无法发挥资源配置的功能,从而无法实现帕累托最优。

### 2. 克服交易成本的制度安排

在说明由竞争范式向制度范式转变时必须注意到交易成本理论的贡献。传统的市场经济理论把人们在市场上的交易过程归结为单纯的市场机制的操作,市场的运行被假定为无成本的过程,收集市场信息和通过市场配置资源均是无成本的。人们在市场调节下的调整也是无摩擦的,因此,市场这只看不见的手协调和组织经济是无成本的。所有的变化都可以通过市场的完全运行来实现。现代经济学的一大进展是发现现实的交易始终是有成本的,原因是人们在交易过程中投入了时间,精力和资源。诺贝尔经济学奖得主科斯依据市场经济运行的实践发现,交易成本是实行市场制度所必然产生的成本,原因是在市场制度下,任何一项经济交易的达成,都需要进行合约的议定、讨价还价、对合约的执行和监督,要取得生产者和消费者的生产和需求的信息,等等。科斯在 1960 年发表的著名论文中曾这样描述交易成本:"为了进行市场交易,有必要发现谁希望进行交易,有必要告诉人们交易的愿望和交易的方式,以及通过讨价还价的谈判缔结契约,督促契约条款的严格履行,等等。这些工作常常是成本很高的。"①从中可以看出,交易过程中存在三种不同的连续阶段,与之相对应也存在三种不同的费用,即寻找交易伙伴的费用、协商和决策的费用、监督与执行的费用。后来,信息经济学产生后,人们就用信息费用来说明交易费用,即把上述交易过程中的这三种费用简化为信息费用,是在交易过程中由于缺乏信息而造成的资源损失。因此,交易成本包括寻找市场、寻找真实价格的信息成本、谈判成本、签约成本和监督合约执行的成本。这种实行市场制度的成本,不可能靠市场本身来降低。在交易成本为正时,需要进行某种制度安排。

---

① 科斯:"社会成本问题",《财产权利与制度变迁》,上海三联书店,1991:20.

很显然,在许多场合,市场失灵并不是竞争不充分造成的,而是由于在信息不完全的条件下,竞争本身就是不完全的,市场交易是有成本的。所以,不能用传统的那种“竞争导向”的政府干预措施纠正市场失灵和市场秩序混乱,而需要引入一系列的制度安排。在这个基础上就产生了市场经济的“制度范式”。

交易成本本来是指市场交易的成本。这是实行市场制度所固有的成本。将交易成本理论进一步推广,交易成本就是实行一种制度安排的成本,由此便产生比较制度成本(费用)问题。比较制度费用是选择制度的重要依据。交易成本同样也客观地规定了各种制度性调整和变化的限度。制度性调整有多种形式,如:企业代替市场,政府管理,法律调整等。采用哪种制度方式,都要考虑该种制度运作的成本。就如科斯所说:“一旦考虑到进行市场交易的成本,那么显然只有这种调整后的产值增长多于它所带来的成本时权利的调整才能进行。”如果从企业代替市场的角度规定,只要企业的行政成本低于其所替代的市场交易的成本,企业活动的调整所获的收益多于企业的组织成本,人们就会采用企业代替市场的方式。但是,如果企业的行政成本很高,高到无法在单个企业范围内解决问题,一种替代的方法就是政府的直接管制。它通过行政决定影响生产要素的使用。当然这是在政府有能力以低于私人组织的成本来进行活动的情况下。因此,在进行社会主义市场经济体制的建设中,必须进行比较制度成本的分析。以最低的制度成本对企业、政府、市场等方面的制度做出选择。

市场经济理论的制度范式还指出了政府失灵。以布坎南为代表的公共选择理论则发现,政府干预经济活动也会失灵,政府介入公共产品的分配会出现“寻租”行为,出现官僚主义行为,出现腐败,从而影响政府干预经济活动的效果。其中最典型的是“寻租”行为。寻租即利用权力寻求“租金”。企业为了从政府那里获得许可证之类的批件和有利于自己的政策,就得向政府有关部门缴租,这不但导致政府腐败,同时也是资源的浪费。

通常,在对资源配置的制度选择上,人们总是在市场和政府之间进行选择。新制度经济学却发现:上述问题,靠市场无法解决,靠政府也无法解决,可行的途径只能是在市场和政府以外进行制度创新。当然,这种制度创新不是抛弃市场经济制度,而是在市场经济的框架内进行制度创新。

# 以制度建设规范市场秩序[①]

## 前　言

在我国,市场经济不仅需要充分发展,还需要有效驾驭。如何驾驭市场经济,不是靠哪个人,也不是靠哪个机构,而是靠制度和秩序。研究制度和秩序要考虑到我国目前所处的经济转型阶段的特点。现阶段的市场秩序涉及两方面问题。一是针对现阶段由于经济转型没有到位,以及各个方面制度不完善所产生的市场秩序混乱问题,研究整顿和规范市场秩序的规则和制度安排。二是依据经济转型目标,研究市场制度建设的各个方面,自觉地建立起有效的驾驭市场经济的制度和秩序。

现有的关于市场秩序的研究基本上是针对现阶段的市场秩序的混乱而进行研究的。但是,如果把市场秩序建设与经济转型结合起来研究,可以发现,研究市场秩序更为重要的任务是从建立现代市场经济的目标来规定现代市场秩序的规范和规则。这样,建立现代市场秩序就成为现代市场经济建设的重要方面。

在经济转型阶段,市场经济体制不会与打破计划经济体制同时产生,新的规范的市场经济秩序有个建设过程。市场秩序建设针对市场秩序混乱的体制问题而提出,归纳起来涉及以下方面。

首先,要素市场建设滞后。一是资本市场还很不完善。企业的产权处置缺少完善的资本市场支持。特别是中小企业的发展缺乏金融支持。二是经营者市场不完善,缺乏经营者的竞争,也缺乏对经营者的市场评价、选择和监督机制。三是劳动力

---

① 本文原载于《经济理论与经济管理》2005 年第 1 期。

市场不完善和社会保障制度改革滞后。针对现阶段市场体系不完善的问题,市场建设需要突出发展产权、土地、劳动力和技术等市场。创造各类市场主体平等使用生产要素的环境。

其次,维持市场秩序和信用的市场规则和信用制度不完全。由此产生商品和服务市场的假冒伪劣,信贷市场的欠债不还,资本市场的幕后交易。归结起来是竞争缺乏规范,信用缺失。因此,市场建设的主要内容是规范市场秩序,健全现代市场经济的社会信用体系。

第三,与市场经济不发育相适应,统一的市场体系还没有建立起来,区域之间存在市场分割,某些市场存在行业垄断,这种行业垄断不只是自然垄断,还有非自然的行政垄断。行业垄断和地区封锁,阻碍商品和生产要素在部门和地区间的自由流动。因此,市场秩序建设提出了建立统一规范竞争有序的市场的要求。

第四,经济转型阶段不只存在市场秩序混乱问题,还存在转型成本,其中包括:一是在转型阶段,两种体制并存,市场又不完善,法制不健全,会使腐败问题比其他阶段更为严重。腐败会加剧市场秩序混乱。二是贫富差距拉大,社会保障体系不完善,可能导致社会的不稳定,同样也会成为市场秩序混乱的一个重要原因。

市场秩序如何形成,是自然形成还是自觉建立?从亚当·斯密开始一直到哈耶克都是信奉自然秩序。其基本思想是,充分竞争的结果自然形成一种秩序。与此相应,建立市场秩序的基本途径是促进竞争。只要竞争是充分的,市场秩序就自然形成。现代制度理论强调的是自觉形成秩序论。即所谓的有秩序的竞争。其依据是,市场秩序不完全是自我调节自我实现的。秩序不是自发形成的,需要自觉建立。即自觉建立起某种竞争秩序。

## 一、市场秩序建设目标

概括各个方面的规定,可以将秩序规定为某种规范、规则和相应的遵从。市场秩序也就是市场规范、规则和相应的遵从。

古典的和新古典的市场经济范式界定的市场秩序是竞争形成的秩序。这种竞争秩序的内容在现代有了新的发展。第一,市场经济不是无政府的而是有组织的。第二,完全竞争是可望而不可即的,只能通过法律等途径创造有效竞争。所谓有效竞争是指虽然完全竞争达不到,但市场的竞争程度还是要达到市场机制能有效配置资源的程度。第三,反垄断不是一般的反垄断组织形成,而是反利用垄断地位而采取的各种垄断行为。第四,市场经济是竞争和合作相兼容的经济。归结起来,规范有序的市场竞争秩序包含的内容涉及市场体系的完善性,市场结构的竞争性,市场的公平性,市场的透明度,市场的自由度,市场的开放度,市场的有组织性,信用关系的可靠性,市场调节信号完善和准确性。

现阶段市场秩序混乱主要涉及:商品市场上的假冒伪劣、劣币驱逐良币现象;信贷市场上欠债不还、银行不良贷款居高不下现象;信息市场上盗版侵权现象;资本市场上信息造假、操纵市场现象;各类市场上过度和恶性竞争现象,以及城乡市场分割、地区封锁、行业的行政垄断等阻碍统一市场形成现象;政府干预中的行政寻租和非纯公共产品供给的乱收费现象等。对这些市场秩序混乱现象可以从以下方面做理论说明。

(1) 博弈论说明:市场竞争类似博弈过程。博弈是市场参与者从各自的动机出发相互作用的一种状态。市场秩序的混乱不是偶然发生的,它依存于一定的条件,也就是博弈条件。在现实的市场交易中,参与人选择的有利于自己的策略往往是损害他人利益的。交易者之间的不合作会导致市场秩序的混乱,最终博弈结果是双方都没有获得预期利益,甚至是受到巨大损失。由此,就产生典型的囚犯困境。多次博弈造成学习和模仿。反复多次的市场交易,可能使市场欺骗行为普遍化。使非合作博弈趋向合作博弈的关键是要形成一种市场治理机制,建立市场规范和市场规则,解决好预期和组织。纳什均衡所描述的实现合作博弈状态的条件是,博弈方能达成可强制实施的协议并能向对方发出不可更改的威胁,因此他们能完全按照某种特定的策略行事。在现实中,这种强制性的制度安排就是合同和契约以及违反合同和契约所遭受到的严厉的惩罚。

(2) 信息经济学分析:信息经济学的研究发现,现实中的市场是信息不完全市场。信息具有不均匀分布的特征。交易双方对所交易的商品的了解程度,对同一市场的了解程度是不一样的。利益关系又阻碍信息披露。信息不完全产生的市场失灵是,首先,由于获取信息的成本不是固定的,保证竞争性均衡和帕累托效率存在的凸性和连续性假设不再成立;其次,在不完备信息条件下,市场可能是不活跃的或者缺失的,当市场所有的信息没有被交易各方所了解时,资源的配置不一定是有效的;第三,在信息不完备情况下的市场失灵还表现为经济行为人的"机会主义"行为。机会主义行为有两种:一是产生在契约签订前的逆向选择,二是产生在契约签订后的道德风险。其结果就是阿克洛夫所分析的市场中的"劣币驱逐良币"。

(3) 行为经济学分析:行为经济学提出了市场参与者的认知能力问题。就是说,市场参与者所面对的市场情况超过了他们能以最优方式正确把握已知信息的能力,从而导致行为的失灵。根据诺贝尔经济学奖得主实验经济学家弗农·史密斯的证明,"人类的活动是分散的,并且受到无意识的、自主的、神经心理系统的支配,该系统使人们能够有效地活动,而不总是求助于大脑最稀缺的资源——注意力和推理电路。"在他看来,"如果每一件琐事都详细地经受自我意识的监督和计划。没有人能够过好一整天。"[①]这意味着,市场秩序建设不仅要考虑信息不完全,还要考虑市场参与者认知能力的缺乏。

基于以上分析,市场秩序建设需要达到以下目标。

第一,保护所有权。产权界定和保护是市场交易的前提,任何商品只有在产权界定清楚的情况下才能进行交易,市场价格机制也才能发挥作用,资源也可能获得有效配置。反过来说,市场秩序的任何破坏都可能侵害某一方的产权或产权利益。就像马克思所说,W-G是惊险的跳跃,这个跳跃不成功,摔坏的不是商品,一定是商品所有者。根据马克思的分析,流通领域(市场)是商品所有者关系的总和。现阶段进入市场的所有者,既有公有产权的所有者,也有私有产权的所有者,市场秩序说到底就是建立起以保护所有权(无论是公有产权还是私人产权)为核心的秩序。具体要求有以下三点。首先,明晰产权归属。任何商品只有在产权界定清楚的情况下才能进行交易。与相关企业相互持股从而形成产权组带不失为是一种有效的企业治理结构。

---

① 史密斯.经济学中的建构主义和生态理性,《比较》第33页,中信出版社第11期2004年。

其次,严格的产权保护。产权保护有两个层次,第一个层次是市场的自动保护。在市场交易领域说到底就是建立起以保护所有权为核心的秩序,具体体现就是等价交换。坚持等价交换可以说是保护所有权的市场秩序安排。第二个层次是在市场保护失效时由政府保护。国家(政府)从制度上对经济主体进行产权的界定和保护。最后,顺畅的产权流动。产权流转的基础在企业的产权组织允许产权流动。市场交易不仅包括以商品为载体的产权交易,还包括直接的产权交易。产权的初始界定并不重要,从效率的角度看,重要的是产权通过交易进行重新调整。其结果是产权向出价最高从而效率最高的市场参与者那里集中。

保护所有权必须突出保护知识产权。其原因有两个方面。一方面随着新经济的进展,与物质产权相比,知识产权的重要性越来越大,对技术进步经济社会发展的作用也越来越大;另一方面现阶段市场秩序的混乱很大程度上反映在知识产权市场秩序的混乱,侵权盗版非常猖獗。显然,这些侵犯知识产权的问题特别需要在建设信息产品交易市场秩序中得到解决。

第二,降低交易成本。科斯的重大贡献是,发现市场交易不是没有成本和摩擦的,而是存在交易成本的。这是市场经济所固有的成本。因此,他提出以一定的制度安排来代替市场和降低交易成本问题。这是市场秩序建设的重要内容。对市场经济不发达的发展中国家来说,由于市场的分割、信息流动的障碍、价格、利率的管制等使现实市场中的价格、信息和流动性等严重的背离了“完全”市场的客观要求。市场无论是在结构上还是在功能上都是不完全的:生产要素市场缺乏良好的组织,市场信息既不灵敏也不准确,不能及时正确地反映商品的真实成本。所有这些都可能成为市场秩序混乱的诱因。在这种情况下,以降低交易成本为目标的市场秩序建设所涉及的方面更为广泛,不只是要通过某种制度安排来降低交易成本,还要通过培育市场、建设市场等途径来克服市场秩序混乱所产生的交易成本。

第三,保证公平的市场交易。公平交易即自由和平等的交易。自由交易是指在法律上平等的人缔结契约。平等是指用等价物交换等价物。这种市场交易能够达到双赢。后来的制度经济学所表述的公正和平等的内容实际上也是这个意思。在自然经济中,经济联系的纽带是血缘关系,在计划经济中,经济联系的纽带是国家计划,在市场经济中只有契约才能被各个平等的经济主体所接受因而成为经济联系的纽带。因此市场秩序的建设必须建立一种制度,保证契约的执行,并建立起等价交换的机制,克服市场交易的不平等。现实中出现的假冒伪劣、坑蒙拐骗之类的市场秩序混乱现象,都属于需要整顿和克服的。

第四,实现社会利益。市场秩序不只是要在平等竞争中实现各个参与者的利益,还要实现社会利益。古典的和新古典的理论都假设社会利益存在于追求自身利益的竞争中,因此实现社会利益的市场秩序就归结为充分竞争。现代市场理论则强调许多社会利益,不可能靠追求自身利益来实现,许多社会的公共利益需要各个参与者自觉地承担社会责任来实现。这就提出与社会责任相关的社会规范。市场秩序建设需要一系列的制度安排来推动各个参与者自觉实现社会利益。例如,对于企业可能产生的有害的外部性来说,市场秩序建设就是要使外部性成本由产生者承担(内部化),从而使社会成本和个人成本保持一致。再比如,过度竞争造成过高的竞争费用,损害社会福利,这时的市场秩序建设就不是一味追求竞争,而是要寻求合作,通过合作降低竞争费用,增进社会福利。

## 二、建设有序竞争市场

建设有序竞争市场主要涉及两个方面:一是规范市场竞争秩序,二是完善市场体系。

### 1. 规范竞争秩序

任何游戏都有规则,市场交易也不例外。即使没有正式的人为规则,也有自发形成的规则。目前一些市场秩序混乱的表现正在成为市场交易的自发规则(或者说是潜规则)。其主要症结在于规范市场的自觉的人为规则缺失,致使一些导致市场秩序混乱的潜规则泛滥成灾。因此,市场规则建设更为重要的是自觉的人为规则的建设,同时也希望通过这些人为规则的强化,改变习俗和道德规范,形成自律性的防止市场秩序混乱的自发规则。

提高市场调节效果,降低市场运行成本的重要途径是建立市场规范,也就是建立市场规则。市场经济理论有两种范式。一个是古典的和新古典的范式,一个是新制度范式。前者界定的市场秩序是竞争秩序,市场规则以竞争为中心。就是说市场规则的设计目标是形成充分竞争,让竞争机制充分发挥作用。后者界定的市场秩序是有秩序的竞争,要求通过制度安排对竞争行为进行规范和约束,保证契约的执行,同时降低市场交易的成本。尽管不同的理论范式对市场规则有不同的要求,但两者所提出的市场秩序不是相互排斥的,而是互补的,都可以作为我们所要建立的市场秩序的要求。

规范市场规则的政府本身也应该有规则的约束。政府职能的错位、政府权力的滥用都会引起市场秩序的混乱。因此,政府和市场作用的范围和领域应该有有效边界,一旦超出范围,政府干预和市场机制都会破坏市场的正常秩序。

市场交易的秩序有两个基本的规定。一个是契约,一个是所有权。现代市场经济中的市场秩序应该建立在有效的契约制度和产权制度基础上。市场经济的交易基础是契约交易而非关系交易。向市场经济转变,在微观上就是要实现由关系交易向契约关系交易的转变。契约交易与所有权(产权)是不可分的。

现代经济学的一个重要成果是发现市场信息不完全。既然存在信息不完全,独享信息的一方可能垄断和操纵市场,市场交易就达不到双赢。信息的经济价值也就凸现出来。这样对市场参与者提出支付信息成本获取信息的要求。从社会来讲就需要通过一定的制度安排来强制市场参与者披露信息,由此从社会范围降低信息成本。进一步的问题是,即使信息是完全的,还涉及市场参与者的认知能力缺乏问题,或者说不同的市场参与者存在认知能力的差别,由此产生市场行为的差别。与此相应,市场秩序建设还涉及学习和引导机制的形成。

逆向选择、道德风险、免费搭车、假冒伪劣、欠债不还等都是信息不完全条件下产生的机会主义行为。这些机会主义行为必须通过一系列的制度安排和建设来克服。这也是市场秩序建设的重点。

### 2. 完善市场体系

建设统一开放竞争有序的现代市场体系,是完善社会主义市场经济体制的主要任务。市场体系建设主要包括以下内容。

根据市场交易对象,市场体系包括商品市场(消费品市场和生产资料市场)和生产要素市场(主要包括资本市场、劳动力市场、土地市场、技术和信息市场)。根据市场交易的时间,市场体系包括现货交易市场、期货市场和借贷市场。对于由计划经济转向市场经济来说,更具有特征性意义的是,生产要素进入市场并形成完善的要素市场体系。只有在各种要素进入市场系统才可能有现实的市场经济。

要素市场的发育程度,涉及资本、土地、劳动力、技术等要素的市场化程度。生产要素市场秩序建设需要达到两个方面的发育程度。第一,市场调节资源配置的前提条件是各类生产要素都进入市场系统。不仅如此,各个要素市场的调节及在市场调节下的要素流动必须是协同的,市场秩序的混乱常常表现为各个要素市场调节作用的不协同和要素流动方向的不协同。第二,市场经济在解决为谁生产时,其机制是,各种生产要素所有者所分配到的份额取决于各种生产要素市场上的供求。生产要素市场上的供求调节各种要素的价格。这种机制能够使最稀缺的要素得到最节省而有效的使用,最充裕的要素得到最充分的使用。

完备的市场体系不仅包括现货市场,期货市场也是不可或缺的。期货市场是针对长期投资和未来实现供给的产品建设的。现实中有许多投资的生产周期较长,如钢铁,从投资到生产出钢铁有个相当长的时间,未来的市场状况不确定就带来风险。再如农业生产,农民从播种到收割也有半年多的时间,未来的市场也是不确定的。期货市场的基本功能是,为此类长期投资者和生产者提供锁住风险和分散风险的机制,从而使生产周期或投资周期长的生产和投资得以进行。

完善市场体系的重要方面是完善信息产品交易市场规则。与信息产品生产的成本很高而复制成本很低相关,现实中有许多免费搭车者,他们没有支付任何信息成本而享有信息。例如,假冒名牌和商标,盗版软件、窃取技术发明,等等。由此导致市场竞争机制对推进信息生产和信息产品交易的失灵。创新者(信息生产者)承担了所有的创新成本,但不能从其生产的信息中收益,或者说难以从市场收益中补偿其创新成本。知识信息产品的这种固有性质会导致一种市场失败,使得竞争性的市场体系只能提供较低水平的创新,整个社会在知识生产方面投资不足。面对信息产品交易的市场失败,需要非市场机制的作用,特别是政府的干预。干预方式有三个方面:

(1) 政府提供信息;(2) 对私人信息产品的生产提供补贴;(3) 信息产权的建立和保护。知识产权保护制度的作用是在制度上保障支付了信息成本所获得的相应的收益,从制度上推动技术进步。

### 3. 驾驭虚拟经济

虚拟经济的存在和发展对实体经济的发展有显著的拉动作用,但它作为投机性经济,一旦失去控制会导致泡沫经济之类的宏观风险。这实际上提出了驾驭虚拟经济问题。在现代经济中,驾驭市场经济的能力,在某种意义上说就是指驾驭虚拟经济的能力。驾驭虚拟经济的基本要求是趋利避害,特别要防止出现所谓的"拉美化"转型。所谓"拉美化"转型,就是拉美国家在由实体经济向虚拟经济转型的过程中,放弃了对虚拟经济的主导权;依赖外资银行举债搞建设;放弃高技术制造业,追捧强势国家的股市、汇市和期市。结果因不能驾驭虚拟经济而遭到惨重的失败。由于虚拟经济与泡沫经济只有一步之遥,因此需要加强对虚拟经济的规范,防止因虚拟经济的过度膨胀而出现经济的泡沫化现象。其关键是在虚拟经济与实体经济之间形成合理的投资结构,防止和克服投机过度和泡沫经济。并且创新市场经济制度,使市场具有自动调节虚拟经济规模的功能。

从理论上讲,资本市场要比市场经济体系中的其他市场相对完全得多,因为资本市场集中了更多的买家与卖家,有特定的交易场所和交易设施,交易商品的价格对于任何交易人来说在同一时点不同地点是相同的,交易的方式、费用是统一的,交易的规则是唯一的,而且其中流动的信息比其他任何市场都要全面。但是,我国目前的资本市场还存在严重的秩序混乱问题,其运行效率由此大大降低。突出表现为,资本市场中的利益相关者(包括上市公司、投资者和中介机构)的不合作博弈行为。华尔街资本市场丑闻表明,无论市场经济多么发达和成熟,市场都不能自我调节,既不能自我调节宏观不均衡,也不能自我调节市场上的信用缺失。这就提出资本市场秩序的维护问题。

维护资本市场秩序有自律和他律两个方面。西方一些发达国家的资本市场监管基本上是从自律开始的。直到后来连续出现多次金融与经济危机,表明仅靠证券交易所的自律作用并不能保障资本市场的长期繁荣与稳定,甚至会加大资本市场发生危机的概率。由此使所有曾经完全倚重自律监管的国家,不得不引入他律监管主体。他律与自律各有各的优点,也各有各的缺陷,而且两者都是有度的,对资本市场的监管应该将两者有机结合起来,发挥各自的优势,弥补存在的缺陷,进行合理的分工与配合。这对维护资本市场秩序的有效性有很强的指导意义。

提高维护资本市场秩序效率,既要完善政府监管机制,又要建立与此相应的微观基础,其中包括上市公司、各类中介机构、机构投资者等各个市场参与者通过制度安排,形成各个参与者自觉遵守市场规则的行为。

## 三、建设统一市场

### 1. 完善市场结构

经济学上把市场的竞争性程度归结为市场结构,因而有竞争性市场结构和垄断性市场结构之分。分析我国的市场结构涉及两个方面问题。一是地理概念上的市场结构,即不同区域的市场范围。我国现阶段存在的地区封锁肢解了统一的全国市场。二是在行业概念上的市场结构,即不同行业存在着不同的市场集中度,即市场的垄断程度。

现阶段的市场分割还不是指对统一市场的分割,而是指现有的市场是被条条和块块分割的,没有形成统一市场。我国现阶段在某些行业的行政性垄断同样肢解了统一的全国市场。因此现阶段建设统一开放的全国市场,就是要打破市场的行政性垄断和地区封锁,实现商品和各种生产要素在全国范围自由流动,各个市场主体平等地进入各类市场交易。

从经济形态的发展阶段看,我国是从自然经济直接进入计划经济,又从计划经济向市场经济转型的。因此,严格地说,我国的统一市场一直没有形成。现阶段存在的市场分割还不是指对统一市场的分割,而是指现有的市场是被条条和块块分割的,没有形成统一市场。条条和块块分割市场的实质是政府分割市场的行为。块块即地区封锁,它由地方政府行为所致;条条即行业垄断,其实质是行政垄断。

统一市场可以从多角度做出规定,除了完善的市场体系规定外,还有如下三个方面规定:一是从产品和要素的流动性规定,在统一市场上,市场充分竞争性的特征是指要素自由流动,企业自由流动,产品和服务自由流动;二是从各类市场主体的市场地位规定,统一市场是指各类市场主体平等地进入各类市场并平等地使用生产要素;三是从市场规则规定,各个地区的市场规则统一,各个地区市场按照统一的规则运作。

### 2. 打破行业的行政性垄断

市场秩序的混乱既可能来自过度竞争,也可能来自企业垄断。垄断是竞争的对立物。建立竞争秩序无疑要反垄断。问题是反垄断反什么。企业在取得垄断地位后获得的利润可能是垄断性行为的结果,也可能是垄断性企业所特有的效率和创新的结果。现代经济发展的趋势是市场和资源的集中化,而且市场的范围也在扩大,垄断的定义也就不能限于某个地区和区域市场。显然,准确判定所要反对的垄断行为和所允许的正常性竞争行为是维持市场秩序的关键。

建设有效竞争市场涉及两个方面。一是在过度竞争的市场上需要通过并购等途径,形成一定程度的垄断。在这里不是反垄断形成,而是反垄断行为。二是在完全垄断的市场上需要通过打破政府管制等途径,引入竞争。过度竞争的市场形成集中和垄断的主要形式是寡头垄断市场,全行业垄断市场引入竞争的主要形式也是寡头垄断市场。这类市场可能成为我国今后有效率的市场结构的主要类型。这类市场也将成为市场秩序分析的主要对象。

行业垄断形成有两种情况:一种是自然垄断,一种完全是由政府管制的原因造成的垄断(即行政垄断)。行业的行政垄断是以行政权力为基础的垄断,它的核心是政企不分。针对我国现阶段行业垄断以行政性垄断为主的特点,反垄断首先要破除垄断所赖以依附的行政基础,放松管制本身就是一种良好的反垄断政策。即使是自然垄断行业在维持垄断的同时也需要引入竞争。

### 3. 打破城乡市场分割

建设社会主义新农村需要打破城乡市场分割,建设统一的城乡市场。我国城乡市场分割是在历史上一系列制度安排下形成的。城乡市场分割的主要特征是,城乡市场化发展水平不平衡,工农业产品价格形成机制的分割和城乡要素市场的分割。

统一农产品购销市场的基本目标是保障农民的市场主体地位,从而保障农民合法的交易权益(等价交换)。统一农产品购销市场的制度涉及将现代流通组织成为农产品流通的主体和规范中间商行为。

社会主义新农村建设中的土地问题是个十分重要的问题。我国土地制度特别是土地市场制度的创新和规范的基本要求是,在政府征用农民土地—政府转让土地经营权—土地在市场流通的价值链中,扭转价值链显著向流通市场倾斜,土地的溢价收益更多的偏向流通市场的方向。其关键是规范政府征用土地和转让土地经营权的行为。

在我国现行的体制中,城乡市场分割最为突出的是金融市场的分割,农村难以通过城乡统一的金融市场获取农村发展所需要的先进生产要素。因此,城乡统一市场建设的重要目标是农村的企业和农户能够作为平等的市场主体进入金融市场获取资金,资金能够通过城乡统一的市场顺畅地进入农村。其途径,一是建立农民参加的流通合作组织,二是建立公司加农户的农业产业化组织。

#### 4. 打破地区封锁

面对生产要素在市场调节下的流动,各个区域的地方政府常常利用政府的行政力量进行干预,主要体现在其对本地市场的保护上,由此形成对市场的分割。因此,所谓的市场分割可以明确界定为,地方政府利用行政力量保护本地市场,形成区域间的市场分割。

市场的地区分割有其历史背景。我国发展市场经济的起点是在广大的农村存在着自给自足的自然经济。在自然经济的范围内谈不上市场,因而这里的分割不是分割市场,而是非市场的封闭性分割。现阶段我国保护和分割市场的含义是指由地方政府行为造成的对地区市场的行政壁垒,因此统一区域市场实际上是改革政府的过程,基本思路是打破各个地区市场的行政壁垒。统一市场建设不仅需要改革地方政府,也需要地方政府主动介入。统一市场的前提是统一政策,统一各个地区干预市场的政策。

针对市场的地方分割和保护,地区间建设统一市场的核心是不同地区之间合作和共享。所谓合作,就是要求区域内地方政府之间克服以邻为壑过度竞争的现状,寻求全面合作的路径。所谓共享,就是要求区域内各种经济资源和基础设施实现共享。统一市场建设的主体是企业,强化优胜劣汰的竞争,城市化,政府规制改革都是统一市场的动力。分布在不同地区的同一个供应链上不同环节的企业由竞争关系转向合作关系,是统一市场的强大动力。

从根本上协调区域发展的基本途径是建设覆盖全国的统一市场。统一市场虽然不可能一下子消除区域差距,但它可以在打破地区封锁和市场分割基础上实现要素和产品的无行政障碍的流动。我国幅员广阔,统一市场不可能一下子全面形成。统一市场的形成是渐进的、局部推进的。首先在区域内形成共同市场,在此基础上各个区域市场层层扩张,相互渗透和辐射,最终形成覆盖全国的统一市场。

### 5. 国内市场和国际市场的对接

我国国内市场正日益融入国际市场体系。随着两个市场统一速度的加快,两个市场的摩擦也在加剧。其中,反倾销、技术标准、外汇领域等正成为企业进入国外市场摩擦的焦点。我国市场与国外市场的摩擦日益频繁。近年来,国内市场国际化也产生了与 WTO 规则的摩擦。所有这些市场摩擦增多的原因,并不是因为我国加入 WTO,而是我国市场经济改革的滞后。其现实表现就是,国内市场与国际市场没有完全对接。国内市场和国际市场的对接,应该着眼于两个市场的市场体系、市场规则的对接和统一。

国内外市场衔接和统一的基础,是统一的市场规则。统一市场规则,最为突出的是 WTO 原则,其中包括:非歧视原则、透明性原则、市场开放原则、公平贸易原则。当然,仅仅依靠 WTO 规则或者 WTO 规则的“转化适用”来规范和完善我国市场秩序,还是不够的。尤其是在维护我国市场安全、防范跨国公司垄断风险等方面,更需要我国在 WTO 规则允许的框架内,有自己更详尽、更完备和更合理的制度安排。

# 四、规范市场秩序的制度合力

## 1. 克服市场在实现效率和社会公平目标方面的失灵

市场机制有效配置资源并实现市场公平要以完全市场为基础。现实的市场达不到完全竞争的条件,单纯的市场调节并不能自动实现效率目标。概括各派经济学家的分析结论,市场不完全包括竞争不完全、市场体系不完全、信息不完全。在这种不完全的市场调节下,整个经济难以达到效率。

即使市场是完全竞争的,社会利益也不可能在大家追求自身利益中实现,社会公平也不可能仅仅在追求市场公平中实现。古典的和新古典的理论都假设社会利益存在于追求自身利益的竞争中,因此实现社会利益的市场秩序就归结为充分竞争。现代市场理论则强调许多社会利益,不可能靠追求自身利益来实现许多社会的公共利益需要各个参与者自觉地承担社会责任来实现。这就提出与社会责任相关的社会规范。

市场在实现效率和社会公平方面的失灵可以用明显的事实来证明。现实中存在的假冒伪劣坑蒙拐骗恰恰是让不守信者、机会主义者获利,这是最大的不公平。特别是,现实中存在的市场上过度的"血拼式竞争"所带来的竞争结果的不公平会导致社会资源的严重浪费和社会的不稳定。所有这些都提出了市场秩序建设中的公平和效率、市场公平和社会公平的协调问题。

在现代经济中,市场秩序建设的目标主要涉及两个方面:一是建立市场公平的竞争环境,以实现资源配置的效率目标;二是规范竞争秩序实现社会公平目标,市场秩序不只是要在平等竞争中实现各个参与者的利益,还要实现社会利益。市场秩序建设需要一系列的制度安排来推动各个参与者自觉实现社会利益。

市场秩序建设从一定意义上说,是针对市场参与者即各类企业提供制度环境。现代企业承担三大责任:一是经济责任,即追求利润目标;二是社会责任,即追求社会效益;三是环境责任,即追求社会可持续发展。根据路径依赖理论。企业这三大责任实现依赖于三大制度环境约束:一是市场化环境约束,二是道德规范约束,三是法制约束。这三个方面制度环境的建设涉及正式的制度安排和非正式的制度安排。正式的制度安排涉及产权制度、法制、政府调控等。非正式制度安排涉及习俗、道德等。市场秩序建设既涉及正式的制度安排，也涉及非正式的制度安排，两者不但不能偏废，还必须相互配合。

### 2. 政府干预市场的秩序和规范

在市场秩序建设中，政府是极为重要的环节。不仅要求政府主导市场秩序建设，还要求政府的机制成为市场秩序中的重要节点。面对市场经济，政府执行的公共性职能突出在市场监管。市场监管就是维持市场秩序，保障公平交易，保护市场参与者的合法权益，确保市场在资源配置中的基础性作用的职能。

政府在建立市场秩序方面的作用主要在四个方面。(1) 克服市场失灵。在这里政府替代市场的范围大致包括：公共产品的分配，针对通货膨胀和高失业的宏观调控；克服市场外部性。(2) 维持市场秩序，以降低交易成本，针对各种无序的市场现象，如不正当竞争、假冒伪劣产品、暴利等，政府充当“裁判”和“警察”，打击各种不法行为。(3) 对处于经济转型阶段的政府来说，需要培育市场力量，完善市场组织，增强市场协调能力。(4) 政府(国家)作为制度变迁的重要基石，其基本功能是保护有利于效率的产权结构。

政府干预市场的行为本身也要遵守市场秩序，政府干预作为对市场缺陷的纠正，并不总是有效的，在某些情况下甚至会加剧市场的无效性。经常出现的政府行为扰乱市场秩序的现象，究其原因，就在于政府执行经济职能。政府职能的错位、政府权力的滥用都会引起市场秩序的混乱。政府超越了所应该拥有的权限，直接介入了企业的微观经营活动，可能造成企业行为机制的扭曲。政府实行的歧视性政策，使不同的企业享受着不同的经济待遇，使企业在起点上就存在着明显的不公平。地方政府利益导致的“诸侯经济”肢解了统一市场。政府在这一过程中所要遵守的规则就是，政府必须退出运动场不当“运动员”，必须公正执法不当“黑哨”。

政府的公共行为也应受到市场规则的约束。虽然公共产品的供给属于政府行为，而非市场行为，但是，有相当一部分公共产品政府要通过交易的方式从市场取得，而且还有相当一部分公共产品供给要采取收费的方式。随着市场化改革的深入，私人厂商也会进入公共领域。应该说，私人厂商的介入会使公共产品供给更有效率。

但是所有这些交易活动都会同现实的市场交易结合在一起,对市场秩序有较大的影响。因此需要规范进入市场的公共产品供给秩序。

在现代市场经济中,政府干预尤其是维持市场秩序更多的是法律规范。完整的法律体系,是维护完整的市场规则的基础。市场监管的核心是信用监管。信用监管重心在两方面:其一,应当通过各种法定的和非法定的方式建立健全征信体系;其二,应当通过法律手段严厉打击欺诈等失信行为。然而,严格的法律规制并未回报以良好的市场秩序,市场自身的秩序往往因此而被破坏。其主要原因是执法不严。针对我国转型期市场立法严重不完备,为防止市场化转型的失控,加快市场立法是十分必要的。但有法必依需要严格的执法机制,同时也需要法治以外的制度安排。其中包括中介组织充分发挥作用,客观、真实、公正地履行法律服务职能。

### 3. 规范中介组织的市场行为

现代市场经济的运行既有市场失灵,又有政府失灵。市场失灵的领域,政府替代并不都是有效的。政府管理失败的领域,市场替代也不一定有效。这就需要政府和市场以外的第三方力量起作用。市场中介组织在政府和市场均失灵的领域起作用。其职能主要有两个方面:一方面是降低交易成本和惩罚合约执行中的机会主义行为,其目的是形成良好的合约秩序;另一方面是增进同一方交易者集体利益的集体行动,其目的是争取良好的行业发展秩序。市场中介组织对企业进行协调,同时也在规范和监督市场秩序。

市场中介组织在克服市场不完全,降低交易成本的同时,自身也会出现失信之类的违规行为,产生相应的"失灵现象"。因此严格法治的对象将转向中介组织,通过严格的法治规范各类市场社会中介机构的行为。针对市场中介组织的道德风险,需要通过必要的制度安排来克服,既需要交易中介组织自律,也需要加强政府管理。对中介组织固然可以通过声誉机制自发地来约束其机会主义行为,但是,这种约束作用有限,有必要形成同行业组织(协会),有组织的监督和约束其行为。中介组织的行业协会自律涉及两个方面:一是提高中介组织的准入标准,二是强化其内部会员的规范约束,提供必要的惩戒机制。政府应当以法律追究机制与民事赔偿机制,加重对交易中介组织违规行为的惩罚,通过提高交易中介组织的风险厌恶程度来有效地减少代理成本。体制内生成的行业协会需要推进从“政资不分”到“政资分开”的转变，彻底克服其行政性及由此产生的行政垄断。

### 4. 强化市场法制和道德规范

市场秩序建设，固然可以建立和移植国外的市场制度等正式的制度，但如果非正式的制度安排不解决，所有正式的制度安排都可能走样。首先是干预市场活动的政府也会失灵。官僚主义、寻租、行政垄断可以说是人们对政府失灵的主要说明。除此以外，“由于政策制定者个人主观认知的困难也会造成政府的失灵。”[①]其次是针对违约行为的法制安排不可能总是有效。针对不完全合同，法律调整也不可能完全有效，完备的法律也不存在。而且，司法过程相当缓慢，执法过程也会遇到困难。实践已经证明，在一个缺少道德规范的社会里，法律执行也往往是最困难的。因此，建立市场秩序必须高度重视道德规范等非正式制度建设，解决好市场秩序的道德基础即诚信问题。只有当交易者建立在诚信基础上，所有各种正式的制度安排才能起作用。

克服信用缺失所要建立的信用包括两个方面：一方面是制度性信用，另一方面是道德性信用。两者相辅相成。两者的结合就是社会信用体系。其基本特征是，以道德为支撑，产权为基础，法律为保障。道德规范建设实际上是形成全社会共同遵守道德观和价值观。如诚信就是现代经济中共同的道德观和价值观。其功能是克服机会主义行为，提高遵守合同的自觉性。因此，道德规范建设的意义是使守信用成为自觉的行为，也就是自觉的遵从。

从社会资本角度所要求的道德规范，不只是个别人的洁身自好，还要求整个社会的道德规范。在一个相互信任的社会中，社会资本是最雄厚的。在这种互惠性的社会关系网络中，实施合同、规范和维持市场秩序的成本是最低的。同样对每个厂商来说，也应该以自己的道德来获得社会的信任，从而获取更多的社会资本。道德规范属于非正式的制度安排，同正式的制度安排之间存在着相辅相成的关系。合同、产权制度、法律等针对违约、失信的正式的制度安排是否可实施，在很大程度上依赖于道德、

---

① 哈米德.豪斯赛尼.不确定性与认知欠缺导致欠发达国家的政府失灵，《经济社会体制比较》2004年第2期。

习俗之类的非正式的制度安排。反过来，正式的制度安排对道德规范建设也起支持作用。道德性信用需要制度保证，道德规范建设的关键是通过必要的制度安排建立制度性信用。

以上指出的针对市场秩序的各种制度安排是个整体，不可能单靠其中的某一种制度就能解决问题的。其主要说明因素是，其中每一种治理市场秩序的制度安排都有其特定的功能，不能因为比较其作用效果而得出某种制度可以替代另一种制度的结论，只能说一种制度的缺陷可以被另一种制度弥补。因此，各种制度安排的功能是互补的，我们需要的是各种治理市场秩序的制度作为整体来发挥作用。

# 经济转型和转型经济学①

任何一个经济体都不可能是固定不变的，都有个随着政治、经济、社会环境的变化的转型问题。就我国来说，经济转型涉及四个方面的内容。一是经济体制的转型，即由计划经济体制转向市场经济体制的转型。二是经济社会发展阶段的转型，即由传统社会向现代社会的转型，其中首先是由农业社会向工业社会的转型。三是经济开放度的转型，即由封闭经济向开放型经济并进而向全球化经济的转型。由于经济转型不可能一朝一夕完成，就会存在一个相对稳定的阶段，即经济转型阶段。这是已经脱离了计划经济阶段，但没有进入成熟的市场经济阶段。在这个阶段，既有计划经济的残余，又有自然经济的残余，还有新产生的市场经济因素。由此就提出了建立转型经济学的必要性。其任务是，既要研究经济转型的一般规律性，为进一步推进经济转型提供理论指导，又要研究转型阶段的特殊的社会经济矛盾，为转型阶段的科学发展和和谐社会建设提供理论指导。

## 一、经济转型的内容和目标

经济转型是指经济社会从一个历史阶段向另一个历史阶段的转变，经济转型阶段则是特指这种转变过程中的社会的“中间”状态，即一个经济社会进行变革的转折时期。

对原先实行计划经济体制的社会主义国家来说，其经济转型首先是体制的转型，即从计划经济体制转到市场经济体制，即市场化。这一转型完成的标志是实现计划

① 本文摘自洪银兴.转型经济学，高等教育出版社，2008年版。

经济向市场经济的转变，或者是用市场经济机制代替计划经济机制。1996 年世界银行的发展报告《从计划到市场》认为，经济转型完成的标志是，市场调节的比重基本达到市场经济国家的水平，一般为 70%左右；计划经济体制遗留的问题得到基本清理和转化，主要表现为现有国有企业的改组以及国有商业银行债务重组基本完成；保证市场经济稳定有序运行的社会基本条件得以形成，包括市场本身的条件、法律法规、管理系统的完善以及社会主义民主的基本发展等。

我国由计划经济体制转向市场经济体制转型，不改变社会主义基本经济制度，这是说，制度转型不是要转向资本主义制度，但不意味着我国已有的基本经济制度不需要做任何调整。我国之所以要提出经济转型问题，一个重要原因就是我国在建立起社会主义制度后试图实践马克思主义经典作家对成熟的社会主义制度的设想，超越了现有的生产力水平。根据生产关系一定要适合生产力性质的规律，我国的体制转型，实际上牵涉基本制度的转型，也就是转到社会主义初级阶段的基本经济制度，这同建立社会主义市场经济体制是一致的。

现实中，苏联和东欧国家的经济转型实际上是转向资本主义经济制度，但其转变的一个重要内容也是由计划经济转向市场经济，这方面的转型与我国在社会主义初级阶段的制度框架下的体制转型有相通之处，特别是其转型中遇到的问题和教训值得我们研究。

体制的转型是个系统工程，不可能孤立进行。中国所要转向的市场经济是现代市场经济。现代市场经济不可能建立在经济落后的传统社会基础之上，应该由现代化的社会来支撑。这就提出经济转型的第二个内容，即向现代化社会的转型，即现代化。这种转型包括：从传统的农业社会向现代工业社会的转型，即工业化；从农业人口向城市人口的转型，即城市化；增长方式由粗放型向集约型的转型。当然，现代化也可分为若干阶段，全面小康社会是进入现代化社会的重要阶段。

在经济全球化的今天，转向市场经济体制的转型不可能是封闭的，一国的市场经济体制应该是在同国际市场经济接轨中达到现代水平。这就提出经济转型的第三个内容，即经济全球化。这个转型涉及由封闭经济转向开放型经济，国内市场国际化和中国企业进入国际市场竞争的转型。

归结起来,经济转型是以市场化为主导的包含现代化和全球化的转型,涉及改革、发展和开放三个方面的重大理论和实践课题。转型经济学不可避免要分析后两个转型,但重点是第一个转型,即市场化改革的转型。

经济转型分析不仅要说明转型内容,更为重视转型目标的分析,就是说,不能为转型而转型。对我国而言,经济转型的目标有以下三个维度。

(1) 效率目标。计划经济和市场经济都是资源配置的方式。在社会主义初级阶段,市场经济较市场经济资源配置的效率更高。但是,市场经济的运行不是没有成本的。现代经济学提出交易成本的概念。这是实行市场制度所固有的成本。交易成本的存在会抵消资源配置的效率。因此,市场经济体制的各个方面的建设就有降低交易成本提高体制效率的要求。不仅是体制转型要讲效率,推进现代化的经济发展也要讲效率,由此提出增长方式转变的要求。同样在全球化背景下发展开放型经济也会提出降低开放成本提高开放效率的要求。

(2) 和谐目标。经济转型不可避免地带来一系列的转型成本,其中最大的成本是社会的不和谐。经济转型的成本可以概括为三个方面。一是市场化成本。市场化会伴有利益关系的调整。在转型阶段,两种体制并存,市场机制不完善,法制不健全,因此导致比其他阶段更为严重的腐败问题和市场秩序混乱问题。二是现代化成本。最为突出的是结构调整,使传统部门衰落新兴部门兴盛,从而在一段时间中拉大不同部门之间的收入差距,相当一部分劳动者下岗失业,也可能有相当一部分农民失去土地,加上社会保障体系不完善,可能导致社会的不稳定。第三是全球化成本。国内市场国际化导致的竞争激烈及相应的成本加大,竞争力弱的民族产业受到巨大冲击。所有这些转型成本都可能成为转型阶段不和谐的原因。经济转型需要在和谐中实现。这就需要降低转型成本,需要通过“和谐”降低改革成本。

(3) 经济安全。转型国家的经济转型不是没有风险的。就国内来说,市场化本身是个系统,各个子系统不可能同步推进,就像金融市场和各类风险市场放开的不协调可能导致系统性风险,从而影响国家的经济安全。就全球化来说,国际风险的冲击,如国际通货膨胀波及国内市场。外国金融炒家干扰某个国家的金融体系,就可以把一个国家搞乱。再加上全球化包含西方价值观的全球化。某些拉美国家在全球化过程中对外资的依赖程度太高，放弃了对外资的控制，在很大程度上失去了国家主权。这个教训值得记取。

## 二、经济转型不同阶段的研究课题

对实行计划经济体制的国家来说，经济转型的第一个阶段是推进自由化、市场化的改革（在苏联和东欧国家还包含着放弃社会主义）。其主要内容包括：(1) 内部市场自由化（自由的国内价格，取消国家的贸易垄断）；(2) 外部市场自由化（放松对外贸易的制度，包括取消出口控制和关税，通货可兑换）；(3) 便利私人部门进入（私有化企业，改革银行部门）。与此相应的研究课题包括，市场化的目标、内容、路径等，也产生了不同国家的市场化模式的选择。

在这个阶段，不同国家市场化的重点不同，如波兰、俄罗斯等国家重点在私有化，中国的重点在经济运行机制的转换；改革的速度不一样，如苏联和其他东欧国家基本上都采用了激进的大爆炸改革战略（即“休克疗法”），中国实行渐进式改革战略，改革的效应也不一样。虽然，进行经济转型的国家无一例外地出现了通货膨胀等宏观经济不稳定的状况，但是，实行“休克疗法”的国家的通货膨胀率显著地高，经济增长率显著地低，甚至多年处于负增长。与此相反，实行渐进式改革的中国，在转型阶段经济增长率持续处于高水平（10%），通货膨胀率也比这些国家低得多。

经济转型的第二阶段是，针对转向市场经济体制过程中各个转型国家普遍出现的经济波动、通货膨胀、通货紧缩、失业、腐败等问题，推进以追求经济稳定和经济增长为内容的改革。如果说通过放开的途径推进市场化和经济自由化是经济转型第一阶段的特征，那么第二阶段的经济转型就以建设新体制为主要特征。具体包括以下论题。①

第一个论题是转型国家的稳定、自由化和经济增长的依赖关系。这涉及宏观经济的稳定。经济转型国家大都面临严重的通货膨胀等宏观经济问题。而且，经济转

① 在1995年初世界银行组织的关于第二次转型的讨论会上，世界银行首席经济学家迈克尔·布鲁诺（Michael Bruno）就第二次转型提出了三个论题：① 转型国家稳定、自由化和经济增长的依赖关系；② 企业重组问题；③ 法制建设。这涉及腐败问题。

型过程中出现的不稳定因素,不仅仅是通货膨胀,通货紧缩也可能出现。现实中一些转型国家已经出现了经济的停滞或衰退,甚至是经济停滞与通货膨胀并存。这就需要建立保证经济稳定增长的机制。

应该说,中国的渐进式改革,由于其制度摩擦较少,能够避免生产力的破坏,因而在转型阶段能够保持持续的经济增长。但是,不容忽视的是,由于两种体制交织,旧体制下单纯追求产值增长而不顾效益的行为仍然顽强地起作用,有了投资自主权的企业决策能力差。由此既可能产生经济过热,也可能产生经济过冷,反映在市场上就是通货膨胀或就业不足。显然,在经济转型国家经济的不稳定可以表现为通货膨胀,也可能表现为经济停滞或衰退,也可能是通货膨胀和经济停滞结合在一起。

面对转型国家通货膨胀严重和经济增长停滞的状况,研究经济转型的经济学家开了各种稳定和推动经济增长的药方。在世界银行进行的关于第二次转型的讨论中,国际货币基金组织的斯坦利·费希尔(Stanley Fischer)把旨在实现稳定和增长的第二次转型的重点概括为三个方面:(1) 改革财政制度;(2) 改革金融制度;(3) 改革汇率制度。这涉及宏观调控体制的改革和完善。

第二个论题即建设现代企业。这涉及转型中微观制度的建设。在市场化改革的初期,市场化是在制度外发展多种非国有经济。与非国有经济欣欣向荣相比,国有企业的低效率问题越来越明显,其竞争力明显不足,由此牵动了国有企业的改革。国有企业的改革并不都是改制为私营企业,很大一部分是通过企业重组,建设现代企业。中国在市场化改革 20 多年后提出企业重组,意在明晰企业产权,对包括国有企业在内的公有企业进行明晰产权为内容的改革,将其改制为多元股权的公司制企业。现在已经明确,股份制可以成为公有制的主要实现形式。因此,除了一部分中小企业改制为私人企业外,相当部分企业通过吸收私人资本、或其他法人资本的途径形成多元股权的公司制企业。即使是改革开放以后所产生的私营企业同样也有个建设现代企业制度问题。其路径是企业间通过产权交易进行并购和重组。与国有经济布局调整相应,私人企业进入新的发展阶段。一是私人企业的发展在许多地区已经不是增加企业个数,而是扩大规模,提高竞争力。二是市场准入,拆除私人企业进入领域的各种政策壁垒。这两个方面完全可以通过并购和重组国有企业来实现。

第三个论题是法制建设。市场经济是法制经济。对转型国家,尤为突出的是通过法制建设克服转型阶段的腐败。腐败可能破坏稳定甚至延缓改革的进程。因为它可能降低政治的可信度和对政府的信心。其实,在原有的计划经济制度中也盛行腐败,其原因是,计划经济阻碍商品和服务的自由流动。它通过分配稀缺的物品和服务为"寻租"提供刺激。计划经济制度崩溃后,本来预计合法的自由市场的规则将普遍实行,不合法的"寻租"和其他的腐败将减少,但在现实中这种效应没有出现。腐败成为转型国家的共同问题。为什么?主要原因在,国家继续保持着对钱袋的控制,它们可能有"寻租"问题和其他内部交易。虽然市场化过程会因最终减少政府对经济的干预而减少腐败,但在现实中腐败没有因政府作用的减少而减少。人们可能试图在新的制度中创造新的"寻租"的路段。就腐败与市场秩序混乱的关系来说,两者是互动的。政府官员的腐败必然推动和加剧市场秩序的混乱,市场秩序越是混乱,腐败的机会越是多。基于上述产生腐败的原因,克服腐败的途径,不仅要求减少政府对经济的干预,还要求建立相应的法律制度。这就是苏珊·罗斯·阿克曼所指出的,转型国家试图建立法律标准,同时,国家应该尽可能有节制地管理经济。

以上三个论题都直接关系宏观经济的稳定。就第一个论题来说,宏观经济需要结构的调整来支持。就第二论题来说,宏观经济调节和产权之间的相互关系是相当重要的。就第三个论题来说,腐败可能破坏稳定甚至延缓改革的进程。因为它可能降低政治的可信度和对政府的信心。就我国的现实来说,还有以下第四个论题。

第四个论题是克服市场秩序混乱问题。不可否认的事实是,渐进式改革会使经济转型期拉长,并且使转型期中两种体制交织产生体制的摩擦,甚至使由此产生的秩序混乱作为一种稳态而长期存在。经济转型阶段需要突出市场秩序建设,防止市场秩序的混乱成为一种稳定态。

经济转型有起点也有终点。起点是计划经济,终点是市场经济。作为终点的市场经济是现代市场经济。我国现在处于经济转型阶段意味着已经离开计划经济,但尚未达到转型的终点。由于现代市场经济不能在短时期内完成,因此经济转型作为一个阶段将长期存在。

经济转型阶段作为一个长期存在的阶段,既可能有体制上的优势,也可能有体制劣势。神州六号发射成功在这方面提供了重要的启示。当今世界上进入“航天俱乐部”的只有美国、俄罗斯和中国。日本的市场经济发展程度比我们成熟多,商品比我们丰富,科技也比我们强,但不能上天。为什么?问题在它没有集中力量办大事的能力。俄罗斯能够上天,但基本消费品非常缺乏。我国虽然经济发展水平还处于发展中国家水平,而中国现有的体制能够发展处于国际前沿的尖端技术,神六能够上天,人民群众对消费品的需求也能满足。表明中国经济转型时期的体制也有优势,不完全是体制劣势。一方面与俄罗斯比较,我国正在发展的市场经济可以充分发挥个体的竞争力;另一方面与日本比较,我国继续保留的宏观计划性可以集中资源办大事,具有集成创新力;再一方面与美国比较,它们的市场经济成熟,其相当部分企业富可敌国,因此即使没有国家集中资源,其相当部分的大企业就具有集中资源办大事的能力,而我国的企业总体规模和竞争力都弱,集中资源办大事在相当长的时间中还需要国家的宏观计划性。

经济转型的各个变量有快变量和慢变量之分。仔细研究市场化改革的各个子项目,可以发现,虽然现在已经达到较高市场化水平的主要是快变量起的作用,市场化还有不少慢变量。例如,在经济主体自由化中,发展私人经济是快变量,但国有企业的改革改制就是慢变量。再如在生产要素市场化中,要素进入市场是快变量,要素市场的建设就是慢变量。再如在金融参数合理化中,发展多元化的金融机构是快变量,国有专业银行商业化和人民币可自由兑换是慢变量。恰恰是这些慢变量最终决定我国市场化的进程。因此,尽管我国的市场化水平已经过了70%,但进一步的转型还需要时间。这意味着,我国还会在相当长的一段时间处于经济转型期。转型期中两种体制交织产生体制的摩擦,甚至由此产生的秩序混乱作为一种稳态而长期存在。这正是需要我们要努力防止和克服的。

在转型阶段,最为明显的是打破了计划经济制度,也就是打破了旧的秩序,但是市场经济体制不会与打破计划经济体制同时产生,新的规范的市场经济秩序有个建设过程。这样,经济转型阶段,即从计划经济到市场经济过渡的阶段,不可避免地会产生秩序的混乱。现在转型中的摩擦和矛盾正在显现,特别是市场秩序混乱问题突出:信用缺失、假冒伪劣、竞争无序等现象时有发生。这些实际上是经济转型成本的一个方面。所有这些问题可能造成转型的摩擦甚至出现社会冲突。

由于转向市场经济的经济转型是个长期的过程,在经济转型阶段推进的改革需要针对改革没有到位所产生的市场秩序混乱问题进行制度安排,其内容是构建经济转型期的和谐社会。

## 三、转型经济学的研究对象和方法

20 世纪六七十年代以后苏联和东欧国家开始酝酿经济改革,与此同时出现了一批经济学家,如布鲁斯、锡克、科尔奈等人,他们开始对计划经济体制进行反思。由此推动了对转型经济问题的解释,并开始产生转型经济学。

经济转型是 20 世纪后期最重要的经济实践。就如热若尔・罗兰所说:“发生在 20 世纪末的转型过程是非常非常重要的,因为它涉及了世界上很重要的 29 个国家近 16.5 亿的人口,而中国在其中占有了很大的部分。因此可以说,转型经济和转型过程是 20 世纪最重大的经济事件之一。”

在转型过程中,市场体制的一些基本要素,实际在各个国家是以不同的速度,不同的顺序,以及不同的条件和不同的形式出现的。在发达的市场经济国家,其制度已经存在了几十年甚至几个世纪,它们的市场经济处于一种稳定的状态,并不需要竭力地去理解市场体制中的基本元素。而对转型国家来说,对市场体系不同要素之间的相互关系就需要学习和研究。比如,不同市场包括商品市场、劳动力市场,或者说金融市场之间的关系;激励与约束之间的关系;经济制度与法制环境的关系;市场与政府组织之间的关系等。

转型经济学也是制度经济学,它研究的是计划经济向市场经济的制度变迁。这一研究对象概括为以下方面:一是大规模制度变迁中的经济制度的动态机制;二是市场经济体制的各个组成部分在制度变迁中相互之间的作用;三是导致经济增长和经济衰退的制度基础;四是经济转型中的路径依赖。

转型经济学是随着社会主义国家的经济改革而兴起的,最初的转型经济学主要研究的是市场化计划,主要针对实行计划经济体制的国家向市场经济体制的转轨问题。因此,转型经济学的研究,以中国、俄罗斯,还有东欧的国家为例,说明由计划经济向市场经济过渡中的各种经济问题,科学地确定经济转型的目标、道路和进程。归根到底是要解决什么样的经济制度最有利于一国经济的长期发展。

转型经济是一种经济过程,转型经济学需要运用演化经济学研究经济转型过程中的重大的理论和实践问题。需要研究不同国家经济转型的起始条件和约束因素,研究经济转型中的路径依赖,研究经济转型的成本、可能的摩擦和社会传统,研究经济转型过程中潜伏的系统性风险以及规避的措施,研究经济体制各个组成部分调整和改革的次序,比较分析经济转型的绩效。归根到底是要寻求最小社会成本、最小摩擦、又有效率的转型路径。

经济转型和经济发展是一个问题的两面。现代市场经济需要建立在经济发展达到现代水平基础之上。转型过程中不解决好发展问题,可能使已有的转型成果毁于一旦。转型和发展的关系,概括起来就是在发展中转型,在转型中发展。这两者相辅相成。体制上的许多问题需要由发展来解决。原因是体制上的转型,即改革需要有动力,需要得到人民群众的支持。这就要求每项改革都要使人民群众得到看得见的利益。尽管改革要调整利益关系,肯定会使一部分人利益受损。但是,无论受损还是没有受损,都要使人民群众总的利益必须得到增加。这就要发展,这就是“以人为本”。因此,转型经济学需要研究经济转型期的发展问题,解决好改革和发展相协调,使人民群众分享改革和发展的成果。

经济转型的目标是建立现代市场经济体制。转型经济学需要依据现代市场经济理论系统研究我国所要建立的市场经济体制各个方面的内容。包括所有制结构的转型、企业制度的转型、宏观调控机制的转型、政府职能的转型,等等。所有这些方面改革的目标都要有个参照系。以美国为代表的发达国家的市场经济固然可以作为转型目标的参照系。但是以我国的经济转型为对象的转型经济学研究尤其要关注两个方面问题:第一,即使是在美国这样国家的市场经济也存在制度缺陷,从2001年以来,华尔街接连出现的名列世界财富500强的大公司、国际著名的会计师事务所相互勾结,虚报利润,操纵股价等方面的丑闻就说明了这点;第二,从中国的实际出发,中国在相当长的时间内所能建立的市场经济体制不可能达到像美国那样的成熟水平,而且中国所要建立的市场经济是社会主义市场经济。因此，转型经济学对中国所要和所能建立的市场经济体制既要有较高的标准，又要符合中国实际。

转型经济学作为制度经济学的一个分支，其研究方法更多地采取比较制度分析方法。这种比较分析有两个方面。一是不同国家的经济制度和经济体制模式的比较。早前有不同的社会主义经济模式的比较，后来则有不同的市场化改革模式比较，其中包括对不同国家的决策结构、信息结构（调节结构）和动力结构比较。二是对不同的制度安排的比较。经济制度有正式的安排（如法制、产权、合同等），也有非正式的安排（如规范、习俗等）。这些制度安排在不同的领域根据不同的需要发挥作用，比较制度分析的作用是对不同的制度安排进行选择，或者是替代，或者是补充，或者是组合作用。转型经济学通过这些制度比较，选择最适合本国运行和发展的经济制度和经济体制。

转型经济学的研究任务就是要在马克思主义经济理论特别是其生产关系一定要适合生产力性质的理论指导下，吸取现代新制度经济学、发展经济学、比较经济学等学科中最新的研究成果，对有关国家转轨的实践进程进行动态的追踪研究，通过对东欧、俄罗斯等转型国家的经济转型进行比较研究，为实现中国经济的有效转型提供借鉴。转型经济学要从中国实际出发，探讨事关经济转型全局的经济体制改革与经济发展的重大实践问题；深入研究市场经济基本理论，为中国经济的转型与发展的政策制定提供理论依据。

## 四、制度变迁在经济转型中的地位

制度是一个社会的游戏规则。制度经济学家对制度提出了种种定义，康芒斯认为“制度是集体行动控制个体行动”。认为“制度是限制、解放和扩张个人行动的集体行动”[①]，即制度是有关个人行动控制、自由和扩展方面的集体行动。诺思认为“制度是一系列被制定出来的规则、守法程序和行为的道德伦理规范，它旨在约束追求主体

---

① 康芒斯. 制度经济学，上卷，商务印书馆，1962：87.

福利或效用最大化的个人行为”[①]。制度通过提供一系列规则来界定人们的选择空间，约束人们的相互关系，从而减少环境中的不确定性和交易费用，进而保护产权，增进生产性活动。舒尔茨(schultz)认为，广义制度是管束人们行为的一系列规则，这些规则涉及社会、政治及经济行为。

关于制度的一般功能，经济学家有不同的解释，威廉姆森认为制度的功能是降低交易成本，舒尔茨认为制度的功能是为经济提供服务，还有人认为制度的功能是提供激励机制，能使外部利益内部化等。总体来看，制度首要的功能是规范人类行为，塑造人类的相互关系，促使人们以更低的成本从事生产与交易。具体地说，制度有如下功能。一是为经济主体提供激励，使经济主体所付出的成本与收益相联系。比较不同国家的经济发展我们可以发现，为什么有些国家人们在经济活动中的积极性很高，而在另一些国家，人们则缺乏积极性？原因就在于“是否能够提供有效激励制度”。二是为经济主体提供约束，抑制经济主体的各种机会主义。制度为经济发展提供标准和规则，可以提供经济发展所要求的各种有关的技术规范、框架以及行为与活动的准则等，从而使经济发展的实现具有行为度量的标准。三是实现外部效应内部化，降低交易费用。通过一定的制度，如排他性的产权制度就可以使外部经济效应内部化，使经济主体承担自身经济活动所引起的成本或收益，促使经济主体的行为符合经济发展的要求。

经济发展是人类社会永恒的主题，创新是经济发展的不竭动力。制度和制度安排是经济增长和经济发展的内生变量。世界各国在经济发展的不同历史阶段上都表现出不同的规律，其根本原因是缺乏实现经济发展的制度框架。在生产、分配、交换和消费的经济再生产过程中缺乏激励性和约束性的制度安排。只有进行制度创新，不断强化制度安排，在经济发展中建立起一套激励和约束相互结合的制度安排，才能促进各种创新活动，实现促进经济发展。

制度的结构由三部分组成：正式制度、非正式制度和制度环境。正式制度是指成文的，由权力机关保护实施的制度。正式制度包括政治规则、经济规则和各种契约，

---

① 道格拉斯.诺斯.经济史中的结构与变迁，上海三联书店，1999:225-226.

以及由这些契约所构成的一种等级结构。制度经济学家特别关注产权制度以及有效产权形式的形成。

非正式制度安排是指人类在长期交往中形成的价值观念、伦理规范、道德观念、风俗习惯、意识形态等的总和,其中意识形态占主导地位。非正式制度安排与人的动机与行为有着内在的联系。与正式制度安排相比较,在制度变迁和经济转型过程中非正式制度安排在对人的行为的规范、改变人的思维方式以及确立和调整人与自然的关系方面具有重要的意义。这是因为正式制度安排的作用是一个"他律"的过程,非正式制度供给的作用是一个"自律"的过程,而且"从变革的速度来看,正式约束可以在一夜之间发生变化,而非正式制约的改变却是一个长期的过程"。①

制度环境也叫制度的实施机制,判断一个制度是否有效率,不仅要看正式规则和非正式规则,而且要看制度环境,制度环境是决定制度绩效的关键。制度环境会影响制度变迁过程中的路径依赖。路径依赖的实质是制度的惯性,过去的制度会决定制度变迁的路径。现存的制度安排会影响提供新制度的能力。路径依赖既可以促进制度变迁的成功,也可以导致制度变迁的失败。依据青木昌彦的假定,经济体制所依存的是历史的、社会的、技术的、经济的环境,现存的制度会影响改革的路径,造成经济体制的路径依赖,使改革路径偏离目标。这种制度变迁的路径依赖的性质表明了改革的艰巨性,也说明了解决路径依赖的各种环境的改变。制度变迁路径依赖的例子在中国制度变迁的过程中随处可见,温州模式、苏南模式就体现了典型的路径依赖。温州模式早期是集体无经济,因而在经济形式上选择了私人企业,企业的规模小;由于温州人习惯于外地经营,温州模式典型的特征是外地办企业,而到本地经营。苏南模式早期是集体经济发达,在制度变迁过程中其经济形式主要是集体经济,企业规模大,而且苏南人习惯于在本地经营,苏南模式中在本地办企业的比较多。

道格拉斯·诺斯的制度变迁理论认为,产权、国家和意识形态是经济制度变迁的三块基石。第一块基石是产权,能够对个人提供适当刺激的产权制度是促进经济增

① 道格拉斯·C·诺思.制度、意识形态和经济绩效,《发展经济学的革命》(中译本),上海人民出版社,2000:110.

长和制度变迁的约定性因素,有效率的产权是经济增长的关键,一个社会所有权体系如果能明确规定个人的财产权,并对之实行有效地保护,就会减少经济活动的成本和费用,使个人收益接近社会收益,从而具有激励个人创新,提高整个社会经济效率的功能。制度变迁的第二块基石是国家,国家在产权制度改革中的作用的"关键的问题是解释由国家界定和行使的产权的类型以及行使的有效性。最富有意义的挑战是,解释历史上产权结构及其行使的变迁。"①国家作为一个具有合法暴力和自然垄断性质的机构,处于确立和保护产权的优势地位。合理的产权制度是国家设计的结果,经济的发展可以从国家的行为中得出。制度变迁的第三块基石是意识形态,意识形态是指道德、价值、文化、习俗。意识形态作为一种非正式的规则构成了正式规则形成和发挥作用的基础,有效的意识形态不仅能够克服组织中"搭便车"的行为,降低交易成本,也是一种重要的人力资本,对提高经济效率和促进制度变迁发挥着重要的作用。

经济转型是以市场化为主导的包含现代化和全球化的转型,涉及改革、发展和开放三个方面的重大理论和实践课题。原先实行计划经济体制的社会主义国家向市场经济体制的转型是转型经济的主线。我国的转型经济学要在马克思主义经济理论,特别是其生产关系一定要适合生产力性质的理论指导下,密切联系中国实际尤其是处于社会主义初级阶段阶段的基本国情,走出有中国特色的经济转型道路。

**主要参考文献**

[1] 景维民.转型经济学[M].天津:南开大学出版社,2003.

[2] 热若尔·罗兰.转型与经济学[M].北京:北京大学出版社,2002.

[3] 斯蒂格利茨.社会主义向何处去[M].长春:吉林人民出版社,2001.

[4] 北京师范大学经济与资源管理研究所.2005 中国市场经济发展报告[M].北京:商务印书馆,2005.

[5] 洪银兴.转向市场经济体制的秩序[M].南京:江苏人民出版社,1998.

---

① 道格拉斯·诺斯.经济史中的结构与变迁,上海三联书店,1991:21.

# 科技创新中的企业家及其创新行为①
## ——兼论企业为主体的技术创新体系

## 一、背景和问题

我国经济发展方式转变的一个重要内容是转向创新驱动经济增长。近年来,我国经济最为发达的地区尤其是长三角地区发展创新型经济如火如荼。在创新型经济的实践中不同地区不同企业创新能力和创新激情却存在很大差别,相应地创新效果的差别也很大。产生这种差别的主要说明因素是什么?需要我们针对创新的实践进行理论思考。

首先是对创新内涵的理解。长期以来人们所讲的企业创新一直限于技术创新,而现在发展的创新型经济突出的是科技创新。这一词之差反映创新内涵的根本性变化。这表明技术进步的源头由企业内部进行研发新技术转向了科学新发现转化为新技术。而在现实中表现为企业的创新活动更多地依靠大学和科研机构进行产学研合作创新。与此相应就会牵动企业作为创新主体的含义的拓展以及技术创新体系的完善。

其次是对企业作为技术创新主体地位的理解。虽然在理论上确认了企业的创新主体地位,但在现实中并不是个个企业都能成为创新主体的,即使是在科技资源相对丰富的地区,创新成果却不比科技资源相对缺乏的地区丰硕。其原因在哪?根本的原因是缺乏企业家,准确地说是缺乏科技企业家。企业没有科技企业家运作就不可

---

① 本文原载于《中国工业经济》2012年第6期。

能成为科技创新的主体。

第三是对企业创新行为的理解。长期以来人们都是在熊彼特的五大创新定义的框架内理解企业的创新行为。而在现阶段技术创新上升为科技创新后,企业作为自主创新主体的创新活动就不能独立进行,其创新行为也需要有突破。企业需要与作为创新源头的大学和科研机构进行产学研合作创新,与此相应,科技企业家就要成为科技创新的组织者。科技企业家不能仅有一般企业家的职能,还需要有更为广阔的科技视野。实践中,产学研的合作创新有多种模式。总结这些模式可以发现科技企业家在其中所发挥的组织作用。

第四是对创新行为的导向性的理解。人们通常认为创新应该以市场为导向。创新者是被动的市场信息的接受者。在科技创新的背景下,技术创新不仅有市场导向,而且还有科学新发现导向。在实践中我们发现,成功的科技企业家并不完全受市场导向,而是以自己的理念创造消费者,对市场进行导向,由此产生对创新市场的垄断性。不仅如此,科技企业家对创新的科学新发现也起着导向作用。对创新行为的导向性分析更能解释科技企业家的特定职能。

第五是对科技企业家成长生态的理解。企业家同创新联系在一起。这是熊彼特当年提出,也是被广泛认可的。长期以来的两权分离理论是把企业所有者与企业经营者分开的。与此相应,经营者成为企业家的制度安排主要是以委托代理等理论来说明的。而在现阶段的科技创新中,科技企业家大都源自科技创业者。拥有创新科技成果的科技人员与风险投资者共同进行科技创业。科技创业在孵化出新企业的同时,也孵化出科技企业家。对科技创业者的股权激励就成为科技企业家成长的基本条件。相应地,创业板之类的股票市场功能就不只是为风险投资者提供转移风险和获取股权转让收益的机制,更为重要的是为科技创业者提供获取创业企业股权收益,从而激励科技企业家成长的路径。

## 二、技术进步模式创新与企业的创新主体地位的界定

对于任何企业来说,创新是其生存和发展的灵魂。在市场竞争中,谁在创新方面

比竞争对手做到更好、更持久,谁就能在市场上保持长盛不衰。因此可以说,创新是企业生命力所在。企业之间的竞争力差别是由创新力差别来说明的。

人们一般定义的技术创新体系为,企业为主体,市场为导向,产学研结合。强调企业成为技术创新的主体是要突出企业的创新功能。但不是说企业自然能够成为创新主体的,在现实中,许多企业并没有成为创新主体。这就提出对企业创新主体地位的界定问题。

最早在经济上使用创新概念的是熊彼特。在他那里,所谓创新,指的是生产要素的新组合,包括五个方面:(1) 采用一种新的产品;(2) 采用一种新的生产方法;(3) 开辟一个新的市场;(4) 掠取或控制原材料或半制成品的一种新的供应来源;(5) 实现任何一种工业的新的组织。简单地概括为,产品创新、技术创新、市场创新和组织制度创新。据此,企业作为技术创新主体包含以下含义。

**创新主体含义 1:**企业是新技术的采用主体。涉及采用新技术以推出新产品和新服务;采用新技术改造生产和服务流程,以降低成本和提高质量。

**创新主体含义 2:**企业是新技术的研发主体。从技术创新的发展史分析,最初的技术创新活动是在企业内部进行的,其中包括生产过程中工人依据其经验积累所进行的技术发明和创新。后来在企业内部建立了专门的研发机构进行产品和技术的研发,研发人员集中在其中开展研发活动。

**创新主体含义 3:**企业是技术创新的投资主体。一般认为,企业成为创新主体的标志是看研究开发和设备投资这两项先行投资的费用。在日本,一个企业的研究开发费用占其总销售额的 5%以上,设备投资费用也占其总销售额的 5%以上,便可判断该企业是在实施创新战略。①

概括起来,在技术创新体系中,企业的创新行为就表现为,或者在企业内部进行研发,或者以购买和模仿的方式采用新技术。对企业来说,其创新主体地位的显示,最为突出的是获取新技术的方式以及企业创新投入所进入的阶段。在这里,企业实

① 根据日本学者上野明的分析,标志攻势经营的先行投资。其标志就是看研究开发和设备投资这两项先行投资的费用。在日本,一个企业的研究开发费用占其总销售额的 5%以上,设备投资费用也占其总销售额的 5%以上,便可判断企业是在开展“以攻为主的经营”。

际上有购买新技术和自主研发新技术的选择:如果企业在市场导向下购买的新技术是有商业价值的技术,对企业来说,这是最小市场风险的新技术采用,但交易成本大,新技术提供者对购买者的要价高,企业为购买新技术所支付的成本也较高。针对这种成本,企业会由以市场为导向转向依靠自身的研发力量进行自主研发。这种获取新技术的路径明显的商业利益是其交易成本低于购买新技术的费用。

以上企业作为技术创新主体作用的三个方面,基本上反映在熊彼特那个时代以及后来相当长的时期中科学发现和技术进步的联系不是那么紧密的背景:在过去相当长的时期中,科学发现和产业革命在时间和空间上是分开的。也就是说,从重大科学发现到产生相应的产业革命或在生产上应用往往时隔几十、甚至上百年。而且一个科学发现转化为新技术后应用的时间也较长,会维持较长的一段时期才会被新的科学发现所产生的新技术替代。

上述技术创新路线图就如克拉克所界定的创新过程三阶段。首先是基础性创新,即科学新发现产生重大的创新成果,它推翻了现有方法,根本地改变了技术的各个组成部分之间的关系,创造出全新的生产线,对技术和市场都会产生影响。其次是改良性创新,它是建立在新发现的成果和现有的市场之上的创新。改良性创新即以转化为新技术,改变生产的手段和技术,改变产品的技术基础,改变产品的制造流程,也可能是产生新产品,一个重大的科学发现可能产生多项新技术;它每时每刻都在发生。当改良性创新趋于稳定后,增长就来自于营销创新,即寻找和扩大市场,包括改变营销渠道和方式等途径,改变产品与顾客之间的各种关系。当基础性创新产生新的突破后,又会打断原来的创新进程,开始新一轮的技术和市场创新(克拉克,2000)。

自 20 世纪后期产生新经济以来,科学上的重大发现转化为现实生产力的时间越来越缩短,缩短到十几年、几年。现在一个科学发现到生产上应用(尤其是产业创新)几乎是同时进行的。例如,新材料的发现,信息技术和生物技术的新突破都迅速转化为相应的新技术和新产业。正因为如此就有新科技和新产业革命合在一起的提法。在此背景下,一个科学发现转化为新技术后维持的时间也很短,很快会被新的科学发现所产生的新技术所替代。这意味着,现在的技术进步的源泉更多的直接来源于科学的发明,由此产生的以科学发现为源头的科技进步模式体现技术创新向科技创新的提升。

现在突出科技创新。这实际上反映创新源头和路径的改变。弗里曼在解释创新概念时，把熊彼特的创新的内涵进一步概括为新发明、新产品、新工艺、新方法或新制度第一次运用到经济中去的尝试[①]。这样，以科学发现为先导的技术创新路线图包括三个环节：上游环节即科学发现和知识创新环节；中游环节，即科学发现和创新的知识孵化为新技术的环节；下游环节，即采用新技术的环节。所有这三个创新环节相互联系就构成科技进步和创新的路线图。这表明技术创新成为科技创新的一个部分。其中，科学发现是技术创新的先导，技术创新是科学发现的归宿和落脚点。近期发生在长三角地区的科技创新实践证明了这一点。当年这里发展乡镇企业时，流行的是“星期六工程师”，吸引上海和大城市的工程师去乡镇企业解决技术和工艺问题。现在流行的是“星期六科学家”，吸引大学教授去科技企业，解决最新科技向新产业的转化问题。

以科学发现为导向的创新的路线图表明由技术创新上升为科技创新的标志性变化。一是在科技创新体系中不只是企业一个主体，还包括作为知识创新主体的大学和科研机构。这是产学研多个主体介入并交互作用的合作创新活动。二是现阶段的技术创新不只是停留在采用新技术环节，而是延伸到了科学新发现孵化为新技术的环节。这样，科学发现转化为新技术的速度明显加快，新技术的来源也多元化。由于科学家和科研人员的介入，最新科学发现所孵化出的高新技术科技含量更高。三是企业的创新活动出现新趋势：企业不只是成为采用新技术的主体，还会主动参与到产学研合作创新的体系中。这样，就有了企业作为技术创新主体的第四个含义。

**创新主体含义 4：**企业是孵化新技术的主体。

企业成为孵化新技术的主体有三个方面必要性：一方面虽然在科技创新背景下孵化新技术有产学研多个主体参与，但其中的主体工作及主要过程主要依靠企业投资来实现；另一方面，孵化出的新技术虽然有技术先进性的要求，但最终成果必须要具有商业价值和产业化价值，能够确定其商业和产业化价值的只能是企业；再一方

---

① 新帕尔格雷夫经济学大辞典，北京：经济科学出版社，1996：925.

面,孵化新技术是可能部分有回报的,因此孵化新技术的投资理应由企业提供。

企业成为孵化新技术的主体有自身的要求。企业虽然是技术创新的主体,但受制于自身的自主创新能力并不强,难以发挥出主体作用,只有在与大学及科研机构的合作创新中才能提高创新能力,从而成为创新主体。在此,企业进行的技术创新就不只是限于新技术的推广和应用,而是参与到科学发现向新技术的转化过程中去,只有这样才能抢占新技术的先机。这是技术进步路径的革命性变化,体现知识创新(科学发现)和技术创新的密切衔接和融合。

企业提前进入产学研合作创新阶段,甚至在新思想产生阶段就进入,为新思想孵化为新技术提供研发投入,是技术创新路径的创新。企业的这种投入与企业的长期发展相一致。但是企业提前进入新思想和新技术研发的投资风险较大,或者是新思想一时研发不出新技术,或者是研发出的新技术进入市场没有商业价值,或者是研发出的新技术进入市场时被更新的技术所排挤。当然,高风险也可能有高收益。创新项目一旦获得成功,就有较高的商业价值。对企业进入不同创新阶段的费用和效用进行比较,可以发现,就获得同样的创新成果来说,企业在孵化阶段就进入所支付的研发投入与在技术被孵化出来后购买该新技术所支付的成本相比,前者明显低于后者。

以上企业创新主体含义的拓展体现企业创新行为的创新。这四个创新主体含义即企业的创新功能,彼此间不是相互矛盾的。一个企业可以具备其中的某个或某几个功能就意味着承担技术创新主体的职能。四个功能都具备,尤其是具备第四个功能的则是具有特征性意义的创新型科技企业。作为创新主体的企业,可以是现有的生产企业进入技术开发领域,也可以是由科研机构转型的科技型企业,也可以是专事孵化新技术的风险投资企业和中介服务机构等。

## 三、科技创新的组织者:科技企业家

我国众多企业成为技术创新的主体,毫无疑问还需要一个发展过程,但这个过程不能靠自发生长,更不能等待,应当通过深化企业改革和科技体制改革,尤其是造就一大批科技企业家,去加大力度推动这个进程。

企业是创新主体,不等于说所有企业都能成为创新主体,关键是企业中要有创新的组织者。这个组织者就是企业家。就是说,创新是在企业实现的,而承担创新职能的是企业家。企业家是经营者,但经营者并不都是企业家。只有在企业经营者成为企业家后,企业才成为创新的主体。尤其是科技创新,经营者不仅要成为企业家,更要成为科技企业家。

在现实中,有些科教资源丰富的地区科技创新能力却不如科技资源相对缺乏的地区,其主要说明因素就是不同地区拥有科技企业家的差别。就如罗斯托的起飞理论所指出的,发展中国家实现经济起飞的两个先行资本之一就是企业家。就是说,经济起飞是由企业家推动的。而在现阶段,一个区域,一个企业能否转向创新型经济就看是否拥有科技企业家。就如斯坦福大学旁边有硅谷,不等于说所有大学旁边都有硅谷。科技企业家向哪里集聚,哪里就可能形成科技创新和科技创业的环境。

### 1. 科技企业家的界定

对企业家的创新素质和职能,从熊彼特开始经济学家们早有一系列的界定和论述。熊彼特把生产要素新组合的实现称为"企业",把职能是实现新组合的人们称为"企业家"。根据熊彼特的定义,经营者只有在从事创新活动时才能成为企业家。"每一个人只有当他实际上'实现新组合'时才是一个企业家;一旦当他建立起他的企业以后,也就是当他安定下来经营这个企业,就像其他的人经营他们的企业一样的时候,他就失去了这种资格。这自然是一条规则。"(熊彼特,1990)

创新就有风险,厌恶风险就没有创新。因此企业家的创新精神就被归结为敢于承担风险的精神。就是说,企业家不但不厌恶风险,而且敢冒风险、勇于开拓、不断创新。这是企业家的基本素质。

人们还把企业家的作用概括为决断力。企业成功的关键是,每逢遇到有关企业命运前途的紧要时刻,都是富有旺盛的企业家精神的领导者,做出了出色的决断。

也有人把企业家精神概括为不满足于已有的成就,不满足于现状的不断进取的精神。始终抱有勇于进取,向更高目标挺进的雄心壮志,这是企业保持活力和创新力的根本所在。

应该说以上创新素质和精神,科技企业家都必须具备,但对科技企业家来说,只是具备这些还是不够的。科技企业家需要有特定的素质和功能。这是由科技创新的特点和在科技创新条件下企业特定的创新地位决定的。

原有的企业家理论特别强调彰显企业家的独立个性,突出企业家独立自主的创新活动。而在技术创新提升为科技创新后,企业不能只是在自身的范围内从事产品和技术创新,必须利用最新科技成果。这样,其技术创新的阶段就要延伸到科学新发现孵化为新技术的阶段。进入孵化新技术阶段的创新主体不仅有作为技术创新主体的企业,还有作为知识创新主体的大学和科研机构,这就是产学研的合作创新。在多个主体进入的孵化阶段,起主体作用的更应该是企业。因此就需要科技企业家。科技企业家的职能不一定是自己进行科技创新活动,而是推动和组织创新活动,包括对企业的技术创新与大学的知识创新两大创新系统进行集成,对多个主体进入的新技术孵化活动进行组织协调。这种职能不是一般的企业家就能做到的,而是需要科技企业家发挥作用。在这里,企业家的创新活动就由彰显个性转变为突出协同创新。这种协同创新有两个含义:第一是由于企业家的组织和协调,形成产学研各个创新主体之间的互动和交互作用;第二,科技企业家所推动的企业创新的动力不只是竞争,更是合作。尤其是进入其创新链的各个主体间的合作。

企业从孵化新技术阶段就进入的创新过程具有不确定性、协同性和连续性的特点。科技企业家需要以其战略、组织和财务安排来加以应对和组织。

首先,企业的创新投资是一种直接投资,它面对的是技术、市场和竞争环境的不确定性。在这些不确定因素下,确定创新投资的方向、方式和投资战略。这本身体现科技企业家敢冒风险的素质和洞察市场的能力。

其次,产学研合作创新不仅要求企业直接进入新技术孵化阶段,也要求大学等知识创新主体向前走一步进入新技术孵化阶段。在现实中由于各自追求的目标的不一致,他们均不是自动进入的。产学研合作创新的协同性,考验科技企业家的集成和组织能力,尤其是对知识创新主体参与孵化新技术具有吸引力。

第三,企业从新技术孵化阶段就进入创新过程,也就延长了整个创新阶段,体现企业创新的长期行为,由此也产生创新的连续性和不间断性。科技企业家的组织职能就在于不间断的引导创新并根据最终的市场目标及时调整创新方向,直至开发出品质更高成本更低的产品进入市场并取得财务回报。

显然,在科技创新中,对企业家来说,有了创新的企业家精神还不够,还需要具有创新的思维,具有围绕创新组合生产要素(创新要素)尤其是协调产学研各方的能力。只有这样,才能使创新得以成功。

### 2. 科技企业家的基本功能是对产学研协同创新的组织

在产学研合作创新的体系中,科技企业家不只是主要的投资者,更是孵化新技术的引导者。原因是,一方面科技企业家具有企业家的素质,能够洞察市场需求,体现以市场为导向;另一方面科技企业家具有科学家的素质,能够洞察科学新发现的科学价值,体现创新成果的先进性。现实中有的企业家办的企业没有科技含量,原因是他缺乏科学家的素质;有的科学家办的企业不成功,原因是他不是企业家。

企业进入科学新发现孵化为新技术的产学研合作创新阶段,体现科学家和企业家的合作。在这个过程中,科技企业家起着主导作用。新技术的选择和采用,新技术的市场前景,孵化新技术的投入都是企业家主导的。实际上,在过去的技术创新中也有企业家与科学家的合作,那主要是项目合作,项目完成,如果没有新的项目,合作就结束。现在由企业家主导的产学研的合作创新出现的新现象是构建合作创新的组织(平台),这种有组织的合作创新可能产生源源不断的创新成果。这种合作创新组织大致有以下五种模式。

一种模式是合作创新仍然在企业中进行,但与传统的技术创新最大的不同是将产学研合作创新平台建在了企业中。一批国际知名的大企业拥有比大学和研究所更先进的科研设备和更雄厚的科技研发队伍。如微软公司就是在企业内部建立了一个大型实验室。在不少发达国家,企业拥有的科技人员约占全国科技人员总数的60%~85%。企业自身对科技开发的投入也在不断上升,以日本为例,企业投入的科技费用已占全国科研投入82%以上。在我国的深圳也是这种模式,90%以上的科研人员、科研项目、科研成果在企业中。在这里,企业的创新主体地位非常突出,这些企业的成果转化、产品更新成为抢占市场份额的强大的竞争优势。

另一种模式是创新外包。也就是企业将创新和研发活动外包给大学和科研机构。将科技创新外包给大学和科学家服务于企业内部的创新活动,不仅节省创新成本,而且可以保证创新项目的先进性。以英特尔公司为例,该公司在美国和英国的大学周边建立了4个小型实验室,以方便实验室与大学之间的创意交流。该公司的创意设想都来自这样的实验室(托尼·达维拉,2007)。当然,这类企业不是将创新都外包出去,而是将部分创新工作外包出去。其前提是,企业只有在推进创新时才有将部分创新活动外包出去的需要。

第三种模式是进行创新项目的合作。企业在大学和科学家那里发现有商业价值的新思想就提前介入,为该项目研发提供风险投资和市场信息,支持其将新思想往前走,在实验室进行实验,并进行新技术孵化,其间会有不间断的投入直至产生可以进入市场的新技术、新产品。

第四种模式是企业投资建立产学研合作创新的平台,有的产学研合作平台建在大学,也有的产学研合作平台建在政府建设的科技园中。在这里,企业和大学不仅建立了研发共同体,也建立了利益共同体。与上述项目合作模式相比,这种共建创新平台的模式有两个重要特点。一是由个人的合作变为有组织的合作,二是由个别项目的合作变为长期的多项目的全面合作。企业可以从合作创新平台上获得源源不断的创新成果。

第五种模式是风险投资家组织的产学研合作创新。面对科学新发现,风险投资家提供孵化新技术的投资。在这里,产学研的合作是由风险投资黏合在一起的。当然,这些风险投资家的投资目标不是长期经营企业,其投资作为创业投资,在孵化出的新技术创造出新企业后就要退出,转向新的孵化新技术项目。正因为这种创业投资属于风险投资,因此对从事这类投资的投资者的要求特别高。原因是,科学新发现有没有孵化新技术的价值,孵化出的新技术能否进入企业,企业能否利用新技术获利,这些都是风险投资家所要考虑并需要自始至终关注的。

以上企业作为技术创新主体所开展的各种产学研合作创新模式表明,企业真正成了技术创新的主体,科技企业家在其中起了关键性的主导和组织作用。

现实中,我国改革开放催生的第一代科技企业家,基本上没有科技背景,但他们依靠科技人员发展起了科技企业。在他们的推动下逐渐形成以研制开发、经营电子产品的民营科技企业群体——“中关村电子一条街”。后来产生的第二代科技企业家大多具有高学历和创新思维，掌握着高科技知识，联想的柳传志有在科学院工作的经历，尚德的施正荣有澳洲攻读博士学位的经历。他们从事的领域紧密追踪世界高科技发展的前沿，即发展以信息技术、网络技术、软件技术、新能源技术，直接面对并参与国际高新技术领域的竞争。显然，科技人员带了科技成果进行科技创业是科技企业家形成的重要途径。因为这些企业与大学和科研院所有着天然的联系，所以在获取科技成果和孵化新技术方面具有持续性。

在我们肯定技术创新链最前端的科技企业家的作用时，不能忽视处于技术创新链后端的企业家，只要他们致力于创新，从事研发和采用新技术的创新活动，就是企业家，尽管不一定是科技企业家。他们与科技企业家配合并互动，提升全社会的创新能力。

## 四、科技企业家对科技创新行为的导向

人们通常认为，技术创新体系是以市场为导向的。企业的技术创新确实需要以市场为导向。市场的新需求，市场供求变化都会提出技术创新的需求，从而引导科技创新的方向。市场也会检验创新成果是否为市场所接受，创新是否存在风险也最终由市场来检验。但是，创新的实践表明，只是强调创新行为的市场导向，存在着片面性。

### 1. 科技创新实质是科技企业家导向

首先，在科技创新背景下，技术创新除了市场导向外还有另一个方向的导向，这就是科学新发现的导向。在科技创新中，科学与技术紧密结合，新的科学发现直接引导技术创新。例如，科学上发现新材料就会产生新材料产业，科学上发现新能源就会产生新能源产业，科学上发现新的生命机理，就会产生新的生物技术产业。这种科学新发现对技术创新的导向就可能使技术创新紧跟科学发现，进入科技进步的前沿。研究硅谷之类的大学科技园就可发现，这里的技术创新基本上是以科学新发现为导向的。

其次，技术创新，无论是以科学新发现为导向还是以市场为导向，实际上都需要

科技企业家的行为导向。企业的创新行为目标归结起来就是企业的价值创造和提升。这是企业创新的内生动力。按此目标,科技企业家的创新行为就不是被动地接受科学新发现的导向,也不是被动地接受市场导向。就像宏观经济学中所界定的企业家行为,企业家对宏观经济政策不只是适应性预期,更是理性预期,能够引导宏观经济政策。在创新领域也是这样,企业家会以其理性的行为对这两种导向进行引导。

就科学新发现对技术创新的导向来说,科学新发现属于知识创新,是基础性创新,具有明显的先进性。这些创新成果的应用价值何在?能够孵化成什么样的技术?单靠科学家是不行的,需要企业家的介入。科技企业家的作用就是对科学新发现的应用和孵化为新技术的过程进行引导,以体现技术创新成果的科学价值和商业价值的统一。

再就市场对技术创新的导向来说,企业家的创新行为不只是适应市场供求,而是理性地引导市场。具体地说,作为市场导向的主要是消费者行为。消费者行为引导市场,进而引导技术创新,那么谁来引导消费者呢?乔布斯的"苹果"模式表明[①],科技企业家可能引导消费者行为,使消费者知道应该和需要消费什么。在这里,企业家行为实际上是创造消费者,这就将技术创新和引导消费者直接结合了起来。

因此,可以说对技术创新本质上是科技企业家行为导向。其对技术创新的两个方面都进行了导向,既引导科学新发现孵化新技术的导向,又引导市场对技术创新的导向。科技企业家的这种导向实际上是主动连接市场和科技创新过程。在原来意义的创新的市场导向中,从市场提出需求到研发适应市场需求的新技术需要经过多个阶段,市场的导向到技术创新需要一系列的"试错",从而产生创新风险和成本。而在科技企业家引导和创造消费者和科技创新结合进行的模式中,科技创新和市场导向直接互动,就不存在传统的市场导向的创新模式中所要经历的阶段和"试错"成本,因

① 乔布斯:"一些人说'提供给顾客他们想要的'。但这不是我的方法。我们的工作是在他们之前思考顾客将需要什么。我想亨利·福特曾说过"如果我问顾客他们想要什么,他们会跟我说'跑得更快的马!'"人们不知道他们想要什么,直到你展示出来。这就是为什么我从不依据市场调查。我们的任务是推敲出还没有出现的信息。"[美]沃尔特·艾萨克森·史蒂夫·乔布斯传[M] 管延圻等译,北京:中信出版社,2011.

而可以加快创新的过程,减少创新的风险。当然这种创新行为一般的企业家是难以做到的,只有科技企业家才能做到。成功的科技企业家既能对孵化的新技术导向,又能对消费者导向。由此,开发的技术和产品一般都有良好的市场前景。

### 2. 对科技企业家行为的导向

在明确了技术创新的科技企业家行为导向后,还需要解决科技企业家行为本身的导向。必须明确,科技企业家对技术创新行为的引导不是随意的、盲目的,本身又要受企业家对创新的价值取向的支配。就如美国学者彼得·杜拉克所说:"企业家的革新,并非不分青红皂白地去找'风险',而是一种有目的、有系统的活动,是刻苦地追求与科学的变化,响应变化,努力从中捕捉革新的机会。"也就是熊彼特所讲的:"为了他的成功,更主要的与其说是敏锐和精力充沛,不如说是某种精细。他能抓住眼前的机会。"(熊彼特,1990)由此提出了对企业家的创新决策和创新行为实施的科学性要求。企业家创新决策和行为的价值取向也就是创新技术的价值主张。这种价值取向主要涉及三个方面。

首先是科技企业家的创新目标。过去的理论对企业家的经营目标有两种界定。一是从企业所有者利益要求界定的,企业利润最大化目标。二是从企业经营者利益要求所界定的,经营者的规模最大化目标。在说明科技企业家的创新目标时,这两个界定就都不适用了。科技企业家追求的是创新价值,也就是建立在创新基础上的企业整体价值的提升。就是说,科技企业家对创新的费用和效用进行权衡的基础上所采取的创新行为有明确的提升企业价值的目标。从这一意义上说,依靠创新实现企业价值提升是科技企业家的价值所在。

其次是科技企业家的社会责任。企业家本来就有社会责任的要求。例如,关心社会福祉,重视环境保护,关爱弱势群体,等等。而对科技企业家来说,其社会责任不只是这些,还有两方面要求。第一,由科技创新成果的社会影响所决定,创新成果既可能给社会带来福利,也可能带来危害。例如,发明的三聚氰胺用于牛奶生产就严重危害人类健康。现在市场上出现的所谓"毒胶囊""地沟油"等都可以说是科技成果,但它们绝不能是科技企业家所为。因此,科技企业家的创新目标必须与其社会责任相一致。创新出人民得到福利的新技术,例如节能环保的绿色化技术就是科技企业家社会责任所在。第二是企业家创新行为的国家目标导向。科技创新的国家目标即解决国家急需的重大科技问题。国家目标主要通过国家重大的科技创新计划和产业政策体现。前者主要由科学家实施,后者则主要由企业家实施。具有社会责任的科技企业家会主动将自己的创新行为与国家目标(主要是产业政策)衔接。作为理性的企业家,不只是适应国家目标的导向,甚至可能以自己的创造影响国家科技目标和相关科技政策的制定和调整。

最后是企业创新行为的文化导向。企业的创新并不都是获取新技术。获取文化创意也是创新的重要途径。其文化创新可以形成软实力,从而形成企业竞争力。就如乔布斯所说的:"说到底,产品要以品味取胜","伟大的产品是品位的胜利。而品位则是学习、观察并沉浸到过去与现在的文化时所获得的一种副产品。"①。文化创意包括品牌创造和推广,企业和产品形象的设计,等等。这些企业文化反映的是企业家的文化,是以文化形态表现出来的企业家的道德观和价值观。从这一意义上说,创新的文化导向实际上指的是企业家的道德观和价值观导向。正因为如此,提高科技企业家的文化素质对提高企业的创新能力和由此产生的创新成果的市场影响力和市场扩展力至关重要。

### 3. 科技企业家对技术创新的导向机制

科技企业家对技术创新的导向机制与其商业模式相关。商业模式创新与科技创新的互动。"成功的创新不仅要靠领先的技术,而且还要有出色的商业模式相辅。"②原因是,一方面,技术创新是有成本的,或者说会增加成本。为技术创新而增加的成本可以因商业模式的创新而得到消化。另一方面,发现一个新市场需要以相应的商业模式去开拓和扩大,这样,创新产品因商业模式的创新而为市场所接受并能扩大创新产品的市场。这意味着,创新一种新技术需要同时创新商业模式。创新被看作是通过开发商业模式和技术来创造新价值的能力。创新成功的企业一般都能平衡好创新中的技术改造和商业模式的改造这两方面的工作。(托尼·达维拉,2007)

---

① 张意源.乔布斯谈创新,深圳:海天出版社,2011:43.
② 张意源.乔布斯谈创新,深圳:海天出版社,2011:154.

商业模式的创新一般涉及三个方面:一是改变产品和服务价值的主张,即开发新的产品和服务或者延伸现有产品价值的主张。二是供应链的创新,这涉及供应链各个环节的整合及与供应商关系的创新。三是目标顾客的创新即发现新的市场(托尼·达维拉,2007)。这样,商业模式创新体现技术创新、产品创新、市场创新的互动。业绩良好的企业都是既改进技术又开发新的商业模式。就影响科技创新行为的商业模式创新来说,主要涉及以下三个方面关系的处理。

一是自主创新与开放式创新的关系。这涉及企业对某项新技术是自主研发还是购买采用的权衡和决策。由模仿创新转变为自主创新,反映企业创新能力的提升。自主创新指的是创新具有自主知识产权的新技术新产品,既包括原始创新,也包括对引进的技术进行消化吸收后的再创新。但是,自主创新不等于封闭创新。企业在研发新技术新产品过程中绝不排斥利用和引进新知识和新技术。企业在与其他企业甚至其他国家主攻同一创新方向过程中也需要吸收和引进别人的新发明、新技术。在保持自己拥有自主知识产权的核心技术前提下进行这种开放式创新,不仅可以保证创新成果在技术上保持自己在创新领域的领先地位,同时也可避免重复研究并节省研发费用。研究乔布斯的创新模式可以发现,其任何一个新款式产品并不都是采用自己研发的新技术,而是采用别人研发的最新最先进的技术,自己只是研发并拥有其中的核心技术。如他所说,"向着一切好的创意开放。"

二是研发投入与人才投入的关系。科技创新不节省投入,但有个投入方向问题。是重点投在研发活动上,还是重点投在人才上就有个权衡和选择问题。乔布斯认为,创新与研发资金的数额没有多少关系,关键是你所拥有的人才状况。因此,就形成与微软不同的创新模式。后者坚信,高达数百亿美元的研发投入是微软保持稳健发展的最有力的后盾。① 现实中这两者不可能截然分开。研发依靠人才,吸引高端研发人才从事高端创新活动也需要有足够的研发投入。

三是生产增值方式和服务增值方式的关系。这个关系的把握会影响创新行为的着力点。人们一般认为科技创新主要是解决生产领域中的技术问题,因而企业价值

---

① 张意源.乔布斯谈创新,深圳:海天出版社,2011:26,54.

的提升和增值就靠生产中的技术创新。而在现阶段,企业运行的价值链中不只有生产环节,还有服务环节。其中的服务环节不仅也能增值,甚至可能有更高的增值能力。服从于提升企业价值的需要,科技创新不只是提供生产新产品的新技术,也要提供产生新服务的新技术。我们从 IBM 由制造业企业向服务业企业成功转型的案例中发现,其放弃 PC 等方面的制造领域的技术创新,而集中力量在软件和管理等服务领域进行创新成效非常明显:一下子占领了世界软件服务业领域的制高点,其在服务领域增值的能力也明显强于在生产领域增值的能力。这表明,企业价值增值方式转型是商业模式创新的重要方面。

以上三个方面关系的处理也就是企业商业模式的不同选择。对商业模式的不同选择不能简单地做好和坏的判断。只是要说明,科技企业家所推动的商业模式创新会引导其科技创新行为,两者形成互动关系,可能形成良性的协同创新。

#### 4. 科技创新行为的长期化

科技创新行为还有长期行为和短期行为的问题。根据科技创新的路线图,从孵化新技术到采用新技术的产品进入市场,其间所经过的阶段有不同的风险程度。如果将孵化高新技术的风险投资区分为种子期、创业期、成熟期和衰退期的话,各个时期的风险投资有不同的特点。一般说来,种子期(即产生思想期)所需的风险投资数量相对少,但被锁住的时间长,风险也最大。创业期(即孵化和中试期)所需的风险投资比重最大,被锁住的时间及风险仅次于种子期。而在成熟期,风险投资被锁住的时间最短,风险也最小。许多风险投资者由于更为关心退出,因此其行为往往是短期的。他们往往在成熟阶段进入,以便在短期内退出。而风险投资作为创业投资,最为需要的是风险投资行为的长期化。也就是,在高新技术孵化阶段即创业阶段就应该进入,否则就失去了其作为创业投资的意义。因此,风险投资家不能走一般企业等待和选择现成技术的道路,应该积极进入孵化高新技术的过程。这意味着,对风险投资家的投资行为需要引导。

在发达的创新型经济中,最为活跃的专事科技成果转化的风险投资家是科技企业家重要部分。他们是战略投资者,一方面熟悉市场,另一方面专门捕猎高新技术,以其创业投资将两者结合或凝结起来。他们有“出色的判断能力、预见能力和充分的信息”。(富兰克·奈特,2007)因而敢于进入风险较大的科技创新的前端环节。风险投资家选择并针对科技成果提供风险投资,对科技创新具有明显的导向作用,既要准确判断市场需求,又要准确判断科技成果的科学价值和市场价值,又要具有管理风险的能力。作为风险投资的专家,应对不确定性问题变成一个具有一般意义的管理。这也可以说是科技企业家的基本素质。

应该说,专业面向高新技术孵化的风险投资家作为科技企业家对科技创新起着重大作用,尤其是在科技创新能力强的发达国家。而在我国现阶段真正从事高新技术孵化的风险投资家不多也不强,相对多的采取短期行为。因此不能完全指望风险投资家来承担科技创新的职能。我们需要的是,处于实体经济领域的企业直接进入孵化高新技术的领域。其前提条件是这些企业的经营者成为科技企业家。他们与风险投资家追求股权转让收益的投资目标不同,追求的目标是投资收益,其进入的阶段固然会考虑新技术靠近进入市场的时间,但不乏有理性的企业家对科技创新投资的阶段也越来越向前移,甚至在新技术的种子阶段就进入。其积极参与的新技术研发往往同企业的长期发展相关,因而有长期投资的准备,这类企业家就真正成为敢于进行风险投资的科技企业家。

## 五、科技创业和科技企业家成长的生态

根据罗斯托的起飞理论,起飞的先行资本是具有创新精神的企业家。同其他发展中国家一样,制约我国经济发展的最大缺口可说是缺乏企业家。同样在我国经济转向创新驱动时最缺乏的也是企业家,尤其是缺科技企业家。一般说来,企业家的成长有个自然的过程。为了加快经济发展方式的转变,我国不能等待企业家的自然成长,需要采取有效的措施和制度安排培养和造就科技企业家队伍。

企业家知识化是科技企业家产生的基础条件。企业家没有相应的知识层次,就不知科技创新的方向,也不知怎样去开发知识产品,也不知如何与科学家合作。如果微软公司的总裁不是比尔·盖茨、北大方正没有王选,这两家科技型公司很难有今天的成就。再如,乔布斯和比尔·盖茨都有在大学学习科学学科的经历,王选本人就是

科学家。这样,企业家知识化有两条途径:一是现有的企业家由经验型通过学习转向知识型,二是科学家进入企业家队伍。归结起来就是殊途同归:企业家知识化成为科技企业家,科学家企业家化成为科技企业家。科技企业家除了有敏锐的商业化眼光和经验外,又有广博的科学知识。虽然科技企业家不可能通晓所有的科技领域,但能通晓某个处于当时前沿的科技领域的知识。例如,比尔·盖茨通晓软件,乔布斯通晓计算机和移动通信,王选通晓激光照排,施正荣通晓新能源。

在一般的分析中,企业家的产生和成长,除了要有一定的天赋素质外,更重要的是要有一套适合企业家产生和成长的机制。其中最为重要的是良好的激励创新机制。企业家负有企业创新,率领企业在市场竞争中取胜的使命,作为理性个人,企业家同样有自己的追求,其中包括经济收入、社会地位、成就感、名誉等。就是说,企业家的利益是相对独立的,既不完全等同于企业利益,也不完全等同于国家利益,因此需要根据其相对独立的利益追求设计企业家成长的激励机制。这些制度安排对科技企业家的培育和成长无疑都是需要的,但仅仅是这些还是远远不够的。还需要有更为重要的制度安排。原因是科技企业家有特别的要求及相应的形成条件。这就涉及科技企业家成长的生态。

研究科技企业家成长的生态,先要关注整个科技创新的生态系统。美国在 2003 年提出的创新生态系统强调,经济和社会的诸多方面存在连续不断的多种多样的相互作用。各个创新主体之间的交流和互动、科学家在前沿的自由探索、私营企业的开发逐利策略、政府的长期战略目标和研究型创业型高校之间的良性竞争,使得相关创新各方能够有机结合和高效互动,有力地推动创新体系的演进。(陈其荣,2011)科技企业家的科技创业本身包含在这种创新体系中,自身的成长也依赖于整个生态系统的完善。

科学家企业家化的重要路径是科技创业。科技创业就是科技人员带着科技成果进入孵化高新技术环节并以此为基础创办科技企业。科技创新与科技创业是相联系的。科技创业能够实现科学新发现向新技术的转化。科技创业实际上是创办风险企业。科技创业与科技企业家的成长直接相关。孵化出新技术同时孵化出新企业,也同时孵化出科技企业家。研究科技创业所需要的外部条件同时也是研究科技企业家成长的生态系统。

### 1. 科技创业的创业投资

虽然科技创业(如企业登记和开业)不以资金规模为门槛,而是以高新技术研究成果为门槛,但创业不能没有资金。科技人员创办科技企业的基本条件是知识、技术及其专利之类的科技成果,其创办科技企业普遍面临的问题,是有技术缺资金,缺乏经营企业和市场运作的经验。现实中确实有科技创业者自己提供创业投资的,但成功的不多。现实中有三条创业投资途径可供选择。

一是风险投资家提供的风险投资。科技创业成功的关键是知识资本和风险投资的有效结合。对风险投资者来说,不仅要为高科技项目提供资金,还应该根据自身对市场行情的了解,对科技创业者的高科技研发项目进行市场导向,以选择和确定具有商业价值的高新技术孵化项目。同时,作为高新技术的创业投资必须为科技创业提供必要的金融支持和经营企业的辅导和服务。以硅谷为例,风险投资家为位于斯坦福大学附近的众多创业企业提供了资助,由此形成了一个全新的行业,即专门培育新生的高技术企业成长的风险投资业。风险投资者的存在可以说是现代经济充满创新活力的原因所在。问题是我国现阶段的风险投资公司缺乏长期行为,因此孵化和创业投资不足成为科技创业的“瓶颈”。

二是政府提供引导性创业投资。根据中关村等科技园的经验,当地政府参与建设的科技孵化器是培育科技型企业和科技企业家的摇篮,是连接大学、科研院所、大中型企业的纽带。政府对科技孵化器的投入实际上对私人风险投资进入新技术孵化阶段起了明显的引导作用。

三是企业吸引科技创业者进入,并为之提供创业投资及相关的服务。这类企业本身具有向科技企业转型的要求。企业同科技创业者建立科技创业的分析分担和利益共享机制。科技创业一旦成功,不仅孵化出新技术和新企业,该企业也可能成长为科技企业。

### 2. 对科技创业者的知识产权保护和股权激励

无论是采取哪种方式提供创业投资,都会存在创业者和投资者的利益关系。已有的企业治理模式是以所有权与经营权分离为特征的。相应地，给敢于冒风险进行创新的经营者提供激励的理论，突出在经营者的收入包括创新收入和风险收入。其背景是企业经营者作为高级雇佣者主要是领薪水的，即使是分享剩余也采取奖金之类的形式。而在新经济产生以后，就如威廉·拉让尼克在其《创新魔咒：新经济能否带来持续繁荣》一书中描述的，原有的两权分离的企业模式开始终结，取而代之的是创新型企业的高层经理得到了企业的股权。①

科技创业者获得企业股权的基本说明因素在于，科技创业的灵魂和核心是知识资本。知识资本是科技创业的"本"。在旧经济时代，创业主要靠资本(资金)，是以资本(资金)招技术；而在新经济时代，创业主要靠知识和技术，是以知识和技术招资本(资金)。进一步的说明是，在旧经济中是物质资本雇佣劳动，知识和技术也就成为资本的生产力。而在新经济中，这种雇佣关系发生了根本性变化，物质资本被知识资本所雇佣。就是说创业的主动因素是知识和技术，物质资本则作为风险投资，从属于知识资本。较物质资本，知识和人力资本增值的速度更快，增值能力更强。他们将替代资本家成为财富创造的中心。

与传统企业不同，科技企业不仅仅是劳动和资本的结合，它还是高科技的思想(知识)与资本的结合。因此，拥有高科技思想的创业者是知识资本和人力资本人格化，即"知本家"。应该承认那些风险投资家也拥有高含量的知识资本和人力资本，否则他们也不可能与知识资本结合，也不可能准确选择高收益的投资项目，而且进行风险投资之类的资本经营也是高知识的经营。② 但是与科技企业的创办者相比，风险投资毕竟是为之服务的，就像微软公司这样成功的科技企业首先归功于比尔·盖茨这样的科技企业家，而不是哪一位风险投资者。在此背景下，对科技创业家的激励突

① "某些硅谷的创业企业，如英特尔、甲骨文、太阳微系统和思科系统等公司在创业初期就对其相当部分的员工授予股票期权。许多设立于硅谷以外地区的新经济企业，如位于华盛顿州的微软和位于得克萨斯州的戴尔也是这样。"[美]威廉·拉让尼克.创新魔咒：新经济能否带来持续繁荣[M].黄一义，冀书鹏译.上海：上海远东出版社，2011：48.

② "美国式的风险投资家还有一个特点，他们不光作投资，也密切参与所投资公司的管理。因此风险投资家的真正价值，在于他们提供的帮助而非金钱。"[美]罗伯茨 Edward B. Roberts.风险投资及运行机制，廖理.探求智慧之旅[C].北京：北京大学出版社，2000：244.

出在股权激励。

依据上述科技创业同创业投资的关系分析,在科技创业中孵化科技企业家的关键是明确科技创业者在科技企业中的股权。一方面科技创业者一般都是带着其专利之类创新成果创业的,这些创新成果即知识产权需要在创业的企业中股权化。另一方面科技创业者也可以以其人力资本价值获得企业股权,这样由科技人员创业的企业的股权结构就不能只是投入的资金份额,还必须包括科技创业者的知识产权和人力资本股权。由于科技创业者一般是个团队,在团队里除了要有科技人才,还需要有经营管理、市场和销售人才。① 原因是科技创业不只是组织科技创新活动,还要经营企业,参与市场活动。这意味着科技创业是各类人才的共同创业。因此对科技创业者的股权激励不只是企业一个经营者,往往是整个创业和经营团队得到股权激励。不仅如此,股权激励甚至可以扩大到参与创新活动的各类高层次人才。在此激励制度下,科技创业成功就成为所有创业者的共同利益追求。

研究硅谷的科技创业机制,可以发现,对科技创业者股权激励的主要形式是股票期权。其目标是将创业者的股权收入与企业在股票市场上的市场价值紧密联系起来。将来企业一旦上市或出售给大公司,其潜在的市场价值十分可观。(威廉·拉让尼克,2011)而且,股票期权不是经理人特有的,还被视为吸引创新人才进入创新型新兴企业的报酬。其知识资本和人力资本价值可以随着企业市场价值的提升而变现。

### 3. 股票市场实现创新企业和企业家价值

如前面所说,科技企业家的创新目标是依靠创新提升企业价值。这样,科技创业的企业得以成功并得到市场的承认离不开股票市场。"具有高度流动性且上市条件较为宽松的纳斯达克股票市场使创业企业首发上市的成功率大为提高,进而导致风险资本对高科技企业的投资。"(威廉·拉让尼克,2011)

人们一般认为,纳斯达克市场和我国的创业板市场是专门为风险投资设立的。

---

① 麻省理工学院管理学家爱德华.罗伯茨指出高新技术企业取得成功的基本要素时指出:优秀的企业是由团队造就的,而非个人。第二,在团队里,除了要有技术人才,还要有市场和销售人才。[美]罗伯茨 Edward B. Roberts. 风险投资及运行机制,廖理. 探求智慧之旅[C]. 北京:北京大学出版社,2000:252.

其主要说明如下。风险投资不同于其他投资,首先是有风险,投入的创业投资大多不成功,成功的是少数,但一旦成功可能有高收益。其次它所追求的不是在企业中做股东获取股权收益,而是追求在股权交易中获利。风险投资者期望从创立后的企业(股权)的出售中退出,然后再用这些资本进行新的风险投资活动。因此,建立并完善创业板市场和产权交易市场可以为风险投资提供顺畅的退出机制。其作用:一方面使投入科技创新项目的资金在孵化出高新技术和企业后能及时退出来进入新的项目,以保证风险投资的可持续;另一方面是可以为风险投资者提供及时转移风险或者转移股权的通道,从而为之提供规避和锁定风险的机制。

其实,创业板市场的上述功能只是一个方面,其更为重要的功能是实现科技创业企业的价值,特别是创业企业家的价值。科技企业在年轻时就上市(或转让股权),不仅使风险资本在完成其使命后及时退出并得到回报,还能使科技企业在风险资本退出后由于社会资本的进入而得到存续并可能得到跨越式发展。不仅如此,对持有企业股票期权的经营者和高技术人才来说,公司上市意味着其为科技创业贡献而持有的股票期权得到了股权收益和巨额的回报。据有关材料,在硅谷,平均每五天有一家公司挂牌上市,每天诞生数十个百万富翁。在这种股权收益的刺激中何愁不产生科技企业家。因此,我国的创业板市场更多地鼓励科技企业上市,或者提供股权转让的其他市场路径,可能会激励更多的企业家进入高科技的孵化领域。

基于以上分析,在转向以科学新发现为导向的技术进步模式的大背景下,我国现有的以企业为主体,市场为导向,产学研结合的技术创新体系的提法需要进一步完善。首先,技术创新以企业为主体需要有明确的要求,企业不仅是在采用新技术上成为主体,更应在参与孵化新技术上成为主体。其次,企业不可能自动成为技术创新主体,其主观条件是科技企业家经营企业并组织创新。科技创新需要产学研各个主体协同作用,没有科技企业家的组织和协调,科技创新就成为空话。第三,对技术创新的市场导向只是在技术和产品的微观层面上起作用,在整个技术创新体系中真正起导向作用的是科技企业家。第四,以科技企业家为主导的技术创新体系是我国国家创新体系的基础和核心。根据科技企业家成长的生态培育科技企业家队伍是我国建设创新型国家的关键。

## 参考文献

[1] [美]克拉克.企业技术创新的模式,廖理.探求智慧之旅[C].北京:北京大学出版社,2000:281.

[2] [美]熊彼特.经济发展理论[M].何畏等译.北京:商务印书馆,1990.

[3] [美]托尼·达维拉.创新之道[M].刘勃译.北京:中国人民大学出版社,2007:96.

[4] [美]富兰克·奈特.风险、不确定性和利润[M].王宇、王文玉译.北京:中国人民大学出版社,2005:187.

[5] 陈其荣.诺贝尔自然科学奖与创新型国家[J].上海大学学报,2011(6).

[6] [美]威廉·拉让尼克.创新魔咒:新经济能否带来持续繁荣[M].黄一义,冀书鹏译.上海:上海远东出版社,2011.

# 关键是厘清市场与政府作用的边界[①]

党的十八届三中全会确认市场在资源配置中起决定性作用。这是我国社会主义市场经济理论的重大突破,也是马克思主义经济学中国化的重要成果。这个理论突破涉及政府和市场关系的重大调整。这种资源配置机制的实现,不仅需要政府通过自身的改革使市场对资源配置起决定性作用,还要求政府在市场决定资源配置新格局中更好发挥应该发挥的作用。

## 一、市场由基础性作用到决定性作用的转变

研究我国改革开放的轨迹可以发现,每一次重大改革都是市场经济理论取得重大突破以后产生的,而且每一次重大突破的改革取向都是调整和优化政府和市场的关系。

我国从 1992 年党的十四大提出使市场在国家宏观调控下对资源配置起基础性作用的突破性理论,经过十五大、十六大、十七大直到 2012 年的十八大,一直是指导我国经济体制市场化改革的指导思想的理论基础。这次十八届三中全会明确提出市场对资源配置起决定性作用。这表明我国的社会主义市场经济理论又取得了突破性进展。对市场作用的新定位将成为在经济体制中处理政府作用和市场作用的新指南。

十八届三中全会做出的关于全面深化改革的决定明确提出,经济体制改革的核

① 本文原载于《红旗文稿》2014 年第 3 期,简写稿以《论市场对资源配置起决定性作用后的政府作用》为题发表于《经济研究》2014 年第 1 期。

心问题是处理好政府和市场的关系,使市场在资源配置中起决定性作用和更好发挥政府作用。这是社会主义市场经济理论的重大突破,预示着我国的经济体制将迎来重大的改革。这里的关键是明确“基础性”作用和“决定性”作用的内涵区别。

首先,在原来的市场的“基础性作用”定义中,实际上存在两个层次的调节,即国家调节市场,市场调节资源配置。市场在这里起基础性调节作用。而现在提的市场的“决定性作用”,意味着不再存在两个层次的调节,市场不再是在政府调节下发挥调节作用,而是自主地起决定性作用。

其次,原来的市场起基础性作用的初衷,是通过国家调控市场来实现宏观和政府目标,在这里市场实际上起不到决定性作用。而在市场起决定性作用时,政府所调控的不再是对资源配置起决定性作用的市场机制,而是调控影响宏观经济稳定的价格总水平、就业总水平和利率总水平。在这里,政府是在没有干预市场调节资源配置的前提下,对其产生的宏观结果进行调控。

第三,在原来的市场起基础性作用定义中,政府需要预先调控市场,并时时调控市场,而在市场起决定性作用时,宏观调控是在反映宏观经济的失业率和通货膨胀率超过上限或下限时才进行,当然不排斥必要的微调。这就给市场作用在宏观经济领域留下了很大的空间。

国家宏观调控市场的本意,主要有两个方面:一是要求市场调节资源配置能够贯彻社会主义的公平目标;二是贯彻宏观经济总量平衡的目标。而实际效果呢?一方面市场难以贯彻公平目标的,另一方面宏观经济依然屡屡失控。再加上国家调控市场所带有明显的主观性和有限理性缺陷,反而使市场调节资源配置受到各种干扰而达不到效率目标。面对这种政府失灵,与其达不到宏观调控市场目标,不如放开市场作用。

明确市场对资源配置的决定性作用,实际上是回归到了市场经济的本义。经济学不仅研究效率目标,更为重要的是研究实现效率目标的机制。无论是马克思主义经济学还是西方经济学,共同的结论是,在市场经济条件下,只有市场机制才能实现资源的有效配置,马克思对此的说明是,社会劳动时间在各个部门的有效分配的标准是每个部门耗费的劳动时间总量是社会必要劳动。其实现依赖于价值规律的充分作用,市场机制是价值规律的作用机制。“竞争,同供求比例的变动相适应的市场价格的波动,总是力图把耗费在每一种商品上的劳动的总量归结到这个标准上来”。[①] 西方经济学对此的说明是福利经济学的定律,即:每一个竞争性经济都具有帕累托效率,每一种具有帕累托效率的资源配置都可以通过市场机制实现。市场按效率原则竞争性地配置资源,能促使资源流向效率高的地区、部门和企业。我国经济已经过了依靠资源投入阶段,资源和环境供给不可持续的问题已经非常突出,确确实实到了向效率要资源的阶段,因此,将资源配置的重任交给市场就显得更为迫切。

市场决定资源配置有两大功能:一是优胜劣汰的选择机制,二是奖惩分明的激励机制。市场配置资源的基本含义是依据市场规则、市场价格、市场竞争配置资源,实现效益最大化和效率最优化。其现实表现是市场决定生产什么、怎样生产、为谁生产。前提是消费者主权、机会均等、自由竞争、自由企业经营、资源自由流动。显然,转向市场决定资源配置的体制和机制会牵动一系列的改革。

所谓市场决定生产什么,是指生产什么东西取决于消费者的货币选票。市场要起到决定作用,不仅要求生产者企业自主经营和决策,还要求消费者主权,消费者自由选择。生产者按消费者需求,按市场需要决定生产什么,才能真正提供社会所需要的产品。与此相应,就要取消各种政府对企业生产什么的审批。

所谓市场决定如何生产,是指企业自主决定自己的经营方式,自主决定自己的技术改进和技术选择。在充分竞争的市场环境中,生产者会选择最先进的技术,最科学的经营方式,最便宜的生产方法。竞争越是充分,资源配置效率越高。与此相应的体制安排是打破各种保护和垄断,优胜劣汰,生产者真正承担经营风险。

所谓市场决定为谁生产,是指生产成果在要素所有者之间的分配,取决于各种生产要素市场上的供求关系。市场配置的资源涉及劳动、资本、技术、管理和自然资源。各种资源都有供求关系和相应的价格,相互之间既可能替代又可能补充。由此就提出资源配置效率的一个重要方面:最稀缺的资源得到最节约的使用并且能增加有效供给,最丰裕的资源得到最充分的使用。这种调节目标是由各个要素市场的供求关

---

① 参见马克思.资本论:第3卷,北京:人民出版社,2009:214.

系所形成的要素价格所调节的。要素使用者依据由市场决定的生产要素价格对投入要素进行成本和收益的比较，以最低的成本使用生产要素，要素供给者则依据要素市场价格来调整自己的供给。与此相应的体制安排是各种要素都进入市场，各种要素的价格都在市场上形成，并能准确地反映各种生产要素的稀缺性，并能调节要素的供求。与此相应的制度安排是生产要素都进入市场。

市场决定资源配置突出的是市场的自主性。这种自主性不仅表现为市场自主地决定资源配置的方向，同时也表现为市场调节信号即市场价格也是自主地在市场上形成，不受政府的不当干预。关于价格在市场上形成，马克思主义经济学有过明确的规定。只有在竞争性的市场上，才能形成准确反映市场供求的价格体系，才能反映价值规律的要求。当年马克思就指出，市场“不承认任何别的权威，只承认竞争的权威”。[①] 因此，政府就没有必要再直接定价。改革以来，竞争性领域价格基本上已经放开，由市场定价。现在需要进一步推进水、石油、天然气、电力、交通、电信等垄断性领域的价格改革。经济学的一般理论都指出，垄断严重削弱市场的活力，从而降低资源配置的效率。垄断价格、垄断收入以及垄断部门的服务质量问题，本质上都是体制问题。根据政府规制理论，自然垄断部门不是所有环节都需要政府规制，其中作为网络型自然垄断环节的前向和后向环节都可以作为竞争性环节，其价格应该放开在市场上形成。政府定价范围就主要限定在重要公用事业、公益性服务、网络型自然垄断环节。凡是能由市场形成价格的都交给市场，政府不进行不当干预。这样，市场价格信号就更为准确，市场调节范围就更为广泛。而且，市场价格形成不只是指商品价格，还涉及各种生产要素的价格体系。按照上述市场要求，作为市场调节信号的价格、利率和汇率都应该在市场上形成，反映市场对各种要素的供求关系。

显然，为了保证资源配置的效率，政府更好发挥作用的首要方面是通过自身的改革使市场对资源配置起决定性作用。

---

① 参见马克思．资本论：第1卷，北京：人民出版社，1972：394．

## 二、完善决定资源配置的市场机制

市场是以包含市场价格、市场竞争和市场规则的市场机制来决定资源配置的。显然,市场配置资源是否有效,前提是市场机制是否完善。

根据新古典经济学的界定,市场机制有效配置资源要以完全市场为基础。完全市场的标准就是经典的阿罗—德布鲁模型假设的:对于任何商品,在任何时间、任何地点、任何自然状态下(任何风险状态)都处于完全竞争的市场中,大量的追逐利润(或价值)最大化的厂商与理性的追逐效用最大化的消费者之间相互影响、相互作用。该模型对完全市场有几个最基本的规定:(1) 各种商品都要进入市场;(2) 各个市场是完全竞争的;(3) 市场主体(厂商和消费者)都是理性的追求最大化。① 这就是说,经济学所认定的市场配置资源最为有效是以这种完全市场为标准的。应该说,在现实中这种完全市场并不存在,但它是建设和完善市场的标准。

现实的市场达不到完全竞争的条件。市场不完全包括竞争不完全、市场体系不完全、信息不完全。在这种不完全的市场调节下,整个经济难以达到效率。已有的市场经济理论依据包含发达的市场经济在内的市场经济实践证明,现实的市场体系并不是完善的。非均衡市场理论指出了价格刚性、供求对价格缺乏弹性、竞争不充分会导致市场不均衡。信息不完全理论指出,市场信息不完全既可能导致逆向选择、道德风险、免费搭车、欠债不还等机会主义行为,也可能导致市场劣币驱逐良币的现象。我国的市场经济是由计划经济转型的,市场体系和市场秩序的混乱现象比此更为严重。现实中存在的市场上过度的"血拼式竞争"会导致社会资源的严重浪费和社会的不稳定。指出上述市场的不完全和不完善,不是不要市场决定资源配置,而是要求通过一系列的制度安排建设和完善市场,使市场更为有效地对资源配置起决定性作用。

市场配置资源的有效性,最为重要的取决于市场秩序。从亚当·斯密开始一直到哈耶克都是信奉自然秩序。其基本思想是,充分竞争的结果自然形成一种秩序。

① 参见斯蒂格利茨.社会主义向何处去,吉林人民出版社,1998:5.

与此相应,建立市场秩序的基本途径是促进竞争。只要竞争是充分的,市场秩序就自然形成。现代制度经济学理论则强调,竞争要有秩序,市场秩序不完全是自我调节自我实现的。秩序不是自发形成的,需要自觉建立起竞争秩序,从而形成有秩序的竞争。这就是无形的手要在有形的秩序中指挥。这就成为政府更好发挥作用的重要方面。就我国现阶段来说,市场秩序建设突出在以下几个方面。

首先是规范和保护产权。产权界定是市场交易的前提。任何商品只有在产权界定清楚的情况下才能进行交易。市场秩序应该建立在有效的契约制度和产权制度基础上。保护市场参与者的合法权益,从根本上说就是保护其产权。就如马克思所说,交易双方"是作为自由的、在法律上平等的人缔结契约的。契约是他们的意志借以得到共同的法律表现的最后后果。""他们必须承认对方是所有者。这种具有契约形式的(不管这种契约是不是用法律固定下来的)法权关系,是一种反映着经济关系的意志关系。"①显然,所有权是市场经济的前提和根本。没有所有权,也就没有契约形式的法权关系。在中国特色社会主义基本经济制度框架内建立的产权制度,必须明确公有制经济财产权不可侵犯,非公有制经济财产权同样不可侵犯。产权界定和保护是国家职能。国家不只是要保护国有资产,还要保护各种所有制经济产权和合法利益。尤其是从法律和制度上对经济主体的产权归属进行明晰的界定和产权保护。其中包括规范产权流转和交易,保障市场坚持等价交换、平等竞争等。在创新驱动成为经济发展的主要方式后,产权保护不只是保护物质资产产权,还要保护知识产权。

其次是建立公平开放透明的市场规则。任何游戏都有规则,市场交易也不例外。建立市场规则也就是规范市场秩序。这是提高市场调节效果,降低市场运行成本的重要途径。市场机制之所以具有有效配置资源的功能,就在于其坚持市场公平的原则。包括权利平等、机会均等、公平交易、规则公平。在这种公平竞争的市场上,企业自由进出市场,消费者自由选择,要素自由流动,交易等价交换。市场在这样的公平竞争的市场环境下配置资源,就能达到效率目标。我国目前市场竞争的不公平突出表现在三个方面:一是不同所有制经济的不平等待遇,非公有制经济实际上受到各种

---

① 参见马克思.资本论:第1卷,北京:人民出版社,1972:199.

形式的歧视;二是存在市场垄断,相当多属于计划经济残余下来的行政垄断,处于垄断地位的企业可以操纵市场,获得垄断收益;三是国家和地方出台的各种优惠和倾斜政策。有优惠就有歧视,政策不一视同仁,部分地区部分企业获得某种优惠和照顾,造成竞争机会不公平,由此弱化市场机制的调节效应。建设公平竞争的市场,突出需要建设法治化的营商环境,实行统一的市场准入和市场化退出制度,在制定负面清单基础上,各类市场主体可依法平等进入清单之外领域。这里的关键是政府对负面清单的制定要真正体现公平开放透明的要求。市场的公开透明要求建立市场信息披露制度。市场信息不完全,独享信息的一方可能垄断和操纵市场,市场交易就达不到双赢。信息的经济价值也就凸现出来。市场参与者为此需要支付信息成本获取信息。从社会来讲就需要通过一定的制度安排来强制市场参与者披露信息,政府也要建立市场信息披露制度,为市场参与者提供产能过剩、技术水准、市场需求等信息,由此从社会范围降低信息成本。

第三是建立统一开放的市场。统一市场可以从多角度做出规定:一是从产品和要素的流动性规定,统一市场意味着在市场上要素自由流动,企业自由流动,产品和服务自由流动;二是从各类市场主体的市场地位规定,统一市场是指各类市场主体平等地进入各类市场并平等地获取生产要素;三是从市场规则规定,各个地区的市场体制和政策统一,各个地区市场按照统一的规则运作。我国是从自然经济直接进入计划经济,又从计划经济向市场经济转型的。因此,我国的统一市场一直没有形成。在改革进程中已有的财政税收制度的改革和地区发展政策又强化了地方利益,由此产生的地方保护主义的市场壁垒,阻碍要素在自由流动中实现有效配置。现阶段建设统一开放的全国市场突出在三个方面:一是打破地方保护,地方政府对本地处于劣势的产业和企业保护,使处于竞争劣势的企业和产品因保护而不能退出市场,造成了资源配置缺乏效率,不能实现资源最优配置;二是要打破市场的行政性垄断和地区封锁,实现商品和各种生产要素在全国范围自由流动,各个市场主体平等地进入各类市场交易;三是打破城乡市场分割,建设统一的城乡市场。其路径涉及提升农村市场化水平,完善农产品价格在市场上形成机制,建设城乡统一的要素市场。

第四是完善市场体系。市场体系是资源有效配置的载体。转向市场决定资源配置的特征性要求是,资本、土地、劳动力、技术等生产要素都要进入市场,只有在各种要素都进入市场系统并在市场上自由流动,才可能由现实的市场决定资源配置。各个要素市场上的供求调节各种要素的价格,从而调节各种生产要素所有者得到的报酬,才可能有效配置各种资源。

市场经济是信用经济,资源基本上是通过信用渠道配置的,因此完善金融市场体系尤为重要。马克思当年在《资本论》中就明确提出,市场充分竞争的必要条件是,资本有更大的活动性,更容易从一个部门和一个地点转移到另一个部门和另一个地点。这个条件的前提除了社会内部已有完全的商业自由外,“信用制度的发展已经把大量分散的可供支配的社会资本集中起来”。在现阶段完善金融市场体系,就如十八届三中全会所指出的,主要涉及三个方面。一是各种所有制经济平等获取金融资源,允许具备条件的民间资本依法发起设立中小型银行等金融机构。二是完善金融市场调节信号,其路径是利率市场化,使利率反映资本市场供求并调节其供求。三是鼓励金融创新,丰富金融市场层次和产品。四是以金融市场作为对外开放的通道,实现国内市场和国际市场的对接。

以上四个方面市场机制的完善实际上都是政府更好作用的内容。这是使市场有效发挥决定性作用的基础。在这些方面政府的更好作用必然会提出改革市场监管体系的要求。市场监管就是维持市场秩序,保障公平交易,从而保障市场在资源配置中有效发挥决定性作用。现阶段改革市场监管体系,重点是解决政府干预过多和监管不到位问题。在监管过程中,政府所要遵守的规则就是,政府必须退出运动场,不当“运动员”,公正执法不吹“黑哨”。

## 三、政府配置公共资源要尊重市场规律

以上实际上指出了政府在使市场对资源配置起决定性作用的两个方面的作用,一是通过自身的改革使市场对资源配置起决定性作用,二是政府推动建设和规范市场秩序。在社会主义市场经济中,政府的作用不只是这些。明确市场对资源配置的决定性作用不能放大到不要政府作用,也不能把市场决定资源配置放大到决定公共

资源的配置,更不能像新自由主义认为的那样不要政府。

对政府与市场的作用不能以为强市场就一定是弱政府。政府作用和市场作用不一定是此消彼长的对立。以前一时期的苏南地区为例,这里既有政府的强力推动又有市场的强大作用。原因就在于,政府和市场不在同一层面发挥作用,政府没有过多干预市场作用的领域。政府强在为市场有效运行创造好环境,如法制、人文的软环境,重要基础设施的硬环境;政府强在自身财力,没有与民争利;政府强在对各级政府的全面小康和基本现代化的指标导引和考核。这种政府的强力推动实际上是支持市场充分发挥作用。因此,这里强市场的重要标志是世界500强企业和规模型民营企业蜂拥而至高度集聚。当然,随着市场对资源配置起决定性作用的理论被确认,这种强政府和强市场的合作方式也需要转型。

面对市场对资源配置的决定性作用,凡是市场能做的,比政府做得更好的都交给市场。但不意味着不要政府对经济的干预。全社会的资源除了进入市场的市场资源外,还有公共资源。公共资源是未明确私人所有的资源,涉及没有明确私人所有权的自然资源,政府的法律和政策资源,公共财政提供的公共性投资和消费需求等。公共资源的配置不能由市场决定,原因是公共资源配置是要满足公共需求,遵循公平原则,只能由政府决定。

在市场决定资源配置的场合所需要的政府作用,在不同的经济学家那里有不同的规定。新古典经济学认为,需要政府在市场失灵的领域发挥作用。其中包括克服贫富两极分化,克服环境污染之类的外部性。制度经济学则指出,政府(国家)作为制度变迁的重要基石,其基本功能是保护有利于效率的产权结构。宏观经济学明确指出,市场决定资源配置基本上是解决微观经济效益,宏观经济的总量均衡;克服高失业和高通货膨胀之类宏观失控,则要靠政府的宏观调控。

综合上述理论界定,在市场对资源配置起决定性作用的条件下,政府要更好配置公共资源,需要政府和市场有明确的边界。大致可做如下界定:市场决定不了的,如涉及国家安全和生态安全的由政府决定;市场失灵的,如公平分配、环境保护方面由政府干预;市场解决不了的,如涉及全国重大生产力布局、战略性资源开发和重大公共利益等项目由政府安排;市场调节下企业不愿意进入的,如公共性、公益性项目由政府安排。在这样一些领域，政府不只是进入，而且应该充分并且强有力地发挥作用。政府配置公共资源主要是政策路径，其中包括利用收入分配政策促进社会公平；通过产业政策和负面清单引导产业结构转型升级；通过财政和货币政策调节宏观经济运行。

对于我们这样一个仍然处于社会主义初级阶段的发展中国家来说，发展仍然是硬道理。推动发展理应是政府的重要职能。但政府推动发展的效率和质量不高。究其原因，主要就在于对各级政府的GDP考核和片面追求GDP的增长，促使政府利用行政手段配置资源，没有充分发挥甚至压制了市场在配置资源方面的效率功能。现在国家明确纠正单纯以经济增长速度评定政绩的偏向，同时要求取消优惠政策、大幅度减少审批项目，这就为各级政府摆脱原有发展方式的束缚，充分发挥市场配置资源的决定性作用提供了空间。在此前提下，各级政府还需要承担必要的推动发展的任务。例如：推动城乡发展一体化和城镇化，发展创新驱动型经济，经济结构调整，生态和环境建设，发展开放型经济，等等。以上发展任务和克服市场失灵都需要政府公共资源的配置来推动和实现。

在市场对资源配置起决定性作用后，更好发挥政府作用的一个重要标志是政府行为本身也要遵守市场秩序。政府职能的错位、政府权力的滥用都会引起市场秩序的混乱。政府超越了所应该拥有的权限，直接介入了企业的微观经营活动，可能造成企业行为机制的扭曲。而且政府也会失灵。官僚主义、寻租、行政垄断可以说是对政府失灵的主要说明。除此以外，“由于政策制定者个人主观认知的困难也会造成政府的失灵”。[①] 针对这些问题，政府更好发挥作用的基本路径是政府作用机制要同市场机制衔接，政府配置公共资源同市场配置市场资源应该结合进行。

首先，在推动发展方面，政府作用不能孤立进行，需要同市场机制结合作用。现阶段的经济发展突出在两个方面：一是结构调整，二是创新驱动。经济结构尤其是产业结构调整主要依靠市场来调节。我国产业结构的突出问题是产能过剩越来越严

---

① 哈米德.豪斯赛尼.不确定性与认证欠缺导致欠发达国家的政府失灵，载于《经济社会体制比较》2004年第2期。

重。市场有效配置资源的一个重要机制是优胜劣汰。只要打破地方保护,利用市场机制调节产业结构就能有效淘汰落后的和过剩的产能。但是,对我们这样的发展中大国来说,经济结构的调整不能只是靠市场,产业结构的转型升级需要国家的产业政策来引导,尤其是前瞻性培育战略性新兴产业还是需要政府的引导性投资。再就创新驱动来说,市场竞争能够提供创新的压力,技术创新也需要市场导向。但市场配置的是已有资源的问题,而创新驱动需要驱动非物质资源的创新要素,需要创造新的要素,仅仅靠市场不能完全解决创新驱动问题。需要国家推动创新驱动:一是国家实施重大科学创新计划;二是国家要对技术创新与知识创新两大创新系统进行集成;三是国家要对孵化新技术提供引导性投资;四是国家要建立激励创新的体制和机制。

其次,在克服市场失灵方面,政府作用要尊重市场决定的方向。市场决定资源配置必然是资源流向高效率的地区、高效率的部门、高效率的企业。坚持公平竞争的市场规则运行能够保证结果的效率,但不能保证结果的公平。由此,产生的贫富分化反映市场失灵。[①] 社会主义市场经济的运行既有效率目标又有公平目标,政府有责任促进社会公平正义,克服这种市场失灵,以体现社会主义的要求。为了保证市场配置资源的效率,政府贯彻公平目标的作用就是进入收入分配领域,依法规范企业初次分配行为,更多地通过再分配和主导社会保障解决公平问题。即使要协调区域发展,政府也是在不改变资源在市场决定下的流向的前提下,利用自己掌握的财政资源和公共资源按公平原则进行转移支付,或者进行重大基础设施建设吸引发达地区企业进入不发达地区。

第三,在提供公共服务方面,政府作用要尊重市场规律,利用市场机制。必须由政府提供的公共服务,并非都要由政府部门生产和运作,有许多方面私人部门生产和营运更有效率。政府通过向私人部门购买服务的方式可能使公共服务更为有效更有质量。例如,推进城乡发展一体化的重要方面是推进基本公共服务的城乡均等化,在广大的农村城镇所要提供的基本公共服务不可能都由政府包揽,也可采取购买服务

① 斯蒂格利茨在近期出版的论著中指出:“已为共知的市场经济最黑暗的一面就是大量的并且日益加剧的不平等,他使得美国的社会结构和经济的可持续受到了挑战:富人变得愈富,而其他人却面临着与美国梦不相称的困苦。”《不平等的代价》第 3 页。机械工业出版社 2013 年版。

的方式。筹集公共资源也是这样。城市建设的资金可以由政府为主导建立透明规范的城市建设投融资机制,其中包括地方政府通过发债等多种方式拓宽城市建设融资渠道,允许社会资本通过特许经营等方式参与城市基础设施投资和运营。再如保护环境的政府干预行为也可利用排污收费和排污权交易之类的市场方式。

第四,在维持市场秩序方面,政府要加强社会信用体系建设。建立市场秩序必须高度重视道德规范建设,解决好市场秩序的道德基础即诚信问题。只有当交易建立在诚信的基础上,所有各种市场规范才能起作用。社会信用体系建设涉及两个方面。一方面是制度性信用,即通过各种法定的和非法定的方式建立健全征信体系,通过法律手段严厉打击欺诈等失信行为。另一方面是道德性信用,即褒扬诚信、鞭挞失信,形成全社会共同遵守道德观和价值观。这两方面相辅相成,克服机会主义行为,使诚信成为自觉的行为,也就是自觉的遵从市场秩序。

总结以上分析,在市场对资源配置起决定性作用的社会主义市场经济体制中,需要分清政府与市场作用的边界,在此基础上,政府和市场都要充分而有效地发挥作用。不能将政府作用和市场作用对立起来。不能以为强市场就一定是弱政府,强政府一定是弱市场。关键是,两者不是作用于同一个资源配置领域,同一个层面,政府和市场不会冲突,因而不会有强政府和强市场的此消彼长的对立。当然,随着市场对资源配置起决定性作用的理论被确认,一方面,为了使市场对资源配置起决定性作用,政府要通过自身改革尽可能退出直接配置资源,还要推动市场体系的完善并建立市场规范,以保证市场配置资源的效率;另一方面政府的所有这些作用,应该与市场机制衔接并注意利用市场机制。

**主要参考文献**

[1] 洪银兴. 市场秩序和规范[M]. 上海:上海三联书店,2007.

[2] 斯蒂格利茨. 不平等的代价[M]. 北京:机械工业出版社,2013.

[3] 斯蒂格利茨. 社会主义向何处去[M]. 长春:吉林人民出版社,1998.

# 新阶段的全面深化改革[①]

我国的改革从党的十一届三中全会起，至今已经走过30多年的历程。国家的发展水平进入了中等收入国家的行列。在这个新的历史节点上，习近平总书记做出了“四个全面”的战略部署。其中的重要方面是全面深化改革。我们需要站在全局和历史的高度，明确全面深化改革的战略布局，尤其要明确当前的全面深化改革与过去30多年的改革既有延续性，更有新的内容。同时要对所涉及的各项改革在全面深化改革的总体框架中正确定位。只有这样，才能推动新时期的改革步入新的高度。

## 一、新时期新的发展课题

我国30多年的改革在经济上的成效是显著的。其主要表现是，第一，GDP总量2014年达636 463亿元，与美国一起进入过了6万亿美元“俱乐部”。第二，人均GDP 2014年达46 531元(约合7 485美元)，标志着我国进入上中等收入国家行列。第三，产业结构，2014年增加值占国内生产总值的比重，农业降到9.2%；工业降到42.6%；服务业增加到48.2%。标志着我国不仅改变了农业大国的地位，而且正在接近中等收入国家的标准结构。第四，城市化率达到54.77%，标志着我国进入城市化中期阶段。在这个历史起点上所要解决的发展问题就不是在低收入阶段单纯追求GDP增长的发展要求，而是要追求经济社会的全面发展，进入高收入国家的行列。

我国进入新的发展阶段以后，发展仍然要靠改革来推动，但发展的内容和动力与过去不完全相同。与前30年的改革是要克服低收入阶段实现发展的体制障碍不同，

---

① 本文原载于《南京大学学报》2015年第4期。

当今的改革是要克服中等收入阶段的发展所遇到的新的体制矛盾。前一轮改革着力解决低效率问题，这一轮改革既要讲效率，又要讲社会公平。前一轮改革突出增强竞争性，这一轮改革既要讲竞争性又要增强凝聚力。前一轮改革突出市场化，这一轮的改革是要在市场化基础上更好发挥政府作用。前一轮改革突出企业效率，这一轮改革则要突出政府效率。所有这些都归结到国家治理体系和治理能力问题。这就是在"完善和发展中国特色社会主义制度"的同时，"推进国家治理体系和治理能力现代化"。国家治理体系现代化，是指适应时代变化，既改革不适应实践发展要求的体制机制、法律法规，又不断构建新的体制机制、法律法规，使各方面制度更加科学、更加完善，实现党、国家、社会各项事务治理制度化、规范化、程序化。推进国家治理体系和治理能力现代化的改革新目标同已经推进并正在完善的中国特色社会主义制度的改革目标，是一个整体，共同构成新时期改革的总方向。

### 1. 以改革支撑经济发展新常态

我国过去 30 年经济总体上是高速增长，平均增长速度接近 10%，其原因首先要归功于改革开放所激发的经济增长的活力。除此以外，就经济增长本身的动力来说，基本上是供给要素的有力推动。如人口红利推动高储蓄，高储蓄推动高投资；资源环境供给宽松；农村改革释放出一大批剩余劳动力，有条件实现低成本增长，等等。经过 30 多年的高速增长，与 GDP 总量达到世界第二的基数显著增大相伴，过去 30 年推动经济增长的供给推动力明显衰减。主要表现在：第一，资源环境供给趋紧，难以承载如此大规模的经济增长；第二，正在进入老龄化社会，人口红利正在消退；第三，农业劳动力转移的"刘易斯转折点"正在到来，城市劳动力紧张和劳动成本增加正在增大经济增长的成本；第四，居民的生活水平过了温饱阶段，已经或正在进入小康阶段。这个阶段的居民关心教育与健康问题，也产生了明显的公民维权意识，不会容忍过去的不顾环境不顾生态单纯追求 GDP 增长的发展方式。在此背景下，我国正在告别高速增长旧常态，进入中高速增长新常态。

面对中高速增长新常态，需要有新的战略思考。首先，中高速增长不是自然形成的，而是需要努力达到的。在供给推动力消退的情况下，要达到长期的可持续的中高速增长，需要寻求并尽快形成新的推动力。其次，中高速增长不是降低发展的要求，而是提高发展的质量,实现中高速增长的可持续。这就涉及经济发展方式的转变,在低收入发展阶段所采取的发展方式不能再延续到中等收入发展阶段。转向中高速增长的新常态,实际上是倒逼我们改变发展战略,为加快转变经济发展方式提供空间,突出在以下两个方面。

一是加快产业结构转型升级。我国现有的经济结构还是低收入发展阶段的结构,其特征,首先是产业结构中制造业尤其是传统制造业比重过高,服务业尤其是现代服务业比重过低;制造业普遍是高产值、低附加值。其次是在技术结构中,很大部分采用的是高消耗、高污染技术,产生了资源供给不可持续的问题,特别是在追求高速增长的格局下,存在一大批过剩的生产能力。这种结构显然与中高速增长的新常态是不相协调的,产业结构的转型升级就成为应有之义。其目标就是向中高端转型。涉及四个方面:第一,提高服务业尤其是现代服务业的比重,推动三次产业结构水准进入中高端;第二以科技含量衡量的产业类型进入中高端,包括发展战略性新兴产业;第三是高科技产品的中国制造环节进入全球价值链的中高端,改变高产值、低收益的状况;第四是各个产业采用新技术,包括信息化,互联网+,智能化+和绿色化等。显然,产业结构的中高端化,是建立在产业和科技创新基础上的转型升级。打破低端产业结构的刚性需要改革,尤其是要强化市场的优胜劣汰的选择,与此相关的改革需要解决地方政府对过剩产能、污染产能的保护以及导致新兴产业胎死腹中的重复建设和重复投资的行为。

二是实施创新驱动发展战略。面对资源环境供给不可持续所造成的经济增长极限,我国经济增长的驱动力需要由主要依靠物质资源投入转向创新驱动。我国在成为世界第二大经济体后,我们有能力也有必要与发达国家进入同一创新起跑线,占领科技和产业的世界制高点,所参与的国际分工也要由比较优势转向创新支持的竞争优势。创新路径也要由模仿创新、引进创新转向自主创新。涉及的方向有,研发并采用绿色技术,节能减排,实现可持续发展;创新战略性新兴产业,提高附加值,增强国家整体竞争力。创新驱动突出的是科学新发现转化为新技术,需要突出产业化创新,需要产学研协同创新,需要企业真正成为创新主体,需要大众创业、万众创新。创新驱动需要建立激励创新制度。就如习近平总书记所说:如果说创新是中国发展的新引擎,那么改革就是必不可少的点火器。改革就是要从体制上发挥创新驱动的原动力作用,把创新引擎全速发动起来。促进传统产业改造升级,尽快形成新增长点和驱动力。

### 2. 以改革跨越“中等收入陷阱”

在世界范围有相当部分发展中国家在进入中等收入国家发展阶段后陷入了“中等收入陷阱”。这对我国是一种警示。

所谓“中等收入陷阱”,就如世界银行在其《东亚经济发展报告(2006)》中所说,一些在 20 世纪 70 年代就进入了中等收入国家行列的新兴市场国家,直到 2006 年仍然挣扎在人均 GDP 3 000～5 000 美元的发展阶段,难以突破 1 万美元,并且见不到增长的动力和希望。原因在于,进入这一发展阶段后,过去较长时间经济快速发展过程中所积累的矛盾集中爆发出来,原有的增长机制和发展模式无法有效应对由此形成的系统性风险,经济增长容易出现大幅波动或陷入停滞,长期在中等收入阶段徘徊,迟迟不能进入高收入国家行列。

我国在进入中等收入阶段后也存在“中等收入陷阱”的威胁,主要在三个方面。

一是收入差距过大。我国过去 30 多年的改革是从打破“铁饭碗”“大锅饭”开始的,实行允许一部分人一部分地区先富起来的大政策,取得了明显的激励资本、技术、管理等要素投入和提高劳动效率的效果。但同时产生的新问题是收入差距明显扩大。据中国国家统计局公布的基尼系数,2012 年为 0.474,2013 年为 0.473。接近甚至超过部分发达资本主义国家水平,但我国的人均 GDP 远远低于这些国家。我国目前的收入差距既表现在城乡之间,地区之间,还表现在行业之间,不同阶层之间。越来越大的收入差距如不及时扭转,不仅会影响效率,还会因贫富两极分化而影响社会的稳定。

二是腐败案频发。近年来所揭露出来的腐败案件,可以说是触目惊心。腐败问题也要在经济上找到原因。政府权力过大,尤其是在资源配置上掌握较大的权力,必然存在较多“寻租”的机会。法治不健全,政府行为缺少约束,不可避免出现官员腐败,尤其是官商勾结会使腐败问题更为严重。腐败必然降低政府公信力,也就丧失带领民众跨越“中等收入陷阱”的能力。

三是环境和生态状况的恶化。在低收入阶段实行的大干快上的赶超战略，不可避免会产生不顾环境不顾生态的掠夺性发展方式。经济发展进入中等收入阶段，环境污染也达到了高点，环境对经济发展的承载能力也明显下降，人们在享受经济发展成果的同时承担环境破坏的成本，资源的枯竭、气候变暖、雾霾笼罩、有害化学物质进入食品等，严重威胁人类的生存。与此同时，人民群众在解决温饱问题后更为关心环境和健康问题。环境和生态也就成为其维权的重要方面。显然，跨越中等收入陷阱的发展不仅要转变发展方式，采用绿色化发展的技术，还要治理过去发展所破坏的环境和生态。

以上三个方面"中等收入陷阱"的威胁提出了以发展来跨越"陷阱"的任务。由于这些威胁的根子还在于体制问题，因此，跨越"中等收入陷阱"不仅需要发展，更需要体制的改革，为转变发展方式提供制度支撑。

### 3. 以改革克服城乡二元结构

城乡二元结构是低收入国家的标志，中等收入阶段的发展任务就是克服这种二元结构从而进入高收入阶段。这也是发展中国家现代化的内容。中国特色的社会主义道路包括四化同步的现代化道路，即中国特色新型工业化、信息化、城镇化、农业现代化四化同步。但现实的现代化进程总是以工业化来领头的，因此不可避免会出现农业现代化落后于工业化进程的状况。在历史进程中工业化可能会丢弃"三农"，而在工业化基础上的现代化就不能丢弃"三农"。就如习近平总书记所说，即使将来城镇化达到70%以上，还有四五亿人在农村。农村绝不能成为荒芜的农村、留守的农村、记忆中的故园。城镇化要发展，农业现代化和新农村建设也要发展，同步发展才能相得益彰。

根据木桶原理，现代化的整体水平最终是由"短板"决定的。农业、农民和农村的发展状况是四化同步的短板。因此，现代化的核心问题是克服二元结构，包括城乡二元结构、工农业二元结构，使农业和农村进入一元的现代化经济。在新的历史起点上推进三农现代化，要直接以农业、农民和农村为发展对象。当我国全面小康社会即将建成并开启基本实现现代化进程时，必须要补上这块短板。

中国要强，农业必须强。做强农业，就要实现农业现代化。其体制安排主要涉及三个方面。

首先是培育农业经营主体。农业组织制度创新,最为重要的是在已有的家庭承包经营的基础上,通过土地流转和农业分工,培育新型农业经营主体。其中包括专业大户、家庭农场、农业合作社、农业企业等新型经营主体。

其次是农民成为市场主体。需要改革农产品的流通机制,降低农产品的交易成本。在农村实行联产承包责任制改革后的今天谈农民合作组织,不是过去的生产合作社,而是为农户提供流通和金融服务的合作组织,如信贷合作社、流通合作社等。

第三改革农村土地制度,保证农民的资产收益。土地资产和房产流动、转让和被征用都应该得到足额的补偿或收益。农民有条件利用商业化的资产吸引现代生产要素进入农业。例如,以土地交易和土地入股等途径获取资产收益。

城镇化的实质是农民市民化。妨碍农民市民化的主要说明因素是城乡二元体制。一方面相对于城市,农村的市场经济发展程度太低,自然经济和半自然经济所占比重仍然较高。各类生产要素的市场基本上集中在城市,而不在农村。农民不能作为平等的主体进入各类生产要素市场。另一方面长期存在的城乡分割的户籍制度,将居民分割为城市居民和农村居民,城镇户口和农业户口。农村居民,农村户口明显低人一等。因此克服城乡差距的基础是在经济体制上推进城乡一体化,克服城乡二元体制。首先是把城市的市场化水平“化”到农村。消除要素在城乡之间自由流动的各种体制和政策性障碍,做到城乡就业同工同酬、城乡土地同地同价、城乡产品同市同价。其次是取消城乡分割的户籍制度,从而使城乡居民在城市和农村的流动和居住地不受户籍的限制。农民居住在城市,城市职工居住在农村完全取决于各自的选择。在解决进城的农民的市民权利的同时,取消各种对农民的歧视性政策,使之与城市居民享受平等的政策和机会。第三是推进优质基本公共服务进入农村,让农村成为农民幸福生活的美好家园。农民不进入城市就能享受到各种市民的权利,其生活方式就与城市人基本没有差别。

## 二、经济体制改革仍然是全面深化改革的重点

经济体制改革进行了 30 多年,在进入新时期后仍然是重点,其必要性在于,经济

建设仍然是党的中心工作，阻碍发展的障碍主要还是经济体制改革没有到位。经济体制改革的领域非常广泛，对全面深化改革起纲举目张作用的经济体制改革主要在三个方面。

### 1. 市场对资源配置起决定性作用

党的十八届三中全会明确将市场对资源配置的作用改为决定性作用。这就回到了市场经济的本义，突出的是市场的自主性。这种自主性不仅表现为市场自主地决定资源配置的方向，同时也表现为市场调节信号即市场价格也是自主地在市场上形成，政府不进行不当干预。

明确市场对资源配置的决定性作用，意味着我国的经济体制改革和市场化迈出新的步伐。改革的主要方向就是要大幅度减少政府对资源的直接配置，推动资源配置依据市场规则、市场价格、市场竞争实现效益最大化和效率最优化。原来的市场对资源配置起基础性作用的定义中，实际上存在两个层次的调节，即国家调节市场、市场调节资源配置。现在提市场对资源配置起“决定性作用”，意味着不再存在两个层次的调节，市场不再是在政府调节下发挥调节作用，而是自主地对资源配置起决定性作用。市场配置资源是否有效，关键在市场体系和市场机制是否完善。必然会牵动两个方面的改革。

一是完善市场体系的改革。我国是从自然经济直接进入计划经济，又从计划经济向市场经济转型的，因此现阶段市场秩序混乱问题较为严重：以不正当手段谋取经济利益的现象广泛存在；市场规则不统一，部门保护主义和地方保护主义大量存在；市场竞争不充分，阻碍优胜劣汰和结构调整，等等。在这种市场秩序下市场配置资源绝不会有效。这些问题主要来自政府行为：第一，由体制和政策的原因造成不公平竞争；第二，由地区差距和地方利益造成地方保护；第三，计划经济残余造成行政性垄断。针对因政府原因产生的市场秩序混乱现象，规范市场秩序的改革要从规范政府行为入手，其中包括打破地方保护，打破市场的行政性垄断和地区封锁，实现商品和各种生产要素在全国范围自由流动，各个市场主体平等地进入各类市场交易。

二是建设发育成熟的市场经济的市场体系。建设统一开放竞争有序的市场体系；建设法治化的营商环境；建设统一的城乡市场；实行统一的市场准入和市场化退出制度，等等。例如，金融体制改革，在已有的金融机构建设和金融市场监管改革的基础上推进金融市场体系建设，其中包括，利率市场化、汇率市场化和允许民营企业举办金融机构等。

### 2. 加快政府职能转变和相应的政府体制改革

发展社会主义市场经济，既要发挥市场作用，也要发挥政府作用。在市场决定资源配置的条件下，需要强市场。但强市场就不一定是弱政府，发展仍然需要政府的强力推动。关键在两个方面，一是分清政府与市场作用的边界；二是政府行为遵守一定的规范。政府的职责和作用主要是保持宏观经济稳定，加强和优化公共服务，保障公平竞争，加强市场监管，维护市场秩序，推动可持续发展，促进共同富裕，弥补市场失灵。政府也要建立市场信息披露制度，为市场参与者提供产能过剩、技术水准、市场需求等信息，由此从社会范围降低信息成本。

全社会的资源除了进入市场的市场资源外，还有公共资源。市场对资源配置的决定性作用不能放大到公共资源的配置。公共资源是未明确私人所有权的资源。公共资源的配置不能由市场决定。与市场配置资源遵循效率原则不同，公共资源配置则要遵循公平原则。政府决定公共资源配置也要克服政府失败。政府失败不是以政府能力缺陷为基础，而是以制度性缺陷为基础。政府失败的制度性表现有以下几个方面。一是政府管制。政府管制排斥市场作用。政府对自然垄断行业如自来水、电力、煤气等行业的管制，主要采取国家定价或限价的方式，结果往往是产出下降，供不应求；政府对非自然垄断行业的管制主要采取保护或优惠某个或某些行业的方式，其结果往往是缺乏有效竞争而导致成本和价格的提高。二是寻租，寻租即利用权力寻求“租金”，寻租活动总是同政府权力相联系，或者是政府官员直接利用权力，或者是企业借助政府权力，制造出某种垄断权益，导致腐败。三是官僚主义。官僚主义导致政府扩张。政府机构存在自增长机制，社会中官员越多，“官员敛取物”就越有可能增加。

因此，政府改革突出在三个方面。一是缩小政府管制的范围，即使是在管制的范围内也需要建立激励机制。需要国家定价的只能限制在公益性公共性的范围。二是建设有限有效政府。只有权力有限、规模有限的政府才可能是有效的政府。有限政府涉及干预范围有限，干预手段有限，凡是市场机制能有效调节的经济活动，一律取消政府审批。政府不再是市场资源配置的主体，而是从市场资源的分配者变为监管者。三是建立有效的制度约束政府行为，包括对寻租行为、管制行为、官僚主义行为的约束。相应的制度约束就是政府规模约束，财政和税收的约束，法治约束，尤其是政府权力应受到宪法的限制。按此要求，政府需要制定权力清单、责任清单和负面清单。各类市场主体可依法平等进入清单之外领域。

### 3. 坚持和完善基本经济制度

我国实行公有制为主体、多种所有制经济共同发展的基本经济制度，是由所处的社会主义初级阶段决定的。社会主义初级阶段的根本任务，不是消灭私有制，而是发展生产力，需要利用包括私有制在内的多种所有制经济发展生产力，目标是要让一切劳动、知识、技术、管理、资本的活力竞相迸发。

过去的 30 多年我国基本经济制度改革重大进展是以民营经济为代表的多种所有制经济得到迅猛的发展。其背景是公有制理论取得突破性进展，表现在对公有制经济及公有制为主体的理论界定上。过去，公有制为主体被界定为公有制企业数量。改革的实践突破了这个界定。公有制经济不是指公有制企业，而是指国有资本和集体资本。相应地，公有制为主体不再体现在公有制企业数量上，而体现在公有资本的数量上。只要公有资本在社会总资本中占优势，就是以公有制为主体。在混合所有制企业中，公有制为主体可体现在公有资本在股权结构中的支配力或控股地位。因此公有企业数量减少，不等于主体地位下降。已有的改革进行了有进有退的国有经济的战略性调整。发展非公有制经济有了新的路径，这就是公有资本通过改制退出原有的公有制企业(主要是在竞争性领域)。

现行的基本经济制度，是中国特色社会主义制度的重要支柱，也是社会主义市场经济体制的根基。公有制经济和非公有制经济都是社会主义市场经济的重要组成部分，都是我国经济社会发展的重要基础。因此，基本经济制度改革的方向就是不能偏废的“两个毫不动摇”：毫不动摇巩固和发展公有制经济，坚持公有制主体地位，发挥国有经济主导作用，不断增强国有经济活力、控制力、影响力；毫不动摇鼓励、支持、引导非公有制经济发展，激发非公有制经济活力和创造力。按此要求，现阶段坚持和完善基本经济制度改革的任务,主要涉及以下三个方面的改革任务。

首先,进一步激发非公有制经济活力和创造力。我国的民营经济是在体制的缝隙中靠其活力成长起来的。发展到现在要进一步壮大,遇到一系列的体制障碍。其中包括以下三个方面。第一,民营资本进入领域受到的限制多,缺少进一步发展的空间。第二,民营资本不能作为市场主体平等地获取生产要素,表现为融资困难,融资成本高。第三,民营资本大都在实体经济领域。其面对的虚拟经济尽管存在风险,但其依靠投机实现暴富对实体经济的刺激很大。经营实体经济雇佣的员工多,负担重、责任大,风险也大。这些体制问题不解决,直接后果是民营经济做大后,资本、财产外流,甚至民营企业家直接出走。针对上述体制问题,现阶段的全面深化改革需要从多个层面鼓励、支持、引导非公有制经济发展,激发其活力和创造力。改革举措包括以下三种。一是在产权制度上,完善产权保护制度。公有制经济财产权不可侵犯,非公有制经济财产权同样不可侵犯。国家不只是保护国有资产,还要保护各种所有制经济的产权和合法利益。赋予居民财产权利,为居民提供更多的私人投资渠道,鼓励私人创业,多渠道增加居民财产性收入。保护知识产权及其收入,允许员工持股,鼓励企业家持股和科技入股。农民可以通过土地流转获取土地收入。二是在市场准入上,在负面清单基础上实行统一的市场准入制度。民企可以进入负面清单以外的所有领域。废除对非公有制经济各种形式的不合理规定,消除各种隐性壁垒,制定非公有制企业进入特许经营领域具体办法。鼓励非公有制文化企业发展,降低社会资本进入门槛。允许社会资本通过特许经营等方式参与城市基础设施投资和运营。城市公共服务、甚至垄断性行业都可以有私人企业经营。三是在政策待遇上,强调坚持权利平等、机会平等、规则平等,打破民营经济获取市场资源的所有制障碍。国家保证各种所有制经济依法平等使用生产要素、公开公平公正参与市场竞争、同等受到法律保护,依法监管各种所有制经济。

其次,混合所有制是基本经济制度的有效实现形式。国有资本、集体资本、非公有资本等交叉持股、相互融合的混合所有制经济,是基本经济制度的重要实现形式,有利于国有资本放大功能、保值增值、提高竞争力。这是新形势下坚持公有制主体地位,增强国有经济活力、控制力、影响力的一个有效途径和必然选择。把混合所有制经济提高到基本经济制度的重要实现形式的高度,也就进一步指明了基本经济制度全面深化改革的方向。具体包括:允许更多国有经济和其他所有制经济发展成为混合所有制经济。国有资本投资项目允许非国有资本参股;鼓励发展非公有资本控股的混合所有制企业;鼓励民营企业参与国有企业改革和改制,参股和控股国有企业;允许混合所有制经济实行企业员工持股,形成资本所有者和劳动者利益共同体。鼓励非公有制企业参与国有企业改革,鼓励发展非公有资本控股的混合所有制企业,对关系国民经济命脉的部门国有经济要控制,但不需要全资,只要控股就可以,让出一部分股权给非公有制经济。国家垄断行业、国家独家经营的基础设施和公用事业都可以推进市场化改革,吸收民间资本、外来资本进入。包括公有制和非公有制经济在内的企业的资产证券化和公司上市也是发展混合所有制经济的重要路径。

第三,国有企业改革和完善国有资产管理体制。在过去 30 多年的改革中,国有企业改革一直是重点。先后经过国有经济的战略性调整,国有企业的改制,公有制实现形式的改革,股份制改造。现在,完全的纯粹的国有独资的企业已经不多,相当部分涉及国计民生的国有企业也已改造为国有控股公司。因此,国有企业总体上已经同市场经济相融合。在此基础上国有企业的深化改革主要涉及三个方面。一是明确国有企业的功能定位,突出其社会责任:国有资本投资运营要更多投向关系国家安全、国民经济命脉的重要行业和关键领域,重点提供公共服务、发展重要前瞻性战略性产业、保护生态环境、支持科技进步、保障国家安全。国有资本加大对公益性企业的投入,在提供公共服务方面做出更大贡献。这样,国有企业就由"与民争利"转向"让民获利"。二是打破垄断。国有资本继续控股经营的自然垄断行业,实行以政企分开、政资分开、特许经营、政府监管为主要内容的改革,根据不同行业特点实行网运分开、放开竞争性业务。三是建立现代企业制度,涉及现代产权制度,公司法人治理结构和建立职业经理人制度等方面的改革。

将国有经济明确定义为国有资本后,人们开始更为关注国资改革。国家对国有经济的管理改革有个过程。最早是国家直接管理国有企业,政企分开的改革使国家对国有经济的管理转向管国有资产。资产包括资本加负债。十八届三中全会改革决定提出的完善国有资产管理体制的改革,明确以管资本为主加强国有资产监管,改革国有资本授权经营体制,组建若干国有资本运营公司,支持有条件的国有企业改组为国有资本投资公司。这意味着国资改革又向前推进了一步。对国资的监管只是管资本的运营,涉及国有资本的投向,股权管理,资本权益和资本流转。与此同时,管资本的也不再是行政机构,而是国有资本运营公司和国有资本投资公司,这是在政企分开基础上的政资分开。

## 三、新时期全面深化改革动力的培育

改革从一定意义上说是经济利益关系的调整。如果把改革看作是制度变迁,那么其路径有两个方向:一个是自下而上的改革,属于利益诱致性改革;一个是自上而下的改革,属于强制性改革,实际上也是经济利益调整。

30 多年前启动的改革基本上是自下而上的改革,由群众推动,利益诱致。面对平均主义的分配体制所产生的低效率问题,着力点是提高效率,强调效率优先、兼顾公平。在政策层面则是允许一部分地区、一部分人先富起来。这种改革的发展效应是明显的。虽然富裕程度有先有后,但相对于过去的"大锅饭"体制,人民生活水平有普遍的提高,为了谋求发展,人们可能容忍收入差距的扩大。显然,这种改革的利益诱致性特征非常明显,人民群众参与和支持改革的热情也非常高。

在过去 30 多年自下而上改革基础上展开的新时期的全面深化改革,从一定意义上说是自上而下推动的。因此需要寻求新的动力。新时期的改革新动力仍然必须是完善的社会主义市场经济体制内生的。人民是改革的主体没有变,必须要有人民的参与和支持。要充分发挥人民群众参与改革的积极性、主动性、创造性。改革新动力的培育就是要把惠民生作为动员改革动力的重要途径。人民群众能够分享改革发展的成果,就能自觉参与和支持改革。人民群众得到看得见的利益,也就是习近平总书记所讲的人民有更多的"获得感"。这是改革的动力源泉所在。人民的"获得感"集中在两个方面:首先是促进公平正义,其次是民生改善。

### 1. 促进社会公平正义

社会主义本身就是公平正义的社会。我国社会主义市场经济体制初步确立,意味着经济的民主体制已经形成。随着各个不同经济利益群体的形成，他们为了维护自己的特殊利益，就会自然产生政治参与的积极性。这就为扩大社会主义民主，从各个层次、各个领域扩大公民有序政治参与，奠定了经济基础。更加广泛、更加充分、更加健全的人民民主的形成。扩大社会主义民主政治的基本要求就是促进社会公平正义。

促进社会公平正义涉及公平和效率关系的处理。处理这两者关系，需要区分资源配置领域和收入分配领域。新时期全面深化改革所要激发的效率动力需要从这两个领域入手。

在资源配置领域，资源有限，资源配置必须讲效率。现在明确市场决定资源配置就是服从于效率目标，由公平竞争的市场来决定资源配置，实际上给提高效率从而推动发展提供强大的动力。在这里，市场是天生的平等派。从这一意义上讲，市场按效率目标配置资源就体现公平正义。当然，市场配置资源的必然结果是贫富差距的扩大。它需要在收入分配领域中的公平分配来解决。

在收入分配领域，在公平与效率的关系上，两者存在对立统一关系。收入分配领域的公平程度也会影响效率。就如诺贝尔经济学奖得主斯蒂格利茨所说，分配与效率问题不可分割。“在一些不公平程度很高的情况下，它降低了经济效率……，然而在其他情况下，不公平却可以加强经济效率。”①这里有两个认识问题。第一，分配中的公平权利与效率不矛盾，例如坚持按劳分配的权利公平支持劳动效率提高，按要素贡献取得报酬的权利公平支持要素效率的提高。在这种公平原则下的收入分配对不同的人必然有差距。但没有这种差距就不会有效率。公平正义本身就包含这些公平权利。第二，收入分配差距的扩大所产生的社会不公平要有个度。原因是社会不公平达到一定程度，随之产生的社会矛盾也会影响效率，从而影响整个社会经济健康持续发展的进程。人民不能够公平合理地分享经济发展的成果，就不会继续支持改革和发展。这就有必要适时地提出公平性分配的要求，涉及机会公平，权利公平，规则公平。这样在收入分配领域坚持公平原则，既要坚持分配的公平权利，又要促进收入

① 斯蒂格利茨.社会主义向何处去，吉林人民出版社，1998:54.

分配结果处于社会公平的度。这两个方面结合就是促进社会公平正义的内容。

目前导致收入差距扩大的主要症结在于权利的不公平。其中包括以权谋私和垄断收入。这也是人们所不能容忍的。相应的改革需要从两个方面推进。首先,针对以权谋私,不仅要通过反腐败途径惩处以权谋私者,更要从体制上堵塞以权谋私的漏洞,也就是不给权力设“租”和寻“租”。其次是反垄断,现在的高收入行业主要是垄断行业,尤其是行政垄断行业。这些行业的高收入不是其靠自身努力获得的,而是靠垄断了自然资源和行政资源获得的。只有将其垄断收入收归国家后进行收入分配才能真正体现公平正义。

### 2. 改善民生

改善民生同社会主义生产目的是一致的,也是人民群众分享改革发展成果的重要途径。30 年前推进改革时可以许诺暂时忍受改革的阵痛,以后会得到改革的收益。现在所要推进的每一项改革都要使人民群众获得利益。把解决好人民群众最关心、最直接、最现实的利益问题放在改革的首要位置,人民群众就会焕发出强大的改革动力。

收入是民生之源。已有的改革普遍增加了人民收入,但是伴有收入差距的扩大。进入中等收入阶段后,人们不可能继续容忍越来越大的收入差距,更不能容忍权利的不公平以及由此产生的收入差距。而且随着改革的深化,如果人们对改革成果的分享存在明显的差异,就会在一定程度上影响人民群众改革热情的充分发挥。在这个背景下,建立以民生改善为着力点的收入分配体制的重要方面是缩小收入差距,改革对象是过去的改革所形成的效率优先的收入分配体制。在政策层面上就是由允许“一部分人先富起来”,转向让大多数人富起来。过去允许“一部分人先富起来”,是要在体制上解决推动 GDP 增长的动力,现在解决大多数人富起来的问题,是要使广大人民公平合理地分享增长的成果。这也符合邓小平的战略思想。他在 1992 年视察南方时就提出,等到沿海地区达到全面小康水平后,就要提出先富帮后富、共同富裕的要求。相应的改革内容就是保护合法收入,调节过高收入,清理规范隐性收入,取缔非法收入,增加低收入者收入,扩大中等收入者比重,努力缩小城乡、区域、行业收入分配差距,逐步形成橄榄型分配格局。

以民生改善为着力点的收入分配体制改革主要是提高低收入者的收入。主要途径是在初次分配领域建立提高劳动报酬比重的机制。前一时期的指导思想是初次分配讲效率,再次分配讲公平;相应的分配机制是初次分配靠市场调节,再次分配靠政府调节。现在为实现公平性分配,初次分配领域不能只是讲效率,也要讲公平。在资本、劳动、管理、技术投入都参与收入初次分配的条件下,须建立劳动报酬增长和劳动生产率提高同步的机制。与此相应的调节机制,不能只是市场调节,需要其他方面调节,其中包括维护劳动权益的法律规范、企业内工资集体协商机制等。只有这样,才能提高劳动报酬比重。

就业是民生之本。居民收入的增长与就业密切相关。就业,牵动着千家万户的生活。影响就业的因素很多。一是劳动力供大于求的矛盾,二是产业结构对就业的承载能力,三是各个时期的宏观经济状况,四是劳动力的知识和技能结构,等等。提高效率的改革会节省劳动力,从而加大就业的压力。当前,我国就业工作面临总体就业压力大和结构性劳动力短缺、人才匮乏的突出矛盾。如果就业问题处理不好,就会造成严重的社会问题。解决就业问题归根到底还是要靠发展。解决就业问题的根本途径是发展和改革,创造更多就业岗位,改善就业环境,提高就业质量。就体制上来说,一方面通过发展多种所有制经济和鼓励创业,广开就业门路,增加就业岗位;通过城乡发展一体化和克服城乡分割体制,解决城市和农村劳动力流动的通道。另一方面通过人力资本投资,搞好职业技能培训、完善就业服务体系,引导劳动力适应和促进企业实现转型升级,缓解结构性失业问题。

教育是民生之基。与此相关的还有基本医疗等公共服务。当前最为重要的是推进基本公共服务在城乡、区域之间的均等化。根据教育公平和基本医疗公平的原则,要使中低收入者上得起学,看得起病。涉及供给和需求两个方面。在供给方面是加大农村基本公共服务设施的建设。在需求方面是享用教育、基本医疗、公共交通等需要付费的公共服务,不仅要横向公平(谁享用谁付费),还要纵向公平(按支付能力支付),使低收入群体也有能力享用基本公共服务。在前一时期改革中,市场化的范围过大,把不该市场化的公共服务部门市场化了,如卖医院、卖学校、卖公共交通,一些地方政府实际上放弃了公共服务的职能。现在这些公共服务应该还给政府(不排除私人办学校、办医院、办公交作为补充),以保证低收入者也能上得起学,看得起病,坐得起公交。

社保是民生之依。要完善政府为主导的覆盖城乡居民的社会保障体系,包括基本养老保险、医疗保障体系、对困难人群的社会救助制度,以及基本住房保险。应当明确,政府在社会保障体系建设中起着主导性作用。

## 四、全面深化改革既要有政治勇气又要有智慧

在中国这样的大国进行改革,绝不能在根本性问题上出现颠覆性错误,一旦出现就无法挽回、无法弥补。这个根本性问题就是坚持改革的正确方向,沿着正确道路推进。我国 30 年前开始的改革,没有现成的经验可循,传统的理论、固有的陋习和观念、旧的体制束缚和禁锢改革的手脚,在此情况下的改革,只能是解放思想,尊重群众首创精神,"杀开一条血路"。改革的主要方式是"破"字当头,即破除束缚生产力发展的旧体制,改革的步骤是摸着石头过河。

经过 30 多年的市场化改革,改革的方向越来越清晰。"既不走封闭僵化的老路、也不走改旗易帜的邪路",只能走中国特色社会主义道路,也就是在中国特色社会主义制度体系的框架内改革国家治理体系,推进国家治理体系和治理能力现代化。方向决定道路。改革的方向明确以后,改革需要也可能在摸着石头过河的基础上进行顶层的全面的整体的设计。

我国 30 多年前开始的改革,没有走"华盛顿共识"所推荐的激进式改革路径,也没有采用俄罗斯的"休克疗法""大爆炸"式的改革方式,而是走渐进式的改革路径。采取先易后难、先体制外后体制内、先增量改革后存量改革、先局部后全局的重点突破的方式。具体地说,体制改革先改经济体制;所有制改革先发展体制外的,发展多种所有制经济;国有企业改革先改运行机制;调节机制先搞"双轨制"。这种改革战略的好处是步子稳,改革进程不会破坏生产力,能够保持经济稳定增长。

经过 30 多年的改革,易的、体制外的、增量的、局部的基本上都改完了。留下的都是难的部分,是难啃的骨头。我国的改革最终能否取得成功归根到底是由这些难

的部分的改革决定的。现在是要针对难的、体制内的、存量的、全局的体制进行改革。这意味着,我国经济体制改革进入深水区,需要“涉险滩”,骨头越来越难啃,涉及的利益关系错综复杂、环环相扣,这时候的改革需要在两方面着力:一是需要有“敢于啃硬骨头,敢于涉险滩”的决心,“壮士断腕”的政治勇气,敢于向积存多年的顽瘴痼疾开刀,切实做到改革不停顿、开放不止步;二是要有智慧,步子要稳,注意改革的全面、系统、综合,使每一项改革都能得到人民群众的支持。这就是习近平总书记指出的:“改革开放是一个系统工程,必须坚持全面改革,在各项改革协同配合中推进。”

经过了 30 多年的改革后,新时期的改革进一步强调系统性、整体性和协同性的要求,有更为重要的内容。这是依据我国改革的进程和相应的改革战略提出来的。需要把握全面深化改革的内在规律,特别是要把握全面深化改革的重大关系,处理好解放思想和实事求是的关系、整体推进和重点突破的关系、顶层设计和摸着石头过河的关系、胆子要大和步子要稳的关系,等等。

过去 30 多年的改革着力点是“破”,过去有一种提法:“破字当头,立也就在其中”,确实,有许多体制在“破”的过程中自动地立出了新规。但还有不少体制不可能一下子自动地“立”起来的,尤其是需要建设。新时期全面深化改革需要针对过去市场化改革中某些被“破掉”的旧体制而没有“立出”新的体制方面,突出建设性要求,构建起系统完备、科学规范、运行有效的制度体系,使各方面制度更加成熟更加定型。特别是现阶段的改革较多的是政府对自身进行改革,取消和下放大量的行政审批项目,这是政府的“破”。这些“破”的同时必须要有“立”。也就是下放审批的项目谁来接,取消审批的项目如何让市场和企业接好,其中包括市场中介组织。这些都是需要统筹好的问题。否则会形成体制的紊乱,破坏正常的经济秩序。

在重点突破和整体推进的关系上,体制是环环相扣、相互制约的。已有的重点突破的改革在局部环节易于进展,但局部性改革进入到一定深度就会同体制的整体出现不协调。就像进行的经济领域的改革,利益关系突出了,社会体制的改革没有跟上,就会造成社会矛盾的突出,特别是全社会过于注重经济利益,而社会的价值观出现缺失,在此背景下从改革的整体性考虑就要把社会体制的改革和文化体制改革提到日程。再如,在所有制改革上,重点突破了体制外的非公有制经济那一块,国有经济不做相应改革,不仅使国有经济效益进一步下降,更为重要的是国有经济的主导地位也可能丧失。这意味着,全面深化改革需要处理好整体推进和重点突破的关系,现阶段的改革更为重视整体推进。

在改革的系统性上,以市场和政府的关系为例,我国的经济体制改革循着市场化方向,政府和市场的关系始终是核心问题。十八届三中全会明确市场对资源配置的决定性作用,相应地政府对资源配置的作用将明显弱化。但这不意味着不要政府更好发挥作用。按照系统论的观点,改革不能偏废某一个方面,需要协调推进,从而使整个体制各个方面协同作用。转变政府职能的目的不是取消政府,而是解决政府的"越位"和"缺位",从而形成一个强有力的有效率的法治型政府、服务型政府。首先,我国现阶段所要面对的发展问题是错综复杂的,不只是单一的增长问题。公平分配、创新、环境、公共服务都是发展问题。这些市场失灵之处都需要政府作用。其次,在我国这样的发展中大国产业结构转向中高端这样的重大的发展问题,不可能都靠市场,必须要政府的参与。第三,就宏观调控来说,为了给市场更大的作用空间,明确了宏观经济的合理区间,相应的宏观调控体系需要完善,如果在合理区间内宏观调控完全无所作为,宏观经济滑出合理区间不是不可能的,由此产生的宏观失控的代价将更为严重。所有这些都说明,在新体制中,不只是充分发挥市场的决定性作用,而是要更好发挥政府作用。两者的作用互补冲突,这就是协同。

一切改革归根结底都是为了人民,是为了让老百姓过上好日子。经济体制改革实际上是利益关系的调整。改革所涉及的利益关系错综复杂,一部分人在改革中得益,另一部分人可能利益受损,还可能有一部分人的福利相对下降。我国过去 30 多年的改革,为了推动发展实施允许一部分人先富起来的大政策效果非常明显,但潜伏下来的问题是收入差距过于扩大,开始影响效率。现在全面深化改革,就要增进人民福祉、促进社会公平正义,让大多数人富起来,解决好做大蛋糕和分好蛋糕的关系。相应地,收入分配体制改革的着力点就要由效率优先转向公平优先,努力缩小城乡、区域、行业收入分配差距。但是,收入分配体制改革涉及多个领域,多个群体,牵一发动全身。有可能产生"跷跷板"效应。这就要求收入分配体制的改革有系统性观念,需要统筹兼顾。要高度重视全面深化改革引起的利益关系调整,通盘评估改革实施前、实施中、实施后的利益变化,统筹各方面各层次利益,分类指导,分类处理。

经济体制是多要素的,就其变化的速度有快变量和慢变量之分。已有的改革基本上是改的快变量,慢变量不是一放一改就能见效的,需要一个培育和成长过程。例如,企业改革,进行股份制改造是快变量,建立现代企业制度是慢变量;市场决定资源配置,取消行政审批是快变量,完善市场体系是慢变量;城镇化,取消城乡户口限制是快变量,农民市民化是慢变量。经济体制是快变量,政治体制是慢变量;治理体系建设是快变量,治理能力提高是慢变量。可以说在所有领域的体制改革都会存在这种快变量和慢变量。改革的成效恰恰是由慢变量的到位来确定的。因此改革的系统性就在于协调好快变量和慢变量的关系,在快变量的改革取得成效时,致力于慢变量的改革,使改革真正取得整体性成效。

最后,以习近平总书记 2015 年 5 月主持第 12 次中央全面深化改革领导小组会议上的一段讲话作为本文的结语:要教育引导各级领导干部自觉用“四个全面”战略布局统一思想,正确把握改革大局,从改革大局出发看待利益关系调整,只要对全局改革有利、对党和国家事业发展有利、对本系统本领域形成完善的体制机制有利,都要自觉服从改革大局、服务改革大局,勇于自我革命,敢于直面问题,共同把全面深化改革这篇大文章做好。

**主要参考文献**

[1] 中共中央关于全面深化改革若干重大问题的决定[M]. 人民出版社,2013.

[2] 中共中央文献研究室. 习近平关于全面深化改革论述摘编[M]. 中央文献出版社,2014.

[3] 吴敬琏. 直面大转型时代:吴敬琏谈全面深化改革[M]. 北京:三联书店,2014(5).

[4] 洪银兴. 市场秩序和规范[M]. 格致出版社、上海三联书店、上海人民出版社,2015.

# 准确认识供给侧结构性改革的目标和任务[①]

## 一、供给和需求及其关系的理论假设

近期关于供给侧改革的研讨中,人们自然想起西方的供给经济学。其实,对供给侧改革的理论渊源应该追溯到马克思的理论,并以此作为理论指导。

供给侧改革针对的是供给问题,但在政治经济学中,经济运行中的供给和需求相互依存,相互依赖。马克思认为,供求实际上从来不会一致。供求一致的现象,在科学上等于零。但是,在政治经济学上必须假定供求是一致的,"这是为了对各种现象在它们的合乎规律的、符合它们的概念的形态上来进行考察,也就是说,撇开由供求变动引起的假象来进行考察。"[②]这种抽象分析方法,是要寻求供求一致时的内在的必然性。供求一致究竟是指什么?马克思的界定是"某个生产部门的商品总量能够按照它们的市场价值出售,既不高,也不低。"[③]这就是说市场价格与市场价值趋于一致。供求平衡是价值规律调节供求关系的结果。

根据马克思的劳动价值理论,无论是供给还是需求都可以还原为社会劳动量。一方面,某种商品的供给总量,即在一定劳动生产率的基础上,该生产部门制造一定量的物品所需要的一定量的社会劳动时间。另一方面,社会对该种商品的需求总量,即社会购买这些物品的方法,就是把它所能支配的劳动时间的一定量来购买这些物品。商品按市场价值出售,就要求用来生产某种商品的社会劳动的数量,同要满足的

---

① 本文原载于中国工业经济 2016 年第 6 期。

② 马克思.资本论(第三卷),北京:人民出版社,2004,211.

③ 马克思.资本论(第三卷),北京:人民出版社,2004,210.

社会需要的规模相适应。而在现实中这两个方面，即一方面耗费在一种社会物品上的社会劳动总量和另一方面社会要求用这种物品来满足的需要的规模之间，没有任何必然的联系而只有偶然的联系。于是就出现某种商品的产量超过了当时的社会需要。这种状况就是我们现在所讲的需要“去”的过剩产能和库存。它表明，这个商品量在市场上代表的社会劳动量就比它实际包含的社会劳动量小得多。这些商品必然要低于它们的市场价值出售。其路径或者是降价出售，或者是浪费掉多余的商品。

马克思使用社会必要劳动时间的第二个含义来说明供求平衡条件下的价值实现：“社会劳动时间可分别用在各个特殊生产领域的份额的这个数量界限，不过是价值规律本身进一步展开的表现，虽然必要劳动时间在这里包含着另一种意义。为了满足社会需要，只有如许多的劳动时间才是必要的。在这里，界限是由于使用价值才产生的。社会在既定生产条件下，只能把它的总劳动时间中如许多的劳动时间用在这样一种产品上。”①

含义二的社会必要劳动时间是在不同部门之间的比较和竞争中形成的。起作用的是各个部门提供的使用价值是否符合社会需要，不仅包括使用价值的品种和质量，还包括使用价值的总量。意义是各个生产者提供社会所需要的使用价值（包括质和量）。我们现在讨论的供给侧改革所要解决的问题正是供给品的使用价值是否符合社会需要的问题。

供求不平衡或者表现为供给出不清，或者表现为需求出不清。供求平衡就是出清市场。在马克思的理论中，出清市场靠的是市场竞争机制。概括起来，在市场上存在着三个方面的竞争：卖者之间，买者之间，买卖双方。在需求超过供给的场合，主要是需求方之间的竞争：“一个买者就会比另一个买者出更高的价钱，这样就使这种商品对全体买者来说都昂贵起来，提高到市场价值以上；另一方面，卖者却会共同努力，力图按照高昂的市场价格来出售。”②在供给超过需求的场合，主要是供给方之间的竞争。卖者之间互相施加足够大的压力（竞争），“以便把社会需要所要求的商品量，

① 马克思．资本论（第三卷），北京：人民出版社，2004，717．

② 马克思．资本论（第三卷），北京：人民出版社，2004，215－216．

也就是社会能够按市场价值支付的商品量提供到市场上来。"[①]而且供给方之间的竞争会产生降低社会必要劳动时间的功能："只要一个人用较便宜的费用进行生产，用低于现有市场价格或市场价值出售商品的办法，能售出更多的商品，在市场上夺取一个更大的地盘，他就会这样去做，并且开始起这样的作用，即逐渐迫使别人也采用更便宜的生产方法，把社会必要劳动减少到新的更低的标准。"[②]

我国已经推进的市场化改革，建立由市场来决定资源配置的体制机制，实际上就是根据马克思的上述理论，建立价值规律的调节机制。转向市场经济体制就意味着推进需求侧的改革。其内容包括：强化市场竞争机制，突出市场需求导向，取消指令性计划等，并且在供给总量进入买方市场背景下宏观经济转向消费需求、投资需求和出口需求三驾马车拉动增长，宏观调控也转向财政和货币政策的总量需求调控。

应该说，已有的需求侧突出市场机制和宏观需求管理的改革对适应市场需求提高供给能力取得了明显的效果，但只是靠需求侧的市场导向和需求拉动并不能完全解决供给问题。其中的一个重要原因是，市场对出清市场的调节是事后的调节，市场调节下的供求平衡，"只是在事后作为一种内在的、无声的自然必然性起着作用，这种自然必然性可以在市场价格的晴雨表的变动中觉察出来，并克服着商品生产者的无规则的任意行动"。[③] 市场上出现总量供大于求时，常常需要通过经济危机方式来强制地实现平衡。这种市场平衡的方式显然是破坏生产力的方式。这意味着，为防止供给侧的市场出不清，还是需要供给侧自身的理性调节。

根据马克思主义经济学原理，在供给侧无论是增加供给能力还是调整供给结构都有其自身的发展规律和路径。马克思所指出的生产力要素就是我们现在讲的供给侧要素，包括："工人的平均熟练程度，科学的发展水平和它在工艺上应用的程度，生产过程的社会结合，生产资料的规模和效能，以及自然条件。"[④]简单地归结为：劳动

---

① 马克思.资本论(第三卷)，北京：人民出版社，2004，201.

② 马克思.资本论(第三卷)，北京：人民出版社，2004，216.

③ 马克思.资本论(第一卷)，北京：人民出版社，2004，412.

④ 马克思.资本论(第一卷)，北京：人民出版社，2004，53.

者素质、科技、社会分工、规模经济、自然条件。[①] 基于此,增强供给能力,也就是社会生产力发展的来源,"归结于发挥着作用的劳动的社会性质,归结为社会内部的分工,归结为脑力劳动特别是自然科学的发展"。[②]

以上分析的马克思主义经济学原理对当前研究供给侧问题有重要的指导意义:第一,解决供给侧的问题不能脱离需求侧;第二,市场机制是供给和需求平衡的重要调节机制;第三,只是靠需求侧的市场调节,只是靠需求管理不能完全解决供给侧的问题;第四,供给侧的要素就是生产力的要素。

当然,马克思在当时条件下不可能现实地指出我国在中国特色社会主义条件下解决供给侧问题的路径。在我国推进市场化改革,并在经济进入新常态后产生的经济增长问题表明,只是在需求侧拉动经济增长是不够的,还必须在供给侧推动经济增长。就如近期为了推动实体经济止跌回升,国家通过降息和降准等途径扩大货币投放来刺激需求,但效果并不明显。这意味着,稳定经济增长,还需要更加注重供给侧的作用,而且供给侧的问题根子在体制。对此问题的理论说明,同样成为中国特色社会主义政治经济学的新课题。在此背景下,习近平总书记提出:在适度扩大总需求的同时,着力加强供给侧结构性改革,着力提高供给体系质量和效率,增强经济持续增长动力,推动我国社会生产力水平实现整体跃升。习近平总书记从结构性改革的角度来提出供给侧的改革和发展的目标,开拓了中国特色社会主义政治经济学的新境界。

## 二、供给侧改革要求解决结构性问题

经济调节,无论是市场调节还是政府的宏观调控都是协调供求的平衡。由供给和需求相互关系可知。经济发展政策是以供给侧为重点还是以需求侧为重点,要依据经济体制变化和宏观经济发展形势做出选择。

---

① 顺便指出,有的学者为了同需求侧三大需求相对应提出供给侧的三要素(技术、结构和制度),是不完整的。

② 马克思.资本论(第三卷),北京:人民出版社,2004,96.

为什么我们现在突出供给侧结构性改革,而不提需求侧改革?供给侧结构性改革是在进行了多年的需求侧改革后提出来的。在原有的计划经济体制中,经济调节偏向供给侧,主要手段是下达指令性计划,为生产而生产,结果是供不应求,产生短缺经济。我国的市场化改革,从一定程度上说是需求侧改革。在多年的需求侧改革并取得明显成效基础上,需求侧需要解决的问题主要是在新的体制下改进和完善需求侧管理问题,包括完善消费、投资和出口三驾马车协同拉动经济增长的需求拉动机制,完善财政和货币政策调节总需求的机制等。

提出供给侧结构性改革的必要性与对当前经济下行的基本判断相关。虽然经济下行不排除仍然存在有效需求不足的问题,但矛盾的主要方面在供给侧。首先,当前经济下行问题不完全属于周期性问题,而是供给侧的结构性问题。如果是周期性问题,可以等待经济复苏,但现在的问题是存在数量不小的过剩和无效产能,形不成有效供给,会拖累复苏。而且,高杠杆和高成本,不仅使众多企业成为僵尸,没有活力,还使许多地方政府存在过重的地方债务。在这种状况下,何来推动复苏的动力?因此,供给侧问题不解决,经济难以止跌回升。

其次,我国试图通过消费、投资、出口三驾马车来拉动经济增长,问题是,只是需求侧三驾马车拉不动经济增长。表现在三个方面。一方面,消费需求对经济增长的贡献率不像预期的那么高。被激发出来的消费需求没有形成对本国产品的现实需求,而是转向国外,没有起到对本国经济增长的拉动作用。典型的案例是,一边是消费者热衷于购买外国奶粉,另一边是国产牛奶因过剩倒入河中。另一方面,过剩、落后和污染等低端无效产能不去掉,拉动起来的投资需求还可能进一步加大这类低端和无效产能。再一方面,在世界经济增长持续放缓的背景下,不景气的国际市场上扩大出口需求也非常困难,而且面对发达国家的再工业化和工业 4.0,建立在比较优势基础上的出口竞争力明显下降。

基于这种判断,虽然实体经济回升需要供给侧和需求侧共同发力,但更要靠供给侧发力。尤其是需要通过改革来充分释放供给侧的动力和活力。

发展中国家在转向市场经济体制时,所长期存在的结构、技术、效率等供给侧问题,不会因转向市场经济就能自动解决,也不可能靠需求侧的调节来解决。原因是,发展中国家的这些供给侧问题既有发展方式方面的原因,又有供给侧的体制问题。因此,解决供给侧的问题,既需要转变发展方式,又需要进行结构性改革。需要指出,有人把制度列为供给侧要素,是不准确的。无论是供给侧还是需求侧都有制度问题。

供给侧的改革之所以称为结构性改革,原因是供给侧问题突出表现为结构性问题,可以归结为,有效供给不足和无效产能并存。无效产能包括过剩产能,落后产能和污染产能。这种结构性矛盾是发展中国家的通病,属于长期问题。这种结构性矛盾归结为现行经济发展方式的症结:供给不能适应进入中等收入阶段以后消费需求的新变化。进入中等收入阶段后,解决了温饱问题后居民的消费需求开始转型,更为关注健康,安全,卫生,档次方面的需求。而生产和服务还停留在低收入阶段的供给,追求数量,不重视质量,为生产而生产,势必产生现在的有效供给不足与无效供给和低端供给所产生的库存和过剩问题。由此就提出了结构性改革的任务:针对无效产能需要去产能、去库存;针对有效供给不足需要补短板、降成本。这些都是转变发展方式的内容,更需要体制机制上的支持。

基于以上分析,对供给侧结构性改革问题,需要明确区分涉及长期发展的改革目标和当前所要推进的去产能、去库存、去杠杆、降成本和补短板的任务。这些任务需要在改革和发展中实现,而不能只是把这些任务作为供给侧结构性改革的目标。如果把这五个方面看作是长期任务,就是要在体制上解决不再持续产生所要去的产能、库存和改革,持续的补齐短板和降成本。

如何去产能、去库存、去杠杆、降成本、补短板?单纯地去产能、去库存、去杠杆会产生巨大的成本,而且难以有效实现目标。可行并且有效的路径是,用发展的办法去库存、去产能和去杠杆。原因是过剩的产能和库存并不都是无用的。其中相当多地过剩产能、高库存和高杠杆是经济不发展带来的。发展就可能消化和吸收过剩的产能和库存,并且去掉部分因速度持续下行所产生的杠杆(金融债务)。而且"补短板"更多的是补有效供给不足的短板,也就是补发展的短板。从改革的角度分析,无效产能、库存、杠杆和成本的产生,都同供给侧存在的制度问题相关,供给侧结构性改革就是要建立有效地防止和克服继续产生无效和低端产能、缺乏市场需求的库存、高杠杆带来的高债务以及成本持续走高的制度结构。

概括起来,供给侧结构性改革目标有三个:一是解决有效供给,二是提高全要素生产率,三是释放企业活力。这意味着供给侧改革还是要推动发展。

## 三、在改革中寻求供给侧的经济发展动力——兼谈"降成本"

对我国由高速增长转向中高速增长的一个重要解释是,物质资源和低成本劳动力方面的供给推动力消退,因此需求的拉动力尤其是消费需求的拉动力得到了高度重视,但不能就此以为今后经济增长的动力只是在需求侧,从而轻视供给侧的动力。实际上,影响经济增长的要素,不仅有需求要素,也有供给要素。在需求侧没有充分的力量阻止经济下行的压力时,不能忽视在供给侧寻求推动经济增长的动力。

影响实际增长率的潜在经济增长率的供给要素,除了物质和劳动力要素投入外,还有技术、结构、效率等方面的要素。现阶段消退的供给侧的推动力只是物质资源和低成本劳动力。而在供给侧还有其他动力可以开发,如:创新驱动,结构调整,提高效率都是供给侧推动经济增长的动力。相比需求的拉动力,供给侧的推动力更为长期。

供给侧对经济增长的推动力,归结为各个要素的生产率。在马克思的分析框架中包括劳动生产率、资本生产率和土地生产率。后来诺贝尔经济学奖得主索洛又提出全要素生产率理论,指的是各种要素集合所产生的生产率之和大于各单个要素投入的生产率之和,其中的差额就是全要素生产率,又称广义技术进步。涉及投入要素质量提高,资源配置效率提高,技术进步,规模效益等。提高全要素生产率的关键在制度创新,也就是供给侧的结构性改革。提高效率和降成本是一个问题的两面。提高全要素生产率从一定意义上说是节省要素投入,实际上就是"降成本"。提高全要素生产率所要降的成本不只是指生产过程中需要降的成本,因为这方面的降成本在各类企业中都已经得到重视,而是特别要降低以下两种资源错配的成本。

首先是低效的要素配置结构所产生的要素配置成本。这就是为什么把提高全要素生产率作为供给侧结构性改革的重要原因。现阶段的要素配置主要是靠投资结构,投资投在物质资本、人力资本、土地、技术等要素上的比例,就形成要素配置结构。目前的结构性问题,一是投资较多的投在地产上,而不是投在与新产业相关的物质资本和技术要素上，造成产业供给能力不足；二是投资偏重物质资本，忽视人力资本，造成创新能力不足。这种要素配置结构就是资源错配的结构，无疑是全要素生产率偏低的重要原因。由此也产生高的要素配置成本。

其次是过高的制度成本。这是没有真正转到市场决定资源配置所造成的过高的资源配置成本。现阶段所要去的产能包括过剩产能，落后产能和污染产能。其原因除了发展方式问题外，再就是体制上难以遏制重复建设重复投资，行政垄断问题，以及地方保护问题。因此，改革的方向，在供给侧就是通过严格的标准（包括技术标准、环境标准和质量标准）和有效的政府行为去克服对低端和无效产能。在需求侧则是真正转到市场决定资源配置，打破垄断和地方保护，强化市场优胜劣汰机制。并且采用排污权交易之类的市场方式来控制污染产能。

在供给侧提高全要素生产率的动力主要在以下两个方面。

首先是增强科技创新的驱动力。以科技来替代物质要素的投入是提高全要素生产率的最为有效的途径。最明显的是依靠创新攀升全球价值链中高端。我国目前的生产环节大都处于价值链的低端，也就是处于附加值低的资源消耗和劳动密集的低端环节。现在资源和劳动成本普遍提高，因此出现高产值低效益的状况。改变这种状况的路径就是，依靠创新和技术进步转移出低端环节进入中高端环节，提高附加值，从而提高全要素生产率。

其次是以人力资本积累替代物质资本积累。在要素和投资驱动阶段，全要素生产率的提高靠的是物质资本的引领和驱动。而在创新驱动阶段，不仅是物质资本积累能力受限，更为突出的是，物质资本积累对全要素生产率提高的推动力正在消退。人力资本积累包括企业家的成长和劳动者素质和技能的提高。在这里表面上可能提高了人力成本，但其替代了成本更大的物质资本，并且引领要素配置和组织，可以显著提高全要素生产率。全要素生产率的提高明显抵消人力成本的提高。

从体制上分析，转向创新驱动和人力资本替代，都需要改革推动。如果说创新是发展的新引擎，改革则是新引擎的点火器。供给侧改革发动起创新驱动的动力，就能激发出经济发展的新动力。

## 四、在改革中提高供给体系质量和效率
## ——兼谈"补短板、去产能和去库存"

有效供给不足实际上是结构性短缺，一方面供给结构不能适应需求，不仅涉及供给的产品结构，还涉及供给品的数量和质量；另一方面低端和无效产能占用资源，造成库存和积压。归根到底，还是现行供给体系停留在低收入阶段。表现为：第一，处于低收入阶段的供给品的科技含量和技术档次低；第二，低收入阶段形成的存量结构造成有效供给不足和无效产能过剩并存；第三，低收入阶段的供给水平不能满足进入中等收入阶段的消费者对供给品的质量、安全和卫生的需求，不能提供消费者信得过的产品和服务。中国消费者蜂拥出国购买的马桶盖、电饭煲、感冒药等，在技术上并不多么高超，中国也能制造但消费者不买账就说明这点。

因此，供给侧改革的是关键是提升供给的能力，建立有效供给的长效机制，提高供给结构的适应性和灵活性，并且赢得消费者。根据提高供给体系质量和效率的要求，供给侧的改革需要推动结构调整和优化。一方面加大力度调整存量结构，通过去库存和去产能，腾出被无效和过剩产能占用的资源；另一方面推动产业优化升级。从补市场供给"短板"考虑，特别要重视产品结构的调整和优化，在体制上解决企业供给的市场导向问题，这方面的改革主要是进一步完善市场决定资源配置的体制机制。具体涉及"补短板"和"去产能、去库存"两个方面的改革。

首先是补短板。针对有效供给不足，"补短板"就是补市场供给的短板。相应的改革主要涉及三个方面。

一是依靠科技创新提高产品的技术档次和质量。创新不仅要高端，更要实，实就实在产品创新。这不仅需要构建促进创新的体制机制，更要形成科技创新与产品创新有效衔接的机制。以此来补因技术水平原因造成的市场供给短板。对企业来说还要推进商业模式创新，其市场策略不仅仅是被动地适应消费者，更要理性地创造消费者，引导消费者。

二是建立精细化的治理体系和文化，相当部分国产品能生产但质量欠缺，根子在

管理体系不精细和“马马虎虎”的企业文化。改变这种状况需要加强质量管理和重塑精细文化，培育“工匠精神”。与此同时，在人才供给结构上，不能只是瞄准高精尖科技人才，需要重视高级技工和应用性高端人才的培养和供给。

三是规范市场秩序。一方面加强并完善市场监管体制，“乱市”用重典，在制度上克服“劣币驱逐良币”现象。另一方面加强诚信体系建设，打造诚信品牌。这些方面的体制形成，就可以引导企业不只是采取价格竞争的方式，更多地采取技术革新和产品质量的竞争方式，生产更新、更好的产品并提供更新，更好的服务。

其次是去产能和去库存。其路径选择也有效率要求。涉及以下认识问题。

“去产能和去库存”也就是在供给侧的市场出清。但是，市场出清既涉及供给，也涉及需求，两者相互依存。这意味着不可能离开市场需求孤立地在供给侧出清市场。从长远来说，需要通过改革以新的体制和发展方式保证不再产生新的无效产能和库存，关键还是要解决供给以市场为导向，不能进入“供给创造需求”的怪圈。而近期需要消化现有的无效产能和库存也是这样，最终还是需要需求侧来消化，除非供给侧自己消灭自己。这就是说供给侧的市场出不清问题，既需要供给侧本身的调整来出清，也需要需求侧采取扩大需求的方式来出清。

例如，对“去产能”，不能只是理解为去过剩产能。无效和低端产能还包括落后产能和污染产能。对这部分产能可以在供给侧依靠严格的技术、质量和环保标准下决心淘汰，而且更多的靠政府和法律的行为。这是在供给侧的出清。而对过剩产能就不能简单化处理。在需求侧，需要强化优胜劣汰的市场机制，由市场来淘汰过剩生产能力，从而形成相关企业去库存的外在压力。但市场淘汰的成本往往太大。在供给侧，可以采取化解的方式。过剩生产能力并不都是无用的生产能力，寻求新的用处和去处去化解过剩产能，包括对过剩产能的再开发，以适应新的需求。这样可以降低去产能的成本减少资源浪费。路径包括在“一带一路”上扩大国际产能合作，打开扩大国际贸易的新通道。

“去库存”，更多需要需求侧的作为，主要是在发展中创造需求，如城市建设，城乡一体化建设，环境治理工程，提高户籍人口城镇化率，允许农民进城买房等。供给侧则需要根据需求对库存进行调整，使之适销对路。

供给侧的库存除了在供给侧自我消化外，基本上还是要靠需求侧的需求去消化。要么是降价，要么是扩大需求。这就提出能否通过“加杠杆”的方式来去库存的问题。美国的次贷危机可以说是一面镜子，去房地产库存的加杠杆不能加到产生次贷危机。但也不能绝对地否认有限度的信贷杠杆对去库存的作用。从发展的角度为扩大需求（尤其是消费需求）而加一部分杠杆可能起到四两拨千斤的作用，关键是精准并且有限度。

## 五、在改革中释放企业活力——兼谈“去杠杆和降成本”

尽管我国提出的供给侧结构性改革的思路不是源于美国里根时代的供给经济学，但是既然是谈供给侧就有供给侧的经济学的特定理论问题。一般说来，需求侧的经济学关注的是选择问题：在市场决定资源配置的条件下，市场选择资源流向，进入哪个地区，哪个行业，哪个企业，由充分竞争的市场进行选择，这种选择对企业产生外部压力。供给侧的经济学则关注激励企业问题，其中包括减轻企业负担，减少对企业的行政干预，从而激发企业活力。在信息经济学中也要求在信息不完全条件下，建立激励性体制，克服影响供给质量和效率的道德风险之类的机会主义行为，并从机制上克服“劣币驱逐良币”状况。中国特色社会主义政治经济学的一个重大原则，就是坚持调动各个方面积极性。这也应该成为供给侧结构性改革的重大原则。

处置“僵尸企业”是供给侧结构性改革的重要话题，但不能被引向供给侧改革的主要内容。结构性改革不可避免要关停一批“僵尸企业”，但不能简单地把关停“僵尸企业”作为改革目标。“僵尸企业”是个模糊概念，与其说关停“僵尸企业”不如说关停污染企业。根据供给侧的经济学原理，“去杠杆”和“降成本”的目标都是激发企业活力，实质是给实体经济企业减负，以调动其增加有效供给的积极性。现在实体经济企业背负着“三座大山”：高税、高息和高负担。再加上连续 47 个月工业品价格指数(PPI)的负增长，企业有产量无效益，许多企业成为“僵尸企业”。同时还有许多因为负债企业担保而产生的金融杠杆被投入“僵尸企业”的行列。因此，从发展的角度“去杠杆”和“降成本”,着力点是要使企业这个经济细胞活起来。

“去杠杆”是针对企业金融债务过高而提出来的。企业过高的金融债务不仅造成过高的利息负担,还到了资不抵债的地步,有些地方企业之间的贷款联保还拖累了一批本身并无严重问题的企业。就是说,现在许多地方的企业已经形成了债务链条,应该更多的通过发展帮助企业“去杠杆”。为了防止出现多米诺骨牌效应,去金融债务的杠杆需要精准,需要寻求在债务链条中的突破口。供给侧管理和需求侧管理的重要区别是,后者基本上是“大水漫灌”,前者则是“精准滴灌”。政府和银行需要从中寻求为负债企业解套的有效方式。有限度地精准地加必要的杠杆来去企业杠杆,不失为是四两拨千斤的方式。可以相信,实体经济止跌回升,许多企业会自然而然地去掉杠杆。

从改革的角度“去杠杆”,指的是改革投融资体制,企业投融资结构更多地由通过银行的间接融资转向直接融资和股权融资的方式,相应的重点是发展多层次直接融资的资本市场,从而在投融资体制结构上建立企业自我积累自我约束的机制。从当前的“去杠杆”任务来说,对某些有发展空间的高负债企业采取“债转股”的方式也可以进行尝试。

从改革的角度“降成本”,目标是为企业减负,让更多企业轻装上阵,并且激活“僵尸企业”。路径是为实体经济企业大力度减税、降息、减费(如五险一金问题)、降低企业债务负担。在为企业降成本方面需要处理好国民收入分配中国家、企业和职工三者的利益关系,尤其要突出企业利益。一方面,职工既要共享企业发展的成果,也要分担企业风险,如果企业承担不了不切企业实际的职工负担而关门或裁减员工,最终受损的还是职工。另一方面政府要给企业让利。前一时期政府改革的着力点是取消下放审批,现在则需要取消和减少各种收费。这对企业的起死回生必然起到杠杆作用。

供给侧改革不能被引向“保企业”和“保职工”之争。以上意义的“去杠杆”和“降成本”必然会使“僵尸企业”范围缩小。“僵尸企业”不是指所有困难企业,而只是指采取各种激励方式后仍然激不活的企业。处置“僵尸企业”最简单的方法就是需求侧的市场淘汰的方法。但是考虑到降低社会成本,不能简单采取破产倒闭的办法。着力点还是救活“僵尸企业”。保企业还是保职工之争实际上是伪命题。保职工固然比保企业成本小,但国家能在多大程度多长时间保这些失业的职工呢?没有企业何来就业?因此,处置“僵尸企业”应该在供给侧更多采取的办法。如并购重组,依靠优势企业带动这些企业走出困境;再如引导企业转产,浴火重生;再如对僵尸的国有企业进行民营化改制。这些都能降低处置“僵尸企业”的社会成本。

总之,当前拉动增长需要供给侧和需求侧共同发力,当前矛盾的主要方面在供给侧,但不能忽视需求侧的作用。改革是要解决长期问题,去产能、去库存和去杠杆等作为改革任务,供给侧结构性改革目标就是要在体制机制上防止和克服产生新的无效低端产能和库存,建立增加有效供给的体制机制;通过去杠杆降成本等途径激发企业活力。供给侧和需求侧不是对立的,而是相互依存的。解决供给侧问题离不开需求侧,适当采取扩大需求、加有限有效杠杆的方式,四两拨千斤,能够有效解决供给侧的去产能、去库存和去杠杆问题。

**主要参考文献**

[1] 卫兴华. 澄清供给侧结构性改革的几个认识误区[N]. 2016 - 4 - 20.

# 三、经济发展研究

# 自然资源供求与可持续发展[①]

经济的可持续发展牵涉与自然资源、环境、生态的相关关系。经济系统、社会系统和生态系统这三个系统相互依赖。社会资源系统、经济资源系统和生态环境系统在人类作用下，又分别进行着经济的再生产、人口的再生产和生态环境的再生产，又同时相应地产生一定的经济效益、社会效益和生态效益。经济能否实现可持续发展，基础是自然资源、环境、生态能否提供可持续的供给。

## 一、自然资源的持续力和经济价值

自然资源可以根据研究的不同目的做出不同的分类。在科学上，自然资源分为：(1) 气候资源；(2) 水资源；(3) 生物资源；(4) 土地资源；(5) 矿产资源。迄今为止，可以说，自然资源仍是人类利用最多的资源。今后的经济发展，自然资源的作用仍然不会降低。

在可持续发展经济学研究的框架内，自然资源有耗竭性资源和非耗竭性资源之分。耗竭性资源进入可持续发展经济学研究的视野。耗竭性自然资源可划分为可再生资源与不可再生资源。

所谓不可再生资源是指经过地质年代形成的、在被消耗以后不可能经过人类的努力而再生的资源，如土地资源，海洋资源，煤炭、石油等化石能源，铁、磷等金属矿产资源和非金属矿产资源。

可再生资源是指在被消耗以后可以经过人类的努力而得到再生的资源，主要指

① 本文摘自洪银兴. 可持续发展经济学，商务印书馆，2000。

可以通过繁殖生长而自我更新自我繁殖的生物资源,包括动物、植物、微生物及其相应的生存环境。当然,由于人类利用方式的问题,如破坏了生物资源的生存环境和生态的平衡,这些可再生资源也可能成为不可再生的资源。

在分析不可再生的自然资源时我们发现一个现实,有些资源的稀缺性已经感受到,有些却没有。例如,海洋资源,在人们的心目中似乎是取之不尽用之不竭的。其实,这只是表明人类受科学发现的视野限制及开发能力的限制对海洋资源的利用还不够。回顾过去的发展阶段,当一些发达国家发动工业化时,土地、矿产资源在当时也可以说是取之不尽的。而现在呢? 谁都会肯定其稀缺性。可以肯定,随着科学的发展和开发能力的提高,许多在现在我们还没有感觉到稀缺的自然资源都会出现现在的土地和矿产资源的境地。也就是说科学的发展,可以降低资源的稀缺性程度,同样也因为科学的发展,使一些在今天是相对宽裕的资源进入稀缺性资源的行列。

早在 100 多年前,马克思在《资本论》就引用威廉·配第的名言:劳动是财富之父,土地是财富之母。① 恩格斯进一步将此解释为,劳动和自然界一起才是一切财富的源泉,自然界为劳动提供材料,劳动把材料变为财富。可见自然资源在创造国民财富中的重要作用。这里所讲的自然资源是广义的,也包括了环境和生态。

研究可持续发展的关键是明确自然资源的可持续力。这是维持我们的生命支持系统。可持续发展经济学的一个基本任务是设法将人类社会的规模保持在自然资源持续力的边界内,就是说确认与最大限度的自然资源持续力所能允许的经济系统的规模,解决在不破坏我们未来生存的情况下,可能达到的经济规模。这里的边界指的是支持不同规模的人类活动的环境的承载力。

自然资源的可持续力指的是,自然资源、生态、环境在数量和质量上,不仅为本代人,而且为后代人提供可持续的供给。这种可持续力是动态的。资金的投入、技术的进步都可能提高其可持续力,从而为经济的可持续增长提供更大的空间。

在现代工业社会中,随着科学技术的发展,人类劳动同自然资源相结合形成财富的规模大大扩大,社会生产力的水平大大提高。这也同时造成社会再生产对自然资

---

① 马克思. 资本论:第 1 卷,北京:人民出版社,1972:57.

源需求的不断扩大,由此,很多自然资源相对于这种不断扩大的需求,其现存量和再生量都表现出日益严重的稀缺性。这种情况迫使人类投入劳动逐步形成新的人工自然资源产业,一方面防治经济发展对自然资源的污染,使自然资源保持其作为使用价值的必要的生态环境质量;一方面要投入劳动使可再生资源得以更新,用人工方法来促使其再生量逐步等于或超过其耗用量。因此,人类为自然资源的保护和发展所耗费的劳动,就构成了自然资源的价值实体。所以,不是因为自然资源的稀缺性才使得自然资源具有价值,而是在自然资源稀缺的迫使下,人类必须对自然资源投入劳动,形成新的资源产业,维护或产生新的人工自然资源。正是因为耗费了劳动,才使这种进入生态经济系统运转的自然资源具有了价值。进入生态经济系统运转的自然资源的使用价值都可作为商品在市场上进行交换,并在这种商品交换中实现其价值。

自然资源生产中的生产条件是千差万别的。马克思在《资本论》第三卷中,曾将这种千差万别的生产条件加以抽象,把它划分为三种生产条件,即中等的、较坏的、较好的三种。商品的社会价值与生产条件相关。自然资源供给条件是生产条件的主要决定因素。这在开采矿产资源、林木资源及农产品资源中都经常遇到。

随着社会生产力的不断发展,社会经济系统对自然资源的需求与生态系统对自然资源的供给之间出现了日益增大的供求矛盾,致使很多自然资源商品(如铁矿石、木材、石油等)的价值正由该部门中等条件下生产该种资源商品的价值来决定的,逐步地变为由劣等条件下生产该种资源商品的个别价值来决定的趋势。近 200 多年来随着工业革命的不断发展,人类已优先开采了优等条件和中等条件的自然资源区域,随着优等条件下自然资源储量的大大减少,迫使当代人和后人正向着中等条件以下的自然资源区域去开发,使中等条件以下开采的自然资源商品(如铁矿石、木材等)的量越来越占据总商品量的大多数。正如马克思所指出的:“如果需求非常强烈,以致当价格由最坏条件下生产的商品的价值来调节时也不降低,那么,这种在最坏条件下生产的商品就决定市场价值。这种情况,只有在需求超过通常的需求,或者供给低于通常的供给时才可能发生。”①

① 马克思.资本论:第 3 卷,北京:人民出版社,1972:204.

## 二、自然资源的供给和利用

资源的日益衰减是现代工业文明取得巨大进步的一个昂贵代价。为了当代发展的需要,对土地、石油、矿产等自然资源采取掠夺式经营与消耗,把资源匮乏的困难留给后人,这种做法的后果是加剧人与自然的矛盾,最终会毁灭人类自己。可持续发展资源观要求我们合理地利用资源。一方面,要节约、保护资源,使可再生资源的利用速度小于其更新速度,不可再生资源的利用速度小于可再生替代资源的更新速度。另一方面,通过生产力与生产关系的不断创新提高资源产出率,增加资源的有效供给量。

### 1. 自然资源的代际供求矛盾

人类的生产和消费离不开资源。按照目前人类对资源的依赖程度及资源消耗程度,倘若资源枯竭、退化了,人类的生产和消费就要停止,甚至威胁人类的生存和发展。例如:采矿业盲目的大规模发展,必将导致不可再生的矿产资源的枯竭,给现代工业的发展设置巨大的障碍;采伐、捕捞的过度,必将带来可再生资源的超量损失,破坏可再生资源的增殖能力。

现在在许多发展中国家出现的不可持续问题已经不是无力给后代人提供发展的条件问题,而是现代人缺乏发展的条件。分析发展中国家目前所面临的资源供求矛盾可以推导出资源的代际供求矛盾。

发展中国家在经济发展的进程中特别是在工业化阶段,对自然资源供给的数量和质量都会提出更高的需求。由于主客观的原因,发展中国家的自然资源供给往往满足不了日益增长的需求。

首先是农业的发展遇到农业资源供给不足的矛盾。

可耕地的数量和土壤的肥力直接影响农产品的产量。人口增长、经济发展都需要日益增加的农产品供给,以满足对粮食和原料的需求。土地资源特别是优等地的有限性给农产品供给的增长设置了自然界限。

发展中国家在成长阶段大都面临着潜在的土地资源危机。发展中国家在工业化进程中因办厂和建设道路等基础设施的需要，不可避免要占用一部分耕地。这时，为了保护农产品供给不减少并有所增长，耕地数量减少必须适度和有控制，同时要借助投入的增加和技术改造提高土地的肥力来弥补耕地数量的减少。可是许多发展中国家忽视了这个问题。

土地资源危机的严重性不仅在于土地资源数量的减少，更为严重的是土地资源质量的下降。其原因就在于多年来各个方面对土地的投入减少，搞掠夺性经营，致使土地使用过度。耕地质量不高，将影响种植业的长期持续发展。中华人民共和国成立以来，党和国家非常重视农田水利基本建设和农业环境的治理，并投入了很大的人力、物力和财力，对长江流域、黄河流域等大江大河及黄土高原和黄淮海平原等区域进行综合治理，但从总体来看，全国的耕地质量仍然不高，据第二次全国土壤普查，全国缺氮的耕地占 25％，缺磷的占 50％，缺钾的占 14％；受工业“三废”污染的耕地仍有 400 万公顷，受酸雨危害的达 267 万公顷。

从水资源看，我国年平均降水量虽有 630 毫米，但水资源分布不均，水土匹配不佳，70％的耕地分布于北部地区，而水资源只占 30％；70％的水资源在南方，长江流域及其以南地区年降水量通常达 1 000～2 000 毫米。

上述分析表明，种植业的持续发展存在着潜在危机，如果这两大因素得不到及时有效地排除，长此下去，耕地质量不提高，农作物单产水平也不能持续上升，产品质量也难以提高，耕地数量不足而且不断缩减，农产品的总量也上不去。随着人口的增长，种植业就会满足不了人民生活对农产品的需求。产量、质量上不去，整个种植业的效益也就提不高，农民的收入也难以增加，就会导致社会不能接受、经济上不可行的现象，反过来就会阻碍种植业的持续发展。

其次是工业的发展遇到矿产资源供给不足的矛盾。

矿产资源包括可用做能源的原煤、石油、天然气及可用作原材料的金属和非金属矿产。对矿产资源需求的增长是发展中国家正在经历的现代化、工业化和城市化过程的重要特点。发达国家成长的历程表明，工业化以矿产品消费的迅速增长开始的。

与对矿产资源需求猛增的状况相反，发展中国家受矿产资源储藏量、勘探和开采能力的限制，以及进口矿产品能力的限制，矿产品供给的增长缓慢，矿产品供求矛盾也就日益尖锐。这个矛盾在现阶段的中国更为突出。

### 2. 人类利用自然资源的方式

自然资源的枯竭固然有资源存量有限的问题,根本的还是人类的资源利用方式问题。面对自然资源供求的矛盾,根本的途径是调整和优化资源利用的方式。

反思人类已有的发展过程,便可发现基本上是人类的行为导致了现在许多自然资源供给的不可持续问题。发达国家曾经走过的工业化道路基本上是资源密集型,甚至是滥用资源型,而现在许多发展中国家谋求增长,由于技术及资金不足等原因,也是以依靠资源投入为基础的,其增长方式是粗放的。而在一些低收入国家为了摆脱贫困,根本谈不上保护资源和环境。显然,在现阶段克服资源供求矛盾并能实现可持续发展,可行的途径是改变已有的利用资源的方式,特别是增长方式。也就是由资源消耗型经济转向资源节约型经济。

人类利用自然资源的基本方式是资源配置方式。总的来说,技术进步和市场机制会对资源问题,尤其是那些与生产和消费直接相关的资源稀缺做出相应反应,并导致资源的有效保护与效率配置,从而缓解乃至消除资源的制约效应,进而达到持续发展。

当资源变得稀缺时,市场导致稀缺资源相对于其他资源的价格上升。价格上涨引起市场反应,使得资源开采或收获者用更多的资金去找更多的资源,它使制造商有更充裕的资源来替代稀有资源;它迫使消费者使用较少的含有这种资源的产品,或更为有效地使用这种资源;它诱使科技人员开发污染控制设备,或发明新的生产工艺,从而少排放甚至不排放污染物。这些供求双方的变动反映到市场竞争上,买卖双方共同决定何种工艺和消费模式以最低成本克服资源稀缺或缺少污染损失,实现可持续发展。

从经济学的角度看,自然资源尤其是经济价值较高的自然资源的稀缺是必然的。正是由于稀缺,才需要考虑其配置效率,使稀缺资源的利用实现最大的收益。

面对资源的稀缺和耗竭,对于发展中国家来说,不是不要利用(不利用资源无异于不要发展),而是要提高资源的利用效率。其基本要求涉及以下几个方面。

一是依据资源的稀缺性程度优化资源配置结构。一方面是寻求资源的替代。当一种经济过程可以使用多种资源时，哪种资源相对丰裕就使用那种资源。例如，用作燃料的资源可以是石油，也可以是煤。我国的煤炭资源较石油丰裕，因此煤替代石油作为燃料更为经济和有效。另一方面是当一种稀缺资源可以有多种用途时，该种资源应主要投向具有更高效益的用途，例如，石油可以作为燃料，也可以成为工业品(如化纤)的原料。后者产生的效益更高，因此石油应主要用于后者。

二是注意的资源的综合利用。自然资源的用途具有多样性。而在现实中由于技术等方面的原因，资源的消费只是由于一种用途，现在普遍存在的资源消耗过度同资源的单一利用相关。提高资源使用效率和节省资源消费的一个主要途径是解决好资源的综合利用问题。具体途径有两个方面。一方面是资源的循环使用。例如工业用水，据美国学者桑德拉·波斯泰尔的分析，工业用水约占世界总用水量的 1/4。与农业用水相比，工业用水实际消耗的仅占很小一部分。工业用水主要是冷却、加工或加热等。相当多的部分不被吸收。这个特点使工厂内再循环用水成为可能。例如，美国的钢铁制造厂已使每吨钢的用水减少到 14 吨，其他所需的水由再循环水来提供。工业用水的自循环和再利用也成为控制水污染的有效途径。他得出的结论是，“只要有恰当的激励措施，很多类型的工业行业都能够利用有效的技术和办法将它们的用水需求减少 40％～50％，同时还能防止水污染。”①另一方面是对废水、废气废渣进行处理开发出新产品原料，就如桑氏所说，在工业中，通过回收贵重材料，如从电镀业中回收镍、铬，从造纸业中回收纤维，等等，都是对资源进行综合利用的方式。例如，化学工业中的氯碱行业诞生初期的目的是利用食盐电解生产烧碱，副产的氯气一开始没有得到利用，后来随着氯气综合利用技术的开发，盐酸、聚氯气烯、氯丁橡胶、氯仿、氯化石蜡等用氯气做原料的系列产品相继开发出来，形成庞大的氯碱行业。这说明不可再生的资源绝不意味着不能再使用。

### 3. 自然资本与社会资本的替代和补充

生态经济学家将为人类经济提供各种物品与功能的资源存量分为自然资本、人力资本与制造资本。后两个有时被合称作人造资本。资本的这三种形态相互依赖，

① 桑德拉·波斯泰尔. 最后的绿洲，科学技术文献出版社，1998:90.

并在很大程度上相互补充,人类作为自然界的部分,不仅仅以掌握的技术与制造的工具适应着自然资本,而且改变着它,就像其他任何在自我组织的生态系统中的物种一样。

自然资本分为两类:不可更新资源,如石油、煤与矿物质;可更新资源如生态系统、环境或生态功能来自自然资本的提供。他们描绘出了生态系统的进程与功能的宽广范围,除了雅致、舒适的标准外,还有如:大气构成的保持、气候的改善、水圈的运行(包括潮水的控制与饮水的供给)。废弃物的吸收、营养的循环、土壤的形成、农作物的授粉、海洋食物提供、物种的维持、广泛的遗传基因、地貌景观及娱乐场所,它们都是自然资本的产物。

生态经济学家认为,自然资本与人造资本很大程度上是相互的补充品(而非替代品),自然资本正越来越成为持续发展的制约因素。所以,为了保证一定的收入流量,必须保护一定的自然资本存量,这是一种不息的支撑现在和未来人类的潜力。在处于巨大的不确知之条件下,保证持续力的最低安全条件是总的资源存量维持或超出现有的水平,这些安全条件在操作中则意味着人类规模不得不在剩余自然资本的承受能力限度之内;技术的进步也应提高效率而非增加投入;对可更新资源的开发速度不得超过其再生的速度;废弃物的排放不能超过环境的吸收能力;不可更新资源的开采利用速度应与替代品的创造速度保持一致。

从生态经济学的观点来看,在自然资本与人造资本间不可能有完全与无限的替代。缺少了能量与自然资源,人造资本就会无法产出且难以为继。因而,人类任何个人的生存维持总离不开一个最小自然资本需求量,人类经济中任何一种产品的生产都是如此。商品与服务的生产都不能脱离它们所在的生活现实,人造资本也不可能完全取代自然资本,因为前者本身就来自于后者。

自然资本与人造资本的替代在生物术语中,多指可再生资源与不可再生资源间的替代。尤其是在现代世界中,人造资本对自然资本的替代的不断增长意味着其他地方用来维系生产人造资本的自然资本的不断增长。在某种意义上,用以生产人造资本的能量/物质将超过这种替代所节约的能量/物质,即人造资本的替代实际上会增加总的能量/物质投入。

自然资源、再循环的更有效利用与废弃物、污染物的减少都具有很大潜力。这意味着,经济进程的潜力基于发展(质量的改进)而非增长(数量的增加),经济进程不是以牺牲环境为代价的。这就提出促使经济活动、人类技术与自然循环相一致,在有限的地球支持生命环境的框架内调整经济体系的要求。

## 三、向自然资源投资

马克思在《资本论》中分析了向土地投资的必要性。其分析是从级差地租 I 和级差地租 II 展开的。

由于在经济发展的各个阶段上土地存在着自然肥力的差别,由于优等地是有限的,在劣等地需要投入耕种的条件下,劣等地生产调节则调节农产品价格,由此使耕种优等地的获得额外利润,产生级差地租 I。

级差地租 II 则是由在同一块土地上连续投资所产生的生产率所产生的。所谓在同一块土地上连续投资就是马克思所讲的实行耕作集约化,“无非是指资本集中在同一土地上,而不是分散在若干毗连的土地上。”[①]在他看来,如果土地改良的效果比较持久,人工增进的不同肥力就会和土地的自然的不同肥力结合在一起。

在耕作已经发展到一定的水平,地力已经相应耗竭时,资本就会成为土地耕作上的决定因素。

上述关于土地的分析扩大到其他自然资源同样是成立的。这也说明了向包括土地在内的自然资源投资对实现经济可持续发展的意义。

问题是,发展中国家在其发展过程中往往不重视对自然资源的投资,其原因是多方面的。

首先,发展中国家资金有限。自然资源投资同机器设备投资和人力资本投资之间有着替代关系。自然资源投资受其他方面资金需求的限制。由于发展中国家属于农业国或者其开发较晚,其土地及其他自然资源相对较多。因此,发展中国家往往偏

---

① 马克思.资本论:第3卷,人民出版社,1972:760.

重机器设备的投资,而忽视对自然资源投资。

其次,发展中国家一般有强烈的追求经济增长的欲望,热衷于高速度。就产业部门结构来说,速度一般由加工工业的迅速增长来维持,而且加工工业一般有上马快、见效快的特点,不像农业和矿业部门那样投资周期长、见效慢。因此,速度型的发展战略总是偏爱加工工业,忽视对自然资源的投资,导致加工工业增长同自然资源供给的缺口越来越大。

第三,在土地等自然资源上的投资是长期投资,过若干年后才能见效。如果生产者的经营行为只能与其短期利益相联系,生产者便没有向自然资源投资的积极性。就政府管理部门来说,如果实行一定几年的地方包干的财政体制,如果只是以经济增长速度来考核地方长官的政绩,地方政府也不会有对自然资源投资的积极性。

面对经济增长所遇到的由自然资源供给条件设置的自然界限,要实现经济的持续增长,需要以资本和先进的技术克服大自然的吝啬。就是说,要从自然界取出资源,就要给自然界投资。经济越是发展,对自然资源供给条件方面的投资便越为重要。

就环境来说,面对经济发展过程中带来的环境恶化问题,许多发展经济学家提出了经济发展是否可取的问题。现在看来,发展中国家经济要增长,环境要保护,两者要结合进行。环境作为稀缺性资源,本身也是经济增长的重要要素。面对日益恶化的环境,发展中国家必须高度重视治理环境的投入,只有这样才能拓展经济持续增长的空间。

就土地资源来说,工业化、城市化不可避免需要占用土地,实现可持续发展的要求是,通过对土地的投入提高土地资源质量来弥补被占用的数量,也可以通过开发新的土地资源如将荒地、滩涂转化为可耕地来弥补被占用的土地的数量。

不对自然资源投资,竭泽而渔,掠夺式经营,不可避免要受到自然界的惩罚。现在不少发展中国家已开始重视对自然资源的投资。拿能源投资来说,20 世纪 70 年代后期,发展中国家能源部门的投资已经增加到约占国内生产总值的 2%～3%的水平,大约相当于总投资的 10%。由于大多数国家需要大量投资开发本国资源(与保护自然资源),还由于能源转换所需的投资的资本成本很高,能源部门的资本支出预期将继续迅速增长。世界银行预测,在近十年来发展中国家的能源投资将大约达到国内生产总值的 4%。

从经济学考虑,发展中国家向自然资源投资有两方面矛盾问题需要考虑。

一是摆脱贫困和向自然资源投资的矛盾,这实际上是生存与发展的矛盾。对低收入国家和地区来说,为了生存需要,摆在第一位的是摆脱贫困,其有限的投资先要用于向自然界索取的投资。而且即使是向自然资源的投资也要先有一定程度的资本原始积累。基于这种考虑,经济学家根据经济发展的阶段,对治理环境污染,提出了三个阶段:先发展、后治理;边发展、边治理;先治理、后发展。对我国现阶段来说,前两个阶段基本上过去了,现在必须转向先治理后发展。

二是费用与效用的矛盾。治理环境,改善自然资源供给条件是要付出代价的,不做费用效用的比较就不是经济学思维。如果治理环境污染,改善自然资源供给条件的费用高于其产生的效益,如果治理环境污染的成本超过污染所产生的损失,就可以认为这种投资是不值得的。当然,这种比较应该是长期的宏观的。

向自然资源投入内容,一方面开发新资源,另一方面通过资金积累和劳动积累改良土壤和其他自然资源的生长条件,使其产生人工肥力或提高丰度,增加优等资源的供给,从而提高土地及自然资源的生产率。一般来说,其途径包括以下四个方面。

第一,动员各方面资金增加对自然资源的投入。政府财政资金的分配应增大投向自然资源份额,这是确定无疑的。但是在投资主体多元化的条件下还要调动各方面增加对自然资源投入的积极性。刺激手段大致有:(1) 投资收益即级差收益必须归投资者所有;(2) 保证土地等自然资源的经营者(投资者)能够在较长时期中经营他所投资的土地等自然资源,以提高其向自然资源投资和进行劳动积累的积极性;(3) 调整价格体系,提高农产品、矿产品和能源的价格。在现行的价格体系中,农产品、矿产品和能源的价格过低,价格不能抵补成本费用的支出。这些产品价格适当提高以后,这些部门便可提高自我积累的能力。

第二,调整固定资产投资结构,引导固定资产投资较多地投向旨在降低能源、原材料消耗的技术改造项目。现在许多发展中国家,特别是我国由于技术的原因,能源密集度超过了发达国家的水平,能源的有效利用率很低,因此对能源使用较多的部门进行技术改造，将能大大地节约能源。在发展中国家里，钢铁、石油精炼、水泥和化学工业等部门单位产量消费的能源比国际先进水平高10%～30%，有的甚至超出一倍。因此，特别重视这些部门的技术改造，猛增的自然资源需求将有所控制。

第三，调整自然资源投资结构，降低自然资源供应成本，从而提高自然资源投资的效益。发展中国家要减少自然资源供给成本，不仅需要保证自然资源的用量不超过必要的程度，还要保证以可能的最低成本取得自然资源。自然资源投资结构的调整包括三个方面：一是借助投资寻找替代品，使廉价的资源替代日益枯竭并昂贵的资源；二是根据资源的丰裕程度、开采的难易程度、国民经济的需要程度确定对各种资源投资的优先次序；三是在自然资源投资中突出保护和改善自然资源供给条件的投资。

第四，借助价格机制解决资源短缺问题。提高可能耗竭的自然资源价格，可驱使相互竞争的生产者用数量比较丰富、价格比较便宜的资源来代替它。在没有其他资源来代替时，使用这种昂贵资源做原料的商品的价格相对比其他商品高，消费者便会少买这种商品，多买其他商品，最终起到降低资源需求的作用。

第五，用行政和法律手段保护资源和环境。扭转环境恶化趋势的关键是对导致环境恶化的活动征税，使排放污染者为排放污染而付出代价。对汽车排放尾气征税，会使采用洁净运输方式易于被接受。国家也可以借助政策和法律的机制筹集环境保护资金，其中包括要求企业直接承担环保费用等。

# 城市功能意义的城市化及其产业支持①

在20世纪80年代中期,我国特别是沿海地区城市化创造了农村人口向城镇转移即城镇化的模式。在今天的广大的经济落后地区,这种城镇化模式还会起作用。本文的研究根据对小城镇发达的江苏苏南地区城镇化潜在问题的分析,认为已有的城镇化只是处于初期阶段的城市化模式。城市化不能停留在已有的人口向城市转移的意义上,需要进入新的阶段,即突出城市功能的城市化阶段。

## 一、人口迁移意义上的城市化

城市化是经济增长理论和发展经济学中的老课题。早期的城市化理论均是将城市化的内涵界定在农村人口向城市转移上。

对城市化问题提得较早并产生较大影响的经济学家是库兹涅茨和刘易斯,他们在这方面的研究成果均出自20世纪五六十年代。

库兹涅茨是在实证研究发达国家经济增长历程时提出城市化的,在他定义的现代经济增长的特征中包含了城市化:"城市和乡村之间的人口分布方式发生了变化,即城市化的进程"。②

刘易斯对城市化的界定,与他关于农业人口向工业转移相一致。由于工业集中在城市,因此,工业化与城市化并行,农业人口转向工业也就是进入城市。但是,刘易斯已经发现了城市化的费用:有2/3的城市化费用用于建筑;人口从农村转移到城市

① 本文原载于《经济学家》2003年第2期,城市经济、区域经济(中国人民大学复印报刊资料)2003年第6期。

② 库兹涅茨.现代经济增长,北京:北京经济学院出版社,1989.

地区时，就比在已有人口定居的地方进行工业化代价要高昂。①

托达罗的"欠发达国家劳动力迁移和失业的模式"同样把城市化界定为人口向城市转移，但他发现劳动力迁入城市对经济发展的影响，比起它所带来的城市失业和就业不足的明显恶化更为广泛。其政策含义是，改变发展中国家经济结构的关键，不是依靠农村人口不断流入城市，而是创造一个城乡经济机会适当平衡的局面，缩小城乡就业机会之间的不平衡，改善城乡两方面的失业机会。

总的来说，研究增长和发展的经济学家都是从农村人口转为城市人口意义上来界定城市化，其背景都是以已有的发达国家当年的发展历程所经过的阶段作为样板的。他们的理论假设都是工业集中在城市，城市化与工业化并行。应该说，他们在20世纪五六十年代提出的城市化理论符合在当时以及在此以前各个国家经济发展的实际，对后发国家的发展也有指导价值。

迄今为止，我国的城市化也是依据上述含义推进的，先后进行了城市工业化(20世纪50年代)和农村工业化(从20世纪80年代开始)两个阶段。第一个阶段，工业建在城市，因此城市化就是农村人口向城市转移，但由于城市容量有限，因此城市所吸收的农村人口非常有限。第二个阶段，工业建在农村的城镇，因此城市化就是农村人口向城镇转移，于是城市化被称为城镇化。

城市化转为城镇化有其客观性。20世纪80年代推进农村工业化，面临的问题是，在农村累积着大量剩余劳动力的同时，城市劳动力也很充裕。城市就业机会也严重不足，大批农业剩余劳动力涌入城市会产生"城市病"。因此，农业剩余劳动力只能采取就地转移的方式，农民举办的非农产业建在乡镇。这样，农民在发展乡镇企业的同时就地发展小城镇。农村人口离土不离乡(镇)。在我国农村人口数量过大，城市容纳能力太小的条件下，这种城镇化道路是合理的，它加快了城市化进程。

如果从城市人口统计角度分析，在城镇化路径下，虽然许多农业人口进入了城镇，但他们是离土不离乡，因此在将城镇人口比重作为城市化水平的衡量指标时，许多实际上进入了城镇的人口是不计算在内的。于是，按照城市人口指标来衡量我国

---

① 刘易斯，增长与波动，梁小民译，北京：华夏出版社，1987：208，209，344。

的城市化水平(1998 年为 30.4%,明显低于世界平均水平 47%)。在这种情况下,理论界和实际部门提出了离土离乡的城市化问题。于是,在许多地方实行取消农村户口放宽城市户籍制度,由此城市人口比重迅速提高。例如,我国从 1995—1999 年以城市人口计算的城市化率一直在 29%～30%徘徊,分别为 29.04%,29.37%,29.92%,30.40%,30.89%,而到 2001 年,这个比率一下子上升到 37.66%。

应该说,放宽户籍制度,允许农民进城无可非议。问题是,仅仅以人口比重来说明城市化水准是远远不够的。进一步推动城市化的内容不能简单地归结为增加城镇户口居民。如果过分强调人口迁移,可能会忽略了本质意义上的城市化质量提高的问题。

中国农民当年推进城市化的过程中,可能对刘易斯和托达罗的模型一无所知,但城市化没有采取农民进入城市的途径,而是与发展乡镇企业的同时发展小城镇,创造了城镇化的城市化道路。在发展经济学文献中我们没有发现城镇化概念。在中国城镇化可能是一个创造。城镇化在一定发展阶段的历史作用和在一定发展阶段终结,反映中国城市化发展的阶段性特征。

但是,与人口转移相关的发展小城镇的城镇化模式的弊端也越来越突出。一是城镇分散达不到规模经济,城镇太小,聚集不起服务及设施建设的合理规模,形不成城市功能,由此使城镇不可持续发展。二是处处建城镇,造成耕地大量流失,农村地域污染严重,大量亦工亦农人口存在,阻碍农业规模经营的进程,由此加剧农业的不可持续发展。三是由于城镇分散,特别是许多县级城市因小城镇过多分散了人气,难以成为一个地区的经济中心、市场中心、信息中心。小城镇无法获得工业、服务业发展所需的人口聚集效益和规模效益,聚集不起市场和服务功能,由此使农村城市化的目标难以实现。

## 二、城市功能意义上的城市化

人口进入城市意义上的城市化是每个农业国家转向现代化时必然要经过的阶段,但它不是城市化的全部内容。在人口迁移意义上的城市化达到一定阶段后,有必要转向推进功能意义上的城市化,这是经济发展进入新阶段的标志。

城市化由人口转移转为突出城市功能，是城市化的提升，也是城市的提升。在现代经济中，城市是现代化的中心，是先进社会生产力和现代市场的载体。城市在区域经济和社会发展的主导地位在现代经济中越来越明显。教育科技集中在城市，城市是科学技术和文化思想的策源地。推进城市现代化将促进技术创新和文明进步，进而推进社会经济现代化和城市文明的地域扩散。

城市，顾名思义是市场中心。作为市场中心的城市，不仅仅是商品市场的中心，更为重要的是要素市场中心。城市作为一个区域的市场中心、信息中心、服务业中心，是城市的功能。从功能意义上界定城市化的新内涵，就是要在城市聚集人流（主要指科技与管理人才）、物流、资金流和信息流，聚集主导产业，聚集科技教育。

城市成为人流物流资金流信息流的集散地，其发展极作用便凸现出来了，这就是佩鲁所说的，城市作为地理上集中的综合产业极“改变了它直接的地理环境，而且如果它足够强大，还会改变它所在的国民经济的全部结构。作为人力、资本资源的积累和集中中心，它促进了其他资源集中和积累中心的产生。当这样两组中心通过物质的和智力的高速公路相互联系在一起时，广泛的变化在生产者和消费者的经济视野和计划中就显示出来了”。①

城市化转向强化城市功能反映城市化内容的变化，过去突出人口向城市转移，现在则突出要素向城市移动。实际上要素流向反映经济发展的阶段。在发展乡镇企业阶段人流、物流、资金流、信息流可能会流向乡镇。这跟乡镇企业的产业等级及发展乡镇企业所需要的要素等级相关。例如：“星期日工程师”，一般的技术及相关产业等。而在现阶段，在发达地区出现新的趋势。

现代经济的发展需要的是先进生产要素，如高科技和高科技人才，这些先进生产要素流向哪里？显然是首先流向城市，并通过城市集散。产品也是这样，市场在哪里？虽然产品不一定都直接运到城市去买卖，但买卖的信息，交易的场所也是集中在城市。

乡镇企业之所以有乡镇二字，原因是其分散在各个乡镇。当其发展到一定阶段，就会发现其分散在各个乡镇的弊端，于是乡镇企业便由过去的围城转向进城。其公

---

① 弗朗索瓦·佩鲁，略论“增长极”概念。

司总部、研发中心、营销中心聚集在城市，可以取得聚集效益，如降低交易成本，及时获得信息，更多的获得竞争和合作的机会。

中国加入 WTO 以后外资进入的方向也在变化：过去进来的主要是制造业项目，其基本流向是乡镇；现在进来的是银行、保险、中介服务等现代服务业项目，它以厂商聚集及辐射面广为条件，自然以城市为首先目的地。下文将对此现象做理论说明。

归结起来，先进生产要素、市场、公司、现代服务业向城市聚集构成了城市化的新内容，这是经济发展到现代阶段自然形成的趋势。进一步的分析还可发现，现在对经济发展水平起决定性作用的城市化水平，就是指这一意义上的城市化水平。

根据以上从功能意义上规定的城市化内容，现在评价城市化水平的指标，不是简单地看城市人口，城市人口的多少不能反映城市化水平的高低。衡量城市化水平更多的应该是反映城市功能提升的"质"的指标，反映市场化和社会分工程度的指标，包括服务业比重、基础设施水平、文化教育、金融保险、房地产业、信息服务业等。以这些指标来衡量各个地区的城市化，可以发现，现阶段地区之间经济文化差距很大。其中的主要因素是城市化水平的差距，也就是城市功能意义上的城市化水平的差距。即使是在发达地区，其城市化也存在城市供给不足问题。

已有的城市化理论是以已经存在城市为前提的，城市化过程也就是农村人口向城市转移的过程。而在我国的许多落后地区，与其他发展中国家一样，城市供给严重不足，就是说，在相当大的面积的范围内没有达到一定规模的城市，城市太少，城市太小，城市功能太弱，聚集不起经济能量和发展的要素。"百万民工大流动"从一定程度上反映城市缺乏。这同时也导致了农业和农村的落后：一方面农业中剩余劳动力转移受阻，另一方面城市难以提供改造传统农业的先进要素。因此，经济落后地区的经济发展需要城市化的牵动，其城市化不仅包括人口转移的内容，同时也包括强化城市功能的内容。

就经济发达的沿海地区来说，虽然这里的人口迁移意义上的城市化水平较高，城镇星罗棋布，特别是在江南地区形成了城市群，但不能说这里的城市供给已经充足。当年这些地区发展的小城镇，在容纳转移出来的农业剩余劳动力方面起过明显的积极作用。但是正因为小城镇的星罗棋布，分散了城市的人气。发展起来的众多的小城镇达不到规模经济，无法承担其市场中心的城市功能，与此同时它们又分散人气使已有的和新建的城市也难以发挥城市功能。可以说，小城镇化所产生的最为严重的外部不经济是，在很大程度上抑制了大中小城市的发展。

城市供给不仅仅是数量问题，更是质量问题。虽然小城镇也可以集聚一定的经济能量和要素，但无论从理论上还是实践上都可以证明，在一个区域内由小城镇集聚起来的经济能量和要素不可能达到该区域城市所集聚的要素和能量。更为重要的问题是由于它分散人气而削弱城市功能。实践已经证明，在小城镇发达的地区的大中城市无论是规模还是功能都没有得到应有的发展，从另一个方面导致了城市供给不足。因此，在小城镇发达的经济发达地区，进一步推进城市化的基本内容是，克服多年的小城镇化所产生的负效应。其中包括：一方面通过合并城镇减少小城镇，并在此基础上推进城镇城市化，使城镇具有真正的城市功能；另一方面发展和繁荣城市，推进城市现代化，使城市产生吸引和聚集现代化生产要素的功能。

## 三、城市化与服务业的互动

城市化的产业支持与城市化的内容相关。已有的城市化与工业化一致，农业人口进入城市，城市发展工业，于是有工业城市和城市工业一说。即已有的城市化，或者说人口转移意义的城市化基本上由工业支持，城市产业结构以工业为主。

钱纳里的发展模型就曾将城市化与工业化直接联系，并将城市化的指标直接规定为城市人口占总人口的比重，于是形成下述表格(见表1)：

**表1 钱纳里发展模型的城市化和工业化率**

| 人均GDP(美元) | 城市人口占总人口比重(%) | 制造业增加值占GDP比重(%) |
|---|---|---|
| 400 | 49.0 | 27.6 |
| 800 | 60.1 | 33.1 |
| 1 000 | 63.4 | 34.7 |
| 大于1 000 | 65.8 | 37.9 |

资料来源：钱纳里，发展模型1950—1970年。

我国已有的城市化基本上同工业化同步的，因而城市化的产业支持是制造业的发展。具体地说，从 20 世纪 50 年代开始的城市化与城市工业化同步，从 20 世纪 80 年代中期开始的城镇化与农村工业化同步。

从产业发展顺序看，制造业的发展拉动服务业的发展。斯蒂格里茨在最近一次的讲话中指出："在发达国家中，其服务部门最大。新经济之所以能取得成功，向服务业的转移至少起了部分作用。在未来几十年里，东亚所有国家或地区，实际上全球所有国家，都会在不断地努力接受中国的崛起所带来的影响。我以为影响之一就是，它会增强非贸易经济部门的作用，特别是服务业的作用。其依据是，中国在制造业中的作用会越来越重要，它拥有低工资和高生产率，能够得到资本，又富有企业家精神，将成为制造业中的统治力量。"据此，他要求，其他经济体必须去适应这一点。加强非贸易部门发展服务业就是这种适应的一部分。[①] 斯蒂格里茨的分析对我国的产业结构调整同样有意义。制造业达到较高水平，对服务业提出强烈需求，而服务业发展对制造业又有明显的拉动作用。具体地说，工业化和专业化不断加深，为生产者服务业的发展提供了广阔的空间。金融、保险、运输、工程、法律、会计、广告、管理与技术、咨询等生产者服务迅速发展，可以为制造业的发展提供较大的空间并可大大提高其质量。在现代经济中，服务业特别是现代服务业主导制造业的作用已越来越明显。

再从产业与城市发展的关系来看，制造业发展对城市发展的影响基本上是量的影响，即影响城市规模的扩大，城市人口的增加。而服务业的发展对城市发展的影响则基本上是质的影响，即强化城市的功能，提升城市形象。就经济中心的形成来说，在短缺经济年代城市成为经济中心是因为它是工业中心。现在工业制成品成为买方市场，工业中心不再是经济中心，只有服务业中心才能成为经济中心。现在许多城市都要以大市和强市来说明城市发展目标。基于以上分析，我们可以说，人口大市至多成为消费大市，工业大市至多成为经济大市，只有以服务业大市才能成为经济强市。过去许多城市以烟囱林立为荣，现在如果还是烟囱林立，一定是落后城市的象征。只有服务业为主的城市才是现代城市的象征。

---

① 斯蒂格里茨.亚洲经济一体化的现状与展望，比较，2002(1).

服务业是城市化特别是城市现代化的载体和依托。城市需要通过服务业成为主导性产业还城市的本来面目,变工业型城市为贸易型、服务型和消费型城市。强化城市的市场功能与提高城市中服务业比重相关。城市作为要素和产品的市场中心和集散地,其中集就是聚集,散就是扩散。聚集和扩散的依托就是服务业。

服务业与城市化有互动的关系。其理论说明在于:制造业的生产和消费在时间上和空间上可以分开,因此其发展不依赖于本地的市场容量,可能出现制造业基地进入农村的状况;而服务业的生产和消费在时间和空间上是不可分的,服务业的规模对当地的市场容量依赖性很强,因此服务业基地需要聚集于城市。城市越大,市场容量越大,服务业规模越大越经济。我们还从现阶段服务业的国际竞争中发现,由于服务需求相近,信息流通迅速,交通便捷,如果各个城市服务成本、品质和服务种类存在明显的差异客户更有可能跨越寻求最佳的服务。这意味着一个城市服务业越发达,对客户越有吸引力,这个城市的功能及竞争力越强。

我国加入 WTO 后,进入中国的外资层次也在提高。进入的外资高科技的研发中心,外资服务业特别是现代服务业不只是进入城市,对城市投资环境的要求也在提高。城市的服务业发展水平就成为他们评价投资环境的重要标准。有没有他们所信得过的银行和律师事务所,有没有符合他们需要的物流机构等,便是其考察投资环境的重要指标。所有这些,进一步说明了现代城市化与服务业的相关关系。显然,在经济全球化条件下,城市服务环境越好,现代化程度越高,城市的国际地位进一步突出。

实证分析表明,服务业的发展与城市化具有同步性。与现代化经济相联系的服务业以城市规模为条件,文化教育、金融保险、房地产业、信息服务业等均适于在大中城市发展。以上分析也表明,凡是国际性大都市,服务业比重一般要在 70%以上。发达国家 60%的产值和 60%的就业在服务业,且主要集中在城市(见表 2)。

**表 2 国内外一些大城市市区的第三产业比重**

| | 第三产业占 GDP 比重(%) | 第三产业就业人口比重(%) |
|---|---|---|
| 纽约(1989) | 80.00 | 86.70 |
| 巴黎(1988) | 72.70 | 77.90 |

（续表）

| | 第三产业占 GDP 比重(%) | 第三产业就业人口比重(%) |
|---|---|---|
| 东京(1988) | 72.50 | 70.00 |
| 汉城(1989) | 68.90 | 63.20 |
| 香港(1990) | 73.20 | 63.30 |
| 北京(1997) | 59.56 | 57.7 |
| 上海(1997) | 48.41 | 46.9 |
| 广州(1997) | 55.13 | 53.8 |

服务业包括消费者服务业和生产者服务业。从城市化角度看，服务业也有个结构优化和升级问题。

消费者服务业，如零售、餐饮、娱乐、旅游、体育、客运、航运、旅店、家政服务等，它们的特征是属劳动密集型产业，与居民生活需求密切联系，进入退出的壁垒低。随着人均收入水平的不断提高，居民的服务性消费比重不断上升，将推动消费者服务业的不断成长。由于不同收入群体之间收入水平存在差距，居民消费档次逐渐拉开，要求提供不同层次的服务。可以预见，为适应这种居民消费结构的变化，商业、餐饮、居民服务、娱乐、住房服务、金融、保险、旅游、医疗保健、教育、文化产业等与居民消费和提高居民素质密切相关的产业将会得到较快的增长。

生产者服务业，包括邮电通信、交通运输、广告信息咨询、企业服务业，其特征是具有较高人力资本和知识资本含量，产业关联度和要素生产率较高，具有较大的发展空间。根据现代城市化的内容，在城市发展的服务业应该有明确的重点。这就是生产者服务业。金融服务、企业服务、信息服务、市场服务成为服务主体，使城市具有较大的生产服务的功能，其中包括市场功能，信息功能，金融保险等的服务功能。

## 四、城市区及其内部布局调整：进城与出城

城市化战略的重点由以发展小城镇为特征的城镇化转变为强化城市功能，提高城市质量，推进城乡整体现代化，必然会牵动产业和要素进城和出城的结构性调整。

有人担心城市化会导致人口拥挤、治安混乱和环境污染之类的城市病。实际情况是，以城市功能意义的城市化替代人口进城意义的城市化，本身包含城市布局的结构性调整。城市化不仅仅是进城问题，出城与进城的结构性调整会有效地防止和克服城市病。

城市要素和产业结构调整的方向与对城市的功能和质量评价相关。在现代经济中，城市质量主要涉及服务质量和环境质量：城市功能一般涉及聚集效应和规模经济。现在需要深入研究的是，城市聚集什么、规模多大才能充分显示城市功能。应该说任何城市的容纳能力是有限的，如果从城市作为一个区域的发展极考虑，在城市聚集的要素只能是先进生产要素，聚集的产业只能是主导产业，包括服务业和制造业的研发中心，聚集的企业只能是公司总部及其营销中心。就城市规模来说，现阶段的城市现代化不是城市大规模化，而要突出其内涵和功能的现代化。过去的城市化以城市规模的扩张为特征，其原因是这种城市化以处于工业化阶段为基础，因此城市规模越大，现代化水平越高。而现代工业化正在进入信息化阶段，以信息化为基础的城市化水平没有必要用城市规模来说明。①

基于以上规定，这一轮城市化，进城主体，主要不是过去意义上的农村人口进城，而是先进的生产要素特别是高科技与高科技人才进城，是乡镇企业以及举办在乡镇的外资企业的公司总部及营销中心进入城市；不是一般意义上的制造业进城，而是服务业进城，银行、保险公司、贸易企业、电讯公司和各类高科技研发中心进入城市，是知识密集的金融、通讯、信息、商贸、咨询等中介性服务部门进城。由于城市本身也有等级，各类公司会依自身的等级进入不同等级的城市，因此形成城市现代化水平的不同等级。当然，各类服务业的分支机构也会渗透到乡村，进城的公司的制造业基地还会留在乡镇。

有进城必然有出城。出城的是基于效益标准的市场选择的结果。在城市容量有

---

① 美国学者曼纽尔·卡斯泰尔将现代城市发展归结为两个趋势：中心化过程和扩散化过程。一个在美国几个大城市出现的现象是，信息密集型产业正在向城市、大城市及其中心地带集中，公司办公地点则向郊区扩散。这与其员工大多数住在郊区相关。引自《信息化城市》，南京：江苏人民出版社2001年版。

限的情况下,城市要素和产业聚集,必然导致要素及产业的竞争。随着城市地价的提高,留在城市的只能是具有更高价值有能力偿付较高租金的要素和产业。在竞争中处于劣势的必然是占地面积大、单位占地面积创造价值低的制造业以及落后的生产要素。城市中心区积累了大量不合理用地以及过分拥挤、环境恶劣等问题严重影响城市质量的提升。于是出现工业及相关人员向周边小城市和城镇转移的趋势。通过土地置换,大量工业、普通住宅等偿付租金能力差的用地从中心区退出,为金融、商务及公共建筑的进入提供空间,从而促进了城市中心区的功能更新。这样的城市现代化使城市由工厂林立转向公司林立。制造业在进入城镇和农村工业区后,因相对便宜的地价和劳动力成本的下降而得以扩大规模,也可以为吸收农业剩余劳动力提供就业岗位。

城市产业结构的调整所包含的制造业出城之类的趋势可以用反城市化来概括,由此导致新的意义的城镇化(我把它称作现代城镇化)。如果说,传统的城镇化是农业剩余劳动力的转移场所的话,现代城镇化则是城市传统工业及相关的人口转向城镇的城镇化。显然,传统城镇化依托于农村,现代城镇化则依附于城市。因此可能形成城市的产业分工。中心城市聚集服务业,卫星城市和城镇集聚制造业。

即便是在城镇也不意味着单纯容纳制造业。现代城镇化是大城市中心区居民及功能的外迁,追求的不只是保持大城市的生活方式,还要求有更高质量的生活。城镇化代表的应该是城市功能、生活方式的扩散以及城市精神在更大范围的传播。在城镇化过程中,要注意解决社区的功能组织问题,特别是要有教育、医疗、购物等基本的服务设施,应该让其形成一个相对独立的单元。现在的许多农村工业区只是作为工业区来建设,没有将其与城镇化结合,工业区没有城镇服务业的支持,也会出现工业区的不可持续发展问题。

生产要素和产业出城与进城的结构性调整就形成由城市到城镇及农村的不同功能层级的布局。大城市(主城区)位于核心地位,次之是卫星城镇(工业区)、再次是纯粹的农村地区。城镇是大城市及纯粹农村地区过渡地带中的一个层次。基于这种城市结构的分析,可以对城市规模做出新的规定:城市范围可以扩大,但主城区不一定很大,扩大的是城市直接辐射的范围。这样,城市化在不同的城市范围就有不同的重点。在主城区主要是集聚要素市场和现代服务业。而在城郊和卫星城镇则是提供就业岗位,集聚人口包括从农业中转移出来的劳动力和从城市转移出来的人口。这体现区域意义上的范围经济与规模结构的结合。

现代的城镇化包括在已有的小城镇基础上推进城镇城市化。这是城镇化与城市化的衔接。农村城镇的城市化水平直接影响城市现代化要素向农村的扩展和辐射能力。推进城镇城市化,要求城镇的集中。作为城市的城镇和小城镇有规模的区别。达不到必需的规模,聚集不起服务业,聚集不起市场,聚集不起人气也就不成为其城市。城镇中建起的各类市场和服务设施也不可能达到规模经济。具体要求是经济能量和产业的极化。它要成为区域中的商贸中心、服务中心,从而成为城市现代化要素向乡村扩展和辐射的中间环节。

现代城镇化要求城市中心区与城镇一体发展。这里涉及两个方面内容:一是中心区与城镇之间建设快速公共交通通道,将城市与城镇联成一体;二是城市与城镇在行政上联成一体,通过中心城市的功能定位、市场发育和网络建设,增强中心城市的扩散作用,通过中心城市的现代化要素扩散推动城镇及其外围地区的现代化。从这一意义说,出城包含现代化要素的出城,这也是城市功能的一个重要方面。城市作为中心功能有多强范围有多广,不是看其城区范围有多大,而是看其辐射的范围有多大。其中的城镇可以说是城市现代化要素向农村扩散的和辐射的接力站。显然,现代的城市化不仅是要素向城市聚集的过程,同时也包括城市要素向城镇和农村扩散的过程。

这样,城市化的内涵与外延就都有了明确的界定:内涵发展即强化城市功能,包括先进生产要素、公司、服务业在城市的聚集。外延发展不是简单的扩大城市规模,而是通过反城市化和现代城镇化的进程,扩大城市要素向农村扩散和辐射的范围。

# 苏南模式的演进及其对创新发展模式的启示[①]

实现科学发展需要创新发展模式。研究苏南地区自产生苏南模式以来20多年的演进和发展,我们发现,苏南地区每一个阶段的发展都是苏南模式创新的结果。如果说苏南模式的产生是对计划经济体制的突破,那么新苏南模式不仅是对创新的体制进一步完善和发展,更为突出的是对传统增长方式和传统发展观的突破,苏南率先实现了向又好又快的增长模式的转变。

## 一、关于创新苏南模式的几个基本判断

自苏南模式产生以来,对苏南模式的批评一直没有停止过。早期的批评主要在其体制上,近来的批评则集中在其增长方式上。回答这些非议涉及以下几个基本判断。

首先,苏南模式的价值评判标准各不相同。有人从市场制度理论框架出发,以私营企业比重和政府作用的强弱来评判苏南模式,非议的要点是苏南地区私营企业数量和政府作用强度没有达到市场化理论框架的要求。而事实是这个区域经济发展水平和市场化水平处于全国前列,特别是这一地区在全国率先达到了全面小康水平。实践是检验真理的唯一标准,判断一种发展模式是否成功,不应该从原则出发、从某种先验的理论框架出发,而应该从发展的成果来检验。而且,发展的成果也有个历史性的评价问题。每个发展阶段都有在该阶段需要解决的问题和发展的内容,也有需要留给下一阶段去解决的问题。如果用后一阶段的发展标准去衡量前一发展阶段的

① 本文原载于《南京大学学报》2007年第2期。

成果，并进而否认前一阶段的发展模式，显然不符合历史唯物主义。例如，初期阶段的苏南模式主要是在体制上的创新，其增长方式没有大的突破。新苏南模式的新就在于实现了增长方式的转变，但不能就此否认初期阶段苏南模式的历史性贡献。

其次，一个地区采取何种发展模式，有它自身的发展规律和机制，并且存在自我强化的机制，这就是所谓的路径依赖。不论苏南模式、温州模式还是其他模式，都是适合当地环境的发展经济模式，模式的差异乃是对发展条件差异的正常反映。市场化在不同地区可以有不同的发展模式，主要是各自市场化的起点不同。当年温州发展乡镇企业的主要形式是家庭工业，没有集体投入是因为这里的集体无"经济"。而苏南地区起步发展乡镇企业时，与其他农村地区有集体无"经济"的状况不同，这里的集体有"经济"。利用集体积累发展乡镇企业上马快，也便于上规模。这表明市场化的道路在不同地区可以各不相同。我们不能机械地以某种模式作为标准去评价另一种模式。目前有人用温州模式中的私有化水平作为标准去评价苏南模式，进而得出苏南模式不如温州模式先进的结论。这种评价标准显然是不符合实际的。一个反证是如果这里的市场化没有达到相当高的水平，在全国吸引外资政策趋向一致的条件下，这里会成为外商投资企业最为密集的地区吗？

再次，发展模式不可能是固定不变的。所谓"发展模式"，是指"在一定地区、一定历史条件下具有特色的经济发展的路子"（费孝通），这也是对特定时空经济发展特点的概括。环境和条件的可变性决定了发展模式的可变性。有些批评苏南模式的观点基本上是针对当年集体经济为主的模式。实际上最近十几年来，无论苏南模式还是温州模式，都经历了很多方面的重要变革。从 20 世纪 80 年代末 90 年代初开始，苏南地区的经济发展就进入了新的历史阶段，呈现出许多与以往不同的新特征，其中最重要的是外向型经济、企业改制和城市化。这些重要变化进一步改变了苏南地区的经济环境，同时也大大发展了苏南模式的内涵。以乡镇集体经济为主要内容的传统苏南模式，逐渐为苏南地区自身的发展所扬弃，这就是苏南模式的创新。

最后，当我们说一种模式有新发展时，实际上包含两层含义：一是这种模式在新的发展阶段有创新，二是原有模式的合理内涵在新模式中得到了继承。由苏南模式转向新苏南模式，既体现对原有苏南模式的路径依赖，又体现了发展模式在新的发展阶段的创新。新苏南模式在很大程度上保留了原有苏南模式的传统,例如立足本地发展实业,注重共同富裕,地方政府和市场共同作用等等。这些传统在新苏南模式中没有完全抛弃,而是在新的模式中保留下来了。准确地说,新苏南模式实际上是指苏南模式的新发展。

## 二、苏南模式创新之一:体制创新

早在20世纪80年代中期,被邓小平同志称为"异军突起"的苏南地区,通过发展乡镇企业启动了农村工业化和城镇化的进程,创造了市场化和工业化的苏南模式,其主要特征是利用集体资本办企业,乡镇政府积极参与办企业,允许先富并追求集体富裕。

苏南当时的发展道路之所以作为苏南模式来概括,主要是有两个方面的创新。首先是启动了农村工业化和城镇化的进程,其特色是依靠集体积累和私人积累的结合发展乡镇企业、推进农村工业化、建设小城镇,自己解决向城镇转移问题,从而开启了以非农化和城镇化的途径富裕农民的进程。其次是突破计划经济的束缚,乡镇企业面向市场求发展,建立了适应市场经济的经营机制。应该说,苏南模式产生的积极效应是非常明显的,乡镇企业如火如荼,农村小城镇星罗棋布,工业产值三分天下有其二,农民迅速脱贫致富。

最初的苏南模式尽管已经确认了市场化并在较大范围出现了私人投资,但其市场化主要体现在经营机制上,所有制的市场化是不完全的。乡镇企业包含集体投入并不妨碍市场经济的发展,原因是当时的集体经济大都是村级经济,"村"不是一级政府,而是村民自治组织,村办企业比国有企业公有程度低。即使是集体经济在其中所起的作用较大,也不妨碍苏南地区发展市场经济。因此苏南模式仍然可以说是当时发展市场经济的模式。

20世纪80年代末90年代初,苏南地区的经济发展进入了新的历史阶段。随着外向型经济的发展和社会主义市场经济的确立,苏南地区抢先抓住了市场化、国际化和城市化的发展机遇,实现了苏南乡镇企业的制度创新,苏南模式由此得到了进一步的发展。

一是抓住了市场化的机遇。20世纪90年代,我国确定了社会主义市场经济的改革方向,市场化成为苏南乡镇企业的自觉行为。以乡镇集体经济为主的传统苏南模式,逐渐为苏南地区自身的发展所扬弃。原先苏南乡镇企业的产权结构是多元的,其中不仅包含私人产权,还包含集体产权,甚至有一部分乡镇政府的产权。这时集体产权特别是政府产权成为改革的目标。由此兴起了苏南地区乡镇政府主动对乡镇企业进行改制、政府产权完全退出乡镇企业的改革。与乡镇政府产权主动退出和集体经济的改制相伴,民营经济得到了迅猛的发展。可以说苏南地区在世纪之交迅速发展起来的民营经济大部分是由原来的集体经济为主的乡镇企业改制过来的。

二是抓住了国际化的机遇。20世纪末沿海发展外向型经济给苏南人提供了新的发展机遇,这一地区积极利用外向型经济扩大出口,企业由面向国内市场转向国际市场。特别是20世纪90年代初的浦东开发,苏州新加坡工业园的设立,大大提升了这一区域的开放度和国际化水平。苏南地区建立了多个以国家级开发区为领头的各种类型的开发区来引进外资,提升经济的国际化程度,其中苏州、无锡和常州均有国家级高新技术开发区,除此以外还有张家港国家级保税区、苏州新加坡工业园和无锡国家级环保园,特别值得一提的是昆山人自费开发后得到国家承认的昆山国家级开发区。所有这些开发区的硬软环境建设都成为引进外资强有力的吸引力。这个区域成为我国外商投资企业和台资企业最为密集的区域之一,世界500强企业差不多一半落户在这里。经济的开放也成为这一区域发展多种所有制经济的强大推动力。外商投资企业的大批进入和各类企业的开放背景大大提升了这一区域的市场化水平,而且法制和道德水准方面反映的市场化水平都明显高于其他地区。

由于上述市场化和国际化的推动,所有制结构的市场化取得了明显的进展。这种制度创新也体现了路径依赖。原有的乡镇企业由于以集体经济为主,其企业规模本来就比其他地区大。苏南地区在发展外商投资企业和推进企业改制时,虽然也有相当的企业完全改制为私人企业,但大部分都是改制为股份制企业和股份合作制企业等混合所有制企业,即使是农民自主创业也采取合作方式,因此新苏南模式的所有制可以用混合所有制经济来概括。与此相适应,改制后企业的总体规模不是小型化,而是进一步扩大。最具有特色的是,苏南乡镇企业通过与外商合资,与其他法人企业组建了大量的企业集团、股份制公司、公司上市等。其中包括以江阴为代表的近 20 家企业在国内外证券市场上市,从而形成了概念独特的“江阴板块”,以昆山为代表的是外商投资企业,以常熟等地为代表的则是私人控股的企业集团。这样,在开放基础上外资、民资和股份制经济的所有制结构成新苏南模式的主要内容,而别具特色的是这里的企业结构以混合所有制和规模企业为主体。如果将苏南模式与其他模式比较,苏南的企业规模总体上高于其他地区,产业的技术等级总体上高于其他地区。

三是抓住了城市化的机遇。苏南模式一开始就包含了城市化的内容,但其基本特征是就地发展小城镇。农民向城镇转移是离土不离乡。苏南也最先推进新一轮城市化,其内容是推进城镇城市化和城市现代化。城镇城市化是在合并小城镇的基础上强化城镇的城市功能和设施建设,包括城镇商业、教育、医疗、购物等基本服务设施,使农民在城镇就能享受到城市的现代文明。城市现代化不仅包括将城市作为现代市场中心的建设和城市现代化设施建设,还包括城市产业的结构性调整,使城市由工厂林立变为公司林立,由制造业中心转为服务业中心。与这种新城市化相适应,乡镇企业由原先的农村包围城市变为总部进城。乡镇企业最终脱去乡镇的外衣(在新苏南模式中不再有乡镇企业的类型),生产基地也集中到各类开发区和工业园区。城乡居民的自由流动也有效控制了城乡差距进一步扩大的趋势。苏南成为全国城乡差距最小的地区。

## 三、苏南模式创新之二:增长方式的创新

从总体上说,苏南模式在发展初期的创新主要是首先启动工业化和城市化,其增长方式基本上还是传统的、粗放型的。建立在这种增长方式基础上的苏南企业主要是依靠其体制优势比其他地区先行一步,抢抓先机,抢先占领市场,其发展模式突出一个“快”字,并在快中求好。这种发展模式的成功得益于当时的环境,如全国工业化总体水平低,环境和资源约束较为宽松,对粗放型的增长方式没有多少限制等。

随着工业化的全面推进,经济发展整体水平的提高,粗放型增长方式在苏南地区

必然要走到尽头。苏南人一直有在本地办实业的传统,与温州人到区域外投资获取收入的模式不同,苏南人是立足本区域发展实业,到区域外获取要素。这种发展模式到一定阶段就会产生如下矛盾:高产值和低收益的矛盾,经济发展的能量与其本区域容量之间的矛盾,发展与环境的矛盾,产业发展水平与高新技术供给不足的矛盾。这些矛盾的核心在于增长方式的粗放。

进入 21 世纪后,苏南地区开始了全面建设小康社会的过程,同时也开始了苏南模式在增长方式方面的创新。发展模式转变的核心是提高经济增长质量,转到依靠科技进步的低投入、低消耗、低污染和高效率的增长方式。这种转变实际上是由原来单纯突出"快"的发展转向了好中求快的发展。具体表现在以下方面。

一是富民优先。苏南模式一开始追求的是集体富裕,从纵向比较,苏南富得较快,但从横向比较,苏南人的收入并不比其他模式如温州模式有明显的优势。这也是苏南模式常常遭到非议的一个原因。在全面小康社会建设中,富民优先成为苏南人转变增长方式的一个重要战略,其主要特征有三个:一是通过改制和发展民营经济等途径鼓励一部分人先富;二是关注增加个人财产及其收入,鼓励创业,拓展包括财产致富和经营致富等其他收入渠道;三是允许先富的同时关注合作富民,不仅关注平均收入达到小康水平,还重视大多数人达到收入的平均数。这可以说是苏南模式在集体富裕方面的延续,效果是十分明显的。现在的苏南特别冒尖的富豪没有其他地区多,但总体的富裕水平高于其他地区,收入差距也是全国最小的地区。①

二是产业升级。苏南是我国工业化最早的地区,在推进全面小康社会建设之始,这里的工业基础除了一部分城市工业以外,主要有两个:一是乡镇企业,二是外商投资企业。外商进入的产业虽然以高科技行业为主,但大多处于劳动密集型环节,苏南的出口结构也以纺织、机械、食品、金属加工为主。建立在这个基础上的制造业所引发的问题是高产值低收益。针对这种状况,苏南在全面小康社会建设中着力推动产业结构优化升级,着力点在于推动制造业由低端向高端攀升,由劳动密集型向技术密

---

① 苏州 2004 年农村居民人均纯收入达到 7 503 元,城乡居民收入比 1.93∶1,远远低于当年全国 3.11∶1 的水平。无锡 2004 年城镇居民可支配收入 13 588 元,是全国的 1.44 倍,温州的 0.77 倍,农民纯收入 7 115 元,是全国的 2.42 倍,温州的 1.15 倍。

集型升级。在这里外商投资的产业升级是新苏南模式的一大特色。从 20 世纪 90 年代后期起，适应发达国家制造业资本大量向发展中国家转移的趋势，苏南地区利用良好的产业基础和配套能力以及教育、科技、人才优势，及时提出了建设国际制造业基地的目标，并按此要求选择外资及其项目。到 2004 年，世界“500 强”已有近 400 家在苏南投资，主要投资于 IT、石化、冶金、机械、生物医药等高科技行业和资本密集型行业。现在苏南地区的支柱产业实现了脱胎换骨，形成了电子信息、生物工程和新医药、新材料、新能源、环保产业等一批高新技术产业群，通信设备、计算机及其他电子设备制造业发展迅猛。在推进制造业升级的同时，苏南地区又开始着力发展现代服务业，特别是在制造业向服务业延伸方面形成了新的特色。现在的苏南产业结构正在发生根本性变化，产业结构正在转变为制造业和服务业并重的结构。

三是提高自主创新能力。苏南地区本身具有科技和人才优势，又紧邻上海，当年乡镇企业就是依靠“星期六工程师”起家的，后来在引进和利用外资的过程中又特别重视引进消化吸收的再创新。全面小康社会建设以来，苏南地区在提高自主创新能力方面又有了新的进展。首先是利用外资由过去单纯引资转向突出引入核心高技术，引入拥有核心技术的国外著名公司，突出研发中心的引进和建设。其次是苏南地区在与高校和科研机构建立产学研合作关系方面形成自主创新的新特色。苏南地区重视对高校和科研机构的科研投入，主动接受高校、科研机构的辐射。如无锡的高新区建立的动漫产业、无锡的国家级环保园、无锡国家级工业设计园都集中了大量高校和科研机构，产出了一批原始创新成果。与当年的“星期六工程师”不同的是，在苏南出现了“星期六科学家”。近年来在苏南又出现了科技创业的强劲势头，民营经济与科技创业结合，自主创新找到了新的平台。苏南有条件成为全国自主创新能力最强的地区。

四是着力于可持续发展。工业化一般都会经历高消耗高污染阶段，这在苏南也没有幸免。苏南模式的初期阶段，确实不太重视环境和资源的集约使用，因此导致环境污染和生态破坏较为严重。这个问题在苏南出现较早，因而苏南也比其他地区较早地醒悟并较早开始关注资源和环境的可持续供给。其主要途径如下：首先是推动工业向工业园区集中，人口向小城镇集中，服务业向中心城镇集中，由此在很大程度上实现土地等资源的集约使用;其次是加大转移和淘汰高消耗、高污染工业的力度;三是推进信息化为代表的高科技化,依靠高科技跨越高消耗高污染的阶段;四是推进环境和生态的建设,江苏制定的全面小康指标包含生态环境目标值,其中包括绿化水平和环境质量综合指数目标值。苏南地区从政府到企业各个方面都高度重视这些指标的实现。迄今为止,江阴、张家港、昆山、常熟、苏州和太仓先后被评为国家环境保护模范城市。苏南地区从"十五"计划以来出现的一个重要转折是环境污染指标的增长率明显低于GDP的增长率。苏南地区正在工业化水平较高并且是工业为主的地区创造治理和建设生态环境的新模式。

## 四、苏南模式创新之三:政府作用创新

苏南模式的一个主要特征是地方政府的强力推动。长期以来对苏南模式非议的一个重要方面是地方政府作用过于强大会限制市场的作用。苏南的发展实践表明,地方政府强势作用没有限制市场的充分作用。一个地区的市场化水平不能以政府作用的强弱作为标准。市场经济需要的不是无所作为的政府,而是大有作为的政府。关键是看政府的强力着力在哪个方面。苏南地区成功的奥秘就在于两个调节机制的协同,一是强力作用的地方政府,二是充分作用的市场。两者协同的关键是地方政府作用在不同发展阶段的创新都能在作用层次和着力点上保证市场作用得以充分发挥。苏南模式在这方面的演进突出表现在以下五个方面。

第一,政府推动经济发展的着力点。在苏南模式的初期,政府(主要是乡镇政府)直接参与企业的经济决策。苏南模式在演进过程中,政府退出了直接的市场活动,退出了企业。与此相适应,政府作用的范围和方式发生了变化。其作用的着力点在于提供有利于本地经济发展的公共环境,为各类企业发展提供公共平台。早期是提供鼓励民营经济发展的法制和政策环境;接着是提供吸引各类投资者(特别是外资)进入的投资环境和平台,例如各类开发园区;现阶段则是提供科技产业和创新的环境和平台,如吸引科技人才的机制、风险投资机制、产学研结合的机制。政府在这里着力提供公共环境和平台,不但不与市场作用对立,而且能强有力地支持市场化的推进。

第二，政府作用的层次。在原有的苏南模式中，对经济发展作用最大的政府是乡镇政府，而在新苏南模式中对经济社会发展作用最大的政府层次由乡镇政府上升到县级(县级市)政府。苏南地区经济活动的范围普遍突破了原先乡镇区域的范围，相应地政府调控的范围也扩大到县域范围。特别是近年来苏南地区的城市化进入新阶段，通过撤乡并镇，改变了过去的小城镇模式。与此相适应，乡镇一级的政府机构也显著减少，这意味着企业所面对的政府机构也明显减少。调节区域经济活动的政府层次由乡镇上升到县级，表明政府的作用更为宏观，县域范围内各个地区可以更为统筹协调，政府成本也因为乡镇政府的减少和作用的减弱而降低。现在苏南地区的昆山、张家港、江阴、常熟，等等，都是以县为单位的。

第三，政府作用的重点逐步转向社会发展。广义的经济增长质量包括普及教育、环境保护、公民自由、反腐败等。增长质量的要求不仅仅是经济发展的内容，更是社会发展的内容。一个国家一个地区的发展水平不仅看经济发展水平，还要看社会发展水平。科学发展观要求统筹协调经济发展和社会发展。苏南模式的初期阶段政府主抓经济发展是必要的，随着经济发展水平的提高，市场化水平的提高，经济发展有了自我强化的功能，这时政府就有可能由主抓经济发展转向主抓社会发展。从而形成企业抓经济发展以实现GDP指标，政府抓社会发展以实现全面小康指标的局面。因此，该地区成为经济发展和社会发展较为协调的地区。

第四，政府作用的形式。在原有的苏南模式中无论是发展乡镇企业还是发展小城镇，普遍是“村村点火、户户冒烟”，由此导致项目重复、资源浪费等问题。在新苏南模式中，政府推进社会发展的主要特点是抓规划，并从政策和政府投资等方面落实规划。其中包括城市化规划、环境规划等。从苏南的实践看，政府的规划职能同时也包含了政府的投资职能。如果说过去政府投资主要是投资于企业项目的话，那么现在政府的投资职能主要在根据城市化规划和环境规划所进行的公共性投资。政府的投资方向同时也是对企业和私人投资的导向。政府和企业共同投资，推进城镇现代化和环境治理，从而在较短的时间内有效解决了该区域内城乡一体化和人与自然的和谐。苏南地区由于地方政府作用比其他模式要强大，因此这一地区的公共产品供给比其他地区丰富，公共产品供给能力也比其他地区强。

第五,县乡政府成为工业反哺农业的重要主体。在原有的苏南模式中,工业反哺农业的主要途径是以工补农,这是以乡镇企业就地补农为条件的。苏南工业化的进程导致了工业的集中,需要在更高层次上反哺农业。苏南地区的县乡政府充分利用其从工业中集中起来的财政收入有规划有重点地反哺农业。其途径主要包括两个方面。一是增加农村特别是城镇的公共产品和公共设施的供给。将提供给市民的机会和设施安排到农村城镇去,扩大城镇就业的机会,把高质量的教育、文化医疗设施办到农村城镇。利用公共财政解决农村饮用自来水、煤气、生活污水处理等问题。实现村村通公交,并实现公交网络化。二是社会保障以公共财政为主导。苏南各地推进社会保障特别是农村的社会保障力度空前,这是近年来苏南农民增收的一个重要因素。苏南全面推行农村基本养老保险和农村基本医疗保险,完善了以低保、养老保险、医疗保险、拆迁补偿、征地补偿为主体的农村"五道保障"。

总的来说,苏南地区率先达到全面小康社会水平是以苏南模式的三个方面创新为基础的:一是体制上的创新,在外资、民资和股份制基础上率先建立起市场经济的基本框架;二是增长方式的创新,率先转向又好又快的发展道路;三是地方政府作用的创新,率先建立起市场管经济发展,政府管社会发展的调节结构。苏南模式的创新产生了明显的效果,现在苏南这一既包含城市又包含农村的地区呈现出经济增长又好又快的景象,居民富裕和谐,城乡协调发展,人与自然和谐,社会发展水平较高,公共产品供给较为丰富,特别是苏南模式本来就有集体富裕的传统,这一传统在新苏南模式中通过适应市场化的路径得到了继承。

## 五、苏南模式的进一步创新

苏南地区率先达到了全面小康社会水平,开始了率先推进基本现代化的进程。新的目标和相关的新矛盾,又会推进苏南模式的进一步创新,由此创新了现代化的发展模式。

苏南地区目前还是制造业基地,推进现代化不可避免会面临一些挑战。一是可持续发展的挑战,现代化对环境和生态有比小康社会更高的要求。二是经济能量与区域限制的矛盾,现有的经济发展的能量已经受到区域容量的限制,经济的进一步发展会使这一矛盾更加尖锐。三是高产值低收益的问题尚未完全克服,这与传统制造业比重过高密切相关。四是人的现代化与人口素质的矛盾,由传统制造业的就业结构的性质决定,制造业基地的人口素质的现代化水平较低。五是国际化与自主创新的矛盾,外商投资企业带来高新技术,但可能限制自主创新能力的提高。这些矛盾在苏南可能首先遇到,也可能率先解决,由此实现苏南模式的进一步创新。

第一,富民突出农民,全面小康社会建设体现富民优先,苏南地区人民的收入水平普遍提高,这是不争的事实。由于重视集体富裕,因此这里的城乡收入差距是全国最小的。但是,不可忽视的是苏南地区整体收入差距还在扩大。这意味着缩小收入差距在全面小康社会建设中不可能完全完成,而需要在现代化阶段来完成。全面小康社会建设要突出城市化,重点在城市和城镇。现在的低收入者主要集中在农村,现代化提出缩小差距的任务重点在农村。直接推进的新农村建设一方面可以提高农民收入,以缩小收入差距,另一方面可以提高农村的现代化水平,缩小城乡现代化水平的差别。在工业化和城市化水平较高的苏南地区,建设新农村需要加大工业反哺农业、城市支持农村的力度。

第二,财富创造突出生态财富。财富不仅包括物质财富,也包括精神财富,还包括生态财富。绿色 GDP 不仅包括 GDP 增长中包含的环境破坏的扣除,还包括生态环境建设所增加的财富。现代化建设不仅要求新的项目不能破坏生态,还要求治理过去的发展所造成的对生态的破坏。苏南地区在全面小康社会建设中对建绿地、造森林方面力度较大,进入现代化建设阶段后就要加大治理污染源的力度,特别是太湖治理。进入现代化建设阶段后,苏南有个再工业化过程,其基本内容是转移和淘汰高污染、高消耗和占用土地不集约不节约的工业,建设循环经济。

第三,提升制造业突出提高自主创新能力。目前外资进入的产业,相当部分是整个价值链中主要使用劳动的环节,附加值比较低。这是后发国家所要经过的学习阶段。制造业现代化的目标是发展拥有核心先进技术和关键技术的先进制造业,提高附加价值。国际制造业基地不等于世界工厂,它强调核心技术和自主知识产权。按此要求,苏南制造业的现代化需要在两个方面推进。一是调整引进战略,加大再创新的力度,吸引拥有核心技术的国外著名公司进入,特别是突出研发中心的引进和建设。将引进重点转向引进智力,引进国外的技术。鼓励外资的价值链上的高端阶段即含有核心技术和关键技术的生产阶段进入,提高技术密集型制造业外资比重。二是提高原始创造能力。高科技产业化的源头在高校和科研机构,从高校和科研机构得到高科技成果并推进产业化能尽快地缩短高科技产业的国际差距。提高自主创新能力的重要途径是企业强化同高校和科研结构的合作,主动接受高校、科研机构的辐射。

第四,城市化突出人口素质现代化。苏南城市化的提升应以人口素质现代化为目标。传统的城市化是农民进城,现在的城市化是要素进城,特别是具有较高人力资本含量的人口进城。以此为内容的城市化是在产业结构调整中实现的,其中包括突出发展现代服务业,在县域制造业发达的条件下,市区重点发展现代服务业。将工业特别是工厂向周边区域或者外地转移,金融、贸易、信息、服务、文化教育等第三产业则向大中城市集中。积极吸引包括外地企业在内的公司总部及营销中心进入城市,城市由工厂林立转向公司林立。

这里特别要强调利用外地要素发展本地经济问题,这对苏南地区可能特别重要。苏南有在本地办实业的传统,目前本地空间已经严重束缚经济的发展,因此必须走利用外地空间发展本地经济的道路。这就要求苏南人加大制造业向外地转移的力度,突破行政限制,把企业办到外地,本地发展总部经济、品牌经济。其好处是明显的,可以腾出空间,发展高科技;可以优化人口结构,提高人口素质,从而提升城市化水平;可以改善生态,建设富裕和谐的社会。对苏南人来说,在发展空间上只求所有不求所在,也就是只求产权、品牌所有,不求企业所在哪个地区。

综上所述,苏南地区以科学发展观统领全面小康社会建设,创造了新苏南模式。这个地区必将在科学发展观统领下创造出实现基本现代化的新模式。

**主要参考文献**

[1] 洪银兴等.新苏南模式及其对建设全面小康社会的意义[J].江苏社会科学,2006(2).

[2] 洪银兴,陈宝敏.苏南模式的新发展——兼与温州模式比较[J].改革,2001(4).

# 中国特色农业现代化和农业发展方式转变[①]

农业、农村和农民是我国全面建设小康社会难点和重点，尤其是农业现代化。中国的农业现代化与其他现代化国家有共性，又有自身特殊的国情。研究中国特色农业现代化道路，既需要比照发达国家农业现代化走过的历程，更要关注自身发展的特殊性。

## 一、我国农业现代化的起点

研究中国农业的现代化，首先需要科学判断现代化的起点状况，也就是明确农业发展的现状。根据路径依赖理论，现代化的起点状况会影响现代化的路径。

从总体上说，我国具有二元结构的典型特征，农业是传统部门。从 1978 年开始的中国改革开放的大背景中，经过农村改革，发展乡镇企业，全面小康社会建设，我国的农业已经进入现代化的起点。其重要标志是，粮食总产由 1978 年的 30 477 万吨增产到 2006 年的 4 978 万吨，棉花总产由 1978 年的 217 万吨增产到 2006 年的 673 万吨。以占世界 9%的耕地供养了占世界 21%的人口，基本上解决了 13 亿人口的温饱问题。与此同时，在国内生产总值中，农业产值份额呈明显下降趋势。据中国统计年鉴提供的数据，农业对 GDP 增长的贡献率由 1990 年的 41.7%降到 2006 年的 5.6%。在 2005 年的 GDP 构成中，农业只占 12.5%。农业总产增长和产值份额下降两个方面的明显趋势表明，我国的农业和其他部门一样，已进入现代化的起点阶段。

---

① 本文原载于《经济学动态》2008 年第 6 期，《中国改革报》2008 年 8 月 27 日摘登。

但是,我国农业发展的基础还不是稳固的。农业问题没有从根本上解决。[①] 根据库兹涅茨的界定,农业份额下降依存于两个条件。一是农业劳动生产率提高,农业部门提供更多的剩余农产品。二是在假定农产品需求的收入弹性小于1的前提下进入工业化阶段时,农产品的需求相对下降。[②] 现实中这两个条件并没有完全具备。

第一,我国是在传统农业部门没有得到根本改造时提前发动工业化的。目前农业劳动生产率的提高基本上还只是剩余劳动力转移的效应,劳动力就业构成,1990年农业就业占60.1%,2006年降到42.6%。与农业在GDP中所占份额相比,劳动生产率的提高并不显著。由42%的劳动力所从事的农业增加值,只占整个GDP的12.5%。即便是劳动生产率有所提高,也主要是在土地要素数量有限的条件下,相对于土地容纳劳动力的能力而剩余的劳动力转移以后产生的效应,而不是农业部门技术进步所产生的效应。就是说,农业的技术基础尚未得到根本改变,农业提供剩余的能力还是有限的。

第二,我国目前还没有进入农产品需求明显下降的阶段。根据盖尔·约翰逊的界定,农产品需求的增长速度是由两个变量和一个参数决定的,"两个变量分别是人口增长率,消费者人均实际收入增长率,一个参数是消费需求的收入弹性。"[③]虽然我国的人口增长率和人均实际收入增长率均处于增长阶段,消费需求的收入弹性即恩格尔系数虽可能有所下降,但对农产品的总体需求还会进一步增长。在中国这样一个人口超过世界21%,耕地仅占世界9%的大国,农业所承受的沉重压力,其他任何国家都无法比拟。特别是人民饮食消费水平的提高,不仅表现在对农产品量的需求,还表现在对其质的需求的提高。再加上以农产品为原料的工业部门仍要有较快的发展,对农产品的需求在相当长的时间内不会下降。所有这些表明,相对于社会对农产品的需求,农产品供给仍然不足。中国也不可能依靠进口来解决13亿人口不断提高的饮食水平问题。

---

① 陆学艺认为,我国的农业问题已基本解决了,但农民问题、农村问题还没有解决。(《正视"三农"现实》中国经济导报2008年第1期)对此我不能苟同。

② 库兹涅茨.现代经济增长,北京经济学院出版社,1989,91-93.

③ 盖尔.约翰逊.经济发展中的农业、农村、农民问题,商务印书馆,2005:62.

第三,我国的农业的再一个突出问题是农业收入太低。应该说,农村改革和农村工业化的一个重要效应是农民现金收入有了明显增加,但收入增加的相当部分不是来源于务农收入。1993 年,农民人均收入 921 元,2004 年人均现金收入 3 234 元,2007 年则达到 4 958 元。但我们需要看到的另一面是,农民的务农收入没有明显增加(见表 1)。

**表 1　2007 年农民人均现金收入中务农收入所占比重**

| | 收入数(元) | 比重(%) |
|---|---|---|
| 总现金收入 | 4 958 | |
| 农民经营收入(其中农业收入) | 2 978(1 361) | 60(27) |
| 工资性收入 | 1 595 | 32 |
| 转移性收入 | 284 | 6 |
| 财产性收入 | 101 | 2 |

资料来源:中国统计景气报告 2008. 4。

直至 2007 年农民现金收入很低,其中的农业收入所占比重更低。农民收入低的原因是多方面的,归根到底还是其落后的生产方式和经营方式。与其他产业相比,农业是明显的弱势产业。其突出表现:第一,农业技术落后,依靠的是劳动技能,劳动的附加值低;第二,提供的农产品基本上是初级产品,不是最终产品,因此其市场价格低;第三,农业生产有季节性,受自然条件影响大,市场不稳定,价格波动大。

基于以上我国农业现代化起点的分析,农业现代化需要克服农业的弱势状态,从根本上改变其落后的生产方式和经营方式,不只是提高劳动生产率,还要提高包括资本、劳动、土地在内的全要素生产率;需要满足全社会不断增长的对农产品的量和质的需要;需要提高农民收入。所有这些就构成现阶段农业现代化的主要内容。

## 二、农业技术现代化

人们一般对农业技术现代化关注的是提高劳动生产率的技术和提高农业产量的

技术。研究当今社会对农业的需求可以发现,农业技术现代化的意义不仅仅在于此。随着人民生活水平的提高,人民对农业技术有两个方面的需求凸显出来。一是对农产品品种和质量的需求,二是对生态和健康的需求。这两个方面同提高农业产量一起成为农业技术现代化的基本内容。

农业技术发展水平、农业生产能力和整个社会的收入水平密切相关。在低收入阶段,人民的消费目标是解决温饱问题,对农产品的需求是获得廉价的粮食供给,在这种购买力下农产品的供给水平自然很低。而在进入小康阶段以后,一方面农业劳动生产率有了明显提高,另一方面人民收入水平明显提高,人民对农产品的消费需求就不只限于解决温饱问题(温饱问题已基本解决),产生了营养、健康、享受等方面的消费需求。食品消费由植物食品更多地转向动物性食品。植物食品也更多地转向水果、蔬菜等食品。市场对农产品需求的变化,以及对农产品购买力的提高,也就拉动了农产品的现代化进程。

从理论范式分析,长期以来农业技术发展理论可以概括为"农业剩余"范式。以刘易斯、拉尼斯等为代表的发展经济学家都是从农业提供剩余(剩余产品、剩余劳动力)角度研究农业发展的。我国所强调的农业基础作用,也是从其提供剩余农产品出发的。按照这种理论范式,农业技术的发展和现代化就是增加产量,提高劳动生产率的技术。在今天谈农业技术的现代化,固然还有增加农业剩余的要求,但更为突出的是改善农产品品质和扩大农产品品种。与此相应,农业技术现代化分析转到"农产品品质"范式。从我国近年来农产品生产和消费的变化看,这种趋势正在显现出来(见表2)。

**表2 历年主要农产品产量和人均占有量**

| 年份 | 粮食总产(万吨) | 人均(公斤) | 棉花总产(万吨) | 人均(公斤) | 肉类总产(万吨) | 人均(公斤) | 水果总产(万吨) | 人均(公斤) | 奶类总产(万吨) | 人均(公斤) |
|---|---|---|---|---|---|---|---|---|---|---|
| 1978 | 30 477 | 317 | 216.7 | 2.25 | 856.3 | 8.9 | 657 | 7.3 | | |
| 1980 | 32 055 | 327 | 270.4 | 2.8 | 1 205 | 12.2 | 679 | 6.9 | | 1.2 |

(续表)

| 年份 | 粮食总产(万吨) | 人均(公斤) | 棉花总产(万吨) | 人均(公斤) | 肉类总产(万吨) | 人均(公斤) | 水果总产(万吨) | 人均(公斤) | 奶类总产(万吨) | 人均(公斤) |
|---|---|---|---|---|---|---|---|---|---|---|
| 1985 | 37 911 | 361 | 414.7 | 3.9 | 1 760 | 16.3 | 1 163 | 10.8 | | 2.4 |
| 1990 | 44 624 | 393 | 450.8 | 4 | 2 513 | 21.9 | 1874 | 16.3 | | 3.7 |
| 1996 | 50 454 | 412 | 420.3 | 3.43 | 4 584 | 37.5 | 4 652 | 38 | 735.8 | |
| 2000 | 46 218 | 366 | 441.7 | 3.5 | 6 125 | 38.3 | 6 225 | 49 | 919 | 6.6 |
| 2003 | 43 070 | 334 | 486 | 3.8 | 6 932 | 42.7 | 14 517 | 112 | 2 864.8 | 13.6 |
| 2006 | 49 746 | 378 | 673 | 5.1 | 8 100 | 61.6 | 17 240 | 131.5 | 3 302.5 | 24.4 |
| 2006比1978增长 | 63% | 19.2% | 210% | 150% | 9.46倍 | 6.8倍 | 26倍 | 18.5倍 | | |

资料来源:相关年份《中国统计年鉴》。

表2显示,2006年与1978年的农产品产量和人均消费量可以说是两个农业时代的特征。2006年与1978年相比,传统农产品特别是粮食总产只增长63%,人均消费量只增长19.2%,这个产量解决了13亿人口的吃饭问题。而肉类、水果总产显著增长,分别增长9倍和28倍,人均消费量分别增长6.8倍和18.5倍。奶类也是这样,2008年的总产和人均消费量均是2000年的4倍,如果与1978年相比,奶类的人均消费量则是24倍以上。这类农产品产量的显著增长反映了农产品现代化的趋势。

农产品现代化必然会牵动农业技术现代化。就是说,餐桌革命必然牵动农业技术革命。传统农业基本上是提供传统农产品的农业。与之相应的农业技术也是传统的,是世代相传的劳动技能和劳动工具,如使用铁犁和畜力等。即使有技术进步主要也只是在增加产量上的进步。现在推进的农业现代化实际上是以农产品品质为导向的农业技术现代化,它会牵动农业技术的根本性改造。

农业现代化就技术水平来说,要求以科学技术为基础。现代农业是利用工业投入物,采用科学管理方法所经营的专业化、社会化农业。在现有的科技水平下,农业现代化的技术包括两个方面:一是机械技术,一是生物化学技术。前者即机械化,用机器来代替人。后者包括以化肥、农药增加农业产量的技术,改良品种,提高产品质量的生物技术。一般说来,机械技术推广适用于人少地多的国家和地区。生物化学技术推广较多的适用于人多地少的国家和地区。但在现实中不完全如此。在人多地少的中国较早地启动农业机械化,通过农业机械化转移出了农业剩余劳动力。美国人少地多,但许多先进的生物技术出在美国农业。而且这两种技术还有个供给能力和需求的不对称问题。我国的农业机械技术供给能力较强,但农民的需求并不强烈,生物技术供给能力不足,但农民的需求十分强烈。

农业现代化的西方模式不仅在于其依靠巨大投资,更为突出的是,从投入到产出,再到加工、储运、销售,整个过程都是以无机的矿物资源,特别是靠石油来支撑的,所以这种农业现代化被概括为“石油农业”。① 这种用“油灌的”农业造成环境污染、生态破坏,成本高昂。特别是在今天我国推进的农业现代化时,不具有发达国家当时的条件,例如环境约束不像过去那么宽松,石油资源严重短缺。这意味着我们不能再走西方的农业现代化道路。

与石油农业相对的是绿色革命。绿色革命实际上是生物技术的革命。最早的绿色革命是以杂交技术培育高产品种为中心的技术革命。20 世纪 60 年代许多发展中国家推进的农业现代化的具体措施就是走绿色革命的道路,引入新种子以及由此所带动的更细致的管理,更有规律的施肥、杀虫灌溉等。后来绿色革命的内容进一步扩大,将绿色革命技术与基础设施及技术服务结合起来(其中包括电力、道路、教育、家庭计划和营养等)。现在,在发达国家正在进行第二次绿色革命,其特征是利用现代生物技术推进遗传工程,利用遗传工程(基因工程)改造培育适合人的需要的新品种并缩短培育新品种的时间。

因此,中国正在推进的农业技术现代化,虽然需要有足够的投入,但不能依靠消耗大量不可再生能源,也就是不能走“石油农业”的道路,而是要走绿色革命的道路。这就牵涉农业发展方式的转变。农业技术现代化必须与转变发展方式相结合,重视

---

① 刘运梓.比较农业经济概论,中国农业出版社,2006,194.

以最新科学技术对农业技术的改造,特别是生物技术,更为重视发展生态农业和可持续发展农业,其中包括农业中替代石油的新能源的采用。

农业技术落后的另一个表现是其"脸朝黄土背朝天"的耕作方式和靠天吃饭的技术基础。由此导致产量和市场价格波动的严重不稳定。因此,农业技术现代化的重要途径是农业生产工厂化。其主要途径如下。一是通过一定的基础设施建设,包括农业灌溉,生产场所的建设使农畜产品生产免受自然灾害影响。例如,各类养殖场,在大棚中培育的各种反季蔬菜、水果等。二是通过农产品企业集团的建设实现贸工农一体化,从而推进农产品由初级产品向最终产品的延伸,使农产品产销的每个环节都得到合理分工和有效的调控。例如,现在成功发展的伊利奶业集团、维维豆奶等。

## 三、农业生产要素的现代化

从农业发展的进程看,农业要素的流动对农业发展起着关键性作用。农业现代化不只是要提高劳动生产率,还要提高包括资本、劳动、土地、技术在内的全要素生产率。从 1979 年开始的农村承包制改革,给农业部门引入了制度要素,使现有的资源得到更有效的利用,增加了农业产量并且增加了农业剩余。但是,当时农业劳动力剩余是相对于土地的有限性而言的。在农村工业化中剩余劳动力流出所产生的劳动生产率提高的效应,实际上反映现有的土地资源和留在农业中的劳动力资源得到了充分利用。

农业现代化的基础是现代生产要素。目前,留在农业中的劳动力的数量和质量,与其所使用的土地资源及其农业产出水平基本上是相适应的。从农业现代化的要求考虑,无论是农产品的现代化,还是农业技术的现代化,已有的这种品质的农业要素显然是无力承载的。农业现代化需要引入现代生产要素。

1979 年获诺贝尔经济学奖的美国经济学家舒尔茨在其《改造传统农业》一书中明确指出:在传统农业中生产要素已得到充分利用,改造传统农业的关键是引进新生产要素。包括三方面内容:(1) 建立一套适合改造传统农业的制度;(2) 从供给和需求两方面为引进现代生产要素创造条件;(3) 对农民进行人力资本投资。这三个方面对当今的农业现代化有十分重要的意义。从我国的实践看,改造传统农业并进而实现现代化所要引入的生产要素最为重要的也是这三个方面。

就制度投入来说,已有的农村改革,提供了激励已有的农业要素得到充分有效利用的制度,同时也提供了多余的劳动力流出农业的制度安排。现在这种制度安排的作用已经充分释放,推进农业现代化需要新的制度安排,这就是要提供激励新的现代生产要素特别是科技和人力资本进入农业的制度。

就科技要素投入来说,农业现代化需要得到现代生物、化学、机械投入品。其中包括优良品种、栽培技术和农业机械等。就如拉尼斯所说:“农业部门的现代化依赖于两类诱因,现代要素投入和激励性工业消费品。农业中的技术革新程度取决于现代投入的数量。农民放弃自给自足转向购买工业消费品,就可能影响市场导向,农村可能城市化。”对农民来说,新技术采用的可能性取决于还不知道的风险和不确定性。“农民接受一种新生产要素的速度取决于适当扣除了风险和不确定性之后的利润。”①这意味着,新技术被引入农业不只是需要足够的对农业科技研究、推广的投资,还需要解决好两个问题:一是就农民的购买力来说,获得这些科技要素必须是低价格的;二是农业中采用新技术新品种需要先进行推广和示范并被农民所接受。

科技要素投入包括农业科技的研究、研发、示范、推广和应用等各个环节的投入。农民所需要得到的科技要素是可以直接采用的现代科技的投入品,如优良品种、现代农药和肥料、现代农业机械、种植和培育技术。因此,国家要加大高等院校和科研机构的农业科技研究、研发的投入,这是农业技术现代化的基础。袁隆平的杂交水稻技术突破所产生的显著的农业增产效果就说明这一点。由农业生产周期长和季节性要求高的特征所决定,农业中的新技术的采用是有风险的。小本经营的农民受到高度的不确定性和相当多的限制条件的约束。“在这样充满风险和不确定的环境中,农民被认为是不情愿承担风险的。”②针对农民的这种厌恶风险的行为,农业中的新技术需要有推广和示范的过程,而且示范和推广的费用不可能由农民支付。这就要求政

---

① 舒尔茨.改造传统农业,商务印书馆,1987:26.

② 欧曼等著.战后发展理论,中国发展出版社,2000:41.

府对农业新技术的示范推广，以及农民采用新技术提供补贴，还要激励农业科技人员深入农村示范推广新技术、新品种，帮助农民解决技术难题。基于科技要素对农业现代化的重要性，政府大幅度增加的农业投入就有个结构问题。政府投入不都是直接补给农民，而是重在引导现代要素特别是对农业的科技和教育投入进行补贴，使农民获取低价的甚至免费的科技和教育供给。

就人力资本投资来说，现代科技要素进入农业的主观条件是农民能够有效地使用这些要素，这就提出农民的人力资本问题。就如舒尔茨所认为的，农民所得到的能力在实现农业现代化中是头等重要的。对农业来说，“迅速增长的经济基础不在于提倡勤劳和节俭，在于获得并有效地使用现代生产要素”。舒尔茨的中心论点是“把人力资本作为农业经济增长的主要源泉”。① 已有的农业剩余劳动力转移，严格地说是人力资本的流出。这同已有的农业发展水平对劳动力的人力资本要求相关。在传统农业中使用世世代代相传的技术，人力资本流出不影响土地产出。而在推动农业技术现代化时，留在农村的劳动力的知识和技术水平就不够了，没有足够的人力资本投入，就不可能实现农业技术现代化。

现代农业所需要的人力资本，根据速水和拉坦的界定，即“以有知识、有创新精神的农民，称职的科学家和技术人员，有远见的公共行政管理人员和企业家形式表现出来的人力资本的改善，是农业生产率能否持续增长的关键”。② 对农民进行人力资本投资，一般说来主要是提高农业劳动者的受教育程度。其中包括两个方面：一是提高乡村人口的普通教育水平，例如在江苏已经达到普及高中教育阶段水平；二是提高农业科技专业教育水平。在农产品多元化和农业技术现代化的进程中，农业生产不可能依靠世代宣传的技术，对农民的农技专业教育就显得更为重要。在已有的非农化的进程中流出的剩余劳动力大都是拥有一定人力资本含量的劳动力，留在农业的劳动力的人力资本含量一般都较低。因此，在农业现代化进程中对农民的人力资本投资，不仅是要对留在农业中的农民进行投资，更需要高素质劳动力进入农业。其中包括，流出

---

① 舒尔茨．改造传统农业，商务印书馆，1987：132.

② [日]速水佑次郎，[美]拉坦．农业发展的国际分析，中国社会科学出版社，2000：165.

农业和农村,经过在城市和非农部门的人力资本投资的劳动力回到农村和农业。

现实中,要素投入农业是由投资推动的。农业投入不足就阻碍各种生产要素进入农业。长期以来,要素流入农业的最大阻力是农业的比较收益太低。农业投资收益率太低就会阻碍农业投资进入。由工农业产品价格剪刀差等原因产生的比较利益结构,在过去工业和农业相互隔离时带有一定程度的隐蔽性和不可抗拒性,而在推进农村工业化时,这种比较利益结构便显性化。这时不仅难以吸引新的要素进入,农民手中的生产要素也可能转入其他非农产业部门。在这种情况下,鼓励现代生产要素投入农业的关键是提高农业投入收益率。

在市场经济条件下,提供农业投入收益率的一个重要途径是保证农业的市场收益。从而提高农民获取现代要素的能力。这里有两个方面。一是保证农产品的价格收益。这就要求在价格机制上等价交换,保证农民获取符合价值规律要求的价格收益,从而提高农民的购买力。二是保证农民的资产收益。农民的资产主要在地产(尽管是使用权)和房产。这就要求土地资产和房产流动、转让和被征用都应该得到足额的补偿。不仅如此,还可以推进土地制度改革,使农民利用商业化的土地资产吸引现代生产要素进入农业。例如,土地抵押贷款,土地入股,等等。

需要指出,在目前的市场条件和农民的收入水平下,单纯靠市场途径不可能提高农业收益,就是说,即使是坚持等价交换,也不可能有效解决现代要素引入农业问题。这就要求各个方面向农业提供在等价交换以外的支持,这就是反哺。其必要性和可能性在于,农业的落后与长期的被剥夺相关,例如,长期的工农业产品价格剪刀差,农民利用农业积累举办非农产业,等等,这是农业对各类非农产业的哺育。现在提出工业对农业,城市对农村进行反哺是完全合理的。这是对过去农业贡献的补偿。

**主要参考文献**

[1] 陆学艺. 正视三农现实[J]. 中国经济报告,2008(1).

[2] 刘运梓. 比较农业经济概论[M]. 北京:中国农业出版社,2006.

[3] [美]盖尔. 约翰逊. 经济发展中的农业、农村、农民问题[M]. 北京:商务印书馆,2005.

[4] [日]速水佑次郎,[美]拉坦. 农业发展的国际分析[M]. 北京:中国社会科学出版社,2000.

# 再论由比较优势转向竞争优势[①]

我曾在1997年发表《从比较优势到竞争优势》(《经济研究》1997年第6期)一文。在该文中我指出,在现阶段,发展中国家单纯的由资源禀赋决定的比较优势在国际贸易中不一定具有竞争优势,注重质量和效益的对外贸易不能停留在现有的比较优势上,需要将这种比较优势转化为竞争优势。时隔十三年,再来研究此问题,发现经济发展到今天,不只是国际贸易,而且在包括利用外资在内的整个开放型经济推动经济增长的引擎作用正在衰减。主要原因是,已有的以利用我国资源和劳动力的比较优势为基础的开放型经济模式的发展效应明显衰减。在此背景下需要转换开放模式。这是我国转变经济发展方式的重要方面。

## 一、比较优势的现代困境

比较优势理论的基本思路是,发达国家有资本和技术的优势,发展中国家有劳动力和自然资源丰富的优势,因此发达国家生产和出口资本和技术密集型产品,发展中国家生产和出口劳动和自然资源密集型产品,通过贸易和交换,大家都能得到贸易利益。按此理论,我国作为发展中大国,相对于发达国家资本、技术和产业都处于劣势,只有劳动力和自然资源(特别是土地和环境)有比较优势。因此,我国的对外开放按这种比较优势来推进。一方面,实施面向国际市场的出口导向的战略,以比较优势安排出口结构并调整产业结构,致力于劳动密集、资源密集和高能源消耗高排放产品的

---

① 本文原载于《经济学动态》2010年第11期,原题目为《以创新支持开放模式转换——再论由比较优势转向竞争优势》。

生产和出口。另一方面,以廉价的劳动力和土地资源,较为宽松的环境约束为条件引进外资,利用国际资源。其基本路径是以加工贸易为代表的“三来一补”和外商直接投资办企业。外商投资企业进入我国的环节在产业链上基本上属于劳动和资源密集环节,以及需要利用环境资源的生产。

应该说,以比较优势为基础的开放战略在发展的初期阶段是成功的。引进的外资、技术和管理等要素同我国的劳动力和土地要素结合,推动了经济的快速增长。特别是外商投资企业带来了国外先进产业,推动了我国产业结构的提升,缩短了我国的产业发展水平的国际差距,以至于我国一些开放型经济水平高的地区有“世界工厂”之称,成为世界制造业大国。截至 2010 年 7 月,中国累计设立外商投资企业 69.8 万家,实际利用外资 1.05 万亿美元。目前中国 22%的税收、28%的工业增加值、55%的进出口、50%的技术引进、约 4 500 万人的就业,都来自外商投资企业的贡献。①

但是,我国以比较优势为基础的开放型经济发展到今天,其推动经济增长的引擎作用正在衰减。这可从以下三个方面来说明。

首先,从利用国际资源来说,已有的开放型经济的基本方式是以引进的国际资源来利用我国低工资的劳动力和廉价的自然资源(尤其是土地和环境),即使是生产和出口的高科技产品外商投资企业在我国的生产环节也主要是劳动和资源密集的环节,核心技术和关键技术不在我国,因此虽然我国的出口产品数量大,但附加值不高。有许多出口品看起来是高科技产品(如电脑),但在我国基本上是使用劳动力的加工组装环节。

近年来,我国开始实施更有保障的劳工权益,部分外商投资企业的“血汗工资制度”难以为继。从劳动力供给来说,农民工逐步换代,农业剩余劳动力的转移也不再是“无限供给”了。在这种条件下,开放型经济难以继续建立在低劳动成本和充裕劳动力的基础上。根据科学发展观的要求,外商投资企业在我国的生产环节不能停留在劳动密集和自然资源密集的低附加值环节,更不能长期利用国内环境资源生产出口品。这意味着开放型经济的基础需要提升,需要改变开放型经济的廉价劳动力和

---

① 参见《引进外资,中国坚定不移》人民日报,2010,9,9。

自然资源的基础。

其次，从利用国际市场来说，2008 年金融危机爆发，不仅导致国际市场需求明显下降，更为突出的是推动了西方发达国家产业结构的转型，其方向除了发展新兴产业外，考虑到扩大就业，劳动密集型产业也受到了重视。这实际上反映了发达国家的产业和贸易结构基础的改变。早在比较优势理论提出之初就有“里昂惕夫之谜”，即具有资本和技术比较优势的美国大量出口劳动密集的农产品之谜。现在这个谜不仅继续存在而且在向其他产业(特别是制造业)和其他发达国家蔓延。对这个谜的现代解释就是，各个国家都存在严峻的就业和与之相关的消费问题。严重的就业压力，既影响宏观经济的稳定，也影响国家的政治稳定。发展劳动密集型产业就成为各个国家题中应有之义。为解决就业问题，即使是在技术和资金有比较优势的发达国家也不再只是在资本和技术方面发挥比较优势，同时也要发展劳动密集型产业，以提供就业岗位。面对包括我国在内的发展中国家的劳动密集型产品出口对其的冲击，这些国家将会采取各种保护主义手段进行抵制，不断地以反倾销为名设置进口壁垒。即使政府不保护，民间也会以“烧中国鞋”之类的方式进行抵制。而且，其劳动密集型产品的出口也会迅速增长。由于发达国家拥有资本和技术优势，依靠资本和技术的优势可以提升劳动密集型产业的出口产品竞争力，在竞争中挤压发展中国家的劳动密集型出口产品。由此使我国的劳动密集型产品的国际市场环境和贸易条件更为恶劣。这就使我国长期实施的以劳动作为比较优势的出口战略难以为继。

第三，就制造业产品的国际竞争力来说，我国已经成为世界制造业大国。据有关统计数据，2009 年中国制造业总量仅次于美国据世界第二位，在全球制造业产出中的份额，美国为 19.9%，中国为 18.6%。中国有在短期内超过美国成为世界第一制造业大国的可能。现在，在包括美国在内的世界商品市场上可以说是充斥着中国制造商品。但是即使如此，中国制造业的国际竞争力仍然很弱。最为明显的是两个方面。首先是我国制造业产品的科技含量和档次较低，美国是在飞机制造、特种工业材料、医疗设备、生物技术等高科技领域占据更大份额，我国是在纺织、服装、化工、家用电器等较低的制造业科技领域享有领先地位。可见在产业等级上的明显差距。其次是在中国制造业的产品中，中国创造部分少。相当多的中国制造的产品不是中国创造,核心技术和关键技术是国外创造的,品牌也是用外国的,因此中国制造业出口品的全球份额与出口品中中国附加价值的份额是很不相称的。

以上三个方面说明,已有的建立在利用我国自然资源和劳动力基础上的开放型经济模式的发展效应明显衰减,这种模式的开放型经济难以为继,需要转型升级,其基本方向是改变以劳动密集和资源密集为比较优势的外向结构,改变单纯追求出口数量而不注重出口效益的出口导向战略,提升外商投资企业在我国的产业链环节的科技含量。

## 二、由比较优势转向竞争优势的内涵

比较优势的基本前提是一国禀赋较为充裕的资源,而且其相对生产率较高。就如相比资本和技术要素,发展中国家的劳动和土地之类的要素供给相对充裕,而且价格便宜。因此劳动和土地之类的资源具有比较优势。这类国家就以此为基础参与国际分工和国际贸易。如出口劳动密集和自然资源密集的农产品和工业制成品。具体地说,中国企业只是将资本投入服装、玩具、鞋帽、农产品、装配等行业,出口这些产品去换回国外的高科技产品,由此产生用"上亿条裤子换一架飞机"的贸易格局。

实际上,按比较优势进行的国际分工是不断演进的。起初是按要素密集度进行分工,有的国家主要提供劳动密集型产品,有的国家主要提供技术密集型产品。后来出现按三次产业进行国际分工。有的国家还是农业国,有的国家进入工业国,有的国家则转向以服务业为主。随着经济全球化的深入,又出现产业链各个环节的国际分工,某种高科技产品的研发和生产过程在多个国家完成,其中附加值高的研发环节在先进国家,而附加值低的制造环节则在落后国家。所有这些产业分工都是不同国家比较优势的不同表现。

应该说,我国依靠比较优势扩大对外开放确实获取了比较利益。我国依靠工业化,由农业国发展为工业国,出口品进入了工业制成品为主的阶段。我国的对外开放使我国的企业积极参与国际分工的产业链,逐步融入全球化经济。引进和利用的外资也从中获得了这种比较利益。外商到我国举办外商投资企业,实际上也是利用我国的劳动和土地的比较优势。除了以出口为导向的劳动密集型产业外，即使是其带进来的高科技产业，也是将其产业链中的利用劳动力、土地和环境资源的环节放在我国，而其核心高科技环节还在国外。由于中国为之提供的是低成本的劳动力，低价格(甚至免费)的土地，以及不受约束的环境资源，外商得到了丰厚的劳动红利、土地红利和环境红利。而我国处于产业链的低科技含量环节，因此处于价值链的低端环节。这样，在现象上看，借助开放，中国的出口品(特别是包含了大量外商投资企业生产的出口品)实现了高科技产品对劳动密集型产品的替代，出口的数量也巨额，但在实际上没有改变中国仍然是以比较优势参与国际贸易的实质，中国所能得到的只是其中的在中国制造环节中所付出的劳动、土地和环境的代价的一点价值。

应该说，以比较优势为基础的开放型经济是我国经济发展一定阶段的发展战略，效果也是明显的。虽然在这种比较优势的演进中发展中国家可能得到越来越多的贸易利益，但获取最多贸易利益的是发达国家。发展中国家与发达国家相比无竞争优势可言，因此彼此间的差距进一步扩大。我国经济发展进入新时期后，由经济全球化背景下我国经济发展新阶段的阶段性特征决定，开放型经济的基础和理论指导需要转型，就是由比较优势理论指导转向竞争优势理论指导。

劳动和自然资源之所以有比较优势，不只是其供给充裕，也不只是其成本低，还是因为其相对生产率较高。一般说来，在经济发展的初期阶段，这些资源的比较优势是明显的，随着经济的发展，其优势趋向衰减，在我国现阶段特别是在发达地区其优势基本上已失去。这可以从以下几个方面来说明。

首先，伴随持续 30 多年的快速发展，特别是工业化和城市化的推进，劳动、土地等资源不可能再无限供给。一方面农业剩余劳动力转移速度大大减慢，以至于沿海一些地区发生了“用工荒”。另一方面伴随着人民生活水平的提高和对健康要求的提高，发展项目的生态和环境约束也更为严格。这意味着，相比其他发展中国家，我国的劳动和自然资源的比较优势正在失去。许多以利用我国劳动力、土地和环境为主要取向的外资企业开始向其他国家转移就是证明。

其次，劳动和自然资源的比较优势是建立在其低价格基础上的。这些要素的低价格与其供给相对充裕相关，在相当长的时期中，我国出口的劳动密集型产品相对价格较低,外商投资企业出口的高科技产品中的中国制造环节附加价值都处于低位原因就在这里。进口国和外商投资企业从中获得了一大笔劳动和自然资源的红利。之所以如此,原因是我国作为发展中国家,资本和技术无优势可言,只能是靠劳动和自然资源之类的比较优势,借助开放换取资本和技术要素发展我国经济,提升经济发展水平。经过30多年的改革开放,经济发展水平提升了,劳动力和土地的价格也明显上涨,虽然相比发达国家这些要素的价格可能还不是高的,但是与之相对应的生产力优势明显不在。就是说,相对劳动力价格,劳动生产率不居优势,相对土地价格,土地生产力也不居优势。这意味着,过去长期存在的劳动和资源红利正在失去。近来,以利用廉价劳动力和土地为目标的外商投资企业,有的转移投资区域,有的调整投资方向和调整规模。这种转型正是劳动和自然资源比较优势正在失去的现实写照。

第三,从比较优势的本意来说,比较优势也是相对的。实际情况是发达国家的各类生产要素相比发展中国家都具有绝对优势。除了一部分原料生产国(特别是石油输出国)外,大部分发展中国家所具有的自然资源和劳动力资源的比较优势,在国际竞争中已不具有垄断优势。这就是说,发展中国家的劳动和自然资源所具有的比较优势不是指其比发达国家的劳动和自然资源具有优势,而是指其所拥有的各种资源中,相比资本和技术与发达国家的差距,劳动和自然资源供给的差距要小。就是说,发展中国家所具有比较优势的劳动和资源的优势并不一定比发达国家的相同资源更有优势。这意味着,如果发达国家与发展中国家生产同类劳动密集型产品进入市场,发展中国家不一定具有竞争优势。显然,依靠劳动和自然资源这类比较优势虽然能获得贸易利益扩大出口,甚至增加本国的福利,但不会缩短发展中国家和发达国家的差距。特别是在发达国家转向劳动密集型产品生产和出口时,发展中国家在劳动密集型产品上更无优势而言。因此,我国依靠劳动和资源的比较优势的开放战略不能长期化,在国家发展水平提高,科技水平提高后,就要考虑开放战略的转型。

第四,中国成为世界第二大经济体,开始了由世界经济大国向世界经济强国转变的历史进程。这时中国的对外开放就不能再只是靠劳动和自然资源之类的比较优势来谋求贸易利益,而是要尽快缩短与发达国家的经济技术差距。缩小差距就要改变长期采取的跟随发达国家之后发展新技术新产业的战略,特别是在发达国家所发展起来的资本和技术密集型产业。其可能性在于,我国在劳动和自然资源的比较优势衰减的同时,资本和技术等要素的供给及其作用也大大增强。

基于以上分析,我国依赖劳动和自然资源这种比较优势的开放战略就走到了尽头,需要根据经济发展新阶段的新特点作相应的转型。其方向是在更大范围更高层次上发挥资本和技术的作用。这样,开放战略的转型目标就是,由比较优势转向竞争优势。

何为竞争优势?它与比较优势有什么区别?对竞争优势理论提出较早并论述最充分的是波特。根据波特的分析,参与国际竞争的竞争优势理论与比较优势理论的区别突出在三个方面。首先,比较优势理论,无论是李嘉图的比较成本理论,还是后来俄林等人的资源禀赋理论,基本上是指导企业如何参与国家分工和贸易的。而在当今经济全球化的条件下,新的竞争优势理论必须从比较优势的观念提升到"国家"竞争优势的层面,以国家作为经济单元。竞争优势更多的指向国家层面的开放战略。其次,传统的贸易理论把成本和产品差异看成贸易条件,竞争优势理论则是强调依靠品质、特色和新产品创新创造新的竞争优势。所以"新的国家竞争优势理论必须把技术进步和创新列为思考的重点。"①第三,人们研究国际分工和国际贸易都是就一国参与国际竞争的产业结构安排来说的,传统的比较优势理论依据一国的资源禀赋来安排产业结构,带有扬长避短的属性。而竞争优势理论强调的是与高手竞争:"一国产业是否拥有可与世界级竞争对手较劲的竞争优势"②,并以此为目标推进科技和产业创新,形成国家竞争优势。这些关于竞争优势的界定,就成为由比较优势转向竞争优势的理论指导。

当今我国参与全球化经济由比较优势转向竞争优势有明确的发展目标,最根本的是推进产业创新,发展具有竞争优势的产业。不可否认,我国在许多领域还没有条件和能力与世界级竞争对手较劲,但绝不能以此来拖延开放战略转型的努力。依靠学习和研发谋求竞争优势本身就属于竞争优势理论的框架内。而且,这种谋求竞争

① 波特. 国家竞争优势(上),天下远见出版公司,1996:30.

② 波特. 国家竞争优势(上),天下远见出版公司,1996:37.

优势的开放战略是从国家层面提出来的，是要求国家的产业和贸易政策明确支持的方向，不排斥企业仍然依靠其比较优势参与国际竞争。

由比较优势转向竞争优势，需要摈弃过去主要在沿海地区实施的以比较优势为基础的出口导向战略。出口导向的发展战略是根据出口的需要安排产业和贸易结构，安排国际竞争策略。对我国这样的发展中国家来说，在经济发展起步阶段，在国内经济发展能力和国际竞争力严重落后于发达国家的条件下实施出口导向的战略只能是依靠比较优势。靠的是廉价劳动成本和相对宽松的环境约束。以此为基础的出口导向不仅存在对国际市场的依赖性，而且会维持我国低级的产业结构。现在这种出口导向型战略的基础正在瓦解。特别是，当国家经济发展能力提高时，单纯的出口导向和低水平的出口对经济增长的引擎作用就会明显减弱。这就是斯蒂格利茨在20世纪90年代末就指出的："随着经济增长和全球经济环境的变化，那种主要依靠出口和国外直接投资来推动经济增长的战略的重要性将降低。同时，中国面临着继续改善资源配置和生产力挑战。"应对这个挑战的对策，就是"使国内经济成为增长和平等的发动机"。① 显然，摈弃出口导向战略，谋求竞争优势，基本途径是推动国内产业结构的升级，特别是发展与其他发达国家相同水平的新兴产业，占领科技和产业的世界制高点。在这个基础上实施开放战略就能缩短与发达国家的差距，形成能与世界级竞争对手较劲的具有竞争优势的产业结构。

## 三、以科技创新创造国际竞争优势

在新的经济发展阶段，增长的引擎由外转向内，不是回到封闭经济，恰恰是还要发挥开放型经济的引擎作用。与由比较优势转向竞争优势相关，摈弃出口导向，着力推进产业创新，体现增长的内生性和创新驱动性。表面上看这是由外向拉动转向内生发展。增长的引擎由外转向内，实际上并没有限制开放(这是在更高层次上的开

---

① 斯蒂格利茨.中国第三代改革的构想，引自胡鞍钢主编《中国走向》，浙江人民出版社，2000：151.

放)，而是依靠科技和产业创新提升我国产业的国际竞争力。

我国成为制造业大国后就开始了向制造业强国提升的历史进程。制造业强国的标志性指标是，高科技产品和创新产品的全球份额，国际品牌的“中国创造”产品和技术的数量，拥有核心高技术的国际性中国企业的数量，等等。按此要求，我国在参与全球化经济中谋求产业竞争优势，突出需要解决以下两个出口替代。

第一个替代是高科技含量和高附加值出口品，对低科技含量和低附加值出口品的替代。由出口高科技的绿色产品替代出口劳动密集型和资源密集型产品，也就是提高出口产品的科技含量，特别是要减少能源和环境出口(高能源消耗高污染出口品)，扩大战略性新兴产业产品和服务的国际市场尤为重要。这样，出口的产品是具有国际竞争力的产品，出口品不仅进入国外的超级市场，还进入国外的高端市场。实行这种出口替代战略，虽然出口的数量会减少，但因为出口品具有竞争优势，可能有较高的附加值，因而出口效益可以大大提高。

第二个替代是由服务出口替代产品出口。产业竞争优势不只是制造业优势，还需要培育服务业的优势。当今世界的国际贸易的趋势是服务贸易的增长快于产品贸易的增长。包括服务外包、技术贸易、金融、电信和信息、保险、软件、物流、出版、传媒、咨询、国际旅游和会展、文化服务、教育交流等在内的国际服务可以说是知识性国际服务业，相对于制成品需要较高的人力资本，这些知识性服务出口不仅有较高的附加价值，而且不存在对国内环境和资源的压力。因而有广泛的发展空间。①

以上两个方面的替代可以说是我国经济发展新阶段的对外开放目标。实现了这些替代，开放型经济对我国的经济增长就会继续起着引擎作用。这个目标能否实现，关键在创新和自主创新能力的提升。其基本条件是开放与创新结合，既要依托创新发展开放型经济，又要依托开放发展创新型经济。

自主创新不等于封闭创新，它同开放式创新是共生的。所谓开放式创新有三个

---

① 2005—2009 年，我国服务出口年均增长 14.9%，是同期全球服务出口平均增速(7%)的两倍。2009 年居世界第五位。但是，我国服务贸易总体仍落后于货物贸易，服务出口额占对外贸易总出口的比重维持在 9%左右，低于全球平均水平。(2010 年 10 月 18 日 14:58 中国商务部网站：“十一五”期间我国服务贸易迅速发展)。

含义。

第一,创新的主攻方向具有国际的共同性。库兹涅茨认为,不管创新资源的来源如何,“任何单个国家的经济增长都有其国外的基础”。基本原因是,科技和产业的“时代划分是以许多国家所共有的创造发明为依据的。这是现代经济增长的一条特殊真理”。[①] 例如,在现时代具有划时代意义的创造发明是清洁能源、新材料、生物技术,节能环保技术等,这也应该成为我国科技创新的主攻方向。这也正是我国进入同一创新起跑线的含义。

第二,各个国家主攻相同方向的科技和产业,所产生的新知识、新科技可以在世界范围内传播。我国的自主创新不但不拒绝接受其传播,还要积极吸收和引进。在主攻同一创新方向过程中吸收和引进新发明、新技术。这种学习和引进不只是避免重复研究并节省研发费用,更为重要的是保持自己在具有划时代意义的创新领域的领先地位,这已经不是过去意义上的跟随创新,而是占领科技和产业创新世界制高点的必要途径。

第三,科技创新依托的是人才、科技、管理之类的创新要素。创新无国界。当今的国际经济是要素流动为主导的经济。尤其是创新要素,不可能都从国内取得,需要通过对外开放从国外获得。原因是虽然我国的经济总量进入世界前列,科技和产业创新可能与发达国家进入同一创新起跑线,但是由于历史和发展水平的原因,先进的创新资源主要还集聚在发达国家。因此现阶段开放型经济的重点是引进创新要素,涉及进口和引进战略的调整主要有以下几个方面。

首先是调整进口战略。目前我国进口的主要是外国高技术产品,尤其是消费品。现在许多进口品我们自己能制造,包括“贴上”外国品牌的。服从培育自身的竞争优势和产业创新的需要,要进行进口品的替代,即以进口先进制造设备替代进口一般的产品。不仅如此,由于当今国际经济进入要素的国际流动取代产品的国际流动阶段。许多高新技术产品可以依靠要素的国际流动在本国生产。这样,进口战略将逐步转向进口要素(尤其是创新要素)替代进口产品的阶段。目标是利用国际创新资源来提

---

① 库兹涅茨.现代经济增长,北京经济学院出版社,1989:250、251.

升我们的创新能力。

其次是调整引进战略。过去发展的重点在增长，增长基本上是资本推动的，其他如技术和管理等发展要素基本上是跟着资本走的。因此，我国的开放型经济基本上是通过引进外资来利用其他国际资源(国外先进的技术和管理)。现在发展的重点转向创新，各种创新要素是跟着人才走的。因此发展创新型经济需要通过引进高端创新人才来利用其他国际创新要素。

再次是调整吸引国际直接投资战略，在外商投资企业的产业链的国际分工中实现研发环节对制造环节的替代。由外商投资企业带来的产业对我国当时来说可能是先进的，但基本上是其国内的成熟技术和成熟产业。虽然其出口品一般有较强的国际竞争力，但在我国这些外商投资企业所利用主要是劳动、土地和环境等要素。现在我国发展的创新型经济，不仅仅指本土企业创新，也包括外资企业在中国本土的不断创新。对进入的外资及其带来的技术就要有更高的要求。一方面要求其高新技术研发环节的进入，提高中国本土制造的附加价值。另一方面要求进入的产业是国际先进的新兴产业。鼓励外资企业在中国本土研发、创新技术。鼓励外资在中国本土创新研发新技术成为吸引外资的重要导向。首先是外资进入中国所要利用的不完全是廉价的劳动力和不受约束的环境资源，更是高素质的人力资本和创新环境。国际直接投资也进入转型升级阶段。也就是更多的高新技术外资替代一般技术的外资，跨国公司替代中小企业外资进入我国，将世界领先的技术和产业基地放在中国。其次是中国成为快速增长的世界第二大经济体后，相应的中国市场将更为开放，实际上成为国际市场，中国的进口贸易有超过出口贸易的趋势。甚至中国的政府采购外资企业与中资企业有平等的竞争机会。例如，2009 年在 12439 项机电产品政府采购招标项目中，有 55%的中标者是外资企业。第三是，国际直接投资进入的行业由着重于制造业扩展到现代服务业。原因是，创新型经济所需要的国际资源的支持不仅是制造业技术，还需要与现代服务业相关的管理和服务的支持，其中涉及金融、保险、运输、信息服务、电子商务、现代物流业等。其中服务外包又是利用我国高智力劳动力的重要途径。我国一些服务外包的企业和员工在参与外包服务中边干边学，提高了自身的创新能力。

最后是调整各类开发区的功能。我国各地建设的各类开发区(经济技术开发区,工业园等)是开放型经济的产物,也是发展开放型经济的平台和载体。当时建设开发区的基本目标是引进国外产业和外商投资企业。实践证明,我国以各类开发区作为开放型经济的载体是成功的,外资在开发区集聚产生了明显的发展效应:开发区成为各个地区对外开放度最高的区域,开发区也形成了当地新兴产业的集群。以创新为导向的开放型经济对各类开发区提出了转型升级的要求。现有的开发区基本上是按照世界工厂的模式建设的。开发区为之提供的条件基本上是廉价的土地和较为宽松的环境资源容量的约束。现在,在许多地区,特别是先行开放的地区,所有这些条件越来越不具备。特别是使用廉价的土地资源接近极限。实际上,靠廉价土地和环境资源吸引的外资往往是科技含量低的外资,或者说高科技不在我国的外资。这些新问题对现有的开发区模式提出了挑战。开发区是产业集聚区,是先进生产要素的集聚区。开发区不仅可用于开放型经济,同样也可用于发展创新型经济。开发区向创新功能转型,其作用会更大。开发区转型升级的基本方向是由原来引进国外资源和国外产业的主要载体转变为发展创新型经济的引领区。这种开发区功能的转变提出了对开发区评价标准的改变。过去开发区的主要评价标准是引进多少外资,产出多少 GDP。开发区转型的重要方面是由世界工厂向世界工厂的研发和孵化基地转型,使工业园成为高科技的孵化园。与此相应,对开发区的评价就要更多关注引进多少大学的研发机构,孵化出多少新技术、新产品。各类开发区要由重点引进外资转向引进创新资源,既要主动接受高校和科研院所的辐射,又要积极地引进世界著名科技企业及其研发中心和风险投资进入,从而使开发区工业园成为大学科技园和高端人才的集聚区,成为高科技制造业聚集,国际知名品牌的制造业企业聚集,高科技研发中心聚集和现代服务业聚集的集聚经济区。

**主要参考文献**

[1] 熊彼特. 经济发展理论[M]. 北京:商务印书馆,1990.

[2] 迈克尔. 波特. 国家竞争优势[M]. 天下远见出版公司,1996.

[3] 江小涓等. 中国对外经贸理论前沿 2[M]. 北京:社会科学文献出版社,2001.

# 马克思的消费力理论和扩大消费需求[①]

## 一、增长方式转变与消费需求拉动

反危机阶段扩大居民的消费需求是为了保增长。而在后危机阶段扩大消费需求则要同促发展联系起来,最根本的是以此来实现经济增长方式的转变,也就是由主要依靠投资、出口拉动转向依靠消费、投资、出口协调拉动。

根据转变增长方式的要求,经济增长由投资和出口两驾马车拉动转向消费、投资和出口三驾马车拉动,其中关键是加大消费对增长的拉动力。根据马克思的分析,人类一天也不能停止生产,一天也不能停止消费,生产停止消费也停止,消费停止生产也停止。

对经济增长,生产和消费具有同等重要的作用。经济增长的拉动力有两个链条。一是投资拉动的链条:扩大投资需求(投入)—增加供给(增长)—扩大投资需求(投入)。二是消费需求拉动的链条:扩大消费需求—增加供给(增长)—扩大消费需求。突出消费拉动对经济增长方式转变具有标志性意义。其背景是长期以来我国的经济增长基本上是靠投资需求和出口需求的增长来拉动的,消费需求对经济增长的拉动力严重不足。由此产生的增长质量不高的效应已经明显显示出来。

我国的经济增长长期以来主要是依靠投资拉动的链条,这是投资拉动型经济的特征。从地方政府到企业基本上是以投资求速度,以高投入求高增长。这种经济拉动链条在供给约束型经济中可能是有效的。原因是整个经济处于短缺状态,只要有

---

① 本文原载于《经济学动态》2010 年第 3 期。

供给就会有需求,因此有投资就会有速度。而在转向需求约束型经济后,情况就不是这样了。市场进入买方市场,由投资增加所增加的供给,不一定能够被市场所吸收。没有被市场接受的供给是无效的供给。这么多年来我国宏观经济的发展也证明了这一点。单纯靠投资来追求增长,产生的后果:一方面,能源、原材料的供给跟不上投资需求,经济一热就要调控;另一方面,由投资推动的增长没有相应的市场需求扩大,由此产生的产能过剩导致增长质量和效益的下降。这种投资拉动型经济的弊端就是不顾及消费,也就是马克思所批评的:“生产只是为资本而生产,……为生产而生产”,[①]由此不可避免导致周期性的经济危机。

我国在进入需求约束型经济后,增长就不能仅仅依靠投资的拉动链条,需要特别重视消费的拉动链条。虽然在宏观经济中,消费和投资都属于总需求的范围,但消费需求拉动对经济增长方式转变更具有特征性意义。第一,与投资需求相比,消费需求属于最终需求,进入投资需求的产品还只是中间需求。经济增长的效应还是要看最终需求。第二,GDP 的增加可从供给和消费两个方面来说明,从供给方面看,每投资一分钱都创造 GDP;从消费方面看,每增加一分钱消费都会增加 GDP(当然消费不等于浪费)。投资产出的 GDP 和消费产出的 GDP 相比较,由投资产出的 GDP 如果没有被消费就不能成为有效的被市场接受的 GDP,而消费的 GDP 都是有效的 GDP。现实中,由投资拉动导致了许多领域的产能过剩,问题不是产品多了,而是消费需求不足。第三,就增长的目的来说,投资需求拉动经济增长,基本上属于为生产而生产,而消费需求拉动经济增长真正体现发展是为了人,体现以人为本的发展。所有这些表明,真正能反映经济增长质量和效益的,反映增长方式转变的是消费需求拉动的经济增长。

马克思关于生产和消费关系的分析说明了消费拉动经济增长的路径。他在《(政治经济学批判)导言》中说明生产和消费的关系时明确指出,在包括生产、交换、分配和消费的社会再生产中,不只生产是起点,消费也可以成为起点。有消费才有人去生产,一件产品只有在进入消费过程才完成生产过程。消费作为起点是指:“消费在观

① 马克思.资本论:第3卷,北京:人民出版社,2004:279.

念上提出生产的对象,作为内心的意象、作为需要、作为动力和目的。消费创造出还是在主观形式上的生产对象。没有需要,就没有生产。而消费则把需要再生产出来。"[①]具体地说,人们在消费产品的过程中,产生对产品的新的需要,给生产提出了新的要求,为再生产提供了动机和目的。就生产和消费的互动关系来说,生产创造消费,从一定意义上说是静态的,消费创造供给,则是动态的。因此,要进行生产,就必须根据社会消费需要来进行,这在市场经济条件下尤其如此。而且,只有消费需求增加,才能扩大生产规模,只有消费层次提高了才能提高生产层次。这就明确指出了消费对生产从而对经济增长的拉动力。

## 二、消费力和生产力的互动关系

研究并重视消费对经济增长的拉动力,特别需要重视马克思的消费力概念。在发展观转到以人为本的发展观,经济体制转向市场经济,市场也由卖方市场转到买方市场后,就有必要从马克思的理论宝库中挖掘出消费力的概念,通过培育和增强消费力来提高消费拉动经济增长的能力。

在马克思的经济理论中,不仅有生产力概念,还有消费力概念。马克思所解释的发展生产力途径,既包括劳动时间的节约,也包括提高消费力。这就是他所说的,"消费的能力是消费的条件,因而是消费的首要手段,而这种能力是一种个人才能的发展,一种生产力的发展"[②]。所谓消费力,是指一定时期内消费者的消费能力。生产力与消费力存在互动关系。一方面,"发展生产力,发展生产的能力,因而既是发展消费的能力,又是发展消费的资料。"另一方面,提高消费力实际上是提高生产力。在这里,马克思是把消费力的发展看作是生产力的发展,把发展消费能力和发展消费资料看作是发展生产力的途径。把消费能力的发展看作是个人才能的发展。经济社会越是发展到现阶段,消费力的这一意义就越是凸现。

---

① 马克思恩格斯选集:第 2 卷,94.

② 马克思恩格斯全集(下册):第 46 卷,225 - 226.

在长期的理论和实践中,人们特别关注甚至是唯一关注生产力,而消费力概念长期被忽视甚至是无视。讲到经济发展,就是讲发展生产力。这可能同一定阶段的经济发展水平相关。在整个经济处于短缺状态时,市场处于卖方市场,经济发展的主要制约因素是供给能力,因此经济发展依靠生产力的发展。而在经济的总体状态发生变化,经济发展的主要制约因素转向市场需求,特别是消费需求时,消费力就不能不重视了。由单纯重视生产力转到同时重视生产力和消费力,反映向以人为本发展观的转变。

马克思在理论上说明了消费力的决定因素。消费力可以分为个人消费力和社会消费力两种形式。个人消费力是由其收入水平决定的,而社会消费力则决定于社会的分配关系。马克思在分析资本主义条件下社会再生产矛盾时说明了社会消费力的决定因素及其宏观影响:"社会消费力既不是取决于绝对的生产力,也不是取决于绝对的消费力,而是取决于以对抗性的分配关系为基础的消费力;这种分配关系,使社会上大多数人的消费缩小到只能在相当狭小的界限以内变动的最低限度。这种消费力还受到追求积累的欲望的限制,受到扩大资本和扩大剩余价值生产规模的欲望的限制。"①正是这种生产力和消费力的矛盾导致了生产过剩的经济危机。

根据马克思关于消费力的分析,可以得到以下重要启示。

(1) 社会消费力直接影响宏观经济。宏观经济的均衡关系,实际上是生产力和消费力的均衡关系;两者的矛盾可能导致经济危机。但两者的均衡关系是动态的。生产力的提高可能提高社会消费力,社会消费力的提高可以容许社会生产力达到更高的水平。

(2) 消费力取决于收入水平,其背后是分配关系和分配制度。因此,提高消费力的基础是提高收入水平。与此相关的收入分配制度,既包括宏观范围的一个国家的积累和消费的比例关系,也包括微观层次上企业内部的收入分配关系。为了支持经济增长,需要以收入水平的提高来提高消费力,从而为生产力的提高提供拉动力和空间。

---

① 马克思.资本论:第3卷,北京:人民出版社,2004:273.

(3) 消费力与消费结构相关。根据马克思关于劳动力价值的分析,消费需要包括生存、享受、发展等三个层次,消费需要由生存到享受到发展层次的递进也是消费力的递进过程。高层次的消费需要即发展消费涉及教育和文化消费。消费需要越是突出发展需要,消费力就越强,其对经济发展的拉动作用越大。原因是,发展消费体现个人才能的发展,本身就是生产力的发展,可以成为现代推动生产力发展的重要途径,而且突出发展消费,意味着其他两个方面的消费也达到了较高的水平。

与消费结构相关,消费力可以推动产业结构的优化升级。现阶段,作为产业结构优化升级方向的先进制造业和现代服务业的增长,例如 IT 产业(电子信息产业)、生命科学产业、汽车产业等是现代产业升级的方向。这些产业的发展固然需要投资来推动,但更为重要的是其产品和服务有较为旺盛的消费需求。研究居民消费需求结构,可以发现,中等收入者对电子信息产业、生命科学相关的保健产品、汽车产品有更大的需求。如果中等收入者比重偏小的话,这些产品生产出来了也没有市场。所以要推动我们的产业升级,就应当扩大中等收入者比重,以此来增强对先进制造业和现代服务业的消费力。

既然消费力直接决定消费需求,培育和提高消费力就能提高经济增长能力,从而增强消费对经济增长的拉动力。

## 三、以培育消费力拉动内需

在经济周期中,危机阶段和后危机阶段都会提出扩大消费需求问题。如何拉动消费需求则需要一定的机制和宏观政策。马克思在论述相对剩余价值时指出,以提高和发展生产力为基础来生产剩余价值,要求生产出新的消费,就像扩大生产范围一样扩大消费。其途径包括:“第一,要求扩大现有的消费量;第二,要求把现有的消费量推广到更大的范围,以便造成新的需要;第三,要求生产出新的需要,发现和创造出新的使用价值。”①所有这些扩大消费的要求都同培育和提高消费力相关,其中包括

① 马克思恩格斯全集:第 46 卷,391 - 392.

创造消费需要和创造消费者。

从我国经济发展的现实看,培育和提高消费力关键是提高居民消费力,其途径主要涉及以下几个方面。

(1) 根据收入增长、消费需求和供给之间的相关性,培育和提高消费力的重要途径是全面提高城乡居民收入。收入水平与购买力直接相关。就目前市场情况看,许多商品供过于求,不是生产太多,而是购买力不足。因此,增加收入就是增加购买力,从而提高消费力。在国民收入分配中,提高消费力涉及两个方面:一是在积累和消费的比例关系的安排上适当提高消费率;二是在国家收入、企业收入和居民收入的安排上,提高居民收入在国民收入分配中的比重。

(2) 消费力与消费弹性密切相关。一般说来,低收入者对增加收入的消费弹性最大,几乎每增加一元钱的收入都会进入市场用于消费。在苏南地区整体消费力较强,其主要说明因素是这里有集体富裕的传统,城乡之间、不同阶层之间的收入差距较其他地区小。其基础是低收入者的收入高于其他地区。因此,提高消费力要特别注意消费弹性最大的那个群体。所以提高低收入者收入的意义不仅仅是在扶贫,更重要的是在增加经济增长的动力。在目前多种分配方式并存的收入结构中,提高劳动报酬的分配份额对提高消费力有特别重要的意义。

(3) 从收入和消费的关系分析,只是增加收入不一定能扩大消费。低收入者只是从补助等途径增加收入并不一定能形成现实的消费需求。增加的收入要成为现实的消费需要解决好两个方面的机制问题。一是稳定的就业。就业是民生之本,就业不稳定就有后顾之忧。因此,保就业就是保内需。二是健全的社会保障制度。如果失业、养老、医疗等有保障,增加的收入就能成为现实的消费力,从而成为内需,否则增加的收入就会被存起来以备后需,不会形成现实的消费需求。

(4) 从消费意愿和消费范围关系分析,居民在温饱问题基本解决以后必然会提出新的消费需求。例如,文化、教育、健康等方面的消费需求。社会为此提供相应的消费渠道,就可使其消费力得到充分释放。从这个意义上说,开辟新的消费渠道可以创造新的消费者,释放新的消费力,也就可以创造供给的动力,释放新的生产力。从全社会讲,产品创新和产业创新固然有科技进步的因素,但不能忽视新消费者产生和新消费力形成所起的导向性作用。我们还注意到，尽管新的消费意愿一般是在收入达到一定水平后提出的，但是由于消费攀比和模仿的作用，低收入群体也会产生与高于其收入水平的群体相同的消费意愿，就如现在的文化、教育、健康等方面的消费需求。低收入家庭即使收入不足也会把家庭收入集中起来以满足其这方面的发展需求。因此支持低收入者的发展需求(特别是文化教育)，用马克思的话来讲，体现道德的因素，从长期看，也是培育其消费力。

(5) 消费力可以突破居民现有的收入水平。原因是金融机制在起作用。其可能性是消费力不仅仅限于当期的由收入水平决定的消费力，未来的收入水平预期也会影响当期的消费力。当然这需要一定的金融制度安排。美国的金融制度安排实际上鼓励居民将明天的钱用于今天的消费。美国爆发的 2008 年次贷危机就与此相关。而我国国民与此相反，常常是存今天的钱用于明天消费。产生这种差别的原因，既有文化传统也有金融制度安排的差别。在这种情况下，我国扩大内需没有必要也不可能达到美国那样的过度超前的消费，但在免除后顾之忧和对未来有好的预期的前提下，充分利用今天的收入用于今天的消费，甚至一定程度的超前消费还是可以的。这就需要金融制度的创新。例如，银行信贷由生产者信贷转向消费者信贷，发行信用卡就能起到这种作用。

消费力还会受资本市场上虚拟经济的影响。虚拟经济在一定意义上说是信心经济。尽管现阶段的金融危机起因于虚拟经济领域中的过度投机。但是，属于虚拟经济的金融资产在企业和居民的资产组合中会占越来越大的比重。在这种情况下，虚拟经济的市场状况会产生明显的财富效应。这种财富效应直接影响消费和投资需求，从而带动实体经济的市场。这意味着，在实体经济处于不景气时，活跃股票市场和房地产市场，可能增强居民的投资和消费信心，刺激起内需市场。但是虚拟经济市场的投机不能过度，特别是在进入后危机阶段后，如果房地产市场投机过度造成房地产价格飙升，产生投资绑架消费、富人绑架穷人的效应就会直接削弱居民消费力，居民消费力被削弱，就拉不动消费需求，从而阻碍经济起飞的进程。

由于现阶段的低收入者主要集中在农村，扩大内需必须特别重视扩大农村特别是农民的需求。这里最为重要的是培育农民的消费力。苏南模式成功的一个重要方面就是通过城乡一体化途径,增加农民收入。在这里有集体富裕的传统,城乡差距相对较小,因此农村的内需较大。现阶段扩大农民内需,城市化是有效途径。因为在经济不景气和后危机阶段,城市化成本是最小的。可以在农村发展小城镇,通过小城镇建设创造就业机会,就可在较大范围扩大农村内需。

总而言之,适应转变增长方式的要求,研究消费对经济增长的拉动作用,必须高度重视消费力研究,消费力既要培育,也要充分释放,其意义同解放和发展生产力一样。

# 论创新驱动经济发展战略[①]

党的十八大报告明确提出实施创新驱动发展战略。经济发展转向创新驱动,是要把它作为经济发展的新动力,使经济发展更多依靠科技进步,劳动者素质提高和管理创新驱动。驱动经济发展的创新是多方面的,包括科技创新、制度创新和商业模式的创新。其中科技创新是关系发展全局的核心。转向创新驱动,这是经济发展方式的重大转变,涉及科技创新的评价标准、激励机制、转化机制。本文对这几个方面进行重点考察。

## 一、创新驱动和经济发展方式转变

党的十八大报告明确要求形成新的发展方式。实践证明,创新驱动是新的发展方式的主要内容。

转变经济发展方式已经提出多年,但转变的进程却非常缓慢。实践证明,加快发展方式转变关键是找到切入点,也就是明确从何处入手。着力推进自主创新可以成为我国转变经济发展方式的抓手和切入口。

人们往往把转变发展方式与降低 GDP 的速度联系起来,以为转变发展方式就是降低 GDP 速度,因此在实际工作中对转变发展方式存在着抵触。实际上,转变经济发展方式不是简单的压低速度,而是要转变 GDP 增长的方式和基础。关键是要寻找更为有效的发展方式来替代原有的发展方式,这就是哲学上的有破有立。理论和实践都将证明,创新特别是科技创新可以成为转变经济发展方式的抓手。这可以从以

---

① 本文原载于《经济学家》2013 年第 1 期。

下四个方面的发展方式转变对创新的需求来说明。

第一,现有的资源容量(尤其是能源和土地)难以支撑经济的持续增长,必须要寻求经济增长新的驱动力。根据熊彼特最初给创新下的定义,创新是要素的新组合。也就是利用知识、技术、企业组织制度和商业模式等无形要素对现有的资本、劳动力、物质资源等有形要素进行新组合,以创新的知识和技术改造物质资本、创新管理,就可以提高物质资源的生产率,从而形成对物质资源的节省和替代。显然,创新驱动可以在减少物质资源投入的基础上实现经济增长。

第二,我国正在推进的工业化伴有严重的环境污染和生态平衡的破坏,再加上世界范围高的碳排放造成全球气候异常,这些明显危及人类的健康和安全。从提高可持续发展能力考虑,控制环境污染,减少碳排放,以及修复被破坏的生态,不是一般的控制和放慢工业化进程,而是要依靠科技创新发展绿色技术,开发低碳技术、能源清洁化技术、发展循环经济、发展环保产业。显然,创新的绿色技术得到广泛采用,就可以实现绿色低碳生产。

第三,虽然我国的 GDP 总量进入了世界第二大经济体,但产业结构还处于低水准,转型升级的能力弱,缺乏国际竞争力。根据波特的竞争理论,国家的竞争力在于其产业创新与升级的能力。产业结构优化升级需要有创新的新兴产业来带动。现在国际金融危机正在催生新的科技革命和产业革命。在全球化、信息化、网络化的条件下,我国没有理由再错过新科技和产业革命的机会,需要依靠科技和产业创新,发展处于世界前沿的新兴产业,占领世界经济科技的制高点,从而提高产业的国际竞争力。

第四,我国经济体大而不富,原因是许多中国制造的产品处于价值链的低端,核心技术关键技术不在我们这里,品牌也不在我们这里。由此产生高产值低收益的问题。要改变这种状况只能是转变发展方式,依靠创新驱动由中国制造转为中国创造,依靠原创性自主创新技术增加中国产品和服务的附加值,提高中国产品的品牌价值。

以上第三和第四两个方面可以归结为,依靠科技创新由比较优势转向竞争优势。我国沿海地区从发展外向型经济到发展开放型经济,基本上是依靠劳动、土地、环境等物质资源的比较优势,现在这种比较优势的优势地位已经明显衰减,再加上这种建立在比较优势基础上的开放型经济无力提升自身的国际竞争力。因此,要提高对外开放的质量和效益,就有必要由比较优势转向竞争优势。其基本途径是,依靠创新来形成以技术、品牌、质量、服务为核心的出口竞争新优势。利用国际资源也要服务于创新驱动战略的实施,通过引技、引智引进国际创新资源,提升科技创新能力。

显然,形成创新驱动的发展方式目标是要提高经济增长的质量和效益,培育技术、质量、品牌的竞争优势。驱动经济发展的创新是多方面的,包括科技创新、制度创新和商业模式的创新,其中科技创新是关系发展全局的核心。

这样,可以准确理解由物质资源投入推动转向创新驱动内生增长的内涵。现在流行的提法是由粗放型增长方式转向集约型增长方式。集约型增长方式的基本内涵是指集约使用物质要素,提高要素使用的效率。尽管集约型增长方式包含了技术进步的作用,但没有摆脱物质要素推动经济增长的架构。创新驱动的增长方式不只是解决效率问题,更为重要的是依靠知识资本、人力资本和激励创新制度等无形要素实现要素的新组合,是科学技术成果在生产和商业上的应用和扩散,是创造新的增长要素。因此,创新驱动的经济增长是比集约型增长方式更高层次更高水平的增长方式。

## 二、创新驱动和内生增长

从形成新的发展方式考虑,创新驱动作为发展战略本身也有个从外生向内生转变的问题。这就是转变技术进步的模式。我国已有的驱动经济增长的科技创新很大程度上是外生的。主要表现是,创新的先进技术大都是引进和模仿的,创新的先进产业大都是加工代工型的。这种模式的技术创新基本上属于国外创新技术对我国的扩散,创新的源头在国外。采用的创新的技术,是国外已经成熟的技术。核心技术关键技术不在我们这里。因此这种技术创新的意义在于跟上国际技术进步的步伐,但不能进入国际前沿。转变创新驱动方式的基本要求是科技创新由外生转为内生。这就是立足于自主创新,依靠原始创新和引进技术的再创新,形成具有自主知识产权的关键技术和核心技术。[①]

创新驱动转为内生增长的动力,牵涉对传统的经济增长模型的创新。传统的经济增长模式说明,经济增长是劳动、资本和土地等物质要素投入的函数,技术进步的作用是这些要素之外的"余值"。在这里技术要素的作用是外生的。自从产生新经济和相应的新增长理论之后,人们对技术的作用有了新的认识,由知识资本和人力资本推动的科技创新越来越多地内在于物质资本之中。由此推动的技术进步就具有内生性。这种认识用于解释创新驱动方式就是,以创新的知识和技术改造物质资本、提高劳动者素质和进行管理创新,就可能产生比物质投入对经济增长更为强大的推动力。用创新是要素的新组合的原理来说明内生性增长就是,以知识、技术、企业组织制度和商业模式等无形要素对现有的资本、劳动力、物质资源等有形要素进行新组合,各种物质要素经过新知识和技术的投入提高了创新能力,就形成内生性增长。这种由创新驱动的内生增长就是十八大所指出的"更多依靠科技进步、劳动者素质提高、管理创新驱动"的内生增长。

国家竞争力越来越多地表现为产业竞争力。与此相应,创新作为内生增长的驱动力就要以产业创新为导向提升国家竞争力。产业结构优化升级不是简单地下哪个产业、上哪个产业的问题,而是要有创新的新兴产业来带动。长期以来,我们按照比较优势来安排产业结构,先进产业不在我国,因此产业结构的国际竞争力弱。创新驱动意味着同发达国家进入同一创新起跑线,以创新产业来谋求竞争优势。这就是发展能与发达国家较量的高新技术产业。这就形成内生的产业竞争力。现在国际金融危机正在催生新的科技革命和产业革命。我国需要依靠科技和产业创新,占领世界经济科技的制高点。

基于上述创新驱动与内生增长关系的分析,可以发现,科技创新的内生性关键在于明确科技创新的源头,这个源头首先是对科学新发现所产生的原创性创新成果,主要来自大学和科学院。其次是引进的先进技术,引进的国外技术要具有内生性,就需要在消化吸收的基础上进行再创新。其成果是形成拥有自主知识产权的核心技术和

---

① 根据弗里曼对创新概念的解释,创新是指新发明第一次引入到商业中去的全过程。

关键技术。

创新驱动经济发展是针对全社会而言的。因此,对自主创新的要求不只是新发明在某个企业那里转化为新技术,更为重要的是自主创新成果及时地在全社会推广和扩散。知识和技术等创新要素不同于物质要素,其使用具有规模报酬递增的特点,因而创新不排斥新知识新技术的广泛采用。只有当全社会都能采用自主创新成果时才能谈得上驱动经济发展。根据熊彼特关于创新即创造性的毁灭过程,强化市场竞争机制,可以迫使各个企业竞相采用先进新技术,从而推动技术创新成果(新技术)的扩散。但只是强化竞争还不够,创新成果的全社会扩散机制还需要两个方面的建设:一是通过计算机和通信网络将新知识新技术进行数字化传播,从而形成“信息社会”;二是通过促进公众接受多种知识和技能的训练以掌握学习的能力,从而形成“学习型社会”。当然,知识产权的保护和有偿使用还是十分必要的。

## 三、知识创新和技术创新的协同

创新驱动需要注重协同创新,最为重要的是知识创新和技术创新的协同。协同创新最基本的含义是科学(知识创新)和技术创新互动结合,推动科技创新成果转化能力的提升。

现代科技进步的特点和趋势是,科学新发现越来越成为科技创新的源头,而且原始创新的成果一般都是源自科学新发现转化的技术。因此企业的技术创新对大学提供创新成果的需求越来越强烈。其原因不只是企业创新需要从大学获取新知识,而且也需要通过大学获取国际最新的科学知识。从科学知识和新技术的国际流动性分析,新技术的流动遇到知识产权的障碍,甚至遇到政府的保护堡垒。科学新发现和新知识在大学之间的流动则不会遇到这种障碍。因此,科学和知识的国际流动性比技术的流动性强,流动的障碍也小。依托大学利用国际最新科学发现进行技术创新,就可能在许多领域得到当今世界最新科学成果的推动。

知识创新即以大学为主体的创新,其创新成果即科学新发现。技术创新则是企业为主体的创新。知识创新和技术创新的协同,就是科学家和企业家的协同。科学家的知识创新瞄准前沿技术,企业家的技术创新瞄准市场需求。两者协同就可以既有能力抢占科技发展的制高点,又可以使研发的新技术有商业化和产业化价值。这样,知识创新体系和技术创新体系就构成国家创新体系。国家创新体系的核心问题就是解决好知识创新体系和技术创新体系的协同和集成。这样,衡量一个地区和企业的科技创新能力就不能只是看有多少研发投入,更要看有多少孵化器之类的创新平台。

OECD在总结知识经济时代特征时提出了国家创新体系的概念:创新需要使不同行为者(包括企业、实验室、科学机构与消费者)之间进行交流,并且在科学研究、工程实施、产品开发、生产制造和市场销售之间进行反馈。因此,创新是不同参与者和结构共同体大量互动作用的结果。把这些看成一个整体就称作国家创新体系。服从于提高国家自主创新能力和着眼于原始创新产生具有自主知识产权的创新成果考虑,技术创新固然需要企业作为创新主体,自主地进行技术创新和产品创新,但不能限于此,必须跳出企业范围,需要关注科学发现和科学发现成果向产品和技术的转化过程。与此相应,除了建立企业为主体的技术创新体系外,还需要有以下两个方面的建设。

首先是知识创新体系建设。涉及基础研究、前沿技术研究和社会公益技术研究。由于原创性技术一般都是来源于科学的新发现即知识创新成果,知识创新也就有顶天立地的要求:一方面要瞄准处于国际前沿的科学问题;另一方面瞄准国民经济发展的现实课题。为此需要实施国家科技重大专项,从科学思想上突破重大技术瓶颈,为技术创新提供科学思想。

其次是知识创新与技术创新衔接机制建设。创新所要求的要素的新组合不仅仅是企业对已有要素的组合,更是要对创新的三方面工作(科学发现工作,对发明成果进行转化工作,采用新技术)进行新组合。这就是对知识创新和技术创新的新组合,形成大学和企业的合作创新,重要的是加快科技成果向现实生产力的转化。大学和企业共建的产学研创新平台和机制可以有效推进协同创新。

长期以来,知识创新和技术创新是脱节的,科学家的研究停留在知识创新阶段,企业的技术创新主要限于企业内的自我研发,科学家和企业家之间的联系是中间梗塞的。实施创新驱动发展战略需要解决这两个创新体系的协同,就要求实现两个方面的转型。

首先是以大学为主体的科学研究的转型,也就是大学的知识创新延伸到孵化阶段,意味着大学的创新不限于创造知识(包括基础研究项目结项,发表学术论文,申请到国家专利等),还往前走了一步,将科学研究成果推向应用,参与孵化新技术。

其次是以企业为主体的技术创新的转型。在现代,由于科学发现的成果越来越多的直接成为技术创新的源泉。企业的技术创新不能限于自身的研发力量,需要得到大学和科研机构开发的新技术。企业获取新技术的途径固然可以通过技术交易的途径,但购买技术还有成本效益的考虑,而且企业获取新技术还有自身的特殊要求。因此相当部分企业将技术创新环节延伸到了大学提供的科研成果的孵化创新阶段。这样在孵化阶段,知识创新主体和技术创新主体交汇,就形成企业家和科学家的互动合作。

基于以上两个方面的转型,形成了产学研的合作创新。在没有合作之前,科学家的科学研究追求的是学术价值,企业家追求的是商业价值和市场前景。但当两者共同进入高新技术孵化领域,两者追求的目标和角色就发生了转换。科学家带着知识创新的成果进入高新技术孵化阶段需要以市场为导向,解决创新成果的商业价值,企业家带着市场需求进入高新技术孵化阶段需要以技术的先进性为导向。由此产生两者的相互导向,解决了学术价值和商业价值的结合,从而使创新成果既有高的科技含量,又有好的市场前景。当然,在市场经济条件下,产学研的协同得以成功的关键是建立产学研各方互利共赢的创新收益分配体制,彼此间形成创新的利益共同体。

在产学研协同创新的平台中,知识创新和技术创新两个主体的合作不是一般的项目合作,而是以产业创新为导向的长期合作,因此可能实现大的技术跨越,甚至导致产业结构的革命性变化。而且,科学家和企业家共建的产学研协同创新平台是开放的,并不只是以进入平台的大学和科学家的科研成果作为孵化新技术的来源,进入平台的科学家还会根据企业家的需求利用国内外的创新成果为之提供科学思想,从而在平台上产生源源不断的新技术。科学新发现的价值就在于经过科学家和企业家的协同研发创新多种新技术。

最后需要指出，协同创新不只是产学研的协同，还有科技创新和商业模式创新的协同。“成功的创新不仅要靠领先的技术，而且还要有出色的商业模式相辅。”原因是，一种新技术创新出来后需要有相应的商业模式去推向市场，充分实现创新成果的价值。现实中有许多创新成果水平很高，预期的商业价值也很高，但没有达到预期效果，甚至中途夭折，其主要原因是没有合适的商业模式与之配合。

## 四、转向创新驱动发展方式的路径

科技创新成为经济发展的主要动力是中国成为创新型国家的重要标志。其判断标准，首先是科技进步对经济增长的贡献率，发达国家一般已经达到 70%～80%，甚至更高。其次是创新要素的高度集聚(包括高端创新创业人才、科研和研发机构、风险和创业投资、科技企业家等)，从而有较强的创新能力。这也可以成为是否转向创新驱动发展方式的衡量标准。目前我国这方面的差距还很大。这说明我国转向创新驱动发展方式还有个过程，但必须以此为目标推动发展方式的转变。

首先是加大创新投入。美国商务部提出的判定高新技术产业的主要指标有两个：一是研究与开发费用在销售收入中所占比重；二是研发人员占总员工的比重。这两个指标同样可以成为判断是否进入创新驱动发展方式的衡量指标。被称为创新型国家的研发费用一般要占其 GDP 的 2%以上，而对科技创新企业来说一般要达其产值的 6%以上。我国目前这方面的差距很大。这也表明，由主要依靠物质资源投入转向创新驱动，只是指创新驱动可以替代和节省紧缺的能源土地环境之类的物质资源，但不能替代资金投入，恰恰是要加大对科技创新的投入，也要求资源向创新领域流动和集聚。新增长理论的一个重要思想是，投资投在科技创新上比直接投在生产上更有效益。同样，资源被用于创新后，资源的效益更高。

创新投入还有投资结构的要求。在创新驱动中最为重要的是两个方面。一是人力资本比物质资本更重要，因此人力资本投资成为投资的重点，其中包括提高劳动者素质，但更为重要的是集聚高端创新创业人才。这里需要纠正长期占主导的低成本战略理论所强调的以低劳动力成本作为比较优势的观点。创新的基本要素是人才。

低价位的工资只能吸引低素质劳动力,只有高价位的工资才能吸引到高端人才,才能创新高科技和新产业,从而创造自己的竞争优势。二是孵化和研发新技术成为创新驱动的重点环节,创新投资更多的投向孵化和研发环节,才能获得源源不断的新技术。这两个方面的投资有保证,就可能转向创新驱动的发展方式。

其次是制度创新,就如党的十八大所指出的,经济体制改革的核心问题是处理好政府和市场的关系。创新制度的建设也是这样,既要尊重市场规律,又要更好地发挥政府作用。就创新投入制度的创新来说,既要有市场创新,又要有政府创新。市场创新主要是发展科技金融。从创新驱动型经济对金融的需求以及金融自身的创新要求分析,商业性银行和金融机构应该也可能成为科技金融的主体。因此,金融创新的一个重要方面是发展科技金融,推动科技创新与金融创新的深度结合,促进金融资本开展以科技创新成果孵化为新技术、创新科技企业为内容的金融活动。政府创新主要是政府提供创新投入。在一般的情况下,市场对资源配置起基础性调节作用。但对科技创新,需要介入政府投资。原因是,创新成果具有外溢性和公共性的特征。政府必须提供自主创新的引导性和公益性投资。同时为创新成果的采用提供必要的鼓励和强制措施,包括政府优先采购自主创新的产品和服务等。当然政府的创新投入不能替代企业的投资主体地位,更不能挤出企业的创新投入。

政府介入创新最为重要的是对企业的技术创新与大学的知识创新两大创新系统的集成。集成创新即创新系统中各个环节之间围绕某个创新目标的集合、协调和衔接,从而形成协同创新。政府对包括产学研在内的创新系统进行整体协调和集成的主要方式是建立大学科技园,搭建产学研合作创新平台。正是在这一意义上,我国的产学研协同创新前需要加一个“政”字,即政产学研合作创新。这说明,为提高自主创新的能力和动力,已经建立的市场经济体制需要继续完善和发展,政府的推动和集成作用需要进一步加强。

第三是创新环境建设。转向创新驱动,环境建设非常重要。当年沿海发展开放型经济时着力打造“几通一平”的引进外资的环境。现在发展创新型经济,转向创新驱动,需要引进和集聚创新资源,创新要素涉及创新人才、创新机构、创新投资、创新成果等。其中最为重要的是创新人才,尤其是高端的创新创业人才。因此,创新环境和开发环境不完全相同。突出的是为高端创新创业人才提供宜居、宜研、宜产业化的环境。这里涉及包括网络信息通道在内的基础设施建设,产学研合作创新平台的硬件建设和创新创业人才的宜居环境建设,活跃的风险和创新投资,创新文化建设等。

就激励创新的公共环境来说,首先是要强化市场竞争,增强企业进行技术创新的压力。同时要建设激励创新的公共服务环境,其中除了政府批准项目的效率和政府对创新的支持政策外,最为重要的是提供法制特别是知识产权保护环境。单纯的竞争机制只是解决创新外在压力,不能解决创新的内在动力,更不能解决连续创新的动力。而且,市场经济体制能够较好地解决效率问题,但不能完全解决创新问题,特别是不能在制度上解决创新的动力机制问题。由此提出在保障必要的竞争机制的基础上确认一定程度垄断的作用的问题。创新企业在一段时间内垄断和独占创新收益,可以使创新者的创新成本得到充分的补偿。以专利等知识产权保护制度的垄断不仅可以克服对创新成果免费搭车的行为,还可增强创新动力。

总而言之,实施创新驱动的发展战略是个系统工程,既涉及知识创新,又涉及技术创新,既涉及经济发展方式的根本性转变,也涉及相应的经济体制的重大改革。既要发挥市场的调节作用,又要政府的积极介入。需要各个系统形成合力,促进创新资源高效配置和转化集成,把全社会的智慧和力量凝聚到创新发展上来。

**主要参考文献**

[1] 洪银兴. 以创新为抓手推动经济发展方式转变[N],新华日报,2010-06-01.

[2] 洪银兴. 创新型经济:经济发展的新阶段[M],北京:经济科学出版社 2010.

[3] OECD. 以知识为基础的经济[M],北京:机械工业出版社,1997:11.

[4] 张意源. 乔布斯谈创新[M],深圳:海天出版社,2011:154.

# 新阶段的城镇化：目标和路径①

近年来，尤其是党的十八大召开以来，城镇化被提高到“现代化应有之义和基本之策”的地位。在实践中，城镇化正在成为我国经济发展的新的抓手和突破口。现在需要在理论上解决的问题是城镇化的新内涵是什么？现在的城镇化同当年农村推进工业化时的城镇化有没有区别？明确这些，涉及当前城镇化的方向和着力点的确定。对当前城镇化的内涵大致上有两种观点：一种是仍然坚持过去的农业劳动力向城镇转移的观点，只不过更为突出转移人口的市民化；另一种是结合新农村建设推动村庄合并和集中，从而让农民住进城镇，即所谓的农民“上楼”的城镇化。前一种观点没有新意，后一种观点的城镇化则招致很多人的反对。如果从现代化的角度来定义城镇化，这两种观点都不能准确地说明现阶段城镇化的内涵。在这里先要明确，城镇不是指城市加乡镇，而是指处于农村区域的城镇，包括县城和乡镇。我们在这里分析的城镇化，主要指这一类型的城镇。

## 一、问题的提出：克服二元结构的重点转向

在发展经济学中，克服城乡二元结构是发展中国家发展的主题。城市化是发展中国家经济发展的必经阶段。城市化的最初定义是农村人口转变为城市人口，就如诺贝尔奖得主库兹涅茨所定义的，“城市和乡村之间的人口分布发生了变化，即城市化的进程”②。因此，城市化水平通常是以城镇人口占总人口的比重作为指标衡

---

① 本文原载于张卓元主编：《十八大后十年的中国经济走向》广东出版集团 2013，《经济学动态》2013 年第 7 期。

② 库兹涅茨．现代经济增长，北京经济学院出版社，1989，1.

量的。

我国作为发展中大国的现代化建设面临着与其他国家同样的二元结构问题，而且作为曾经的农业大国，二元结构更为典型。在相当长的时期中，占全国人口80%以上的农村基本上被排除在工业化进程之外，日益增多的农业剩余劳动力没有被工业的发展所吸收，直到1978年农业劳动力在社会劳动力中的比重仍高达89.7%。在此以后的中国的经济发展同样要走城市化道路。但是中国的城市化道路有明显的特色。这就是中国农民创造的城镇化道路。20世纪80年代，以发展乡镇企业的苏南模式为代表，在农村启动工业化同时发展起了小城镇，星罗棋布的小城镇成为农业剩余劳动力转移的方向。中国农民创造了城市化的城镇化模式。当时在概念上城镇化代替城市化有实实在在的含义：农民建城镇，农民进城镇，自己转移自己。

农业剩余劳动力就地向城镇转移，是低成本的城市化。城镇化的贡献不只是避免了大批农业剩余劳动力涌入城市所产生的"城市病"，同时也避免了农村中因人口和生产要素过度流失而出现凋敝和萎缩现象。城镇化发展起来的小城镇，对发展和繁荣农村起着重要的增长极作用。农村非农产业相对集中在城镇，人口相对集中在城镇。相当一部分务农的农民就近住进了城镇，一部分农民家庭既在农田务农又在城镇就业。在苏南等地的实践中，城镇化又进一步扩展为解决三农问题的路径：以非农化解决农业问题，以城镇化解决农村问题，以市民化解决农民问题。

城市化不只是解决农业剩余劳动力转移问题。二元结构理论所蕴含的含义是，城市和工业是发展的中心，城市化和工业化就包含了重点发展城市和工业。只有城市发展了，工业发展了，才会增加对农业转移劳动力的需求。事实上，我国从20世纪80年代后期起，通过城市改革，发展开放型经济，以及国民经济的战略性调整，城市和工业都得到了飞速的发展。城市作为发展的中心得到了进一步的强化。与此同时，城市化的内涵和外延也得到了进一步的扩大。突出表现在两个方面：一是通过举办各种类型开发区推进地域城市化，也就是原有的农村区域城市化；二是城市各类产业的发展提供了数量较多的就业机会，扩大了对农民工的需求。据统计，2011年，中国农民工总量达到 2.53 亿，其中外出农民工 1.59 亿，相当于城镇总人口的 23.0%。[①]

到 2010 年，我国 GDP 总量进入世界第二大经济体的同时，城市化水平也明显提高，人口城市化率平均水平过了 50%，在经济发达地区则过了 60%。根据刘易斯的人口流动模型，农业人口向城市流动有个转折点，当一个国家的城市化率达到一定水平，农业人口比例低于 50%时，就会进入转折点，城市化就出现扩散趋势，开始出现城市人口向农村的流动。[②] 这个转折点在我国已经开始出现。一方面，在城市化率提高的同时，城乡之间的差距不但没有缩小，还有进一步扩大的趋势。东西部之间的经济社会发展水平的差距也突出反映在城镇化水平的差距上。西部地区的农民工大量进入东部的城市，原因是当地缺少城镇可"化"，只能是进行异地城市化。另一方面，城市化的劳动力供给不像以前那样"无限"。再一方面，城市尤其是大城市普遍产生人口拥挤、交通拥堵、环境污染、房价高昂等"现代病"，承载不了进一步的人口城市化，更谈不上城市现代化了。

在此背景下提出城镇化的战略决策，绝不是重复以前的城镇化，而是在新的历史起点上赋予了新的内涵，主要涉及两个方面。

首先，针对农村严重落后于城市的二元结构现状，为了避开"中等收入陷阱"，需要直接以农业、农民和农村为发展对象，实现城乡发展一体化，其路径就是城镇化。城镇化的新内涵是推进城乡发展一体化，形成以工促农、以城带乡、城乡一体的新型城乡关系。过去的城市化重心在工业和城市，以此带动农业和农村的发展，主要途径是农民进城。现在的城乡发展一体化则是倒过来，发展重心转到农村，主要途径是城市中的发展要素扩散到农村城镇。以城镇化推动城乡发展一体化的必要性，由城镇在农村中的地位来说明。分布在幅员辽阔的农村中的城镇，一方面联结农村各业，另一面辐射周围农村，是城乡联系的节点。城镇化就成为城乡发展一体化的重要路径。因此，现在所要推进的城镇化与过去的城镇化相比，有明显的区别。过去的城镇化主

---

① 人力资源和社会保障部. 中国 2011 年人力社保事业发展统计公报，2012-6-4.

② 刘传江. 世界城市化发展进程及其机制，世界经济. 1999(13).

要是解决农业剩余劳动力向城镇转移,而现在的城镇化,则是把城镇作为城市发展要素向城镇扩散的重要节点。在这里既有经济社会发展能量的集聚效应,又有城镇集聚的要素和能量向周边农村扩展的效应,城镇就成为三农现代化的策源地,成为农村发展的中心。因此,现在推进的城乡发展一体化意义上的城镇化是新型城镇化。

其次,现有的大中城市所要推进的城市现代化主要涉及三大问题。一是克服城市的交通拥堵、人口拥挤,环境污染之类的"现代病"。二是提升城市价值。城市化阶段重视的是城市的经济价值,城市现代化则要重视城市的文化价值和生态价值。三是优化城市中心业态。城市要由过去的工业中心转变为现代服务业中心,科技创新中心。尤其是通过城市智慧化建设成为现代化的策源地。现在城市中产业(主要是制造业)和居民住宅的高度集中造成了过分拥挤和环境恶劣等问题,城市单位土地使用的效益也严重下降,同时也挤占了现代产业和服务发展的空间,城市现代化水平难以提升。改变这种状况的可行途径也是城镇化,也就是偿付土地租金能力差的大量工业、普通住宅等从城市迁出进入城镇,为租金偿付能力强的金融、商务、公司总部及公共建筑等进入城市提供空间,从而促进城区的功能更新。与此相应的城镇化就是要求增强城镇的产业发展、公共服务、吸纳就业、人口集聚功能。

归结起来,现阶段体现城乡发展一体化要求的城镇化有两个方面的"化":一是城市发展要素"化"到城镇;二是城市产业"化"到城镇,标志着城镇化进入新的发展阶段。

## 二、城镇城市化:城乡发展一体化的关键点

在说明此问题时先要纠正学界把城镇化等同于城市化的误读。有的学者甚至以我国有数量多规模大的城镇为由,将城镇化替代城市化。① 科学地研究两者的区别可以发现,尽管在地域上城市和城镇有相同之处,甚至有些地方的城镇规模已经超过了某些地方的城市,但是城市所具有的功能意义,城镇是不能包含的。也正是在这个

① 张占斌.我国新发展阶段的城镇化建设,经济研究参考,2013(1).

意义上两者是有明显区别的。

我国今天提出的城镇化所要解决的是城乡发展一体化，其内涵就不能停留在转移农业人口的意义上，而是要从城市功能的意义上定义城镇化。我把它称为城镇城市化，即城镇具有城市功能，这可能成为城乡发展一体化的关键点。

城镇城市化是针对城市和城镇的差距提出来的。两者差距的实质是城乡差距。科学界定现阶段的城乡差距就能明确城镇城市化的内容和要求。长期以来城乡差距的界定都是限于城乡居民的收入差距。2012 年我国城镇居民人均可支配收入24 565 元，农村居民纯收入 7 917 元，城乡居民收入比为 3.10∶1。城乡收入差距在世界上处于高位。但是需要研究的问题是，对我国现阶段的城乡差距，能否只是定位在收入差距上，相应地，缩小城乡差距能否只是定位在缩小收入差距上。

应该肯定，2012 年的城乡收入差距是 10 年来的最低值。但是客观地分析城乡差距的库兹涅茨的倒 U 型曲线，可以发现，缩小城乡收入差距的"拐点"并没有完全到来。因为缩小收入差距的前提是，高收入部门(非农业)的发展潜力已经充分发挥，低收入部门(农业)的发展具有强劲的势头。而我国现阶段，城市化和工业化的势头还是方兴未艾，而农业增长的能力仍然不足，增加农民务农收入的难度还是很大。现在我们能够做的是扭转收入差距进一步扩大的趋势。

根据我们的观察，现实中，城乡差距最为明显的是城乡居民之间生活条件的差距。研究影响人口流动的方向和因素，除了托达罗模型所分析的就业机会和预期收入外，还有一个重要因素，就是城乡居民生活条件的差距。经济发展特别是城市化达到一定水平后，人口的流动不完全是生产问题，还是生活问题；不完全是寻求就业岗位，还是寻求生活环境和质量问题。过去对农村劳动力转移进入城市的主要说明因素是农业收入差距。现在不完全如此。这就是拉尼斯等人所指出的，"仅仅以收入为基础来定义贫困的方法有一个严重的缺陷，即它没有考虑对公共品，如医疗、教育、可饮用水的获得以及卫生的最低限度的支配权。"①现实中，从农业中流出的劳动力特别是具有一定知识和技术存量的劳动力，固然有获取高收入的追求，但农村居住和生

---

① 费景汉、拉尼斯. 增长和发展：演进观点，商务印书馆，2004，405.

活条件的落后也是非常重要的因素。据国务院发展研究中心依据全国 2 749 个村庄调查提供的资料，农村存在的突出问题是，村庄道路状况差，饮水困难，公共文化薄弱，文化设施普遍较差，农村环境污染形势严峻，社会保障堪忧，医疗资源严重缺乏，教学质量问题严重。① 显然，中国目前的城乡差距，除了收入差距外，居住和生活条件的差距不仅导致农村居民向城市的流动，也阻碍城市生产要素向农村的流动。美国经济学家盖尔·约翰逊的研究也发现，"中国的许多乡村缺乏中国现代城市人认为理所当然具备的某些设施——自来水、室内厕所、可靠的廉价电力供应、高质量的电视讯号接受"等。与此同时，还要在"相同的成本下提供给农村学生与城市学生相同的受教育机会"。在他看来，改善农村生活条件"这种做法本身并不能消除城乡之间的收入差距，但它确是实现城乡收入平等的必要条件"②。

现在存在的城乡差距是多方面的，除了城乡收入差距，城乡居民生活条件的差距，还有城乡经济社会发展水平的差距，这同城乡产业创造 GDP 的能力相关。从长远看，所有这些差距都应该缩小。但在每个发展阶段都只能提出可能解决的问题。现阶段最为紧迫又有可能优先解决好的是城乡居民居住和生活条件的差距。③ 这个差距缩小了，本身又可成为提高农村发展能力最终缩小并克服城乡收入差距的基础条件。这样，城镇城市化的内容就非常清楚了。

首先是城镇通过城市化具有城市的生活功能。我国农村幅员辽阔，许多支持农村发展实现城乡发展一体化的公共设施只能建在城镇。现实中存在的或者在一定范围内规划建设的城镇实现城市化，就可能使城镇周边的农民就近享受城市生活。这样，城镇就成为城乡发展一体化的关键性节点。按此要求，建设适宜人居的达到城市水平的基本公共服务设施，如安全饮用水、环境卫生和能源供应；达到城市水平的文化、教育、医疗服务等设施；便捷通畅的交通、信息网络通道。这样，城镇城市化的直接效应是，不仅农村的农民，还有城市居民进入城镇。城乡发展一体化有了这种地域

---

① 国务院发展研究中心推进社会主义新农村建设研究课题组.新农村调查，中国经济报告，2007(7).

② 盖尔.约翰逊.经济发展中的农业、农村、农民问题，商务印书馆，2005：144、145.

③ 对此问题我有专门研究，见《三农现代化的现代途径》经济科学出版社，2009(8).

条件，不仅可以留住农村的人力资本，也可以吸引城里人住到农村，这些人可能以其人力资本在农村开发出新的发展项目，为发展现代农业和新农村建设提供各种支持。

其次是城镇通过城市化具有增长极功能。城市的基本功能是市场中心，是人流、物流、信息流和资金流的集聚地，也是服务业的载体。增长极理论的奠基者佩鲁把城市看作是区域发展的增长极：由于城市的带动作用增加了地区差别效应。地理上集中的综合产业极（城市）"改变了它直接的地理环境：而且如果它足够强大，还会改变它所在的国民经济的全部结构。作为人力、资本资源的积累和集中中心，它促进了其他资源集中和积累中心的产生。当这样两组中心通过物质的和智力的高速公路相互联系在一起时，广泛的变化在生产者和消费者的经济视野和计划中就显示出来了。"[①]农村地区城镇作为连接城乡的中介，其城市化实际上是"化"城市发展要素，其关键是提高城镇吸纳生产要素的能力。针对城乡之间的要素分割体制，城镇城市化要求在城镇建立各类吸纳生产要素的市场机制，其中包括金融、商业服务等机构及城乡一体的要素市场。

第三是新农村具有城镇功能。农村村庄过于分散，过小，改善农民生活条件有个规模经济问题。可行的途径就是村庄集中化。农村村庄的集中体现两个方面的进步：一是农村村庄在空间配置上更趋集中和合理化，二是村庄集中形成新社区并正在成为新的小城镇。根据苏南地区的经验，这个过程的推进能否成功主要取决于两个条件：一是农民在村庄集中中得到看得见的利益，农民自愿；二是村庄的集中与改善农村居住和生活条件结合进行，在村庄科学规划基础上，实行基础设施和公共设施的集中建设与供给是重要的集中化导向，村庄的集中不但不增加农民负担而且还可能给农民搬迁损失提供利益补偿，农民由此也可能得到财产性收入。农民进入集中的村庄在一定意义上说也是城镇化。

与 20 世纪 80 年代推进的城镇化相比，现在的城镇城市化有明显的路径区别。当时的城镇化可以说是农民自发的，走的是分散型道路。"村村点火、户户冒烟"，这种分散化城镇区位形不成积聚效应，达不到规模经济。现在推进的城镇城市化则需

---

① 弗朗索瓦·佩鲁.略论"增长极"概念.

要政府自觉安排,走集约型道路,必须规划先行。首先是科学合理地规划大中小城市和小城镇的布局和功能,体现城市和城镇规划一体化。其规划目标如党的十八大报告所指出的,为缓解特大城市中心城区压力,增强中小城市和小城镇产业发展、公共服务、吸纳就业、人口集聚功能。世界银行报告在分析大中小城市和城镇布局时特别强调"功能远比规模重要"①。现阶段正在发展的农村城镇,涉及县城、中心城镇和新农村建设中形成的城镇,各类城镇的规划就更为重要,除了功能规划外,还要重视其空间规划,突出集约和生态。

实践证明,城镇城市化对推动城乡发展一体化的效果非常明显。在苏南地区城市化水平处于全国前列不只是表现在收入差距小于全国水平,更是表现在城镇化所带动城乡发展水平的一体化,农村面貌的显著改变。例如,这里的农村百分之百饮用自来水,农民也告别了柴火灶头,普遍用上了煤气、液化气甚至天然气。不少乡镇已经建设居民的生活污水处理设施。乡镇通往市区的道路全都是六车道的柏油路。城乡生活的基础条件和环境趋向一致。

与沿海发达地区相比,中西部地区的城镇化会有不同的内容。根据 2008 年统计数据,东、中、西部的城市化率分别为 55.90%、40.90%和 41.50%。究其原因,主要是中西部地区的城市和城镇供给不足。我国不同地区城镇分布密度(座/万平方公里):城市密度(全国 0.69):东部 2.50;中部 1.64;西部 0.25;东北 1.14。建制镇密度(全国 20.91):东部 68.02;中部 48.69;西部 10.35;东北 19.45。在广大的中西部地区,城市和城镇供给严重不足,农业中转移出来的劳动力在当地无城镇可"化",只能是走离土又离乡的异地城市化道路。甚至出现百万农民工的大流动。显然在中西部地区的城镇化是增加城镇供给的城镇化。流向外地的农民工回流并在政府的统一规划下建设新城镇将会有效推进这些地区的城乡发展一体化。

---

① "最大的城市最适合开拓新企业,较小的城市更适合已经稳定的企业。人们可能在大城市进行产品设计和融资工作,而在小城镇进行产品的生产。"世界银行《2009 年世界发展报告:重塑世界经济地理》第 15 页,清华大学出版社 2009。

## 三、人的城镇化:农民市民化

城乡差距实际上是市民和农民的差距。这种差距使分散的农民长期享受不到城市居民的物质和文化生活方式,其受教育程度、文化水准均落后于城市居民。表1显示,直到2012年城乡居民的消费性支出水平差距十分明显,尤其是农村居民在教育、医疗、文化、交通、通信等方面享受的公共性和商业性服务显著低于城市。

**表1　2012年城乡居民家庭部分消费性支出**　　单位:元

| | 总计▲ | 医疗保健 | 交通和通讯 | 文教娱乐及服务支出 | 家庭设备用品及服务 |
|---|---|---|---|---|---|
| 城镇居民消费性支出 | 16 674 | 1 064 | 2 456 | 2 034 | 1 116 |
| 农村居民生活消费现金支出 | 5 415 | 514 | 653 | 446 | 341 |
| 农村占城镇的比例% | 0.32 | 0.46 | 0.27 | 0.21 | 0.31 |

▲消费支出总计中还有食品、衣着、居住等方面支出。

资料来源:国家统计局.《中国经济景气月报》2013.2。

人的现代化涉及人的素质和文明程度的提高,人的发展能力的提高。人的现代化路径涉及人民生活的改善,受教育机会增多,其他社会福利的普及和提高。由农民到市民,是人的现代化的重要途径。几千年来,市民和农民实际上是身份的固化,农民市民化的实质是要克服这种身份的固化,其内涵是解决平等的市民权利。也就是城乡居民政治、经济和社会地位的平等,城乡生活方式的趋同,公共物品的享受权利平等。在此条件下,如果还有市民和农民的区别,那只是就业岗位的差别。农民享受平等的市民权利,说到底是制度问题。

首先,市民权利体现在劳动力的自由流动。这就是马克思所说的:“劳动力能够更迅速地从一个部门转移到另一个部门,从一个生产地点转移到另一个生产地点。”

其重要前提是废除了妨碍劳动力流动的法律和制度。[①] 我国长期存在的城乡分割的户籍制度,将居民分割为城市居民和农村居民,城镇户口和农业户口。农村居民,农村户口明显低人一等,农民享受不到城镇居民的基本公共服务。这种城乡分割的户籍制度阻碍城乡要素的自由流动,也就阻隔阻碍城乡一体化的进程。因此,农民市民化首先要取消这种城乡分割的户籍制度,这就是党的十八大所提出的:加快改革户籍制度,有序推进农业转移人口市民化,努力实现城镇基本公共服务常住人口全覆盖。这种改革到位,就可以使城乡居民在城市和农村的流动和居住地不受户籍的限制。农民居住在城市,城市职工居住在农村完全取决于各自的选择。

其次,市民权利体现在公平和平等。市民化不只是户籍制度问题,还需要取消各种对农民的歧视性政策,农民与城市居民享受平等的政策和机会。例如:受教育的权利,社会保障,卫生和基本医疗保障等方面的平等权利。现在的市民化第一步所要解决的是进入城市的农业转移人口城镇化,也就是解决好占城镇总人口的23.0%的农民工及其子女在城镇的入学、就医、居住和社会保障等方面的平等权利。

尽管进入城市的农业转移人口首先要实现市民化,但仅仅是这部分人口的市民化是不够的。如果市民权利只有进城才能获得,市民的公共服务只有进城才能享受到,就会产生农民进城获取市民权利的趋势,城市人口必然严重超过城市的承载力。其结果是市民的各种福利水平严重下降,农业发展要素进一步流失。这是农民进城市民化的代价。克服这种代价的途径是将提供给市民的机会和权利,不只是给城市中的农业转移人口,还要给农村的农民。具体地说,农民就业与城市人享受平等的权利;农民及其子弟入学及选择学校享受与城市人平等的权利;农民与城市人享受平等的卫生和医疗权利;各种社会保障不只是提供给城市人,也提供给农村人。其他公共产品享用权利也是这样,农村人与城市人公平享受。这就提出了另一个方面的城镇化要求:将提供给市民的机会和设施安排到农村城镇去,扩大城镇就业的机会,把高质量的教育、文化医疗设施办到农村城镇,增加城镇的公共产品和公共设施的供给。实现城镇基本公共服务常住人口全覆盖。由此,农民不进入城市就能享受到各种市

① 马克思.资本论:第3卷,北京:人民出版社,218.

民的权利,其生活方式与城市人趋向一致。

就目前来说,农民市民化最为突出的是实现文化、教育、医疗、公共交通等基本公共服务的城乡均等问题。这些方面的内容都需要政府引导和相应的制度安排。

首先是城镇居民享用基本公共服务的支付能力。文化、教育、医疗、公共交通等之所以称为非纯公共产品,是因为其既具有政府负担一部分费用的公共性特征一面,又有享用者需要支付一部分费用的私人性特征一面。就其需要享用者支付费用来说,多享用多付费,看起来是公平的,也就是纵向的公平,但在实际上是不公平的。收入越高,支付能力越强,享用的公共产品越多;反之,收入越低,支付能力越低,享用到的公共产品越少,甚至享受不到。这是横向的不公平。现在正在推进的免费义务教育之类的改善民生措施虽然能够在一定程度上解决低收入家庭的就学问题,但还有相当多的公共服务的费用低收入者是难以承担的。因为高额的医疗支出而陷入贫困的家庭,因贫困而缺医少药等情况基本上都出现在农村。因此,在扩大公共服务在农村覆盖面的问题上需要明确:对公共产品的供给和需求不是一种市场交换关系,供给公共产品的权利不能同纳税的能力直接挂钩。城乡居民享用基本公共服务不仅要实现纵向公平,也要实现横向公平。一方面,政府要通过对城镇的基本公共服务部门提供补贴等方式,降低私人付费的价格,从而使低收入的农民能够支付得起享用基本公共服务的费用。另一方面,通过完善的社会保障制度和补助的方式提高低收入者享用公共服务的支付能力。

其次是优质基本公共服务资源的城乡均等配置。由于历史的和经济的原因,优质的公共设施,优质的公共资源特别是优质的教育和医疗资源基本上集中在城市,享用这些公共资源和公共服务的权利只有进城才能享受到。这就产生城乡享用优质公共服务资源的鸿沟。农村人享受不到优质的教育和医疗之类的公共服务资源,何来市民化？当然,优质资源从来是稀缺的。但在城镇配置必要的优质资源,推动优质基本公共服务资源的城镇化,则是既必要又可能的。针对长期以来公共产品分配的城乡不均等状况,根据公平正义的要求,农民市民化不只是要求扩大公共产品在农村覆盖面,更为重要的是把优质的教育、医疗的基本公共服务资源安排到城镇。

世界银行发展报告指出,在城市化进入中期阶段(城市化率40%～50%)时,政府应当促进相关基础设施到位，从而使经济密度增强带来的效益惠及更广泛的社会。[①] 正因为如此，党的十八大明确把国家基础设施建设和社会事业发展重点放在农村地区的城镇。政府给农村集中供水、供电、供汽、通路、通电话、通电视、通网络、建生活污水处理设施，办学校、办医院基本上都要通过城镇进行。政府按照规划在城镇进行基础设施、公共设施的建设，尤其是把高质量的初中等教育、文化医疗设施办到农村城镇。所有这些都是政府投资方向的城镇化。显然，过去转移农民的城镇化靠的是农民自己的投资。现在的城镇城市化建设，尽管仍然需要有农民的民间投资，但是政府的引导性投资是不可或缺的。当然，政府不可能包揽所有的城镇化投资，需要动员各方面的力量，特别是城市居民的力量。因此，从政府层面上扩大公共产品在农村的覆盖面起的是导向作用。在国家投资的引导下，城市各类产业尤其是服务业投资也会积极进入农村。城市各个方面的经济主体参与对农村城镇的各类建设，是对农村长期支持城市的一种反哺，也是一种补偿。

基本公共服务能否实现均等化实际上同地方政府的财政能力相关，说到底同现行的财政体制相关。目前，不同地区的公共产品供给能力取决于各自的经济发展水平。某个地区以 GDP 反映的经济发展水平越高，地方财力越强，公共产品的供给能力就越强，反之则越劣。世界银行专家 David Dollar 在 2007 年的一篇论文中指出了造成城乡差距扩大的财政原因：中国地方财政差距表现在各地的经济实力差距扩大。从 1990 年到 2003 年，最富和最穷省份之间 GDP 的比值从 7.3 增长到 13，最富的省份人均公共支出比最穷的省份高 8 倍。省级以下的地区更严重，最富的县提供的公共服务水平比最穷的县人均支出大 8 倍。这种支出水平差距就造成了不同地区的健康和教育的差距。虽然中国的财政有再分配，穷的区域几乎没有税赋，因此不能资助较好的基础教育和卫生保健。[②] 显然，在现有的价格水平、现有的投入和现有的发展条件下，靠农村的 GDP 水平以及与之相关的财政税收收入和居民收入，无论如何不可能使农村生活条件达到城市水平，反而造成恶性循环。显然，要实现基本公共服务

---

① 世界银行. 2009 年世界发展报告：重塑世界经济地理，清华大学出版社，2009：25.

② David Dollar. 中国经济改革中的贫困/不平等和社会差距，中国经济报告，2007(7).

城乡均等化，就需要将之同农村的经济发展水平脱钩。改变长期以自己的财政能力来安排本地区基本公共服务的思路和相关政策。这意味着，基本公共服务的区域和城乡均等化需要中央政府的统筹协调。

城乡基本公共服务均等化，农民能享受到城市人的物质和文化生活方式。城市人无障碍地到农村投资创业、经营农业和居住，不可避免产生直接反哺农业和农村的效应。虽然，城乡基本公共服务均等化后，收入差距仍然存在，但不影响城乡居民按照其价值目标流动，城市有服务业岗位的吸引力，现代文明的吸引力，农村则有生态和环境的吸引力。与城市中存在的地价贵，交通和住房拥挤，工业污染等方面的排斥力相反，农村城镇有地价便宜，住房宽敞、生态和环境等优良方面的吸引力。① 这样，城镇化就把城乡发展内在地融合为一体。

## 四、关于城镇化的几个结论

在过去的相当长的时间中，无论是城镇化还是城市化基本上都是指农业人口向城镇和城市转移。现阶段提出城镇化的任务意味着农村城镇成为二元结构现代化的重点。农村城镇作为城市发展要素向农村扩散的重要节点来建设。标志着城镇化进入新的发展阶段。其含义可以概括为以下三个方面。

首先，城镇化的核心内容是城乡发展一体化，从发展的进程分析，这是城市化的转向，也就是推进城市现代要素向农村扩散。从这一意义上说，城镇化是逆城市化。这个过程体现城市对农村的支持和反哺。

其次，从城镇城市化来定义城镇化。为城市现代化腾出空间推动城市产业和居民向城镇转移的城镇化要求城镇具有城市功能，增强城镇的产业发展、公共服务、吸纳就业、人口集聚功能。城镇具有了这种功能，就可能成为城乡发展一体化的关键点。既可以引导周边农民住进城镇意义上的城镇化，也可以吸引城市居民和产业进

---

① 仇保兴："在国外生活条件最好的，风景最优美的，多次被列为全球最佳居住环境的地方一般都是小镇。而我国恰恰相反，农村集镇生活条件是比较差的。"(《新型城镇化：从概念到行动》，《行政管理改革》2012 年第 11 期)。

入城镇，减轻城市压力。当然这个过程不应该是自发的，应该规划先行，不仅包括功能规划，也包括空间规划。

第三，从市民化意义上定义城镇化，指的是农民通过城镇化实现市民化。将提供给市民的机会和设施安排到农村城镇去，农民在城镇享受城市居民平等的市民权利。尤其是依靠城镇化实现基本公共服务城乡均等化。把国家基础设施建设和社会事业发展重点放在农村地区的城镇，体现政府投资方向的城镇化。

显然，现阶段的城镇化不是传统意义上的城镇化，不是农民进城意义上的城市化，也不是大拆大建意义上的城镇建设，而是推动城乡发展一体化意义上的新型城镇化。在存在二元结构的中国，这种城镇化不可能一蹴而就，"化"本身就是一个过程，一个方向。这个过程不可能像过去的城镇化那样主要靠市场调节，更需要政府的积极引导。

**主要参考文献**

[1] 李克强. 协同推进城镇化是实现现代化的重大战略选择[J]. 行政管理改革，2012(11).
[2] 马凯. 转变城镇化发展方式提高城镇化发展质量走出一条中国特色城镇化道路[J]. 国家行政学院学报，2012(5).
[3] 盖尔·约翰逊. 经济发展中的农业、农村、农民问题[M]. 商务印书馆，2005.
[4] 费景汉，拉尼斯. 增长和发展：演进观点[M]. 北京：商务印书馆，2004.
[5] 欧曼等. 战后发展理论[M]. 北京：中国发展出版社，2000.
[6] David Dollar. 中国经济改革中的贫困/不平等和社会差距[J]. 中国经济报告，2007(7).
[7] 仇保兴. 新型城镇化：从概念到行动[J]. 行政管理改革，2012(11).
[8] 世界银行. 2009 年世界发展报告：重塑世界经济地理[M]. 北京：清华大学出版社，2009.
[9] 张占斌. 我国新发展阶段的城镇化建设[J]. 经济研究参考，2013(1).

# 产学研协同创新的经济学分析[①]

党的十八大明确提出创新驱动的发展战略。十八届三中全会关于全面深化改革的决定又明确提出建立产学研协同创新的机制。过去关于产学研问题的研究,一是突出其合作,二是将产学研解释为产业部门与大学或科研机构的关系,三是把彼此间在技术创新中的关系表述为大学和科研机构创新的技术向产业部门转移的过程。本文依据国内外现阶段创新的实践,明确指出:第一,现代科技创新更需要产学研协同创新,而不只是产学研合作创新;第二,协同创新指的是产学研各方在同一个创新平台上共同创新,而不只是技术转移的关系;第三,产学研不只是指产业部门与大学和科研机构,更是指产业发展与人才培养、科学研究之间功能的协同。基于这些基本判断,本文对协同创新的必要性及其运行方式和机制在理论上做出说明。

## 一、产学研协同创新的理论假设

产学研结合是技术创新体系的重要组成部分。对其结合方式,过去在经济界和理论界一直提产学研合作创新,现在提产学研协同创新。两者的区别不应该只是词语表述的区别,应该从理论和实践意义上明确其内涵的变化。

日本政府是产学官合作的创始者,早在 20 世纪 60 年代初就开始通过相关法律和政策,鼓励和引导大学、研究机构和产业界进行合作,推进产学官协作的发展,进入 20 世纪 90 年代后,日本政府积极推进产学研一体化进程,把高校、科研单位和企业的科研力量,通过多种方式,有机合作,进行实用技术攻关。

---

① 本文原载于《经济科学》2014 年第 1 期。

纽约州立大学的亨利·埃兹科维茨教授(Henry·Etzkowitz)和阿姆斯特丹科技发展学院的劳德斯特夫教授(Leydesdorff)在1995年提出了“大学、产业、政府”三重螺旋创新模型。该模型利用生物学中有关三螺旋的原理解释政府、大学和企业之间的相互依存的互动关系,指出在以知识为基础的社会中,大学—产业—政府三者之间的相互作用是改善创新条件的关键。大学、产业、政府在相互结合和作用中,各自保持价值和作用,同时又在一定程度上承担着其他机构的部分功能,从而形成知识领域、行政领域和制造领域的三力合一,该理论还强调大学、政府和企业的交互是创新系统的核心环节,三方螺旋共生合作共同推动创新螺旋的上升,促进创新价值的最终实现。

以上理论所界定的产学研合作的内涵可以概括为两个方面:首先,它是指企业、科研院所和高等学校之间的合作;其次,合作创新的路径通常指以企业为技术需求方,与以大学和科研院所为技术供给方之间的合作,从而促进技术创新所需各种生产要素的有效组合。[①]

美国硅谷的实践则创造了产学研协同创新的模式。依托斯坦福大学强大的的科研实力和校方对产学研合作的鼎力撑持,硅谷建立了大学、科研机构与产业界的紧密的协同创新关系,成就了硅谷的创新奇迹。从理论上概括硅谷的创新模式,可以发现,与产学研合作创新相比,产学研协同创新主要有以下两个方面的创造和理论假设。

首先,根据系统论原理,所谓协同,是指系统中各子系统的相互协调和合作或同步的联合作用及集体行为,创造出1+1>2的效应。因此,产学研协同创新不只是大学和科研院所作为技术供给方,企业作为技术需求方之间的技术转移的关系,更是在科学新发现为导向的技术创新中大学和企业各方都要共同参与研发新技术,尤其是大学和企业各方共同建立研发新技术的平台和机制,在研发新技术过程中,企业家和科学家交互作用。这正是产学研协同创新的真谛。这也可以说是产学研由“合作”变为“协同”的重要区别。

其次,产学研协同创新的环节主要在科学发现或创新的知识孵化为新技术的环

① 见百度百科“产学研合作”。

节。科技进步的全过程包括三个环节:上游环节即知识创新环节,这是技术创新的源;中游环节,即创新的知识孵化为新技术的环节;下游环节,即采用新技术的环节。显然,中游环节,即孵化新技术环节是技术创新和知识创新相互交汇的环节。过去,技术创新的最终环节是将新技术应用于生产过程。在现代,一方面,技术创新的先导环节进一步延伸到科学向技术的转化过程,相应地,企业家的职能也引申到这里。另一方面,科研机构和大学不只是停留在知识创造和传播环节,其知识创新活动也延伸到了科学知识转化为新技术的领域。① 这样高科技的孵化领域成为知识创新和技术创新互动并协同的环节。

第三,产学研协同不完全是企业、大学和科研院所三方机构问题,更是指产业发展,人才培养和科学研究三方功能的协同与集成化。具体地说,一方面作为"学"的大学中包含了科学研究机构,同时承担着科学研究的功能;另一方面,"产"也不只是企业,更是指产业发展,或者说产业创新,与此相关除了作为主体的企业外,还有各种类型的研发机构,风险投资家。因此,产学研合作从总体上说是大学与产业界的合作,涉及科学研究,人才培养的职能与产业界的合作创新。即使是科研院所单独推进的与产业界的合作也不能没有人才培养这个环节。

突出产学研协同创新系统中的人才培养即教育的功能是基于在现代经济增长中人力资本作用的凸显。原因是新技术的孵化和采用都需要有掌握相应的科学知识的人才。人力资本积累即人的知识和技能的积累,人力资本积累也会产生提高全社会生产率的收益递增的外部正效应。专业化的知识技能积累可以产生递增的收益并使其他投入收益及总规模收益递增。因此,人力资本是现代经济增长的决定因素和永久动力就体现在创新要素的组合上,不同地区不同企业的生产率差别根本上是人力资本方面的差异以及各自的人力资本比较优势所致。在此背景下,产学研协同创新的能力就依赖于体现人力资本积累水平的企业家的创新素质和参与科技创新的科技人员的知识积累。

---

① 知识经济中科学系统的主要功能是:(1) 知识的生产——发展和提供新的知识;(2) 知识的传播——教育和开发人力资源;(3) 知识的转让——传播知识和提供解决问题的措施。(OECD:《以知识为基础的经济》第 17 页,机械工业出版社 1997)。

## 二、技术创新的双重导向及其协同

对我国现阶段的技术创新体系一般表述为，企业为主体，产学研结合，市场为导向。所谓市场导向主要是指市场需求导向，创新要素市场供求及其调节的要素价格导向。如果考虑到新科技革命条件下技术创新的源泉，就不能把技术创新的导向只是限于市场导向，还应该关注并重视科学发现导向。只有明确了技术创新受科学发现和市场的双重导向，才有大学和企业，科学家和企业家协同创新的要求。

众所周知，科学有两个层次的功能。第一层次是科学发现，创造出知识；第二层次是科学发明，创造出技术，科学发现所创造的知识成为技术创新的基础。过去科学发现（知识创造）同技术创新是截然分开的两个阶段，甚至是截然分开的两个系统。企业的技术创新主要是依靠自身的技术和研发力量。熊彼特当年所定义的创新也主要是指企业家主导的企业内要素的组合。技术创新相当多的是源于生产中经验的积累、技术的改进，而与科学发现的联系不紧密。与此相应，大学及其科学家没有直接介入技术创新体系中。

而在现代，特别是在 20 世纪后期产生新经济以来，技术创新的源泉更多地来源于科学的发明，也就是说，科学发现的成果越来越多地直接成为技术创新的源泉。利用当代最新科学发现的知识可以实现大的技术跨越，建立在知识创新基础上的新产业的产生可以导致产业结构的革命性变化。

纵观当代科学发现和技术创新，可以发现，两者之间的融合和协同的趋势越来越明显。其表现是，科学发现成果到生产上应用的时间显著缩短。按照科学—技术—生产的一般的逻辑，一个重大科学发现到生产上应用，过去需要经过相当长的时间（上百年，几十年）。原因是，新的科学思想出现后先要经过以它为基础所做出的技术发明，然后在成批生产中得到应用，中间间隔的时间较长，以至于科学对技术进步的影响很难觉察。据统计，在 1900—1930 年的 75 种重大发现从研究到生产的平均周期是 36 年。到 20 世纪 50 年代中期，从科学发现到实际应用的时间减少到 5～10 年，相当于建设一个大型现代企业的时间。到 20 世纪末，科学上的重大发现到生产上的使用,转化为现实生产力的时间进一步缩短,一个科学发现到生产上应用几乎是同时进行的。甚至出现新科技革命和新产业革命同时产生的趋势。对此趋势的主要说明在以下两个方面。

首先,过去发达国家发展高科技主要用于军事目的。冷战结束以后,发展高科技则主要转向经济目标。国际经济竞争便集中表现为科学技术的竞争。科技创新的重点已经转向提高产业竞争力,抢占世界高科技产品市场。在这种竞争格局中,科学研究的核心问题已不完全是或者说已不仅仅是追求学术上的先进性。科研成果产业化、商业化的速度和质量同样成了科技创新所追求的目标。一种新的科学发现产生以后,接下来的问题是迅速地实现向生产力的转化,于是科技攻关有了直接的经济目的。现代经济增长将主要由科学技术的进步来说明。科学技术成为生产力要素体系中的主导因素。经济增长速度主要由科学转化为现实生产力的速度决定。科技转化为生产力的速度成为竞争力的重要指标。我国在经济总量进入世界第二大经济体,人均 GDP 进入中等收入国家水平后,利用最新科学发现成果进行技术创新更为迫切。

其次,从 20 世纪后期产生新科技革命以来,技术进步的新趋势是科学与技术密切结合。在现代技术进步诸因素中,知识的扩展是核心因素。现代知识扩展不同于近代以前那种依靠简单的经验积累所获得的知识扩展,它是一种科学知识和技术知识的有机结合。这种以科学发现为源头的技术创新意味着技术创新上升为科技创新,体现科学发现(知识)与技术创新的结合。大学和科研机构的知识创新成果成为其技术创新的主要源泉。因此科学向技术的转化过程成为技术创新的先导环节。科学发现—技术创新—生产就成为相互融合的过程。在此背景下,作为技术创新主体的企业和作为知识创新主体的大学都有协同创新的动力。企业成为技术创新主体后,企业不只是在采用新技术上成为主体,还进入新技术孵化阶段,直接参与技术创新。现在,国内许多发达地区的企业对科学家的渴望胜过当年乡镇企业对工程师的渴望,吸引大学及其研发中心和实验室的劲头胜过当年吸引外资,就这反映这种科技创新的新趋势。

实践证明,技术创新由市场导向,实际上,只是指创新的技术要有市场价值,要得到市场的实现,同时,创新要素需要从市场上获取。而创新的技术要具有先进性,则需要科学发现或知识创新导向。相当长的时期中,企业的技术创新主要是依靠自身的技术和研发力量,在企业内进行技术创新,即使是要采用新科技成果。一方面是模仿新技术,另一方面是采用已经孵化出来的新技术,没有大学及其科学家的参与。这样,企业苦于自身创新能力的不足,创新的技术不可能处于前沿,在市场上也不可能有竞争力。

在现代经济增长中,技术创新的源头在科学发现,因此技术创新最为明显的是科学发现导向。现代的技术创新与过去的技术创新的重大区别是,过去的技术创新处于工程师时代,而现在的技术创新则进入科学家时代。就是说,以科学发现为源头的技术创新,既需要企业家作为创新主体,解决技术创新的市场价值,也需要科学家进入,以其科学发现解决技术创新的先进性。因此,协同创新从一定意义上说是对技术创新起导向作用的两个方面的协同。单纯的科学发现导向的技术创新不一定为市场所接受,单纯的市场导向的技术创新不一定具有先进性。这样技术创新过程就是科学发现同市场之间的耦合和互动过程。这就是协同创新。

根据信息不对称理论,在新技术交易和转移场合,大学及其科学家创新的成果能否为企业家所接受,实际上存在信息不对称。企业并不完全知道创新成果的先进性程度,科学家创新技术也不完全知道其技术是否为市场所接受。因此既可能存在创新风险,也可能存在市场风险。科学家和企业家进入同一个创新平台进行协同创新,就可能在互动中克服因信息不对称所产生的风险。这在很大程度上也解决了科学家的科学研究的导向问题。原来科学家的研究方向大都是凭自己的兴趣爱好,其科学研究究竟有多大的应用价值往往是不清楚的。现在与企业家协同创新也就接上了"地气",既能得到国家目标导向,又能得到市场导向,并且在协同创新中得到企业家的互动,创新成果的价值可能最大化。

## 三、孵化新技术是协同创新的基本功能

长期以来,企业对技术进步的关注集中在两个方面:一是新技术转移,并且将技

术转移机制作为技术创新的重点；二是引进国外新技术，包括模仿。现在研究产学研协同创新意味着对技术进步需要有新的关注。

如前所述，协同创新的提出是基于科学发现和市场的双重导向。现时代科技进步的实践证明，研发新技术就是科学发现与技术创新内在融合的体现。因此，科技创新的着重点就不只是技术的转移，更为重要的是利用科学发现成果进行新技术研发，在此基础上才会提出技术转移问题。

现在对科学技术的第一生产力作用已形成共识。但是科学毕竟不是技术，在未与生产结合之前，它是以知识形态存在的一般生产力；科学只有转化为技术并应用于生产，才物化为直接的生产力。① 显然，科学技术成为第一生产力的核心问题在“转化”，也就是科学新发现孵化为新技术、新产品，从而科学技术转化为现实生产力。科学技术转化为现实生产力的速度直接决定经济增长速度。科学发现的成果之所以越来越多地直接成为技术创新的源泉，科学之所以获得了在很短的时间内成为现实生产力的能力，根本原因是，“转化”(即孵化为高新技术)越来越成为科技创新的重点，这也是产学研协同创新的内容。

科学新发现的价值在于经过开发所产生的新技术实现产业化和商业化。而且一种新科学发现可能开发为许多项新技术，甚至可能持续地开发出新技术。对科学新发现进行技术研发不只是企业的事情，需要科研机构和科学家的介入，这就提出了加强大学、科研机构与产业部门协同创新的要求。也就在这种背景下，大学介入了技术创新体系。②

科技创新实际上包含知识创新和技术创新两个方面，即科学和技术的创新。中国的科技创新涉及两大体系。一是国家创新体系，包括基础研究、前沿技术研究、社会公益性技术研究。所有这些研究属于知识创新的范围，在这个体系中，研究型大学

---

① 马克思：“社会生产力已经在多大的程度上被生产出来，不但在知识形态上，而且作为社会实践的直接器官，作为社会实际生活过程的直接器官被生产出来”。(《政治经济学批判大纲》第 3 分册第 358 页)。

② 从本质上看，创新体系是由存在于企业、政府和学术界的关于科技发展方面的相互关系与交流所构成的。(OECD:《以知识为基础的经济》第 11 页，机械工业出版社 1997)。

是创新主体。二是技术创新体系,即以企业为主体、市场为导向、产学研相结合的技术创新体系。长期以来,这两大创新体系是"两张皮",缺少衔接和协同。产学研协同创新的含义就在于把这两个方面的创新结合起来。

我国目前的科学研究水平并不低,在许多领域已进入世界先进行列,每年推出的高水平的科研成果成千上万,但大部分成果只是停留在纸上,停留在礼品、展品和样品上。这种科研成果的浪费,症结就在于科学研究只是停留在知识创新阶段,科学家们没有带着创新的科研成果再向前走一步进入孵化新技术阶段。科研成果没有进入现实的生产过程,不能带来物质财富的增加,就不能成为现实的生产力。

在技术创新的源泉更多的来源于科学发明的现阶段,知识创新和技术创新,科学家和企业家不能直接交汇和协同,就不能产生基于原始创新的技术创新成果。因此当前我国解放生产力,首要的就是解放科学技术这个第一生产力,加快科技成果转化为现实生产力的速度。其路径就是大学同企业,科学家和企业家都在孵化新技术阶段进行协同创新。

过去一讲采用高新技术就讲引进。引进固然需要,但是在现阶段的中国,高科技的国际差距小于高科技产业的国际差距。在高校和科研机构发现的高科技与国际先进水平的差距并不像高科技产业的国际差距那么大。这意味着,费用较低的创新捷径是,推进产学研结合,使高校和科研机构发现的高科技成果迅速产业化、商业化。就像美国的硅谷紧靠斯坦福大学一样。这里的关键是建立知识的创造和知识向生产力转化的协同关系。一方面解决好大学和科学院研究课题的商业化价值问题,另一方面解决好企业敢于对高科技的研发进行风险投资问题。

现在,许多发达国家工业区位的一大变化是,企业的位址逐渐接近研究型大学,以便就近接受其高科技(包括成果和人才)辐射,这是大学和企业协同创新的区位安排。企业主动接受高校、科研机构的辐射是高科技产业化的一条捷径。与此相应,我国一些创新驱动的先行地区有一系列的创造。例如,南京禀赋的科教资源丰富,在其大学周边建立起大学科技园。再如,在禀赋科教资源缺乏的苏南地区,吸引大学进入其科教城建立各种类型的创新研究院。还有不少地区的大学周边涌现出各种类型的孵化器。大学的科学家、教授和大学生产生出新的思想,可以就近进入孵化器,将新思想进行研发。实践证明，这种在大学周边建立的孵化器尽管不可能将新思想都孵化出新技术，甚至失败的居多，但只要孵化成功，一般都具有原创性，并且有良好的市场前景。即使孵化失败，失败成本也低。原因是在孵化器中随时调整技术方向，可以降低孵化失败的沉没成本。

根据协同论原理，所谓协同是指进入系统的各方围绕同一个目标，能力互补，需求匹配，相互耦合，共同作用。因此，产学研协同创新，关键是解决好大学与企业分别作为知识创新主体和技术创新主体在进入孵化新技术领域中的协同关系。

就大学来说，服从于建设创新型国家的目标，既要顶天又要立地。顶天即参与国家创新体系的构建，在基础研究、前沿技术研究和社会公益性技术研究中发挥主力军作用。立地即解决国民经济重大的发展问题，特别是在进入孵化新技术阶段后参与以企业为主体的技术创新体系，成为技术创新的生力军。大学进入孵化新技术领域从一定意义上说是将“顶天”的成果“立地”：一方面提供科技创新成果和孵化新技术的思想；另一方面提供研发人才，以所拥有的实验室和多学科力量作为孵化新技术的后台支撑。

就企业来说，作为技术创新的主体进入孵化新技术领域，不仅仅是在采用新技术方面成为主体，更是在孵化新技术方面成为主体。其必要性在于：一方面技术创新的主体工作及主要过程都是通过企业实现的；另一方面，也是更为重要的，孵化出的新技术必须要具有商业价值和产业化价值，能够确定其商业价值的只能是企业；再一方面，孵化新技术是可能有回报的，尽管也有不确定的风险。因此企业投资可以成为其资金来源。这意味着产学研合作创新平台的建设，孵化器建设的主要投资都必须由企业承担。

知识创新和技术创新的协同实际上是科学家与企业家的协同。本来，科学家的科学研究追求的是学术价值，追求学术领先地位和重大科学发现。企业家追求的是商业价值和市场前景。但当两者进入高新技术孵化领域，两者追求的目标和角色就发生了转换。科学家带着知识创新的成果进入高新技术孵化阶段需要以市场为导向，解决创新成果的商业价值，企业家带着市场需求进入高新技术孵化阶段是以技术的先进性为导向。由此产生两者的相互导向，解决了学术价值和商业价值的结合，从而使创新成果既有高的科技含量,又有好的市场前景。

科技创新的趋势和产学研协同创新的上述定义就把大学推到了科技创新的中心地位,就是说,大学在知识创新领域的主体地位是已经明确的,而在孵化新技术的领域的创新中心定位,则要进一步明确。作为创新中心,大学不是孤立地进行人才培养和科学研究,而是将人才培养和科学研究的职能延伸到新技术孵化领域,与作为技术创新主体的企业协同作用。科学研究职能延伸到新技术孵化领域,意味着参与研发新技术也成为大学的本职。由于其科研人员对科学新发现具有更多的知识,因而会主导新技术研发,其中包括科技人员带着科技成果进入孵化高新技术环节创业。大学的人才培养职能延伸到孵化新技术领域,意味着大学要为孵化新技术提供相应的人才,并且要为孵化出的新技术的采用进行人才培训。

## 四、产学研协同创新的平台和机制

尽管明确了协同创新的必要性,但在现实中,产学研协同创新过程不是自然而然的过程,存在各种阻力。这意味着大学和企业各方参与协同创新要有动力,而且要有长期维系的机制。

其实,在没有提出产学研协同创新以前,大学的科研人员就有与企业家在技术创新上的合作。其开发的新技术转让给企业,科研人员也可能进入企业帮助解决技术难题。但这种合作只是项目合作,项目完成,如果没有新的项目,合作就结束。而且,这种合作只是科研人员与企业的私人行为。现在提出产学研协同创新与之有明显的区别。第一,它是大学与企业有组织的合作,进入合作创新平台的科研人员不是孤立的个人,而是依托了其所在大学的人才和科研成果。第二,不限于项目合作,具有特征性意义的是大学与企业共同构建协同创新的组织(平台),与过去的项目合作相比,这种有组织的合作创新可能产生源源不断的创新成果。第三,企业和大学不仅建立了研发共同体,也建立了互利共赢的利益共同体。

产学研由合作转向协同可以用交易成本理论来说明。在大学(科学家)与企业(企业家)分别进行研发技术和采用技术的场合,对企业来说,在新技术的转让和交易存在交易成本的情况下，新技术的研发者和参与者进入同一个创新平台就可节省交易成本。已有的产学研协同创新平台大致有以下两种形式。

一种形式是产学研协同创新平台建立在企业中。一批国际知名的大企业拥有先进的科研设备和雄厚的研发资金，吸引大学的科研人员进入。在不少发达国家，企业拥有的科技人员约占全国科技人员总数的60%～85%。企业自身对科技开发的投入也在不断上升，以日本为例，企业投入的科技费用已占全国科研投入82%以上。在我国的深圳也是这种模式，90%以上的科研人员、科研项目、科研成果在企业中。

另一种形式是产学研协同创新平台建立在大学中。主要形式是企业投资在大学共建研究中心、研究所和实验室，进行联合科技攻关与人才培养；企业在大学和科学家那里发现有商业价值的新思想就提前介入，为该项目研发提供风险投资和市场信息，支持其将新思想往前走，在实验室进行实验，并进行新技术孵化，其间会有企业不间断的投入和不间断的新的科技创新成果的进入，从而不间断地产生可以进入市场的新技术、新产品。

在现实中，产学研各方进入同一创新平台进行协同创新并不是那么顺畅的。在孵化新技术领域，企业和大学属于不同的系统，即使是创新也有不同的目标和追求。尤其是大学及其科学家，长期以来基本上停留在知识创新阶段，要他们往前跨一步进入孵化和研发新技术领域，既需要压力也需要动力。在这方面政府的推动和激励并不可少。也正因为如此，上述三螺旋理论及日本的产学研结合模式都被概括为产学官。政府参与并推动产学研协同创新的主要说明因素在于以下三个方面。

首先，不仅是科学新发现具有外溢性，以科学新发现孵化的新技术也有外溢性。创新投入的资本的边际生产率具有递增效应，有利于提高全社会的生产率。这是知识生产的外部正效应，其社会效益明显高于私人效益。而且，孵化新技术是风险投资，并不都能成功，私人投资往往望而却步。这种情况就提出了政府参与知识创新及其与技术创新协同过程的要求。既然知识和新技术有外溢性，政府作为社会利益的代表，有责任参与投资。政府为了推动科技创新，向孵化新技术环节投资就十分必要。当然政府对建设孵化器之类的孵化新技术的投资是引导性的，不可能代替企业的投资。

其次，科技创新不仅要以市场为导向，还要国家目标导向，尤其是产业创新之类的涉及国民经济发展方向的科技创新。现实中，无论是科学家还是企业家，分别进行的知识创新和技术创新，都有自主性，都有自己的兴趣爱好。政府介入新技术孵化阶段，就不只是将它们黏合在一起，还要引导他们的协同创新与国家目标衔接，从而实现与国家目标的协同。在这里，政府实际上对产学研进行的创新起着集成和导向作用。

显然，我国现阶段的产学研协同创新离不开政府的引导和集成，准确地说是政产学研协同创新。政府的引导和集成毫无疑问是靠投入和政策支持，其载体主要有两个方面。

一是政府规划并建立大学科技园区，吸引大学和企业进入，推动大学与地方政府，与科技企业全方位合作，推动大学科技园成为大学教学、科研与产业相结合的重要基地，成为高新技术企业孵化的基地、创新创业人才培育的基地和高新技术产业辐射催化的基地。

二是建立科技孵化器。所谓孵化器是为科技人员孵化新技术和科技创业提供一个集中研发的场地和种子资金，配有通讯、网络与办公等方面的共享设施。孵化器具有共享性和公益性的特征。孵化器举办者会对进入者提供系统的培训和政策、融资、法律的咨询，并且提供市场推广等方面的服务，旨在对高新技术成果、科技创业企业进行孵化，使创业者将发明和成果尽快形成可以进入市场的技术和产品，各类风险投资者也进入这里选择投资项目。从而降低创业企业的风险和成本，提高企业成活率和成功率。在孵化出新技术同时也就孵化出新企业和企业家。孵化出的新企业达到一定规模就会飞出孵化器进入产业园。

产学研协同是一个系统工程，其功能和作用都是双向的。任何强调其中一方而忽视另一方的做法，都会使系统受到破坏，其协同的整体效应将大大削弱。因此，产学研协同创新有了平台还必须要有机制。需要构筑并完善一个透明的使产学研各方互利互惠，利益共享、风险分担的利益机制。这是产学研协同创新成功的必要条件。

产学研协同创新可以说是各方优质资本的投入。将科研成果“孵化”出新技术、新产品的“孵化器”和中试基地的投入不仅数额大，而且风险高。为孵化新技术的投入的资本是不同类型的资本的组合。大学和科学家主要是知识资本和人力资本的投入,企业则要更多的提供物质资本。具体地说,在协同创新共同体中产学研各方都提供资本。“产”提供物质(货币)资本,“学”培育人力资本,“研”提供知识资本。产学研协同创新是三方资本的集合,缺一不可。进一步说,产学研协同创新平台作为一个产权组织,不只是物质财产的产权组织,还是包含物质产权和知识产权在内的产权组织。

协同创新还有个风险分担和利益共享的要求。虽然产学研各方进入的协同创新是由物质(货币)资本黏合的,但不能单纯以物质资本的回报来确定利益分享。知识资本和人力资本在产学研协同创新的共同体的资本结构中占主导地位,知识产权在共同体的产权结构中占主导地位。因此,协同创新的利益分享的基本要求是保障知识和技术创新者的私人收益,使其发现新技术的成本得到补偿并能得到更高的收益。只有这样,才能鼓励大学参与产学研协同创新,调动科技人员研究和开发高新技术的积极性。为了使知识资本的价值得到充分的评价,主要的制度安排在两个方面。一是技术资本化。在企业的股权结构中,在充分估价技术投入价值的基础上安排技术股,收入分配中充分实现投入的技术的价值。二是技术商品化。在技术转让时科技成果得到科学的评估,以充分实现其价值。当然孵化新技术不成功的风险也应该有参与各方共同分担。

突出知识资本和人力资本在协同创新中的创新贡献及其收益,是因为人力资本和知识资本的积累是现代经济增长的重要因素。知识分解为一般知识和专业化知识,各自在促进经济增长中起不同作用。一般知识的作用增加规模经济效益,专业化知识的作用可以增加生产要素的递增收益。这两种作用结合在一起便可使资本和劳动力等其他投入要素的收益递增。这种递增收益体现知识产权的收益(垄断利润)。递增的收益又可重新用于技术创新,形成如下良性循环:创新投资促进知识创新,知识创新促进规模收益的提高,从而使经济持续增长。知识不仅形成自身的递增效应,而且能够渗透资本和劳动力等生产要素,使资本和劳动力等生产要素也产生递增收益,从而使整个经济的规模收益递增。

总的来说,产学研协同创新是在科学新发现成为技术创新源头的背景下提出的。

这种协同创新体现知识创新和技术创新的协同，是大学作为创新中心同企业作为创新主体的合作。这种协同创新不是简单的项目合作，而是共建创新平台的合作，是利益共同体。政府在其中起着引导和集成作用，因此是政府引导的企业为主体，大学主动参与的产学研协同创新。

## 主要参考文献

[1] 熊彼特. 经济发展理论[M]. 北京：商务印书馆，1990.

[2] 美国商务部报告. 浮现中的数字经济[M]. 北京：中国人民大学出版社，1998.

[3] OECD. 以知识为基础的经济[M]. 北京：机械工业出版社，1997.

[4] 海因茨. 阿恩特. 经济发展思想史[M]. 北京：商务印书馆，1999.

[5] 克拉克. 企业技术创新的模式[M]. 北京：北京大学出版社，2000.

[6] 托尼・达维拉. 创新之道[M]. 北京：中国人民大学出版社，2007.

[7] 富兰克・奈特. 风险、不确定性和利润[M]. 北京：中国人民大学出版社，2005.

[8] 威廉・拉让尼克. 创新魔咒：新经济能否带来持续繁荣[M]. 上海：上海远东出版社，2011.

[9] 陈其荣. 诺贝尔自然科学奖与创新型国家[J]. 上海大学学报，2011.

[10] 何郁冰. 产学研协同创新的理论模式[J]. 科学学研究，2012(2).

[11] 洪银兴. 创新型经济：经济发展的新阶段[M]. 北京：经济科学出版社，2010.

# 产业结构转型升级的方向和动力①

我国经济发展进入转变经济发展方式阶段。经济结构战略性调整是经济发展方式转变的主攻方向。其中产业结构调整是经济结构调整的中心任务。市场和创新将成为现阶段产业结构转型升级的两大杠杆。

## 一、产业结构转型升级新起点

在当前阶段研究中国的经济发展需要明确经济发展的新起点。在 GDP 的总量达到世界第二后,制约我国经济发展的主要因素由经济总量转向经济结构,尤其是产业结构。在这个新起点上,经济发展的着力点需要由速度转向结构。从现在起,我国的经济增长速度将结束持续多年的 10%左右的高速增长期,转向 7.5%~8%的中高速增长期。增长速度减缓固然有外部市场的原因,但更多地看作是主动调整。这是给调整产业结构争取长期的稳定的增长提供机会。

过去人们特别重视企业竞争力,这是需要通过改革和企业制度创新来解决的问题。发展的实践证明,产业竞争力比企业竞争力更重要。就如波特所说的,竞争力以产业为度量单位。对企业来说,产业的机会与威胁决定了竞争环境。这种环境既伴随着风险,又隐含着回报。一个企业的竞争战略目标在于使公司在产业内部处于最佳定位。对国家来说,国家的竞争力在于其产业创新与升级的能力。一个国家和地区的竞争优势,最为重要的是发展该时代处于领先地位的新兴产业,特别是主导产业

① 本文原以《中国经济转型升级往哪转? 如何升?》为题发表在 2013 年 10 月 21 日《光明日报》,其扩展稿刊《求是学刊》2014 年第 1 期。

的更新,形成具有自主创新能力的现代产业体系。

在经济全球化的背景下调整产业结构需要有全球视野。就像过去把世界分为三个世界一样,全球经济格局就产业结构特征也可分为三种类型的国家:一类是消费和服务主导型国家,以美国为代表,这类国家又富又强,但面临就业压力;一类是制造业和出口主导型国家,这类国家经济体大,就业充分,但不富不强;一类是资源型国家,其中有的是石油输出国,富而不强,有的国家则十分贫困。

2008年世界金融危机爆发后,全球经济格局都发生了转型:消费和服务型国家针对就业问题,趋向发展制造业和出口。特别说一下美国的产业转型。美国在2008年金融危机以后,为了解决其就业压力先后推出三大举措。一是要求出口5年翻一番,目标是创造200万个就业岗位。主要措施:逼贸易剩余国提高汇率,为其出口腾出市场;放松对高科技产品的出口管制。二是再工业化。过去美国为了降低成本实施去工业化。现在提出再工业化,依靠制造业来吸纳就业人口,主要措施:大力发展自动化和精细化,以节约劳动成本,通过技术突破(如页岩气)降低燃料和原材料价格,支持国内制造业朝高科技方向发展,吸引高科技企业回流。三是发展绿色经济,开发新能源,使绿色产业成为支柱产业。另外,资源型国家为减轻对外国的依赖性,增强自身经济实力,倾向发展制造业。

很显然,世界经济结构转型共同的取向是发展制造业和扩大出口。这种结构转型对我国这样的制造业和出口主导型国家的影响是巨大的。首先,国际市场竞争压力加大,制造业产品的国际产能过剩也在进一步凸现,更不说发达国家出口的制造业产品科技含量更高、附加值更高了。其次,制造业的国际资源供给环境进一步恶化。各个国家都在发展制造业,国际资源供给不仅不足而且价格飙升,这对制造业大国的影响巨大,同时也在倒逼中国产业结构的转型。其方向就是针对大而不富问题,趋向消费拉动和发展服务业(尤其是金融)。

长期以来一国的产业结构安排有比较利益之说。也就是按照资源禀赋的比较优势安排产业结构。按此学说,我国基本上是发展劳动密集和土地、环境资源密集的产业,即使是利用外资的高科技产业也是主要利用我国劳动、土地和环境资源的环节。这种产业分工虽然能够在国际贸易中获取一定的贸易利益,但在很大程度上冻结了与发达国家的差距。当我国进入世界第二大经济体，并达到中等收入国家发展水平后，产业结构定位就要由比较优势转向竞争优势。需要通过产业创新培育产业的竞争优势。其目标就是波特所强调的"一国产业是否拥有可与世界级竞争对手较劲的竞争优势"(波特,1996)。如果还要使用比较优势的概念，绝不是指资源禀赋的比较优势，而是比较竞争优势。按此要求，我国的经济开放不是单纯要求参与国际分工，而是服从于提升自己的产业竞争优势利用国际资源，把技术进步和创新作为发展的重点。

## 二、产业结构转型升级的战略重点

根据党的十八大的部署，我国当前产业结构转型升级的方向涉及三个方面：一是推动战略性新兴产业、先进制造业健康发展；二是加快传统产业转型升级；三是推动服务业特别是现代服务业发展壮大。对其必要性，可分服务业和制造业两个方面来说明。

我国服务业的问题主要有三个。一是服务业比重太低，2011 年三次产业构成比重分别是：第一产业 10.1%，第二产业 46.8%，第三产业 43.1%。这种产业结构有明显的低收入国家特征。主要表现是服务业比重明显低于中等收入国家水平(50%)，更低于高收入国家水平(70%)。二是服务业结构具有低收入国家特征，表现在生产性服务业太落后。三是国际服务贸易比重太低。

制造业的结构性问题主要有三个。

一是产能过剩严重。这是长期追求 GDP 的发展方式所致。尤其是在水泥、钢材、玻璃等传统制造业领域。产能过剩造成竞争费用太高，资源的严重浪费。再加上能源原材料成本不断上升，造成了高产值低收入的产业结构。

二是制造业水平低。尽管我们的制造业产量名列世界前茅，有的处于第一位，有的处于第二位，但是国际竞争力不强。一是科技含量和档次低，美国在飞机制造、特种工业材料、医疗设备、生物技术等高科技领域占有更大份额，而我们是在纺织、服装、化工、家用电器等低科技领域占有更大份额。二是制造业产品中，"中国创造"部分少，品牌也是用外国的多，这意味着中国制造业处于价值链的低端，附加价值不高。

三是高耗能、高污染。能源、资源、环境供给不可持续，增长效益低。据 2009 年数据,GDP的世界比重:我国8.6%,美国24.3%,日本8.7%;消耗的世界煤炭,我国46.9%,美国15.2%,日本3.3%;消耗的世界石油,我国10.4%,美国21.7%,日本5.1%。就国内资源来说,人均耕地为世界平均水平的40%,人均淡水资源占有量为世界平均水平的25%,人均石油、天然气可采储量为世界平均水平的7%。这一方面说明,我们的人均供地水平、人均淡水资源、人均石油天然气开采量等都是低于世界平均水平的。国内资源也无力支撑高资源占用和消耗的制造业。另一方面从统计数据可以看到,我们的GDP占世界GDP的比重并不很高,但我们消耗的煤炭、石油占的份额却很大,按照我国目前的能源消耗水平,我国的GDP如果要达到美国水平,全世界的石油和煤炭都给我国消耗都不够。或者说,如果按照目前的这种模式发展的话,全世界的资源都给中国用都不够。

过去,我国制造业为主的结构之所以能够支撑较长时期的发展,主要靠的是国际市场和国际资源。现在制造业为主的产业结构竞争力明显下降,世界性危机和产业转型又导致国际市场产能过剩,国际市场竞争过度又导致保护主义越来越严重,中国制造品频繁遇到各种方式的打压和惩罚,资源和环境的压力也造成了制造业增长的极限。这意味着,在当前的国际经济背景下,随着我国经济长期增长的引擎由外转内,也就是扩大内需成为我国经济发展的战略基点,产业结构也应该由外需型结构转为内需型结构。外需型结构指的是参与国际分工为目标的结构,内需型结构指的是以国内发展为目标的结构。这种产业结构真正建立在质量和效益的基础上,就更有竞争力,更可持续。具体表现是,经济发展更多地依靠现代服务业和战略性新兴产业带动。这种产业结构的转型升级反映经济发展方式的转变。

在工业化和城市化进入中期阶段后,内需型产业结构的重要特征是服务业尤其是现代服务业的快速增长。其原因主要有两个方面。首先,客观规律是在工业化进入中后期时,服务业增长更快,服务贸易较产品贸易增长更快。在这个阶段服务业主导成为趋势,服务业特别是现代服务业发展潜力和增值空间大于制造业。“微笑曲线”也表明,服务环节的附加值明显高于制造环节的附加值。其次,经济发展由投资拉动转向消费拉动依托服务业的发展。服务业与制造业的明显区别是,制造业的生产地点可以与其市场也就是与消费地点分开;服务业则不同,其服务与消费在地点上不可分离的。哪里的消费需求旺,服务网点就到那里去;反过来,服务网络到哪里,那里的消费就会热起来。最为明显的是,当前的信息消费热就是同信息服务热相互促进的。我们现在正在讨论基本实现现代化的指标,现代化的许多社会发展目标的实现都要依靠服务业的发展。

服务业本身也有个转型升级的问题。相对于传统服务业,现代服务业是适应现代人和现代城市发展的需求,而产生和发展起来的具有高技术含量和高文化含量的服务业。金融服务、科技服务、文化服务、国际商务、信息服务等现代服务业对当前对经济发展的带动作用越来越明显。服务业的技术手段也在升级,突出表现是互联网正在全面进入传统服务业,例如电商对传统零售业的挑战。电子商务已占零售总额的 20%～30%,在年轻人中占 50%。而且,互联网也正在以“支付宝”之类的方式进入金融领域,产生互联网金融。

当前产业结构转型升级的战略重点与生态文明建设相关。面对工业化初中期阶段产生的生态和环境遭到严重破坏的现状,推进绿色发展、循环发展、低碳发展,需要在源头上扭转生态环境恶化趋势,源头涉及空间格局、产业结构、生产方式和生活方式。其中产业结构最为突出。根据生态文明建设调整产业结构就需要创新绿色产业,淘汰高耗能、高排放产业。创新的绿色产业,不仅是指节能环保产业,还包括替代化石能源的新能源产业、新材料产业等,这些都属于现阶段世界各国都在创新和发展的战略性新兴产业。

面对产业结构转型升级的战略方向,现阶段调整产业结构不能走传统的调整投资结构的计划方式。创新和市场是产业结构调整的两个杠杆。其中市场调节特别重要。从理论上讲,结构调整的市场作用机制主要是两个:一是市场选择,二是优胜劣汰。只要政府不干预市场的这两个作用,只要政府不保护落后,我国长期存在的过剩产能就能被市场所淘汰。

## 三、创新驱动产业结构转型升级

在新科技和产业革命条件下,产业结构转型升级的基本方向是产业创新,发展战略性新兴产业。人们对这场世界性危机以后即将迎来新一轮科技和产业革命已经形成共识,但对这一轮科技和产业革命属于第几次有不同的表述,有的认为是第六次,有的认为是第四次。产生分歧的原因在于历史上发生的科技革命和产业革命的时间和次数并不总是重合的,科技革命的次数多于产业革命的次数。但不管怎么说,正在和即将到来的科技和产业革命一定是结合在一起的。

如果说前几次科技和产业革命分别着力于解决机器代替人手,电脑代替人脑的话,这次科技和产业革命则是破解人类持续发展与自然资源供给及生态环境承载之间的激烈矛盾,解决人类自身的生存和可持续发展问题,涉及能源及生命科学和技术问题。就如国家自然科学一等奖获得者闵乃本院士所描述的:以电流为信息载体的集成电路将于 2016 年达到技术极限,2019 年达到物理极限,人类必须发展新一代信息载体和信息产业;人类生产和生活所依赖的化石能源已面临枯竭,温室气体大量排放危及人类自身安全。人类必须发展为生产生活提供廉价电力的新能源,提供代替石油的新一代燃料和高密度储能的材料、器件和技术。人类必须发展生物技术与产业,以确保人类的温饱、健康与生存。与此相关的新兴产业就涉及:新一代信息技术、新能源、节能环保、新材料、生物技术、生物医药等。

在现实中,自世界金融危机爆发以来世界各国都在着力推进和发展战略性新兴产业,据有关资料,美国着力发展:新能源、生物医药(干细胞)、航天航空和宽带网络技术。日本着力发展新能源、新型汽车、低碳技术、医疗技术和信息技术。欧盟国家着力发展绿色技术、低碳技术和新能源汽车技术。巴西、墨西哥等发展中国家着力发展新能源和绿色环保技术。

可见,新科技和产业革命以创新知识密集产业和绿色技术产业为标志。由此催生的战略性新兴产业,是新兴科技和新兴产业的深度融合,既代表着科技创新的方向,也代表着产业发展的方向。我国过去几次科技和产业革命都没有能够赶上,失去了机会。这次再也不能与新科技革命失之交臂。

战略性新兴产业基本上都是制造业。这对我国这样的制造业大国有特别的意义。过去中国的制造业由于科技水平的原因,在世界上只能在价值链的低端跟着走,即使是技术创新也只能是以引进和模仿的方式进行跟随创新。现在我们的经济总量达到世界第二，制造业规模也在世界上领先了。这个时候就要领着走了，需要在世界范围内由跟随转向领跑，要领着走就要创新，靠研发来进入价值链的高端，也就是需要提高高科技产品和创新产品的全球份额，增加具有国际品牌的"中国创造"产品和技术的数量。尤其是在战略性新兴产业领域有中国创造的份额，甚至在某些领域占领世界科技和产业制高点。

在全球化、信息化、网络化的时代，我们国家同发达国家已经站在同一个创新起跑线上，现在的关键就是要看产业创新，美国、日本、欧洲这些国家所发展的产业，同样也是我们所要发展的产业，你在搞新能源，我也搞新能源，你搞生物医药，我也搞生物医药，大家都在同一个创新起跑线上。诺贝尔经济学奖获得者库兹涅茨讲了一个观点，"科技和产业的时代划分是以许多国家所共有的创造发明为依据的，这是现代经济增长一条特殊真理。"现在，全世界都在搞信息化，都在搞生物医药、生物技术、新能源，这都是我们要做的。

我国前不久确定的七大战略性新兴产业包括节能环保、新一代信息技术、生物、高端装备制造、新能源、新材料和新能源汽车。这些同世界科技和产业革命的方向是一致的。需要进一步指出的是，世界科技发展日新月异，我国的科技创新的谋划和创新的速度要紧紧跟上。就如，近年来创新的 3D 打印技术对中国制造业大国是新的挑战。中国制造业国际竞争优势主要在于劳动力资源丰富并相对便宜。3D 打印技术的产生就使制造业技术从设计到模具、到车、钳、刨等工序都被替代，而且更加精细。这样一来，我国制造业的国际竞争优势将消失。这意味着我国的科技创新和产业创新将更为紧迫。

产业创新实际上是培育国际竞争中的产业优势。所谓产业竞争优势，是指拥有可与世界级竞争对手较劲的竞争优势。这就明确了科技创新的方向和着力点。一方面，科技创新要与产业创新结合，瞄准现时代产业发展方向尤其是战略性新兴产业进行科技创新，加快高科技产业化的进程。另一方面，科技界与产业界结合，产学研协同，解决好创新产业的重大科学问题。再一方面，以科学研究的国际化实现开放式创新。创新没有国界。创新的产业进入国际前沿的前提是科学研究进入国际前沿。科技人才的国际流动，信息通过互联网的流动，科学研究的国际合作，可以冲破各种技术流动的各种壁垒,使产业创新得到国际最新科技成果的支持。

战略性新兴产业是创新的成果,其成长不可能一帆风顺,需要不间断的创新。这也是新兴产业成为主导产业的关键性问题。我国光伏产业的发展遇到的"滑铁卢"就说明了这一点。一般说来,战略性新兴产业的成长的生态环境涉及三大需求:一是科技需求,掌握当今世界最为高端的科学技术;二是市场需求,其产品为市场接受,实现其价值;三是财务需求,其投入、成本和规模等因素影响财务和利润的核算。目前阻碍战略性新兴产业成长的因素或者说支持其成长的路径主要有三个。

一是新产业的规模经济问题。一个新产业一被重视便一哄而上,重复建设、重复投资,在市场上就是过度竞争。解决这个问题的途径就是在制度安排和计划安排上克服重复、分散投资,实现优势集中,并且从研发到制造到采用形成产业链,达到范围经济。这是产业组织创新。

二是新产业的市场问题。新产业的生命在市场,尤其是其初期阶段。光伏等产业一开始就把市场定位在国外,95%以上的市场在国外,受制于人。其受保护主义打击是必然的。因此,对新兴的战略性产业,其内需市场是首要的,不能只是依靠外需。政府对战略性新兴产业的扶持首先是市场扶持,也就是消费拉动。这是市场创新。

三是新产业的成本控制问题。新产业成长的初期阶段普遍遇到的问题是成本太高,价格处于高位,市场一时难以接受。由此产生的财务压力会使新产业半途而废。降低新产业成本的路径主要在两方面。一是进一步推进创新,发现和创新降低成本的新技术和新材料。二是政府对新产业的技术研发给予必要的补偿和投入,同时也要给新产业产品使用者所产生的沉淀成本给予必要的补偿。例如原先使用化石能源的企业现在使用新能源,其与化石能源相关的设备不能再使用了,这就是沉没成本。

对面广量大的传统制造业来说,也有个在创新中提升的问题。根据熊彼特的界定,创新就是创造性毁灭。传统制造业不创新就要被毁灭,因此其创新更为紧迫。其创新路径主要有三个方面。

首先是传统制造业向新兴产业转型。目前大部分新兴产业不是在传统制造业企业中产生的,也就是另起炉灶的,有的是科技创新所孵化的科技企业发展而成,有的是依靠新投资发展起来。传统产业企业有技术改造动力,但没有创新新产业的动力。

例如新能源产业不是在现有的化石能源企业中产生的。究其原因,除了创新产业成本和风险大外,主要是传统制造业企业阻碍对自身的替代性竞争,产生替代性新产业后形成的沉没成本,成为其产业创新的阻力。实际上传统产业创新产业是最为有效的。一方面技术上相通,技术上转型方便。另一方面市场渠道已经存在,市场转型的阻力小。因此传统制造业向新兴产业转型的总体财务成本小,市场风险小。IBM 从电子信息产业向软件服务业升级就是非常成功的例子。关键是传统制造业真正感受到市场竞争的压力。

其次是传统制造业的技术创新。依靠研发和采用的新技术,一方面实现产品升级,例如重化工业向生产新能源、新材料产品升级;另一方面进入新产业的产业链,如装备制造业转向新能源的装备制造;再一方面与信息化深度融合,采用新产业技术,实现高端(高科技),高效(高附加值),低碳、低能源消耗。这样,传统制造业在创新中得到生存和发展。

最后讲一下产业结构转型升级的组织问题。结构调整本来就是市场要做的事,市场能做的事,尽可能要交给市场,政府不要包下来,市场的作用就是优胜劣汰、市场选择。尤其是依靠市场淘汰落后产能,依靠市场形成创新的压力。当然,产业结构调整不能只丢给市场,政府还是要发挥作用,政府的作用是什么?是支持创新,尤其是更多的支持产业创新,支持战略性新兴产业的发展。

## 主要参考文献

[1] 洪银兴. 创新型经济:经济发展的新阶段[M]. 北京:经济科学出版社,2010.

[2] QECD. 以知识为基础的经济[M]. 北京:机械工业出版社,1997.

[3] 杰拉尔德·迈耶等. 发展经济学前沿[M]. 北京:中国财政经济出版社,2003.

[4] 世界银行. 2009 年世界发展报告:重塑世界经济地理[M]. 北京:清华大学出版社,2009.

[5] 波特. 国家竞争优势(上)[M]. 天下远见出版公司,1996.

# 进入新阶段后中国经济发展理论的重大创新[①]

建立中国特色社会主义政治经济学，经济发展问题是不可或缺的一块。过去我们谈政治经济学的时候，都是研究生产关系的，尽管也谈到联系生产力来研究生产关系。因此，一般认为发展的问题，是发展经济学而不是政治经济学研究的领域。这是对政治经济学的误解。中国的经济发展以中国特色社会主义政治经济学来指导，而不是由别的经济学来指导。其必要性在于两个方面。一方面，中国发展有其特殊的国情，任何外国的发展理论都难以正确指导和说明人口众多、城乡和地区发展极为不平衡的社会主义国家的发展问题。另一方面，中国的发展问题离不开生产关系分析，只有政治经济学既研究生产关系又研究生产力。两者结合在一起产生的理论能正确指导中国经济发展。尤其是需要利用社会主义经济的制度优势推动经济发展。正因为如此，中国特色社会主义政治经济学的第一个重大原则就是坚持解放和发展生产力。

改革开放以来，中国特色社会主义政治经济学对经济发展重大的理论贡献，从大的方面概括为，一是关于中国特色社会主义现代化理论，以及相关的全面小康社会理论和新型工业化、信息化、农业现代化、城镇化"四化同步"理论；二是关于经济发展方式和经济发展方式转变的理论；三是关于科学技术是第一生产力的理论；四是科学发展观以及新型工业化和城镇化理论等。这些都是改革开放的实践推动的中国特色社会主义政治经济学的理论贡献。党的十八大以来，发展理论又有一系列的重大贡献，其中包括：一是经济新常态理论；二是创新驱动经济发展理论；三是五大新发展理念；四是绿水青山就是金山银山理论以及生态文明理论；五是供给侧结构性改革理论。

① 本文原载于《中国工业经济》2017年第5期。

现在,随着我国告别低收入发展阶段进入中等收入发展阶段,经济转向新常态。相应地,发展理论出现一系列的创新。创新就是创造性毁灭。同样,现阶段创新的发展理论,或者是否定流行的发展经济学原理,或者是否定过去在低收入阶段曾经有效指导发展的理论,甚至也要扬弃一部分在改革开放初期所推进的在当时行之有效的发展政策。其根本性原因是发展阶段改变后有新的发展任务、新的阶段性特征、新的发展规律。

## 一、学科任务的改变:由指导经济起飞转向指导现代化

产生于20世纪40年代的发展经济学,以刚刚取得独立的原有的殖民地半殖民地国家为对象,这些国家面临的任务是摆脱贫困,推动发展,建立独立的产业体系,实现经济起飞。因此发展经济学是摆脱贫困的经济学,是推动发展起飞的经济学。应该说,这种发展经济学对我国的经济发展也起到了积极的指导作用。其中包括:以GDP增长为目标的赶超战略;以高积累高投资率支持经济增长;农业剩余劳动力转移;城市化;工业化;跟随发达国家之后进行科技和产业创新;在中心-外围中,依赖中心的辐射;按照比较优势参与国际分工,实施出口导向的外向战略,等等。这些理论曾经在相当长的时间中指导包括我国在内的发展中国家的经济发展政策,也是传统经济发展方式的理论依据,对我国由低收入国家迈向中等收入国家起到过积极的指导作用。

我国的GDP总量从2010年起达到世界第二,是世界最大的出口国和外汇储备国,世界第二大制造业大国。这不仅表明中国的世界经济地位发生了重大变化,更为重要的是中国的现代化建设进入了新的历史起点。首先,在人民生活水平明显提高的同时,贫困人口也显著减少。其次,农业比重降到10.1%;工业比重达46.8%;城市化率也过了50%。这意味着中国已经从农业国变为工业国。尤其是即将全面建成的小康社会标志着中国经济实现了起飞,随之开启现代化的进程。在新的历史起点上,指导经济发展的经济发展理论就需要有新的发展。这就是,由摆脱贫困的发展经济学转向富裕人民的经济学,由指导经济起飞转向指导现代化。

在我国GDP总量达到世界第二的同时，人均GDP 2011年就达5414美元，标志着我国由低收入国家进入中等收入国家行列。这就要求我国的经济发展理论能够说明由中等收入国家向高收入国家发展的进程和规律。进入中等收入国家行列后面临的最大风险是“中等收入陷阱”。产生“中等收入陷阱”的原因主要说明如下。首先，低收入国家进入中等收入国家水平时，既无法在工资方面与低收入国家竞争，又无法在尖端技术研制方面与富裕国家竞争。其次，在向高收入迈进的过程中，难以摆脱以往低收入阶段时的发展模式。第三，原有的增长机制和发展模式推动的经济快速发展在低收入阶段积累的矛盾在这个阶段集中爆发。由此产生的尖锐的社会矛盾严重阻碍经济的持续发展，容易出现大幅波动或陷入停滞，长期在中等收入阶段徘徊。

在中等收入阶段的新起点上指导经济发展，最为重要的是为跨越“中等收入陷阱”提出理论指导。主要涉及两个方面。一是转变经济发展方式，不能把低收入国家向中等收入国家发展时所采取的那种发展方式延续到中等收入国家阶段，目标是有能力在尖端技术研制方面与富裕国家竞争。二是富裕人民。中等收入国家阶段富裕人民就不只是指提高人民收入，还涉及以下两个方面：一方面居民家庭财产明显增加，居民的财产性收入随之增加；另一方面居民享有的更多的公共财富，特别是社会保障覆盖面扩大，城乡基本公共服务均等化。三是由效率性增长转向公平性增长，以公平正义来克服社会矛盾，逐步实现共同富裕。这些就成为在中等收入国家发展阶段上的经济发展理论创新的内容。

## 二、发展引擎的转换：由外需转向内需

在已有的发展经济学教材和发展理论中，发展中国家的对外贸易和吸引外资是经济发展的主要引擎。相对于过去的封闭型经济，发展开放型经济，出口导向和大力度引进外资对我国经济发展起了明显的引擎作用。现在主要由于以下几方面原因我国的发展引擎需要由外转内。首先是国际市场状况的改变。出口导向的发展战略是根据出口的需要安排产业和贸易结构，安排国际竞争策略，存在对国际市场的依赖性。2008年爆发的世界金融危机直接打击的是开放型经济，直到现在世界经济仍然

低迷,不能指望出口需求有较大增长。2013—2017 年,最终消费支出的年平均贡献率为 56.2%,资本形成总额的年平均贡献率为 43.8%,货物和服务净出口的年平均贡献率几乎为 0。当然这只是表面上的,也可能是短期的影响。更为重要的是建立在已有的开放战略基础上的开放型经济对经济增长的推动力衰减。这可能是长期的影响。主要表现是,我国的许多出口品(尤其是劳动密集型产品)的国际产能过剩问题越来越严重;由于土地和劳动成本的增加,不仅出口产品竞争力下降,对制造业外资进入的吸引力也随之下降;以美国为代表的某些发达国家开始盛行的保护主义和逆全球化导致国际贸易摩擦日益频繁;这些情况表明出口导向型发展战略难以为继。

其次是中国市场地位的提升。全球化经济存在中心和外围的格局。长期以来,世界经济的中心一直在美、德、日等发达国家。我国作为发展中国家一直处于外围。我国进入世界第二大经济体后,开始由外围转向中心。所谓中心,一方面是指在世界一定范围内成为经济增长的中心,另一方面是指中国的市场总体规模将会进入世界市场的前列,而且将会成为市场创新中心。中国市场的国际影响力的增强意味着中国市场已经和正在成为重要的世界市场。这意味着进入中国市场也是进入世界市场,由于市场距离和信息获取等原因,内需型经济的交易成本更低。

第三是协调区域发展不平衡提出的要求。在相当长时期中我国发展外向型经济实际上只是在沿海地区推进的。外需导向的经济只是拉动了这一区域的经济发展。而广大的中西部地区处于外向型经济的边缘,不仅得不到外需的拉动,而且由于东部沿海地区面向海外,中西部地区经济得不到东部地区的带动,地区差距进一步扩大。现在,进入中等收入发展阶段后,不仅已经融入全球化的东部沿海地区有了强劲的发展能力,中西部地区强烈的发展需求,以及针对东西部发展不平衡所进行的协调都会提供巨大的内需和发展机会。

在外向型经济难以继续成为我国现阶段发展的引擎时,国内经济发展的需求正在成为新的引擎。这就是斯蒂格利茨在 20 世纪 90 年代末所指出的:“随着经济增长和全球经济环境的变化,那种主要依靠出口和国外直接投资来推动经济增长的战略的重要性将降低。同时,中国面临着继续改善资源配置和生产力挑战。”应对这个挑战的对策，就是“使国内经济成为增长和平等的发动机”①。

国内经济成为增长的发动机，是基于扩大内需成为经济发展的战略基点。扩大内需指的是国内经济发展所拉动的投资和消费需求。致力于全面小康社会和现代化建设就会产生巨大需求。主要涉及四个方面：首先，随着人民收入的普遍较快增长，消费需求将成为扩大内需的战略重点；其次，随着城市化和城乡一体化发展，无论是投资需求还是消费需求都会产生较大规模内需；第三，随着国内产业结构的转型升级，特别是发展与其他发达国家进入同一创新起跑线的新兴产业，不仅增强供给能力，本身也是扩大内需的重要方面；第四，解决国内地区之间发展的不平衡，会形成多种层次的内需。所有这些扩大内需的直接效应是国内市场的总体规模进入世界市场的前列，对发展的引擎动力决不会比外向型经济小。增长的引擎由外转向内，绝不意味着回到封闭经济，而是要转向更高层次更高效益的开放型经济。

## 三、需求拉动力的调整：投资拉动转向消费拉动

拉动经济增长的内需包括投资需求和消费需求。长期以来，包括我国在内的发展中国家已有的增长方式受哈罗德-多马模型影响较大。该模型以 GDP 的增长为目标，依靠投资拉动经济增长。我国长期的高速增长就是建立在高投资基础上的。为此，长期的国民收入分配形成高积累低消费的格局。经济发展到现阶段，支持高投资的高储蓄不可持续。而且，为生产而生产的投资拉动产生的产能过剩导致增长效益明显下降。甚至投资拉动愈来愈成为经济大起大落波动的主要说明因素。这意味着，投资拉动型经济在我国已走到尽头，不可能实现经济的持续增长。

当我国进入中等收入国家发展阶段后转变经济发展方式的一个重要方面就是改变在低收入国家阶段实行的主要依靠投资、出口拉动经济增长方式，转向依靠消费、投资、出口协调拉动，尤其是突出消费对经济增长的拉动作用。其意义在于提高消费

---

① 斯蒂格利茨：《中国第三代改革的构想》，引自胡鞍钢主编《中国走向》第 151 页，浙江人民出版社 2000。

对经济增长的贡献率,从而提高经济增长的效益和质量。

以扩大消费需求拉动经济增长实质上是以增加人民收入提高人民消费水平为导向。这实际上体现经济发展目标的调整,即由单纯追求GDP的增长转向追求人民的富裕和幸福。政治经济学理论所一直强调的最大限度地满足不断增长的人民群众物质和文化的需要这个社会主义生产目的正是在这种消费拉动型经济增长中得到实现。

相比投资需求,我国现阶段消费需求增长的潜力更大。就我国的消费需求规模来说,13亿多的人口无疑是巨大的潜力,但在消费需求结构方面潜力更大。首先是人口年龄结构,老龄化社会减少储蓄但可能增加消费;儿童比重大也减少储蓄但可能增加消费。其次是人口收入结构,中等收入者所占比重越来越大,这部分人口的消费需求尤其是对产业升级提供的产品和服务需求更为旺盛。第三是相比发达国家市场,新兴市场的消费需求更为强烈,例如家庭轿车的需求,住房的需求,信息服务的需求,在中国是从无到有的需求,其消费需求具有爆发性特点。

消费拉动经济增长的前提是拉动消费,首要的是培育消费力。影响消费力的因素涉及收入、就业和社会保障制度。根据社会主义生产目的,提高人民群众的消费力的基本途径:一是增加居民收入;二是稳定高就业率;三是社会保障全覆盖;四是在宏观的国民收入分配中提高消费的比例,改变高积累低消费状况;五是扩大中等收入者比重并使中等收入者达到大多数。从而在提高的居民消费水平的基础上拉动经济增长。

现阶段消费业态的创新对消费的拉动以及消费增长的拉动作用效果非常显著。尤其是中国在进入中等收入阶段,中等收入群体人数达到3亿,由此产生的中高端消费将成为发展的新动能。例如信息消费、绿色消费、住房消费、旅游休闲消费、教育文化体育消费、养老健康家政消费这些新型消费业态增长的速度明显快于传统的消费业态。尤其是借助互联网+平台,网络消费和共享经济正在从广度和深度上扩大消费领域。消费朝着智能、绿色、健康、安全方向转变,不仅体现消费模式的优化,还会带动生产模式的优化。

服务业的发展对消费需求增长具有带动作用。服务和消费不可分。扩大服务消费可以带动消费结构升级。服务业领域的信息化、标准化、集约化不仅可进一步扩大消费需求,还能提升消费水平。

当然,由投资拉动转向消费拉动,绝不是以消费拉动代替投资拉动。转向消费拉动是一个目标,但是需要有一个过程,投资拉动型经济还有惯性。尤其是在宏观经济处于下行时,经济要能够止跌回升,短期内还是要靠投资拉动。

## 四、改革的着力点转向:由需求侧转向供给侧

中国的经济发展需要供给侧和需求侧共同发力。这两侧发力的程度与两侧的体制相关。改革是这两个方面充分发力的动力。我国从 1978 年开始的市场化改革实际上是需求侧的改革,包括取消指令性计划,转向市场经济。由此激发的需求侧动力包括微观和宏观两个方面。微观的动力主要是指市场选择的压力,涉及市场需求和市场竞争的压力。宏观动力是指消费、投资和出口三驾马车协同拉动经济增长,国家的宏观调控所采用财政和货币政策,紧缩性的、扩张性的或中性的财政和货币政策都会影响总需求。在需求侧改革进行了 30 多年后,需求侧需要完善需求管理。在此基础上我国经济改革的着力点由需求侧转向供给侧。

供给侧的问题,一般是结构性问题。这是发展中国家的通病。发展中国家长期存在的结构、技术、效率等供给侧问题,不会因转向市场经济就能自动解决,也不可能靠需求侧的调节来解决。我国当前供给侧的结构性问题表现为,有效供给不足和无效产能过剩并存。供给侧的结构性矛盾具有经济发展阶段性特征:供给不能适应进入中等收入阶段以后消费需求的新变化。进入中等收入阶段后,一方面解决了温饱问题后居民的消费需求开始转型升级,更为关注健康,安全,卫生,档次方面的需求;另一方面生产和服务还停留在低收入阶段的供给,追求数量,不重视质量,为生产而生产。由此产生的上述结构性问题需要供给侧的改革来解决。

供给侧结构性改革的任务涉及去产能、去库存、去杠杆、降成本、补短板。改革的目标是,加大结构性改革力度,矫正要素配置扭曲,扩大有效供给,提高供给结构适应性和灵活性,提高全要素生产率。具体地说有以下三方面改革目标。

一是寻求供给侧的经济发展动力。影响潜在经济增长率的供给要素包括:投入、技术、结构、效率等。现阶段供给推动力消退只是指物质资源和低成本劳动力供给能力消退。而在供给侧还有其他动力开发:创新驱动,结构调整,提高效率都是供给侧推动经济增长的动力,尤其是提高全要素生产率还有很大的空间。

二是建立有效供给的长效机制。有效供给不足实际上是结构性短缺,现行供给结构不能适应需求,不仅涉及供给的产品结构,还涉及供给品的质量。与此同时,低端和无效产能占用资源,造成库存和积压。建立有效供给的长效机制涉及:培育企业家精神,推动产业优化升级;依靠科技创新提高产品的技术档次;培育工匠精神,建立精细化的治理体系和文化,加强质量管理和重塑精细文化;规范市场秩序,加强并完善市场监管体制,"乱市"用重典,加强诚信体系建设,打造诚信品牌。

三是释放企业活力。中国特色社会主义政治经济学的一个重大原则,就是坚持调动各个方面积极性,这也应该成为供给侧结构性改革的重大原则。现在实体经济企业背负着"三座大山":高税费,高利息和高负担。企业有产量无效益,许多企业成为"僵尸企业"。改革实际上是处理好国民收入分配中国家、企业和职工三者的利益关系,由于企业是基本的经济细胞,尤其要突出企业利益。一方面,职工既要共享企业发展的成果,也要分担企业风险,如果企业承担不了不切企业实际的职工负担而关门或裁减员工,最终受损的还是职工。另一方面,政府要给企业让利。要想取之,必先予之。企业负担减轻了,经济细胞活了,国家收入才能增加。因此,前一时期政府改革的着力点是取消下放审批,现在则需要取消和减少对企业的各种税费。

在经过 2 年多以去产能去库存为主要内容供给侧改革的基础上,深化供给侧结构性改革的主攻方向是提高供给体系质量,培育发展的新动能,也就是在中高端消费、创新引领、绿色低碳、共享经济、现代供应链、人力资本服务等领域培育新增长点、形成新动能。

## 五、增长原则的改变:由效率性增长转向包容性增长

在发展理论中,增长原则涉及对公平和效率的追求,体现在增长成果的分配上。

原因是两者只能兼顾不能兼得。这就有谁为先的问题。我国在处于低收入国家水平阶段发动经济增长以效率为先,明确提出允许一部分人先富起来的大政策,并且强调各种生产要素按贡献取得报酬。这种效率性增长与当时的投资拉动型经济增长方式是一致的,产生了明显的提高效率和充分调动发展要素的正面效应,但其另外一面的效应也在逐步显现:以效率为原则不可避免产生分配的不平等。

我国的经济发展进入了中等收入国家水平后,这种效率性增长及相应的大政策就不能延续了。原因:第一,延续了 30 多年的效率性增长所产生的收入差距扩大程度已达到了库兹涅茨到 U 型曲线的顶点;第二,收入有差距能促进效率提高,但收入差距扩大达到一定程度也可能影响效率,经济增长会受到过大的低收入群体的抵制;第三,如果要陷入“中等收入陷阱”,最有可能的原因是日益扩大的收入差距造成的社会矛盾。在此背景下效率性增长已无力支持效率的进一步提高,转向包容性增长则可能兼顾效率的提高。

习近平总书记在 G20 杭州峰会上提出了全球化中的包容性增长理念。其内涵就是,要树立人类命运共同体意识,减少全球发展不平等、不平衡现象,使各国人民公平享有世界经济增长带来的利益。可见,包容性增长的内涵非常广泛,包括可持续发展,共同参与的发展。最基本的含义是公平合理地分享经济增长,缩小收入分配差距。在社会主义的中国包容性增长又有社会主义的促进社会公平正义的要求。在实施 30 多年的允许一部分人一部分地区先富起来的大政策基础上,需要通过先富帮后富,让大多数人富起来,从而使人民公平合理地共享增长的成果,产生经济增长的新动力。

由效率优先兼顾公平转变为促进社会公平正义不是要拉平收入,而是要在增长过程中实现机会公平、权利公平、规则公平。尤其是克服权利不公平造成的分配不公问题。克服权利的不公平涉及三个方面:一是通过严格的反腐败措施来克服的以权谋私问题;二是克服依靠垄断地位获取高收入问题;三是克服由资产分配不公平所造成的收入差距扩大问题。

包容性增长突出需要解决低收入者问题。目前低收入者的数量还不小。这部分人中的大多数上升为中等收入者,产生的消费需求对经济增长的拉动作用也是巨大的。其途径是改革和完善国民收入分配制度。

一是提高劳动报酬在初次分配中的比重。改革以来先富起来的群体基本上是依靠资产收入和经营收入的资本所有者和企业经营者。由此产生初次分配中劳动收入和非劳动收入之间差距的明显扩大。面对这种日益扩大的差距,初次分配领域不能只是讲效率,也要处理好公平和效率的关系。在初次分配领域提高劳动报酬在初次分配中比重的依据就是劳动报酬增长与劳动生产率提高同步。

二是再分配更加注重公平。政府对公平分配担负着不可推卸的责任。政府的作用除了通过国家让利,提高居民收入在国民收入分配中的比重外,还要以公共财政制度促进公平正义。一方面推进基本公共服务均等化,面对区域之间、城乡之间在基本医疗、基础教育、公共交通、公共卫生等基本公共服务方面的巨大差距,缩小差距的重点在使落后地区、农村居民都享受到与发达地区和城市居民均等的基本公共服务。另一方面健全覆盖城乡居民的社会保障体系。目前城乡居民在医疗、养老等方面的社会保障存在很大差距,农民享受不到与城市居民平等的社会保障,尤其是在农民因各种原因失去土地从而失去土地保障,农民的社会保障需求更为强烈。覆盖城乡的社会保障制度的建设必须以财政为主导。

现在扩大的收入差距主要不在劳动报酬的差距,而在各种生产要素参与收入分配后的财产(非劳动生产要素)差距。财产分配的两极分化在社会主义条件下是需要防止的。包容性增长不可能为防止财产差距而不允许要素参与分配,而是要改革私人财产形成制度,克服财产分配不公问题。一是解决私人资产形成在机会公平、权利公平、规则公平方面的公平制度。二是创造条件让居民获得更多的财产性收入,包括不动产(如住房)和动产(如股权);为居民平等地经过自己的努力取得属于自己的资产创造更多的机会,如创新创业。三是居民的财产及其收入都应得到法律的保护。

显然,转向包容性增长,体现我国经济发展能力的提升,也使我国的经济发展在新的发展水平上找到新的发展动力。人民群众在共享发展成果的基础上支持发展,在公平基础上实现社会和谐可以减少发展的社会摩擦。

## 六、增长路径改变:由依靠物质资源投入转向创新驱动

长期以来我国的经济发展处于要素和投资驱动阶段。其特征是主要依靠物质资源投入推动经济增长。这同发展经济学中所使用的经济增长模型是一致的。在该模型中经济增长是资本、劳动、土地等要素投入的函数。后来尽管加进了技术要素,那也只是作为外生变量和“余值”起作用。直至 20 世纪 80 年代美国出现新经济并相应产生新增长理论,才有依靠知识资本和人力资本的内生增长之说。

我国长期依靠物质资源投入推动经济增长的方式,在进入中等收入国家阶段时矛盾就突出出来了。一是从要素驱动来说,物质资源投入不足成为越来越紧的瓶颈,由农业剩余劳动力转移产生的廉价劳动力供给明显减少。二是从投资驱动来说,投资驱动是建立在高积累低消费基础上的。进入中等收入阶段后,人民不可能继续长期忍受低收入。解决这个矛盾的根本途径是转向创新驱动阶段。

在已有的发展经济学中很少使用创新概念。而在现代,没有科技创新的概念和理论已经很难概括现代经济增长的特征了,特别是知识创新和技术创新相结合所反映的科技创新的特征。原有的技术进步是以企业创新为源头的技术创新,基本上是企业根据市场导向提出创新的需求和课题,以企业为主导进行技术创新。从 20 世纪末开始的新科技革命以及由此推动的新经济和知识经济的特点是新科技转化为现实生产力的速度和进程加快,科学的新发现直接推动技术进步,特别是科学技术的新突破直接推动产业创新,如新材料产业、生物技术产业、新能源产业等。这是以科学发现为源头的科技进步模式。在此背景下,创新驱动经济增长的实质是科学技术成果转化为生产力。

经济增长转向创新驱动需要克服在发展中国家流行的跟随理论。跟随理论的思想是,发展中国家的科技经济水平落后于发达国家,不可能在技术进步上与发达国家进入同一起跑线,只能是实施跟随策略,通过学习模仿和引进,在发达国家之后,发展高科技和新产业。这种跟随理论在几乎所有的发展经济学教材中都会看到。跟随发达国家之后推进的技术进步模式基本上是加工代工型和技术模仿型,基本上属于国

外创新技术对我国的扩散，创新的源头在国外。采用的新技术，是国外已经成熟的技术。核心技术关键技术不在我们这里。这种引进创新至多只是缩短国际差距，不能改变后进地位。

中国成为世界第二大经济体后，需要也有能力创新技术进步模式。过去由于发展水平等原因我国错过了几次产业革命的机会。而现在，世界是平的，经济全球化和科技全球化的互动，网络化、信息化使新科技和产业革命的机会对各个国家都是均等的。特别是在这次世界金融危机过后将会迎来新的世界科技和产业革命。这次的机会不能再错过。

我国成为世界经济大国后，自身具备了与其他发达国家进入同一个科技和产业创新的起跑线的能力。人家能够开发的新产业，在这里我们同样也可以开发，大家机会均等。一方面，我国现阶段科学研究水平的国际差距比科技产业的国际差距小，再加上科学和知识的国际流动性比技术的流动性强，因此推动科学和技术创新互动结合，推动产学研协同创新，不仅可能在许多领域得到当今世界最新科学技术的推动，而且科学技术转化为生产力的速度可以大大加快。另一方面，大国经济可以集中力量办大事，特别是我国还可以利用“举国”体制，有能力在某些领域进行集中投入实现重点突破。这样，我国的科技进步路径就有条件由过去的跟随发展转向引领发展，甚至在某些重点领域实现跨越，在部分领域赶上甚至领先国际水平占领世界科技和产业的制高点。尤其是推动互联网、大数据、人工智能和实体经济深度融合。

创新驱动成为经济增长的路径，也就成为经济增长方式转变的目标。现在流行的转变经济增长方式的提法是由粗放型增长方式转向集约型增长方式。集约型增长方式的基本内涵是指集约使用物质要素，提高要素使用的效率。尽管集约型增长方式包含了技术进步的作用，但没有摆脱物质要素推动经济增长的架构。而创新驱动的增长方式不同，根据定义，它不只是解决效率问题，更为重要的是依靠无形要素实现要素的新组合，是科学技术成果在生产和商业上的第一次应用和扩散，是创造新的增长要素。因此，创新驱动的经济增长方式是比集约型增长方式更高层次更高水平，最能反映经济发展新阶段特征的增长方式。

## 七、发展战略改变:不平衡战略转向平衡战略

在发展经济学中就有平衡战略和不平衡战略之分。不平衡发展战略认为,面对经济发展的结构性制约,发展中国家不具备推动全面增长的资本和其他资源,因而平衡发展是不可能的。因而投资只能有选择地在若干部门和若干地区进行,其他部门和地区通过利用这些部门和地区增长所带来的外部经济和联系效应而逐步得到发展。现实中就表现为投资的产业倾斜和地区倾斜。

我国改革开放开始以后,为了充分调动优势地区和产业的发展潜力,与市场化相配合,允许一部分地区一部分人先富起来,实际上实施不平衡发展战略。一是推进城市化、工业化,城市、工业优先于农村和农业发展。二是实施的各种区域发展战略,如沿海区域战略等。三是对某些企业实行税收优惠政策。所有这些战略和政策的实施都是成功的,充分发挥了各个方面发展的潜力,在较短的时间内突破发展的瓶颈,实现了跨越式发展。但是这种不平衡发展到一定程度出现了严重的不平衡问题,短板也显露。其中包括:在产业结构上有效供给不足和产能过剩并存;在工农业关系上农业现代化滞后;在城乡关系上农村发展落后;在地区结构上中西部地区贫困问题突出;在增长和生态关系上生态破坏严重;在经济发展和社会发展关系上社会发展滞后。

我国在进入中等收入阶段后,面对突出的国民经济不平衡问题,需要适时转向协调发展。不但不能再延续在低收入阶段实施的不平衡战略,还要通过实施平衡战略来补齐这些短板。否则很难说全面建成小康社会,更难说进入高收入阶段了。

马克思的社会再生产理论可以归结为协调发展理论。两大部类平衡理论就是要求部门之间在全面协调的基础上实现按比例发展。我国的经济发展开创的中国特色新型工业化、信息化、城镇化、农业现代化四化同步的现代化道路就是平衡发展的道路。全面建成的小康社会是惠及全体人民的小康,就涉及经济、社会、文化、政治和生态各个方面的协调发展。

根据协调发展理念实施平衡战略,要求产业结构、城乡结构、区域结构以及相应

的发展战略趋向均衡。其中包括拉动经济增长的消费、投资和出口的三驾马车作用的协调，三次产业的协调。针对存在的经济发展不平衡问题，按协调发展的理念着力补齐短板。其中包括：第一，补齐农业现代化短板，促进新型工业化、信息化、城镇化、农业现代化同步发展；第二，补齐贫困地区短板，促进城乡区域协调发展；第三，补齐社会发展的短板，促进经济社会协调发展；第四，补齐生态文明的短板，促进可持续发展。

## 八、二元结构现代化：由非农带动“三农”转向直面“三农”发展

传统的克服二元结构的路径就是刘易斯模型所指出的：农业中存在的大量剩余劳动力向现代工业部门转移，现代工业部门扩大资本积累，直至农业部门剩余劳动力转移完毕，即进入转折点，需要工业部门反过来支持农业部门进行技术改造。按此模型，农业的现代化是在农业剩余劳动力被现代工业吸收以后，工业部门支持农业技术改造的条件下实现的。就是说，农业是被工业化带进现代化的。

我国从 20 世纪 80 年代开始，以发展乡镇企业为标志推进了农村工业化和城镇化，创造了在三农之外带动三农发展的道路：以非农化解决农业问题，以城市化解决农村问题，以劳动力转移解决农民问题。其效果非常明显，一是工业化进程大大加快，中国已经由农业大国转变为新兴的工业国家；二是城镇化进程大大加快，中国进入了城市化的中期阶段；三是农业、农民和农村的发展水平也比过去大大提高。但是，“三农”只是靠非农发展来带动，总是赶不上“非农”的发展，城乡差距、工农差距不是在缩小，还在进一步扩大。

单纯以工业化来领头的现代化，不可避免会出现农业现代化相对滞后的状况，现在农业、农民和农村的发展状况成为“四化同步”的短板。就如习近平同志所指出的：即使将来城镇化达到 70%以上，还有四五亿人在农村，农村绝不能成为荒芜的农村、留守的农村、记忆中的故园，城镇化要发展，农业现代化和新农村建设也要发展，同步发展才能相得益彰。为实现“第一个一百年”的奋斗目标，必须要补上农业现代化为代表的农业、农民和农村发展这块短板。其路径就要由非农带动“三农”转向直面“三

农”发展。农业、农民、农村直接成为现代化的对象和重点。

农业现代化即发展现代农业，主要涉及三个方面。一是从根本上改变其落后的生产方式和经营方式，不只是提高劳动生产率，还要提高包括资本和土地的生产率，并且提高全要素生产率，从而提高农民收入。二是基于农业在国民经济中的基础地位，农业现代化要满足全社会现代化进程中不断增长的对农产品的量和质的需要。三是农业制度创新，其中包括：改革农业经营体制，提高农业组织化程度，改革农村土地制度，改革农产品流通体制等。

农民现代化的目标是培养新型职业农民。根据舒尔茨的理论，农业中现有生产要素已得到了最有效的利用，农业需要引入生产要素才能得到改造。农业中需要引入的要素，一是科技要素，二是人力要素。发展现代农业不能只是靠现有的留在农村的以老人和妇女为主体的农民，而要靠通过人力资本投资培养的新型职业农民。经营农业的农民需要接受现代文化的教育，接受现代市场经济的熏陶。实现农业现代化，要靠有知识、有创新精神的农民，称职的科研和技术人员，有远见的公共行政管理人员和企业家。

城乡二元结构表现在现代城市和落后农村并存的结构，与农业弱势相一致。无论是基础设施还是教育、文化和医疗设施，广大而又分散的农村都处于落后状态，农民在农村享受不到城市人享受的现代生活方式和文明。克服城乡二元结构的基本路径是城镇化。我国在实践中创造的城镇化道路指的农业劳动力进入城镇。现在讲的城镇化，则是倒过来，推动城市发展的势头和要素通过“化”城镇而化到农村，从根本上改变农村的落后面貌。这是城市要素的城镇化。过去的城市化是农民进城，现在的城镇化则要求城市发展要素出城，城市要素、城市生活方式向农村扩展，也就是城乡发展一体化。

城乡发展一体化不是消灭农村，更不是消灭农业，是在保持城与乡的特色的同时在发展水平上实现一体化；不是降低城市的地位去屈就乡村，而是将乡村的地位加以提高，克服城乡之间的经济社会发展水平的差距，消除要素流动的制度性障碍，在城乡之间按照产业本身的自然特性形成产业分工与产业布局。城乡在同等地位上在经济、社会、文化等方面相互渗透、相互融合。城乡发展一体化涉及城乡规划、就业服务、社会保障、公共服务、城市管理“五个一体化”。

城乡发展一体化需要推进城镇城市化，也就是使其具有城市功能。其内涵是增强中小城市和小城镇产业发展、公共服务、吸纳就业、人口集聚功能。

城镇化的核心是人的城镇化，也就是农民市民化，农民享受城市文明。其路径有两个方面：一是加快改革户籍制度，有序推进农业转移人口市民化，努力实现城镇基本公共服务常住人口全覆盖；二是将提供给市民的机会和设施安排到农村城镇去，扩大城镇就业的机会，把高质量的教育、文化医疗设施办到农村城镇，增加农村特别是城镇的公共产品和公共设施的供给。由此使农民不进入城市就能享受到各种市民的权利。

归结起来，农业现代化重点为在科技进步基础上的农产品品质的现代化，农村现代化重点为城乡一体化基础上的农村生活和居住环境的现代化，农民现代化重点为城镇化基础上的农民市民化。在这个高度上推进三农现代化，需要建立以工促农、以城带乡、工农互惠、城乡一体的新型工农、城乡关系。

## 九、全球化地位的改变：由以比较优势融入全球化转到以竞争优势主导全球化

我国前30年的对外开放实际上是以资源禀赋的比较优势融入全球化的。其效果是明显的。外商投资企业带来的是高科技产品的全球价值链。全球价值链上外商的资金、技术、管理等优势与我国劳动力、土地成本、基础设施等方面的优势结合，使我国迅速融入全球生产网络，成为面向全球的低成本加工制造基地和“世界工厂”。虽然我国的企业进入的环节基本上处于全球价值链的低端，高产值、低收益，但也确实分享了经济全球化的红利。最大红利是借助全球价值链承接了先进制造业的转移。我国的企业通过边干边学、模仿创新，消化吸收再创新，科技和工业化水平也得到了明显提高。

我国的开放型经济进行了30多年后的今天谈中国的开放战略，既要肯定以资源禀赋的比较优势嵌入全球价值链的成果，又要防止可能陷入“比较优势陷阱”的低端

锁定的风险。依靠资源禀赋的比较优势参与国际分工和国际贸易，以利用劳动力、土地和环境资源的环节吸引和利用外资，虽然能够获取一定的贸易和投资的利益，但不能改变自身对发达国家的经济技术和市场的依附地位，缩短与发达国家的经济技术差距。

基于比较优势的附加值分析，我国的制造业产品总量已居世界首位。但相当部分产业处于全球价值链的中低端，高科技产品的中国制造部分处于价值链低端，核心技术和关键技术环节不在我国的居多，中国创造部分少，品牌也是用外国的多。低端制造（加工组装）和中高端制造环节的附加值差别很大。这种依靠比较优势嵌入全球价值链的地位与中国经济已经达到的整体地位已不相称。

基于比较优势的资源禀赋分析，已有的资源禀赋比较优势已不具有优势。处于价值链的低端环节获取的附加值本来就很低。近年来出现的新情况是劳动力和土地供给已明显趋紧，成本大幅度上升，环境标准约束也大为严格。这意味着劳动力和资源环境不再具有比较优势。随着劳动和土地价格的上涨，附加值进一步降低。而且，在全球价值链的中低端上的规模优势也不具有价值链优势，就是说，在低端环节上投入的劳动再多，也不可能达到规模经济，这就是勤劳不富裕，高产值低收益。

基于制造业产品的国际竞争力分析，虽然我国已经成为世界制造业大国，但在中国制造的产品中，中国创造部分少。劳动力和自然资源的比较优势是建立在低价格的基础上，随着这些要素的充裕度降低，相对劳动力价格，劳动生产率不具有优势；相对土地价格，土地生产力不具有优势。中国要由世界经济大国向世界经济强国转变，就不能仅仅依靠劳动力和自然资源的比较优势谋求贸易利益，而是要在更大范围、更高层次上发挥资本和技术的作用，尽快缩小与发达国家的技术差距。

基于全球化的态势分析，过去的全球化是由美欧等发达国家主导的，其从全球化中得到的利益更大。2008 年爆发世界金融危机以及接着爆发的欧美主权债务危机以来，欧美国家经济处于长期的衰退和低迷状态，由此影响世界经济增长速度整体放缓。与其经济衰退相伴，以美国为代表推行再工业化和保护主义。尤其是特朗普上台后实施“美国优先”的投资和贸易政策。这些政策的推行实际上是反全球化。与此相反，作为世界第二大经济体的中国扛起了继续推动全球化的大旗。过去中国是以资源禀赋的比较优势被嵌入全球化的，现在中国将以参与全球经济治理的方式推动全球化。参与全球经济治理意味着参与并主导国际经济规则的制定和完善。

由中国在经济全球化中的地位改变所决定，开放战略需要由比较优势转向竞争优势。何为竞争优势？它与比较优势区别是什么？首先，一百多年来，人们所信奉的比较优势理论，基本上是指导企业如何参与国家分工和贸易的。而在当今经济全球化的条件下，竞争优势理论将比较优势的观念提升到"国家"竞争优势的层面，以国家作为经济单元。竞争优势更多的指向国家层面的开放战略，不排斥企业继续以比较优势参与国际竞争。其次，传统的贸易理论把成本和产品差异看成贸易条件，突出发展中国家的劳动和自然资源的比较优势，竞争优势理论则是"把技术进步和创新列为思考的重点"，着力培育以技术、品牌、质量、服务为核心竞争力的新优势。第三，传统的比较优势理论依据的是一国的资源禀赋，竞争优势理论则是依据："一国产业是否拥有可与世界级竞争对手较劲的竞争优势"①。第四，一国产业在全球价值链中的地位是其科技和产业竞争力的集中体现。过去中国的科技基本上处于发达国家之后的跟随发展阶段，因此处于全球价值链的低端环节。现在中国的科技创新已经进入同发达国家并跑和领跑阶段。与此相应，我国企业所处的全球价值链地位也应相应提升，争取在价值链中的主导地位，一方面向研发、设计等产业链上游部分进行拓展；另一方面，向物流、品牌、销售渠道等下游部分延伸；再一方面是低端的加工组装环节递次攀升进入技术和质量要求更高附加值更高的元器件制造环节。

这样，谋求竞争优势的基本途径是依靠科技和产业创新推动国内产业结构的升级，特别是发展与其他发达国家相同水平的新兴产业，形成能与世界级竞争对手较劲的具有竞争优势的产业结构。这体现增长的内生性和创新驱动性。表面上看这是由外向拉动转向内生发展。实际上是以科技和产业创新提升我国产业的国际竞争力，以内生的创新支持开放。

谋求竞争优势的创新型经济不排斥利用开放型经济，需要利用开放来支撑创新。当今的国际经济是要素流动为主导的经济。尤其是创新要素，不可能都从国内取得，

---

① 波特. 国家竞争优势，上，天下远见出版公司，1996，30、37.

需要通过对外开放从国外获得。由于历史和发展水平的原因,先进的创新资源主要还集聚在发达国家。因此新阶段开放型经济的重点是引进创新要素。过去的发展的重点在增长,基本上是资本推动的,其他如技术和管理等发展要素基本上是跟着资本走的。相应的开放型经济基本上是通过引进外资来利用其他国际资源(国外先进的技术和管理)。现在发展的重点转向创新,各种创新要素是跟着人才走的。相应地,发展创新型经济需要通过引进高端创新人才来利用其他国际创新要素。

综上所述,我国成为世界经济大国后的经济发展理论的创新绝不是说我国要在世界上"称霸",而是要把自己的事情做好。既然进入了世界第二大经济体,就不能维持过去思维定式,需要适应这种转变,进一步解放思想,从世界经济大国的历史起点上思考我国建设世界经济强国的发展走向,寻求推动由经济大国向经济强国发展的战略,以实现中华民族的强国梦。

**主要参考文献**

[1] 习近平总书记系列重要讲话读本(2016 年版)[M]. 北京:学习出版社,2016.

[2] [美]迈克尔. 托达罗,斯蒂芬. 史密斯. 发展经济学[M]. 北京:机械工业出版社,2014.

[3] [美]斯蒂格利茨. 中国第三代改革的构想[J],经济导刊,1999(5).

[4] 洪银兴. 学好用好中国特色社会主义政治经济学[M]. 南京:江苏人民出版社,2017.

**图书在版编目(CIP)数据**

洪银兴自选集 / 洪银兴著. -- 南京 : 南京大学出版社，2019.1

(南京大学经济学院教授文选)

ISBN 978-7-305-20974-1

Ⅰ. ①洪… Ⅱ. ①洪… Ⅲ. ①经济学—文集 Ⅳ. ①F0-53

中国版本图书馆 CIP 数据核字(2018)第 221147 号

出版发行 南京大学出版社
社　　址 南京市汉口路 22 号　　　邮　编 210093
出 版 人 金鑫荣

丛 书 名 南京大学经济学院教授文选
**书　　名 洪银兴自选集**
著　　者 洪银兴
责任编辑 徐　媛

照　　排 南京南琳图文制作有限公司
印　　刷 南京爱德印刷有限公司
开　　本 787×960　1/16　印张 27.25　字数 440 千
版　　次 2019 年 1 月第 1 版　2019 年 1 月第 1 次印刷
ISBN 978-7-305-20974-1
定　　价 118.00 元

网址：http://www.njupco.com
官方微博：http://weibo.com/njupco
官方微信号：njupress
销售咨询热线：(025) 83594756